Het feest van Saturnus

Piet Gerbrandy

Het feest van Saturnus

De literatuur van het oude Rome

Athenaeum—Polak & Van Gennep
Amsterdam 2009

De totstandkoming van dit boek is mede mogelijk gemaakt
door een werkbeurs van het Fonds voor de Letteren.

Eerste druk, 2007; tweede druk, 2009

ISBN 978 90 253 6425 0 / NUR 683

www.boekboek.nl
www.uitgeverijathenaeum.nl

Inhoud

v Stagnatie, chaos en herstel
Van Hadrianus tot Constantijn

vi Een wanhopige renaissance
Van Constantius ii tot Honorius

VII Epiloog
Duistere eeuwen

Een rituele maskerade
Initiatie in de Latijnse literatuur

Toen Saturnus door zijn jongste zoon Jupiter was onttroond, vluchtte hij naar Italië, om zich daar geruime tijd schuil te houden in de streek die later Latium werd genoemd, naar het werkwoord *latere*, dat 'zich verbergen' betekent. Het bewind van Saturnus, wiens naam misschien verband houdt met het Latijnse woord voor 'zaad', geldt in de mythologie als een Gouden Tijdperk, waarin eetbare gewassen eigener beweging uit de bodem voortsproten en de mensen hun lange levens in zalig nietsdoen doorbrachten. Nadat Jupiter zijn vader op het spoor was gekomen, maakte hij wreed een einde aan de gelukzalige toestand. Saturnus werd naar de onderwereld verbannen en mensen moesten voortaan werken voor hun brood.

Ieder jaar vierden de Romeinen aan het eind van het landbouwseizoen een feest ter ere van Saturnus. De 'Saturnalia' begonnen op 17 december en duurden aanvankelijk drie, later vijf of zelfs zeven dagen. Tijdens deze feestdagen waren slaven en vrijgeborenen gelijk. Meesters droegen de vrijheidshoeden die normaal gesproken waren voorbehouden aan vrijgelaten slaven, zij bedienden hun personeel en incasseerden grappen die in het leven van alledag ongepast zouden zijn. De maaltijden werden opgeluisterd met raadseltjes en spotgedichten en iedereen gaf elkaar cadeautjes, vooral kaarsen en kleifiguurtjes. Het spel dat in deze korte vakantie gevierd werd, benadrukte de eenheid van het Romeinse volk en zijn verbondenheid met de aarde. Tegelijkertijd wist iedereen dat dit ritueel het mythisch verleden idealiseerde. Het Romeinse volk had immers nooit bestaan. Er waren van oudsher patriciërs, plebejers en slaven geweest, terwijl de etnische samenstelling van de bevolking van meet af aan gemengd was. Maar het gaat altijd om het verhaal, niet om de feiten.

Aan het begin van de vijfde eeuw na Christus beschrijft Macrobius hoe een gezelschap van twaalf intellectuelen de Saturnalia doorbrengt met geleerde gesprekken over taal, religieuze gebruiken, geschiedenis en poëzie. Het feest dat zij vieren is dat van het geheugen. Zij eren het roemrijke Romeinse verleden, de tijd van rechtschapenheid, krijgstucht, correct taalgebruik en literair genie. Ook zij beseffen waarschijnlijk dat het maar een spel is. De werkelijkheid is weerbarstiger dan hun retorische vondsten tot uitdrukking kunnen brengen.

Dit boek draagt dezelfde titel als de dialoog van Macrobius. Ook hier treft men schrijvers en denkers die met elkaar in gesprek gaan, een gesprek dat duizend jaar duurt en gekenmerkt wordt door een sterke neiging rollen te spelen. Romeinse dichters, toneelschrijvers en historiografen bedienen zich van maskers (het Latijnse woord is *persona*) die hun maatschappelijke positie weergeven. Horatius speelt, enigszins *tongue in cheek*, de rol van bezield profeet, Propertius doet alsof hij een amoreel minnaar is, Juvenalis zweept zich op tot verontwaardigd boeteprediker en Seneca maakt zelfs van zijn sterfbed een intertekstueel toneelstuk.

Een tweede overeenkomst tussen de Latijnse literatuur en het feest van Saturnus schuilt in de behoefte van Romeinse schrijvers het verleden te verheerlijken. Een van de vroegste auteurs van wie teksten zijn overgeleverd, Cato de Censor, constateert al dat het pijlsnel bergafwaarts gaat met de goede zeden, mede door de verderfelijke invloed van dat volk van nietsnutten aan de overzijde van de Adriatische Zee dat men bij voorkeur met een verkleinwoord aanduidde: de Griekjes. Om de aloude Romeinse moraal te handhaven is het noodzakelijk zo nauwkeurig mogelijk vast te houden aan wat de *maiores* (voorouders) ooit hebben bedacht. De Romeinse literatuur is vanaf het begin conservatief, een eigenschap die in de loop der eeuwen steeds sterker op de voorgrond zal treden.

Daarmee hangt een derde kenmerk samen. Hoe ingrijpend de demografische, politieke en economische omstandigheden ook veranderden, de Romeinen bleven geloven dat zij in hun diepste wezen landbouwers waren, die hun territorium hadden kunnen uitbreiden dankzij een rigide discipline van soberheid, zwaar werk en het correct uitvoeren van oeroude rituelen. Daarbij was de stad Rome het centrum van hun voorstellingswereld, ook toen de keizers al lang naar Milaan en Constantinopel waren verhuisd. Het land van Saturnus was hun bakermat. Dat gold zelfs voor Romeinen van Griekse, Gallische of Afrikaanse afkomst. Pas wanneer Jeruzalem, het aardse of het hemelse, de idee wordt waarnaar men zich richt, verliest Rome iets van zijn glans, en dan verandert de literatuur ook van karakter. De Romeinse literatuur is heidens uit overtuiging.

Er is de laatste decennia veel gedebatteerd over het genre van de literatuurgeschiedenis in het algemeen en over de afbakening van de Latijnse literatuur in het bijzonder. Boeken als het onderhavige kampen met een paar onoplosbare dilemma's. Omvat 'literatuur' alles wat ooit geschreven is, of alleen datgene wat we tegenwoordig 'literair' noemen? Hoe zit het met orale tradities? Hoe komt een canon tot stand? Kan de Latijnse literatuur wel los gezien worden van de Griekse? Is het niet kunstmatig de literatuur van de Oudheid omstreeks de vijfde eeuw te laten ophouden, terwijl er tot in de achttiende eeuw Latijn werd geschreven? Moeten de Vulgaat, Tertullianus en Augustinus tot dezelfde cultuur gerekend worden als Cicero, Vergilius en Macrobius? En berust ieder beeld van het verleden niet in de allereerste plaats op de blik van de geschiedschrijver, in dit geval een blanke West-Europese man van middelbare leeftijd in het eerste decennium van de eenentwintigste eeuw, die alle religie als interessant maar bedenkelijk atavisme beschouwt?

Iedere keuze is aanvechtbaar. Ik heb ervoor gekozen de Latijnse literatuur vanaf haar duistere oorsprong te volgen tot aan het begin van de vijfde eeuw, met als uitloper Boëthius, die omstreeks 525 ter dood werd gebracht. Omdat met de kerkvaders een geheel nieuwe traditie aanvangt, die meer raakvlakken heeft met middeleeuwse theologen dan met Lucretius, Horatius en Tacitus, heb ik hen buiten dit boek gehouden, anders dan in de meeste recente literatuurgeschiedenissen wordt gedaan. Laat een ander het verhaal van die christelijke lijn vertellen.

Er zijn nogal wat Romeinen geweest die er de voorkeur aan gaven in het Grieks te schrijven. Hun keuze voor het Grieks duidt op de behoefte aansluiting te zoeken bij de cultuur van Homerus en Plato, waarvoor veel Romeinse intellectuelen een diep ontzag koesterden. Door het Latijn af te zweren distantieerden ze zich in zekere zin van hun Romeinse voorgangers, de aard van wier geschriften in sterke mate wordt bepaald door de bijzondere kenmerken van hun weerbarstige taal. Ook deze Grieks schrijvende Romeinen komen in dit boek niet aan het woord.

De Romeinen verstonden onder literatuur iets anders dan wij. Voor hen golden naast dichters en toneelschrijvers ook redenaars, historiografen, encyclopeden en filosofen als literatoren. Ik heb hen daarin gevolgd, zij het dat ik niet zover ben gegaan ook opsommingen van stijlfiguren en technische verhandelingen van landmeters van commentaar te voorzien. Maar de chirurgische ingrepen van Celsus, de aquaducten van Frontinus, de grammaticale anekdotes van Gellius hebben terecht een plaats in dit boek opgeëist, omdat de auteurs ook in hun stijl blijk geven van de hartstocht die de ware schrijver betaamt. Dit alles neemt niet weg dat ik de vrijheid heb genomen de auteurs die mij het liefst zijn een voorkeursbehandeling te geven. Twee schrijvers torenen als giganten boven de rest uit, misschien niet omdat ze de grootste zijn, maar wel omdat ze alle Latijnse literatuur na hen beslissend hebben beïnvloed: Cicero en Vergilius. De hoofdstukken over hen hebben dan ook een omvang die bij hun statuur past.

Literatuur is altijd ingebed in de cultuur van haar tijd. Boeken over de Romeinse geschiedenis zijn er in ons taalgebied genoeg. Ik ben ervan uitgegaan dat de geïnteresseerde lezer zijn weg naar die werken wel zal vinden, maar kwam er niet onderuit in zeer grove trekken de tijdsomstandigheden van de auteurs te schetsen. Bovendien heb ik willen laten zien dat Romeinse schrijvers mensen van vlees en bloed waren, die met elkaar dronken, ruzieden en konkelden zoals dat ook in de hedendaagse literatuur gebeurt. Literatuur gedijt in netwerken, en voor zover mogelijk heb ik die blootgelegd.

De Latijnse literatuur van het heidense Rome omvat een flink corpus teksten, maar onafzienbaar is dat niet. Ik heb natuurlijk moeten selecteren, maar geloof dat vrijwel iedereen die ertoe doet in dit overzicht is opgenomen. De boeken die ik behandel heb ik zelf gelezen, zij het dat ik bij de zoveelste obscure grammaticus of historiograaf weleens een paar hoofdstukken heb overgeslagen. Ik wilde voorkomen dat ik literatuurgeschiedenis op basis van bestaande overzichten zou bedrijven, hetgeen onvermijdelijk zou betekenen dat ik meningen van anderen over ongelezen werken zou debiteren – meningen die op hun beurt vaak weer berusten op het oordeel van negentiende-eeuwse classici. Uiteraard heb ik veel gebruikgemaakt van de secundaire literatuur, maar aangezien met studies over zo goed als iedere Latijnse schrijver een boekenkast valt te vullen, moest ik me beperken tot een gering aantal publicaties. Had ik dat niet gedaan, dan zou dit boek pas over twintig jaar klaar zijn geweest, of nooit. Ik bied een redelijk gedocumenteerde momentopname, niets meer en niets minder.

Omdat dit overzicht bedoeld is voor de geïnteresseerde leek, citeer ik de Latijnse teksten in vertaling. Waar geschikte vertalingen reeds bestonden, heb ik niet geschroomd daarvan gebruik te maken. Vertalingen waarbij ik geen auteur vermeld, zijn van mijzelf. Wie kennis wil nemen van de Latijnse literatuur en werkelijk de smaak van deze fascinerende wereld te pakken wil krijgen, dient echter onverwijld Latijn te leren. Om iets van de kracht van de originelen te laten zien, heb ik hier en daar ook Latijnse zinnen geanalyseerd.

De bibliografie is gericht op de liefhebber die meer wil weten, niet op de specialist, die in wetenschappelijke standaardwerken alles van zijn gading kan vinden. Om die reden heb ik in de meeste gevallen niet vermeld welke tekstedities, commentaren, naslagwerken en tijdschriftartikelen ik heb geraadpleegd. Wel noem ik enkele monografieën en overzichtswerken die me in het bijzonder geïnspireerd hebben, alsmede alle vertalingen die ik heb gebruikt. Ik hecht eraan te benadrukken dat ik dit boek nooit had kunnen schrijven zonder de schat aan secundaire literatuur die ik de afgelopen dertig jaar onder ogen heb gehad. Het is dan ook goed mogelijk dat ik zonder het me te realiseren opvattingen van grote geleerden uit het verleden weergeef. Tegenwoordig heet zoiets algauw plagiaat, classici weten echter dat alle literatuur berust op het doorgeven van tradities.

Het boek is zo opgezet dat de afzonderlijke hoofdstukjes los van elkaar gelezen kunnen worden. Niettemin geloof ik dat de samenhang het best tot zijn recht komt wanneer men het geheel als een doorlopend verhaal ziet: een gedegen initiatie mag enige tijd in beslag nemen. Ik hoop dat de lezer die deze inwijding in de riten van Saturnus heeft doorstaan, na afloop naar bibliotheek of boekhandel snelt teneinde op eigen kracht de gehele Latijnse literatuur te verslinden – om vervolgens zijn eigen verhaal te vertellen, dat, als het goed is, aanzienlijk van het mijne verschilt.

Ik dank Daan den Hengst, Jona Lendering en Hanneke van Bergen voor hun gedetailleerde opmerkingen bij de eerste druk, die het mogelijk maakten een aantal oneffenheden weg te werken.

I
Camenen en Muzen
De proloog van de Latijnse literatuur

Een duister begin

Twaalf heren van oude adel dalen ieder jaar op 29 mei af uit de tempel van de obscure hemelgodin Dea Dia om hun vreemde dans te dansen en hun al sinds mensenheugenis onbegrijpelijke lied te zingen. De dans heeft een driekwartsmaat, de tekst luidt als volgt:

enos Lases iuvate
enos Lases iuvate
enos Lases iuvate

neve luae rue Marma sins incurrere in pleores
neve lue rue Marmar sins incurrere in pleoris
neve lue rue Marmar sers incurrere in pleoris

satur furere Mars limen sali sta berber
satur fu fere Mars limen sali sta berber
satur fu fere Mars limen sali sta berber

semunis alternei advocapit conctos
semunis alternei advocapit conctos
simunis alternei advocapit conctos

enos Marmor iuvato
enos Marmor iuvato
enos Marmor iuvato

triumpe triumpe triumpe triumpe triumpe

Dat in dit lied van de *fratres Arvales*, een prestigieus en excentriek priestercollege, de hulp wordt ingeroepen van de god Mars, is duidelijk, maar over de betekenis van de afzonderlijke woorden bestaat geen eenstemmigheid. Een mogelijke vertaling is deze: 'Help ons, Laren, / en, Mars, sta niet toe dat pest en verval op ons volk afstormen. / Wees tevreden, woeste Mars, spring op de drempel, blijf daar staan. / Roep op uw beurt al de Semonen te hulp. / Help ons, Mars. / Triomf.' Laren zijn beschermgeesten van huizen of straten, met de 'drempel' wordt vermoedelijk de grens van het oorspronkelijke Romeinse gebied bedoeld, en Semonen zullen wel iets met zaad te maken hebben.[1] De Arvalische broeders hadden zelf geen idee waarover ze het hadden, hetgeen hen er niet van weerhouden heeft het lied tot ver in christelijke tijden te blijven zingen.

Nog excentrieker waren de Salii, twee aristocratische colleges van twaalf priesters, die volgens de traditie door de legendarische koningen Numa Pompilius en Tullus Hostilius waren ingesteld ter ere van de goden Mars en Quirinus. Aan het begin en het einde van het oorlogsseizoen hielden de Saliërs een processie rond de stad, waarbij ze op gezette momenten een woeste wapendans uitvoerden, eveneens in driekwartsmaat.[2] Tijdens dit zogenaamd *tripudium* sloegen ze op hun schilden en zongen ze het *Carmen Saliare*, waarvan enkele regels bewaard zijn gebleven. Quintilianus merkt op dat de priesters niet wisten wat hun lied betekende.[3] Van de ruim veertig woorden die ons zijn overgeleverd begrijpen ook wij nog geen kwart: *divum deo supplicate* (smeekt de god der goden) is duidelijk, de god Janus komt erin voor, maar een woord als *cozeulodorieso* heeft niets te maken met het Latijn dat wij kennen, en zo dachten de Saliërs er zelf ook over.

Deze teksten staan aan het begin van wat later de reusachtige Latijnse literatuur zou worden. Het is verleidelijk in dit ritueel gezang de kiemcel van de Romeinse poëzie te zoeken. Wat opvalt is in de eerste plaats de kracht van de traditie. Hoe vernieuwend sommige Latijnse schrijvers ook zijn geweest, ze hebben vrijwel allemaal de drang de aloude *mos maiorum* (de zeden der voorouders) te handhaven, ook tegen beter weten in. In de tweede plaats worden beide *carmina*, zoals in rituele teksten overigens te verwachten was, gekenmerkt door herhalingen en een sterke voorkeur voor alliteratie. En in de derde plaats lijkt er nog geen sprake te zijn van een vast metrum.

Deze drie kenmerken vinden we terug in alles wat we kennen uit de vroegste periode van de Latijnse literatuur, toen de Romeinen nog nauwelijks contact hadden met de Grieken in het zuiden van Italië. Het beperkte corpus bestaat uit grafinscripties, latere citaten van spotliederen en rituele gezangen zoals de hierboven geciteerde, en wetsteksten. Tot het laatste genre behoren de talrijke fragmenten uit de zogeheten *Wetten van de Twaalf Tafelen*, een codificatie van gewoonterecht die halverwege de vijfde eeuw v.Chr. tot stand kwam. Er moet veel meer geweest zijn. Adellijke families bewaarden zonder twijfel de redevoeringen die bij het overlijden van het familiehoofd werden uitgesproken, priesters hielden journalen bij, misschien waren er drinkliederen en balladen. Vrijwel niets daarvan is tot ons gekomen. Natuurlijk kunnen de meeste van deze teksten niet literair genoemd worden in de betekenis die moderne lezers aan dat woord hechten, dat neemt niet weg dat ze vaak allerlei kenmerken vertonen die wij met poëzie associëren.

Het lijkt erop dat in die eerste eeuwen geen onderscheid werd gemaakt tussen proza en poëzie zoals wij dat doen. Het woord *carmen* duidt op een, vaak sacraal getinte, mededeling in allittererende, ritmische, vaak zorgvuldig gestructureerde vorm, waarbij kennelijk gestreefd is naar evenwicht tussen de twee of drie leden van een volzin. Van vaste metra werd vermoedelijk zelden gebruikgemaakt. Er lijkt een voorkeur voor antithesen te bestaan en er wordt gespeeld met het verbinden van verschillende woorden die dezelfde stam hebben (*figura etymologica*). De gestileerde vorm zal van belang zijn geweest voor het memoriseren, want in het vroege Rome werd er nog weinig geschreven.

De Latijnse literatuur in engere zin begint pas in de tijd van de Punische oorlogen. Hoewel er in Zuid-Italië al eeuwenlang Grieken woonden, die bovendien een intensief contact onderhielden met de Etrusken in Toscane, gaven eerst de politieke ontwikkelingen van de derde eeuw v.Chr. de Romeinen een impuls om zich cultureel te ontwikkelen buiten de door hun aartsvaders Romulus en Numa Pompilius gebaande paden. Aan het begin van de Latijnse literatuur staan twee allochtonen, Livius Andronicus en Naevius, de een uit Tarente, de ander uit Campanië, die allebei nog vóór het jaar 200 hun epische en dramatische poëzie schreven.

In dezelfde tijd schreef Fabius Pictor, zij het in het Grieks, het eerste boek over de Romeinse geschiedenis, waarmee hij een fundament legde voor later historisch werk van Cato en Titus Livius. Cato was ook een van de eerste redenaars wier redevoeringen in de klassieke periode nog werden bestudeerd. In de tijd dat de Romeinse legers bezig waren Hannibal in het nauw te drijven, behaalde Plautus triomfen met zijn op Griekse leest geschoeide komedies, een genre waarin hij werd nagevolgd door Caecilius en Terentius. De grootste en meest veelzijdige dichter uit deze periode is zonder twijfel Ennius, die in 204 met Cato naar Rome kwam. Op dramatisch gebied werd hij de voorganger van Pacuvius, Accius en, veel later, Ovidius en Seneca. Van Plautus en Terentius zijn complete komedies overgeleverd, de teksten van al die anderen kennen we slechts in fragmentarische vorm doordat latere schrijvers ze, om wat voor reden dan ook, citeren of parafraseren. De kans dat er ooit nog boekrollen met een complete Naevius of Ennius zullen worden gevonden, bedraagt nul.

Bij het beschrijven van de vroegste Latijnse literatuur dienen we terdege te beseffen dat onze gegevens berusten op interpretaties van veel latere auteurs. Van orale literatuur en volkstoneel weten we heel weinig, terwijl we redelijk zijn ingelicht over genres die vanaf het eind van de tweede eeuw v.Chr. gecanoniseerd werden. In zekere zin is dit een probleem dat bij de gehele Romeinse literatuur een rol speelt. We kunnen immers alleen iets zeggen over wat overgeleverd is, en zijn dus altijd afhankelijk van wat latere generaties de moeite waard vonden om te kopiëren, te bewaren en te becommentariëren. In dat opzicht is literatuurgeschiedenis een verhaal, dat ten minste voor een deel fictief is.

Livius Andronicus en de Odyssee

Wanneer Livius Andronicus werd geboren is niet bekend, maar omstreeks 240 v.Chr. werd in Rome zijn eerste tragedie gespeeld. Er wordt aangenomen dat hij nog vóór het jaar 200 is overleden. Andronicus was een acteur uit de Griekse stad Tarente die als krijgsgevangene naar Rome kwam, waar hij huisleraar werd bij de familie Livius. Toen zijn meester hem vrijliet, nam hij, zoals gebruikelijk was, diens Romeinse naam over. Aan Livius Andronicus komt de eer toe het Griekse erfgoed in Rome geïntroduceerd te hebben. In de zogeheten saturnische versmaat, een metrum waarvan de oorsprong en de structurele kenmerken omstreden zijn, maakte hij een vertaling van de *Odyssee*. We kennen titels van een tiental tragedies en enkele komedies, maar wat ervan bewaard is gebleven mag geen naam hebben.

De fragmenten uit de *Odusia* (nog geen vijftig regels) zijn goed te vergelijken met het origineel, want Livius volgt het Grieks op de voet. De allereerste regel valt al op door haar bijzondere vorm:[4]

Virum mihi, Camena, insece versutum.

Evenals in het Grieks staat de man om wie het gaat voorop, nader aangeduid met het bijvoeglijk naamwoord *versutum* (wendbaar, listig), een vertaling van *polutropon*. Aardig is dat beide woorden, die in het Latijn de zin insluiten, allitereren, wat in mindere mate ook het geval is met de k-klanken in *Camena* en *insece* (bezing). Livius heeft de Griekse Muze vervangen door haar Romeinse equivalent, de Camena.

Van vakmanschap getuigt ook Livius' weergave van een balspel uit het achtste boek van de *Odyssee*:

Nexabant multa inter se flexu nodorum
dubio.[5]

'Zij verknoopten zich steeds met elkaar in een moeilijk ontwarbare kluwen van knopen.' Omdat *nexabant* en *nodorum* weer allitereren, *dubio* grammaticaal bij *flexu* hoort, en de zin over knopen gaat, kunnen we hier met recht spreken van het eerste geval van iconiciteit uit de Latijnse literatuur: de vorm van de zin illustreert de betekenis.

Voor zover we kunnen nagaan maakte Livius effectief gebruik van metaforen. Waar in het Grieks staat dat Odysseus' knieën knikten en zijn hart het begaf, zegt Livius: *cor frixit prae pavore* (zijn hart bevroor van vrees).[6] Elders zegt Procne dat haar zuster Philomela nooit haar hoofd heeft 'afgevijld' met Tereus, wat kennelijk een metafoor voor kussen is.[7]

Ten slotte zien we hoe Livius geworsteld moet hebben met de grammaticale aanpassing van Griekse namen aan de Latijnse grammatica. Zoals wij ons kunnen afvragen hoe je in het Nederlands het werkwoord 'updaten' vervoegt, waren de Romeinen het ook in latere eeuwen niet helemaal eens over de vraag of je in zulke gevallen Griekse of Latijnse uitgangen moet gebruiken. Livius besloot Calypso in de accusativus een Latijnse uitgang te geven, naar analogie met de godin Juno: *Calipsonem*, een vorm die enkele eeuwen later door Quintilianus met afschuw wordt geciteerd, hoewel hij toegeeft dat Caesar, die in kwesties van woordvorming als autoriteit gold, er geen bezwaar tegen had.[8]

Tot in de tijd van keizer Augustus was de *Odusia* van Livius Andronicus verplichte kost voor schooljongens. Pas toen leraren vlak voor het begin van onze jaartelling Vergilius als schoolauteur invoerden, was Livius' rol uitgespeeld. Toen was het ook snel gebeurd: een eeuw later was het al moeilijk exemplaren van zijn werk te vinden.

Het historisch epos van Naevius

Naevius was iets jonger dan Livius Andronicus en kwam oorspronkelijk uit Campanië, dat nog niet geromaniseerd was, maar wel binnen de Romeinse invloedssfeer viel. Tijdens de Eerste Punische Oorlog (264-241 v.Chr.) vocht hij aan Romeinse zijde. Een jaar of tien na het einde daarvan werd in Rome zijn eerste stuk gespeeld. Naevius schreef tragedies, komedies en een epos over de oorlog die hij had meegemaakt. Uit zijn werk blijkt een grote vertrouwdheid met de Griekse literatuur. Omdat hij er in zijn komedies niet voor terugdeinsde het Romeinse establishment te bespotten, schijnt hij enige tijd in de gevangenis te hebben doorgebracht, en het feit dat hij omstreeks het jaar 200 in het Noord-Afrikaanse Utica overleed, zou erop kunnen wijzen dat hij in Rome niet langer welkom was. Volgens Aulus Gellius dichtte hij zelf, in jamben, zijn eigen graf-schrift, dat van een uitzonderlijk zelfbewustzijn getuigt:

Immortales mortales si foret fas flere,
flerent divae Camenae Naevium poetam.
Itaque postquamst Orchi traditus thesauro,
obliti sunt Romae loquier lingua Latina.

Dit is de vertaling:

Mochten onsterflijken stervelingen bewenen,
beweenden de Camenen dichter Naevius.
Nadat hij dus aan Orchus' schathuis werd gegeven,[9]
vergaten de Romeinen goed Romeins te spreken.

In het Latijn staan onsterfelijken naast stervelingen, het woord voor 'bewenen' (flere) wordt herhaald, de eerste en laatste regel worden afgesloten met ronkende alliteraties.

Van Naevius is heel wat meer overgeleverd dan van Livius, toch is het maar een fractie van wat hij schreef. Als we de schaarse frag-menten van zijn komedies en tragedies bekijken, krijgen we de in-druk dat hij het er nogal dik bovenop legde. In een van zijn kome-dies staan deze regels: 'En zij die hoopt te trouwen met een frisjes bloeiend groentje, mag zij de versleten pook van een bejaarde han-teren?'[10] Elders allitereert hij lustig: Libera lingua loquemur ludis Liberalibus (met vrije tong zullen we spreken bij de Vrije Spelen).[11] Het woord lingua lijkt overigens Naevius' speciale belangstelling te hebben, want in een tragedie maakt hij een woordspeling waarin hij het met lingula (zwaardje) verbindt.[12] Hij heeft het Latijn ver-rijkt met enkele prachtige samenstellingen. Zo vormde hij silvicola (bosbewoner), thyrsigera (thysrsusdragend) en suavisonus (zoetklinkend), woorden die latere dichters dankbaar van hem overnamen. Zijn grootste schepping was het historisch epos *Bellum Punicum*, dat uit zeven boeken bestond en vermoedelijk een kleine vijfduizend verzen telde. Evenals Livius Andronicus koos Naevius voor de saturnische versmaat. Het gedicht begon met het aanroepen van de Muzen, de 'negen eensgezinde zusters, dochters van Jupiter', waarna Naevius de voorgeschiedenis van Rome beschreef. Voor het eerst werd een verband gelegd met de val van Troje en de vlucht van Aeneas, wiens nakomelingen de Eeuwige Stad zouden stichten. In het tweede boek werd de geschiedenis van de stichting van Rome tot aan het begin van de Eerste Punische Oorlog bezongen, waarna het conflict met Carthago in volle hevigheid losbarstte.

Er resteren zesenzestig regels, waarin weliswaar duchtig geallitereerd wordt en herhalingsfiguren veel voorkomen, maar waarin de dichter zich toch iets minder laat gaan dan in zijn tragedies. Kaal en zakelijk klinkt bijvoorbeeld een zin als deze: 'Consul Marcus Valerius leidt een deel van het leger op expeditie.'[13] Bijna cynisch lijkt deze droge presentatie van feiten: 'De Romein steekt over naar het ongerepte Malta. Hij brandschat, plundert, verwoest, ruimt de zaak van de vijand op.'[14]

Het idee om een historisch epos te schrijven was niet nieuw, want verscheidene Grieken waren Naevius voorgegaan,[15] en dat geldt ook voor het vermengen van historisch met mythisch of legendarisch materiaal. In het Latijn is Lucanus, die ten tijde van keizer Nero een epos schreef over de burgeroorlogen van Caesar en Pompeius, de belangrijkste navolger van Naevius geweest. Vergilius koos voor een andere benadering: zijn *Aeneis* is een mythisch heldenepos met een historisch perspectief.

Geschiedschrijving en retorica. Van Fabius Pictor tot Cato

In de tijd dat de outsider Naevius met zijn *Bellum Punicum* bezig was, besloot Quintus Fabius Pictor, een aristocraat uit een familie die menige veldheer geleverd had, de geschiedenis van de Romeinen in een prozawerk op te tekenen. Het feit dat zowel Naevius als Fabius de stad Rome als uitgangspunt nam, duidt erop dat er een Romeinse identiteit begon te ontstaan. Niet langer stond de clan of familie centraal, maar de (overigens heterogene) natie. Beide auteurs waren goed thuis in de Griekse literatuur en constateerden dat een zichzelf respecterend volk een eigen epiek en een eigen historiografie diende te hebben. Anders dan Naevius richtte Fabius zich op een internationaal lezerspubliek, want hij koos ervoor in het Grieks te schrijven. Dat zijn werk buiten Rome inderdaad gelezen werd, blijkt uit een fragment van de catalogus van een bibliotheek in Taormina op Sicilië, dat in 1969 werd aangetroffen tijdens de verbouwing van een groot hotel: 'Kouintos Phabios, genaamd Piktor, Romein, zoon van Gaios, die schreef over de aankomst van Herakles in Italië en ook over die van Lanoios en zijn strijdmakker Aineias en Askanios; veel later kwamen Romulos en Remos en de stichting van Rome door Romulos, die als eerste koning was.'[16] Het fragment maakt duidelijk dat ook Fabius in mythische tijden begon, uit andere bronnen weten we dat zijn verhaal minstens tot aan de slag bij het Trasumeense meer (217 v.Chr.) doorliep.

Er is veel gespeculeerd over de oorsprongen van de Romeinse geschiedschrijving. Cicero, die zijn eigen tijd in literair opzicht uiteraard veel hoger aansloeg dan het grijze verleden, gaat uit van een organische ontwikkeling van karige notities door hogepriesters tot bloemrijk proza van ontwikkelde denkers.[17] Maar het beeld dat Cicero schetst klopt niet. Het is waar dat de *pontifex maximus* (opperpriester) op witte borden een journaal bijhield van in religieuze zin opmerkelijke gebeurtenissen, maar als historische bron waren die vermoedelijk waardeloos. Deze notities, bekend onder de naam *Annales Maximi*, werden bovendien niet eerder dan aan het eind van de tweede eeuw v.Chr. in boekvorm uitgegeven, dus Fabius Pictor, die een eeuw eerder leefde, kan ze niet gebruikt hebben. Verder blijkt alleen al uit Fabius' keuze voor het Grieks dat hij eerder als een hellenistisch geleerde dan als een stugge Romein uit de oertijd gezien moet worden. Met Fabius Pictor begint dus de serieuze Romeinse geschiedschrijving, die net als het epos, de tragedie en de komedie Grieks van karakter was.

Marcus Porcius Cato (234-149 v.Chr.) was niet, zoals Fabius, van hoge adel, maar slaagde er niettemin in tot de senatorenstand door te dringen. Zijn ambities werden bekroond met een consulaat in 195 en het ambt van censor in 184. Deze zogeheten *censura* oefende hij dermate streng uit dat hij bekend is gebleven als Cato de Censor.[18] Hoewel ook Cato de Griekse literatuur goed kende, liet hij geen gelegenheid onbenut om te waarschuwen tegen alles wat indruiste tegen de goede oude Romeinse normen en waarden. Vermaard is een tijdens zijn consulaat gehouden redevoering tegen de opheffing van de *lex Oppia*, een in 215 ingevoerde wet die de luxe en vrijheid van vrouwen aan banden legde. De geschiedschrijver Titus Livius parafraseert met instemming Cato's tirade tegen vrouwelijke losbandigheid:

Geef een onbeheerst wezen en een ongetemd schepsel maar de vrije teugel, en hoop dan dat ze zelf aan die bandeloosheid paal en perk zullen stellen! [...] U hebt mij dikwijls horen klagen over de uitgaven van vrouwen en dikwijls over die van mannen, zowel privé als in functie, en mij horen zeggen dat onze gemeenschap lijdt aan twee tegengestelde gebreken: hebzucht en weeldezucht, kwalen die alle grote rijken te gronde hebben gericht.[19]

Livius citeert de woorden niet letterlijk (misschien kon hij al niet meer over de tekst beschikken), maar gelukkig levert Aulus Gellius ons forse gedeelten over van een rede die Cato in 167 in de senaat gehouden heeft ter verdediging van het eiland Rhodos, dat de Romeinen op een kritiek moment niet gesteund had.[20] Op grond van die redevoering is het aannemelijk dat Cato op zijn minst oppervlakkige kennis van de Griekse retorica bezat. Maar in zijn optiek was een redenaar in de eerste plaats een onkreukbaar mens, een *vir bonus, dicendi peritus* (een goed man, doorkneed in het spreken).[21]

Cato's beroemdste woorden, die hij steevast aan het einde van iedere rede zou hebben uitgesproken, zijn: *Ceterum censeo Carthagi-*

nem esse delendam (overigens ben ik van mening dat Cathago vernietigd moet worden). Helaas is dit verhaal apocrief. Zijn Griekse biograaf Plutarchus vertelt weliswaar dat hij enkele malen iets dergelijks gezegd heeft, maar het citaat komt in de antieke bronnen niet voor.[22]

Cato hield zich ook bezig met geschiedschrijving. Anders dan Fabius Pictor koos hij uiteraard voor het Latijn, maar om de verbondenheid van Rome met Italië als geheel te benadrukken, besteedde hij ook veel aandacht aan lokale geschiedenis van allerlei steden op het schiereiland, in de traditie van Griekse stichtingsverhalen. Het boek heette dan ook *Origines* (oorsprongen). Het merkwaardigste aspect van dit werk was Cato's neiging zo min mogelijk eigennamen te gebruiken. Het ging immers om Rome, niet om de persoonlijke belevenissen van individuele Romeinen. Hoe consequent hij dit principe heeft volgehouden, valt niet meer na te gaan. Het staat wel vast dat hij grote delen uit zijn eigen redevoeringen in het boek opnam.

Het enige werk van Cato dat ons compleet is overgeleverd, is een handboek over landbouw, *De agri cultura*, dat de staatsman aan het eind van zijn leven schreef. Het boek handelt over het beheer van een landgoed en bevat de meest uiteenlopende adviezen op het gebied van wijnbouw, olijventeelt, gezondheid, personeelsbeleid en landelijke rituelen. In zijn voorwoord weegt hij verschillende beroepsgroepen tegen elkaar af, en komt tot de slotsom dat landbouw de voorkeur verdient. Als onze voorouders, zo zegt hij, een goed man prezen, 'dan prezen ze hem zo: een goede boer en een goede landman. Het werd de hoogste lofprijzing geacht wanneer iemand zo geprezen werd. Een handelaar nu acht ik een flinke kerel die zich inzet om kapitaal te verwerven, maar zoals ik eerder zei, het is gevaarlijk en vol problemen. Maar uit boeren komen de dapperste mannen, de flinkste soldaten voort. Het leidt ook tot de meest fatsoenlijke winst, de duurzaamste en minst benijde. Degenen die zich met dit werk bezighouden, hebben de minst slechte gedachten.'[23]

Uit deze passage blijkt wederom dat Cato geen voorstander van fraaie woordkunst was: *rem tene, verba sequentur* was zijn adagium: 'Houd je bij het onderwerp, dan volgen de woorden vanzelf.'[24] Cato meende dat ook dit tot zijn onderwerp behoorde:

Kleding voor het personeel. Een tunica van drie en een halve voet lengte; overgooiers om het andere jaar. Telkens als je iemand een tunica of overgooier geeft, moet je eerst de oude terugnemen, waar men lappenjassen van kan maken. Men moet om het andere jaar goede klompen geven.[25]

En:

Iets tegen darmkramp, bij diarree en bij last van lint- en spoelwormen. Neem dertig onrijpe granaatappels, maak ze fijn en doe ze in een kruik met drie *congius* donkere, droge wijn. Deze dichtkitten. Na dertig dagen openen en gebruiken. Drink hiervan een *hemina* op de nuchtere maag.

Dat deze auteur degene was die, zoals we later zullen zien, de subtiele dichter Ennius een springplank voor zijn literaire carrière verschafte, mag wel een wonder heten. Met zijn aandacht voor het simpele boerenleven was Cato conservatiever en aanzienlijk minder verfijnd dan de komediedichters Plautus en Terentius, wier werk hij zeker gekend heeft.

De vette grappen van Plautus

Titus Maccius Plautus ('clown platvoet') werd omstreeks 250 v.Chr. geboren in Umbrië, dat toen nog niet geheel gelatiniseerd was. Zijn biografie kennen we slechts uit enkele verspreide opmerkingen van Cicero en Gellius. Hij was, indien we onze zegslieden mogen geloven, van nederige afkomst, maar als theatermaker verdiende hij in Rome nogal wat geld, dat hij vervolgens door onbesuisde speculatie verloor, zodat hij zelfs enige tijd bij een bakker in een tredmolen heeft moeten lopen om aan de kost te komen. Hoeveel komedies Plautus heeft geschreven weten we niet, volgens Gellius circuleerden er ooit ongeveer 130 onder zijn naam, hetgeen erop kan duiden dat 'Plautus' eerder een genreaanduiding was geworden dan een bewijs van auteurschap. De grote geleerde Varro, een tijdgenoot van Cicero, scheidde het kaf van het koren en wees, waarschijnlijk vooral op stilistische gronden, eenentwintig stukken als authentiek aan.[26] Deze zijn allemaal overgeleverd.

Het genre dat Plautus beoefende wordt *fabula palliata* genoemd: toneel in Griekse kostuums (een *pallium* is een Griekse mantel). Daarbij gaat het om vrije vertalingen of bewerkingen van Griekse komedies, met name die van de Atheense dichter Menander (342- 293 v.Chr.). Omdat het werk van Menander zeer gehavend tot ons is gekomen, valt niet precies na te gaan hoe origineel Plautus en zijn navolgers waren, wat classici er uiteraard niet van weerhouden heeft eindeloos te speculeren over de exacte verhouding tussen de Griekse voorbeelden en hun Romeinse bewerkingen. Soms doet een onhandige of te ingewikkelde plot vermoeden dat Plautus twee oorspronkelijke stukken in elkaar heeft geschoven, soms ligt het voor de hand aan te nemen dat een bepaald personage is toegevoegd of een grotere rol heeft gekregen. Het samenvoegen van twee of meer Griekse originelen tot één Latijns stuk wordt door filologen neerbuigend *contaminatio* (besmetting) genoemd, een term die geheel voorbijgaat aan het feit dat de Romeinse theaterbezoeker helemaal geen boodschap had aan Plautus' bronnen. Het gaat er niet om waar Plautus het vandaan heeft, maar of zijn stukken wérken op het podium.

Permanente theaters waren er in deze tijd nog niet. De zakelijk leider van een toneelgezelschap voerde onderhandelingen met de *aediles*, de wethouders die belast waren met de organisatie van religieuze en sportieve festivals. Was er afgesproken dat er toneelvoorstellingen zouden plaatsvinden bij de *ludi Megalenses*, een aan de moedergodin Magna Mater gewijd festival in april, dan bouwde de producent een tijdelijk theater op het terrein dat hem was toegewezen. Het publiek was zeer gemêleerd. In navolging van Etruskische dansers en Griekse acteurs droegen ook de Romeinse spelers maskers.

Het is belangrijk te beseffen dat de komedies niet werden geschreven om gelezen te worden, en dat acteurs de vrijheid namen de teksten naar eigen inzicht aan te passen. Pas aan het eind van de tweede eeuw v.Chr. kwamen liefhebbers op het idee de stukken te verzamelen en te bestuderen. We kunnen er dus nooit zeker van zijn dat de ons overgeleverde teksten in hun huidige vorm de schrijftafel van Plautus en Terentius hebben verlaten. Op het moment dat het Romeinse establishment belangstelling voor de komedie kreeg, was de bloeiperiode van het genre al voorbij. In de late republiek en in de keizertijd keek men liever naar zogeheten 'mimen', kluchten die een grote mate van improvisatie toelieten.

Het merkwaardigste aspect van Plautus' komedies (het geldt ook voor Terentius) is de vermenging van Griekse en Romeinse elementen. De stukken spelen in Athene, de personages hebben Griekse namen, maar de taal en de toon zijn Latijnser dan Latijns. Plautus' idioom en zinsbouw verschillen echter aanzienlijk van het klassieke Latijnse proza, dat van meet af aan een min of meer gestileerde kunsttaal is geweest. Geen andere Romeinse auteur blijft zo dicht bij de spreektaal en purisme is hem vreemd, zodat hij ook Griekse woorden gebruikt die kennelijk op bepaalde terreinen des levens courant waren, zoals culinaire termen. Daarbij gaat het vaak om woorden die in klassiek Grieks niet voorkomen.

Plautus' komedies maken een volkse indruk, maar zitten over het algemeen knap in elkaar. Evenals Menander bedient hij zich van vaste typetjes, zoals de slimme slaaf, de verliefde adolescent die zijn vaders geld erdoor jaagt, de strenge vader, de gemene pooier en de decadente prostituee. Het nadeel daarvan is dat de karakters vaak erg voorspelbaar zijn. Ook het niveau van de humor is niet altijd even hoogstaand. Niettemin zijn de verwikkelingen en dialogen meestal geestig genoeg om een niet al te veeleisend publiek te amuseren.

Wat opvalt, is dat Plautus de draak steekt met de strenge Romeinse normen en waarden. Slaven winnen het van meesters, zoons draaien hun vaders een poot uit, er wordt onbekommerd geld over de balk gesmeten, overspel is eerder regel dan uitzondering. Daarbij is het handig dat de stukken in Griekenland spelen, dat als een soort omgekeerde wereld wordt gepresenteerd. Dit gegeven hangt samen met de aard van de festivals waarop de stukken werden gespeeld. De tijdelijke omkering van de moraal diende als uitlaatklep, die uiteindelijk natuurlijk normbevestigend werkte. Dat is niet verwonderlijk bij amusement dat door de overheid wordt gesubsidieerd.

Plautus' *Amphitruo* wijkt in zoverre af van alle andere Latijnse komedies dat het een mythologische plot heeft. In de Griekse mythische traditie is Amphitryo een Thebaanse veldheer die met de beeldschone Alcmena getrouwd is. Tijdens zijn afwezigheid deelt Zeus met haar het bed, maar hij doet dat in de gedaante van Amphitryo, zodat Alcmena niets in de gaten heeft. Het kind dat hij verwekt zal Heracles zijn. Dat dit verhaal zich leent voor een komische uitwerking, is duidelijk.

In de proloog vertelt de god Mercurius dat zijn vader Jupiter op dat moment (het is vroeg in de morgen) met Alcumena in bed ligt, die zwanger is van zowel Amphitruo als Jupiter. Vandaag zal de echte Amphitruo na een veldtocht van enige maanden terugkeren. Mercurius heeft de gedaante van Amphitruo's slaaf Sosia aangenomen. Het publiek krijgt een herkenningsteken waaraan het kan zien wie de echte Amphitruo en Sosia zijn, en wie hun goddelijke dubbelgangers. Dan komt Sosia op, die zijn meesteres moet aankondigen dat de heer des huizes in aantocht is. Onderweg oefent hij hardop het verslag dat hij van de veldtocht zal geven, hetgeen door Mercurius wordt afgeluisterd. Wanneer Mercurius tevoorschijn komt en zich als Sosia voorstelt, is Sosia uiteraard verbijsterd. Mercurius noemt Sosia een oplichter en bewijst dat hij de echte is door nauwkeurig verslag te doen van de veldtocht. Sosia is in totale verwarring, krijgt bovendien een paar rake klappen en keert met hangende pootjes terug naar het schip van zijn meester.

Juppiter en Alcumena komen nog nagenietend naar buiten. De god heeft haast om te vertrekken, want, zegt hij, het krijgsvolk mag niet merken dat hij 's nachts het kamp heeft verlaten om bij zijn vrouw te kunnen zijn. Bij zijn vertrek laat hij de nacht eindigen, die hij extra lang had laten duren. Dan komen Amphitruo en Sosia op. Amphitruo vindt het verhaal van zijn slaaf, die naar eigen zeggen door zichzelf is weggestuurd, nogal vreemd. Maar het wordt nog vreemder. Alcumena verbaast zich erover dat Amphitruo nu al terug is, terwijl híj na maanden afwezigheid een heel andere ontvangst had verwacht. Wanneer ze zegt dat hij vannacht nog bij haar was, ontsteekt Amphitruo in woede: kennelijk heeft zijn vrouw overspel gepleegd, wat zij uiteraard ontkent. Hij gaat terug naar zijn schip om een getuige te halen die kan bewijzen dat hij echt pas vanmorgen is aangekomen. In de monoloog van Jupiter die hierop volgt, kondigt de god aan dat hij de verwarring nog gaat vergroten, maar dat alles uiteindelijk goed zal komen.

Vervolgens biedt Jupiter, nog steeds in de gedaante van Amphitruo, Alcumena zijn excuses aan voor zijn harde woorden: hij had haar alleen maar op de proef willen stellen. Leuk vindt Alcumena het niet, maar ze accepteert zijn verklaring. De god stuurt Sosia naar het schip om kapitein Blepharo te gaan halen, vervolgens trekt hij zich met Alcumena terug om voor het laatst met haar de liefde te bedrijven. Mercurius krijgt de opdracht Amphitruo nog even buiten de deur te houden. De god gaat op het dak staan en doet alsof hij dronken is. Wanneer Amphitruo terugkeert, vindt hij de deur op slot. Mercurius veinst hem niet te herkennen, wat tot een smakelijke scheldpartij over en weer leidt.

Helaas ontbreken in de handschriften dan enkele passages, zodat het exacte verloop van de gebeurtenissen niet helemaal helder is, maar waar de tekst weer begint staan Amphitruo, Jupiter en Blepharo op het toneel. Blepharo ziet twee Amphitruo's, Amphitruo denkt dat hij gek is geworden, Jupiter gaat naar binnen omdat Alcumena aan het bevallen is. Er moeten daarna enkele *special effects* geweest zijn, want in de volgende scène komt de slavin Bromia naar buiten,[27] die vertelt dat Alcumena na een verschrikkelijke donderslag pijnloos is bevallen van een tweeling. Dan ziet ze haar meester verdoofd op straat liggen. Ze vertelt hem over de bevalling en hoe een van de pasgeborenen twee slangen op zich af zag komen, die hij met zijn kleine handjes wurgde, waarna Jupiter was verschenen om zijn vaderschap bekend te maken. Ten slotte komt Jupiter op om Amphitruo ook persoonlijk in kennis te stellen van de toedracht. Vreemd genoeg is de bedrogen echtgenoot buitengewoon opgetogen over het feit dat de oppergod zijn vrouw had uitverkoren. Daarmee eindigt het stuk.

De wijze waarop de plot zich ontvouwt is niet bepaald feilloos, en zeker de laatste akte lijkt slordig in elkaar geflanst. Amphitruo is eerder een opeenvolging van komische situaties dan een hecht gestructureerd geheel. Maar de scènes waarin Sosia door Sosia wordt geschoffeerd, Amphitruo zijn vrouw voor het eerst weer ziet, en de onechte Sosia zogenaamd zijn meester niet herkent, zijn briljant. Hoe onwaarschijnlijk de gebeurtenissen ook zijn, de verwarring van de personages deelt zich onherroepelijk mee aan de lezer of toeschouwer, die zich angstig gaat afvragen of hij wel zeker weet dat hij zichzelf is. In dat opzicht is Amphitruo een knappe psychologische thriller. Het cynisme waarmee de goden een spelletje met de mensen spelen, doet eerder denken aan de hardste tragedies van Euripides dan aan de flauwiteiten van Menander.

De personages van Plautus weten dat ze in een komedie spelen. Plautus maakt geregeld gebruik van vervreemdingseffecten door een karakter commentaar te laten leveren op zijn eigen rol. In Amphitruo is het Mercurius die in de proloog vertelt in wat voor stuk hij speelt: volgens hem is er sprake van een tragicomoedia. Dat literaire zelfbewustzijn is nog sterker in Pseudolus, waarin de gelijknamige hoofdpersoon zich meermalen uitlaat over zijn eigen positie. Het is goed mogelijk dat Plautus, die als acteur zelf de hoofdrol vertolkte, met dit late stuk zijn literair testament heeft afgeleverd.

Pseudolus is wat betreft structuur en thematiek redelijk representatief voor de Latijnse komedie in het algemeen. De protagonist is een listige slaaf die willens en wetens grote risico's neemt om zijn doelen te verwezenlijken en ondanks onverwachte gebeurtenissen uiteindelijk steeds de regie in handen houdt.[28] Aan het begin van het stuk is de jonge Calidorus in zak en as. Als goede klant van zijn buurman, de pooier Ballio, is hij verliefd geworden op een van diens employees, Phoenicium, maar nu heeft hij gehoord dat zij verkocht is aan een Macedonische soldaat. Van de koopsom van twintig mina is reeds driekwart voldaan en ieder moment kan een bediende van de man de overige vijf mina komen brengen en het meisje ophalen.[29] Pseudolus biedt aan zijn jonge meester te helpen, desnoods door het benodigde geld bij Simo, Calidorus' vader, los te peuteren. Intussen komt de intens gemene Ballio zijn huis uit. Omdat het zijn verjaardag is, wil hij een groot feest vieren. Hij kaffert zijn slaven en hoertjes uit en stuurt hen de stad in om rijke klanten te gaan werven. Wanneer Calidorus hem vraagt of hij Phoenicium kan kopen, wil Ballio uiteraard eerst geld zien, maar eigenlijk is het meisje helemaal niet te koop. Calidorus reageert opgelucht en prijst Ballio als was hij Jupiter, waarop de schurk (je voelt de grap al lang van tevoren aankomen) verklaart dat Phoenicium niet te koop is omdat ze al verkocht is. Calidorus en Pseudolus besluiten nu Ballio te gaan uitschelden:

Pseudolus: Schaamteloze kerel!
Ballio: Inderdaad.
Calidorus: Misdadiger!
Ballio: Je hebt gelijk.
Pseudolus: Schurk!
Ballio: Natuurlijk.
Calidorus: Grafschender!
Ballio: Zeker.
Pseudolus: Tuig van de richel!
Ballio: Goed gezegd.
Calidorus: Matennaaier!
Ballio: De spijker op zijn kop.
Pseudolus: Vadermoordenaar!
Ballio: Ga door.[30]

Inderdaad gaat het zo nog even door. Toch zegt Ballio toe dat hij zijn contract met de Macedoniër zal verbreken als Calidorus eerder met het geld over de brug komt. Pseudolus draagt zijn meester op een slimme en betrouwbare vriend te gaan zoeken. In de daaropvolgende monoloog vergelijkt Pseudolus zichzelf met een dichter die met niets begint maar toch iets op papier krijgt en erin slaagt iets totaal onzinnigs waar te laten lijken. Voor de oplossing van Calidorus' probleem is dichterschap vereist. Dan verschijnt Simo samen met een vriend. Hij blijkt al te weten dat zijn zoon Phoenicium wil kopen. Pseudolus speelt hoog spel: hij wedt met Simo dat hij het meisje vandaag nog in handen zal krijgen en dat Simo ervoor zal betalen. Als het hem niet lukt, mag Simo met hem doen wat hij wil, maar als het hem wel lukt, is Simo hem twintig mina verschuldigd. Nadat Simo is vertrokken, belooft Pseudolus het publiek dat hij in zijn opzet zal slagen: 'Wie het podium betreedt, moet altijd op een nieuwe manier iets nieuws bedenken. Lukt hem dat niet, dan behoort hij plaats te maken voor iemand die daartoe wél in staat is.'[31]

Vervolgens komt Harpax op, de bediende van de Macedoniër. Pseudolus geeft zich uit voor een slaaf van Ballio, maar Harpax wil hem niet het geld geven. Wel overhandigt hij hem een brief met zijn zegel. Pseudolus adviseert Harpax zolang in een herberg zijn intrek te nemen. In een quasi-filosofische monoloog schept de slaaf op over zijn eigen slimheid, die hem in staat stelt adequaat op de luimen van Fortuna te reageren. Wanneer Calidorus opkomt met zijn vriend Charinus, spreekt de slaaf hen op verheven wijze aan:

Io, io, te, te, turanne, te, te ego, qui imperitas Pseudolo,
quaero quoi ter trina triplicia, tribu' modis tria gaudia,
artibus tribu' tris demeritas dem laetitias, de tribus
fraude partas per malitiam, per dolum et fallacias;
in libello hoc opsignato ad te attuli pauxillulo.

Hoera, hoera, u, vorst, gij die over Pseudolus beveelt, u
zoek ik om u driemaal drievuldig driedubbele vreugde, op drie
manieren,

drie met drie trucs verdiende geluksmomenten te geven, met
bedrog
op drie personen buitgemaakt met slechtheid, list en
misleiding:
ik breng het u in dit onooglijk kleine verzegelde documentje.[32]

Charinus reageert terecht: 'Wat tragedieert die onverlaat erop los!'
Als Calidorus informeert hoe Pseudolus aan de brief komt, antwoordt deze dat hij dat het voor het publiek wel erg saai zou worden als hij dat nog een keer zou moeten uitleggen. Op zijn verzoek
belooft Charinus een slimme slaaf te zullen leveren, die de rol van
Harpax zou kunnen spelen. Tevens leent Charinus Pseudolus voor
één dag vijf mina.

In de derde akte komt Ballio thuis met de kok van een catering-
bedrijf, met wie hij een oeverloze discussie voert over de nieuwste
trends in de culinaire sector. Voor de plot heeft deze scène geen
relevantie, voor de tekening van Ballio's karakter des te meer. Deze
vertelt onderweg Simo te zijn tegengekomen, die hem ervoor heeft
gewaarschuwd dat Pseudolus van plan is Phoenicium in handen te
krijgen. Dan verschijnt Simia, de slaaf van Charinus, die zich inmiddels heeft uitgedost als de Macedonische bediende. Na Pseudolus' instructie overhandigt Simia de vijf mina en de verzegelde
brief aan Ballio, die er natuurlijk meteen intrapt: Simia krijgt
Phoenicium mee. In een monoloog bespot Ballio Pseudolus, omdat
deze het meisje niet in handen heeft gekregen.

Simo is er echter niet zo zeker van dat Ballio Phoenicium aan de
juiste persoon heeft meegegeven. Ballio belooft Simo twintig mina
te geven als hij zich inderdaad vergist heeft. Wanneer Harpax opkomt, zien Simo en Ballio hem eerst aan voor een door Pseudolus
gestuurde intrigant, maar algauw wordt duidelijk dat Ballio erin
geluisd is. Hij is nu zowel aan de Macedoniër als aan Simo twintig
mina schuldig.

In de laatste akte verschijnt Pseudolus glorieus en dronken op
het toneel. In huis is een feestje gaande, maar Pseudolus wil eerst
het geld van de weddenschap innen. Morrend neemt Simo zijn ver-

lies. Wanneer de slaaf hem uitnodigt voor het festijn, vraagt Simo of de toeschouwers ook mee mogen. Pseudolus: 'Hoezo? Zij hebben toch ook niet de gewoonte mij uit te nodigen – dus ik hen ook niet. Nou ja, als jullie hard klappen en dit gezelschap en dit stuk bijval betuigen, zal ik jullie voor morgen uitnodigen.'[33]

De intrige van Pseudolus is duizelingwekkend, toch draait het stuk niet daarom, maar om de karakters en de taal. De grappen zijn vaak flauw, maar de dialogen zijn flitsend en scherp. Plautus blinkt uit in het parodiëren van de ronkende taal uit epos en tragedie, terwijl hij soms overschakelt op het jargon van een bepaalde beroepsgroep, zoals in dit stuk dat van de horecabranche. Opvallend is hoe weinig scrupules de personages hebben als ze hun doel willen bereiken: ze gaan weliswaar niet over lijken, maar van zachtzinnigheid is ook geen sprake. De stukken spelen vaak in de Atheense penose, maar hebben, zeker aan het slot, de kneuterige sfeer van Swiebertje. De wijze waarop Plautus, door personages op de planken over hun rol te laten filosoferen, het publiek betrekt bij zijn techniek, is zonder meer geestig.

Het is vooral zijn meesterschap over de taal dat hem de meerdere maakt van zijn jongere tijdgenoot Caecilius en van Terentius, die een halve eeuw jonger was. Varro zegt: 'Voor zijn plots verdient Caecilius de erepalm, voor zijn karakters Terentius, voor zijn taal Plautus.'[34] Van Caecilius (ca. 220-168) weten we te weinig om Varro gelijk te kunnen geven, maar Terentius kennen we wél.

De ingewikkelde plots van Terentius

Publius Terentius Afer werd in 195 of in 185 v.Chr. in Carthago geboren. Zijn naam wijst erop dat hij als slaaf door de familie Terentius naar Rome is gebracht, waar hij na zijn vrijlating de bijnaam 'de Afrikaan' kreeg. Uit de periode tussen 166 en 160 zijn er zes komedies van hem bewaard gebleven. Hij schijnt omstreeks 159 overleden te zijn. Excelleert Plautus in taalgrappen, Terentius heeft meer oog voor psychologie. Omdat zijn stijl wat rustiger is en zijn karakters wat beter zijn uitgewerkt, omdat hij gewoon een stuk braver is, kon Terentius in tegenstelling tot Plautus uitgroeien tot een geliefd schoolauteur die gedurende de gehele Oudheid, Middeleeuwen en Renaissance gelezen bleef worden.

Evenals Plautus baseerde Terentius zich op Griekse modellen, met name de stukken van Menander, die hij overigens naar believen bewerkte en in elkaar schoof. Dat levert hier en daar plots op die zo ingenieus zijn geconstrueerd dat de toeschouwers ze aan het eind van de voorstelling slechts met zeer grote moeite zouden kunnen navertellen. Een goed voorbeeld biedt *Heauton timorumenos* uit het jaar 163 v.Chr. De Griekse titel betekent 'hij die zich op zichzelf wreekt'.

Terentius, die in 163 nog een jonge man was, laat in de proloog de leider van het toneelgezelschap, de oudere acteur Lucius Ambivius Turpio, reageren op de kritiek die zijn stukken hebben gehad. Zijn concurrent Luscius Lanuvinus beschuldigt Terentius ervan dat hij Griekse voorbeelden 'contamineert', waaruit zou blijken dat hij veel te vroeg is gedebuteerd. Terentius is evenwel niet van plan daarop in te gaan: het publiek moet maar oordelen. Wat Terentius schrijft is in ieder geval heel wat beter dan dat stompzinnige heen-en-weer-geren van gestoorde slaven, zoals het werk van Luscius te zien geeft. Voor een acteur op leeftijd is het aanzienlijk prettiger in een komedie van Terentius te staan, die om *pura oratio* (louter taal) draait: het gaat om de dialogen, niet om hysterisch stuntwerk. Dat een *coming man* als Terentius stelling neemt met zo'n bedaagde proloog tekent zijn karakter.

De zelfkweller uit de titel blijkt een zestigjarige Athener te zijn die zich op een klein stukje land afbeult om zichzelf te straffen voor het feit dat hij zijn zoon Clinia het huis uit gejaagd heeft. Menedemus stond de jongen niet toe om te gaan met de straatarme Antiphila, de dochter van een vrouwtje uit Corinthe, waarop Clinia zijn biezen had gepakt en als soldaat naar Klein-Azië was vertrokken. Menedemus wordt door zijn buurman Chremes voor het Dionysusfeest uitgenodigd, maar de sombere vader ontzegt zich ieder plezier.

Chremes' zoon Clitopho vertelt zijn vader dat Clinia terug is uit de oorlog, maar Menedemus nog niet onder ogen durft te komen, waarop Chremes de strengheid van zijn buurman verdedigt. Dat Chremes een voorstander van een degelijke opvoeding is, kan voor Clitopho geen nieuws zijn, want zelf is hij verliefd op Bacchis, een prostituee met een gat in haar hand, hetgeen hij angstvallig voor zijn vader verborgen houdt. Nu hebben de jongelieden hun slaven Syrus en Dromo naar de stad gestuurd om na te gaan of Antiphila nog steeds van Clinia houdt. Wanneer de slaven terugkomen, blijken ze behalve Antiphila ook Bacchis te hebben meegenomen. Syrus bedenkt nu een riskant plan om Menedemus met Clinia en Antiphila te verzoenen. Daarvoor is het nodig dat Bacchis zolang doorgaat voor Clinia's liefje. Omdat Clinia weinig keus heeft, legt hij zijn lot in Syrus' handen.

Als de dames opkomen, krijgt de bedeesde Antiphila juist een preek van haar door de wol geverfde metgezel. Bacchis prijst het arme kind om haar ingetogen levenswandel, die geheel in overeenstemming is met haar financiële situatie. Rijke hoeren hebben het veel moeilijker:

Het is immers in jullie voordeel rechtschapen te zijn. Voor ons, die geld hebben, is dat natuurlijk niet weggelegd, want wij leven van de minnaars die op onze schoonheid afstuiven. Wanneer die schoonheid afneemt, richten zij hun aandacht op anderen, en als we niet intussen onze maatregelen hebben getroffen, blijven we eenzaam achter. Wanneer jullie eenmaal het besluit hebben genomen te gaan samenleven met één man, die in levenswandel niets van jullie verschilt, schikken die zich naar jullie. Dat heeft het voordeel dat jullie geheel aan elkaar gebonden zijn, zodat geen enkele ramp jullie liefde ooit kan verstoren.[35]

Dat is een dubieus compliment voor een arm meisje dat nog maar moet afwachten of ze met de man van haar dromen kan trouwen. Het weerzien met Clinia is overigens roerend.
Chremes, die te horen heeft gekregen dat Bacchis de geliefde van

Clinia is, wil bij Menedemus wel een goed woordje voor de verloren zoon doen. Hij vertelt de door berouw geplaagde vader dat zijn zoon terug is, maar dat de beoogde huwelijkspartner een veeleisende courtisane is. Als Menedemus nu te enthousiast op Clinia's thuiskomst reageert, zal de jongen daar ongetwijfeld misbruik van maken door zijn vader financieel uit te kleden. Omdat Chremes begrepen heeft dat de slaven Syrus en Dromo van plan zijn Menedemus geld afhandig te maken, adviseert hij zijn buurman dit gewoon te laten gebeuren, zogenaamd zonder dat hij in de gaten heeft dat het geld voor zijn zoon is: zo kan hij in de ogen van Clinia een strenge vader blijven. In de volgende scène kondigt Syrus inderdaad aan op pad te zullen gaan om Menedemus in te palmen. Chremes spreekt zijn zoon Clitopho bestraffend toe: hij moet met zijn handen van Bacchis afblijven.

Syrus onthult Chremes zijn plan. Hij vertelt hem dat Bacchis ooit geld had geleend aan een arme vrouw, die niet in staat bleek de lening af te lossen. Toen ze overleed viel haar dochter, Antiphila, als erfenis toe aan Bacchis. Nu heeft Bacchis, aldus Syrus, Clinia het meisje als slavin aangeboden, maar ze vraagt er wel een fors bedrag voor, dat Clinia uiteraard niet kan betalen. Syrus stelt dan ook voor het meisje, dat oorspronkelijk uit een goede Carische familie kwam, aan Menedemus te verkopen. Chremes vermoedt echter dat zijn sombere buurman daar niet op zal ingaan.

Inmiddels heeft Sostrate, Chremes' vrouw, de ring van Antiphila herkend. Lang geleden had Chremes haar opgedragen hun pasgeboren dochter te vondeling te leggen, wat de volgzame Sostrate had uitbesteed aan een Corinthische vrouw. Deze had het kind echter bij zich gehouden, en nu is er geen twijfel mogelijk dat Antiphila de doodgewaande dochter van Chremes en Sostrate is. Wanneer Syrus dit hoort, vreest hij dat zijn plannetje gaat mislukken. Maar hij is niet voor één gat te vangen. Hij spoort Clinia aan het spel nog even mee te spelen, teneinde ook Bacchis veilig te stellen voor zijn vriend Clitopho.

Kunt u het nog volgen? Nu wordt het pas echt ingewikkeld. Op aanraden van Syrus gaat Clinia samen met Bacchis naar zijn vader, met de opdracht hem de waarheid te vertellen, namelijk dat in werkelijkheid Antiphila zijn geliefde is, en Bacchis die van Clitopho. Menedemus zal dit, denkt Syrus, zeker aan zijn buurman Chremes gaan vertellen, die dit uiteraard niet zal geloven.

Wanneer Clinia en Bacchis zijn vertrokken, vertelt Syrus zijn meester wat er gaat gebeuren: Clinia zal zijn vader vertellen dat niet Bacchis, maar Antiphila zijn liefje is, in de hoop dat Menedemus in dat geval bereid zal zijn de bruiloft te betalen. Chremes vindt het een slecht plan, want het zou betekenen dat hij zijn dochter voor de vorm zou moeten uithuwelijken aan de minnaar van een hoer! Syrus snapt het probleem, maar wijst Chremes erop dat Antiphila Bacchis nog tien mina schuldig is, en dat geld moet wel ergens vandaan komen. Chremes voelt zich klemgezet en besluit het bedrag zelf te betalen. Syrus raadt hem aan het geld aan zijn zoon Clitopho te geven, zodat die het Bacchis kan overhandigen. Chremes gaat akkoord.

Als Clitopho van een lange wandeling terugkeert, hoort hij dat Bacchis bij Menedemus is, en met graagte neemt hij de taak op zich haar het geld te gaan brengen. Chremes zucht dat zijn nieuwe dochter hem binnen een dag al een vermogen heeft gekost. Vervolgens komt Menedemus zijn buurman vertellen dat Clinia bekend heeft verliefd te zijn op Antiphila en dat Bacchis het vriendinnetje van Clitopho is. Chremes legt Menedemus uit dat dit alles slechts een list is om hem geld afhandig te maken, maar als Menedemus zijn zoon via een omweg geld wil geven, is het misschien niet zo slecht het spel mee te spelen. Menedemus mag Clinia dan ook meedelen dat Chremes zijn dochter graag aan hem geeft.

Nadat Menedemus dit bericht heeft overgebracht, is Clinia uiteraard dolblij, veel blijer dan zou passen bij een verzonnen liefde. Ook het feit dat Clitopho en Bacchis liggen te vrijen, wijst erop dat de situatie anders is dan beide vaders gedacht hadden. Menedemus vraagt Chremes of hij ook onder deze omstandigheden zijn dochter aan Clinia wil uithuwelijken. Chremes gaat akkoord, op voorwaarde dat Antiphila als bruidsschat zijn gehele vermogen meeneemt. Wanneer Menedemus verbijsterd op dit onzinnige aanbod reageert, legt Chremes uit dat dit Clitopho, die dan dus zonder erfdeel achterblijft, een lesje zal leren. Clitopho is inderdaad wanhopig als hij het hoort: voor ieder dubbeltje zou hij bij zijn zusje moeten aankloppen. Syrus suggereert hem dat Chremes misschien niet zijn echte vader is. Onmiddellijk gaat Clitopho het zijn moeder vragen.

Sostrate is furieus als ze hoort wat Chremes heeft gedaan, maar deze reageert nogal koeltjes:

Omdat Clitopho in karakter jouw evenbeeld is, zul je hem er gemakkelijk van overtuigen dat hij werkelijk jouw kind is. Hij lijkt precies op jou: hij heeft geen enkele slechte eigenschap, of jij hebt die ook. Geen andere vrouw dan jij zou zo'n zoon kunnen baren.[36]

Sostrate bezweert Clitopho niet te twijfelen aan zijn afkomst, Chremes veegt hem de mantel uit over zijn gedrag. Clitopho schaamt zich diep. Wanneer Menedemus ten slotte een goed woordje voor Clitopho komt doen, gaat Chremes overstag mits de losbol gaat trouwen met een keurig meisje uit de buurt. Clitopho laat de toeschouwers verbluft achter als hij zonder morren met dat voorstel akkoord gaat.

Varro heeft wel een beetje gelijk als hij zegt dat Terentius' karakters geloofwaardiger zijn dan die van Plautus. Figuren als Menedemus en Chremes vertonen een psychologische ontwikkeling die zeker na te voelen is, maar dat geldt beslist niet voor Clitopho, en al helemaal niet voor Syrus en Bacchis, die als typetjes zijn neergezet. Het is duidelijk dat Terentius serieus in opvoeding was geïnteresseerd, een onderwerp dat in Rome op dat moment kennelijk actueel was en hem ook in latere eeuwen de reputatie van wijze moralist heeft bezorgd. De bekende spreuk *homo sum: humani nil a me alienum puto* (ik ben een mens: niets menselijks acht ik mij vreemd) komt bijvoorbeeld uit de mond van Chremes, en dergelijke aforismen zijn bij Terentius in overvloed te vinden.[37]

Maar is Terentius ook geestig? Zijn deze komedies sterk genoeg om repertoire te houden? Het feit dat ze nooit meer gespeeld worden zegt voldoende. De grappen zijn niet echt leuk, de gestileerde spreektaal verveelt, de intriges zijn nodeloos ingewikkeld, en het grootste probleem is dat de stukken uiteindelijk nergens over gaan. Terentius' werk is geschikt om Latijn te leren, maar als literatuur is het definitief passé.

Ennius, een tweede Homerus

In de hak van de laars van Italië lag het plaatsje Rudiae, waar Grieken en inheemse Sallentijnen zich halverwege de derde eeuw v.Chr. begonnen te verbazen over die stad in het noordwesten, die er tijdens de Eerste Punische Oorlog onverwacht in geslaagd was het machtige Carthago een lesje te leren. De naburige steden Tarentum (waar Livius Andronicus vandaan kwam) en Brindisi waren in respectievelijk 272 en 266 v.Chr. al onder Romeins gezag gekomen. Omdat Quintus Ennius in 239 in een voorname familie werd geboren, leerde hij niet alleen de Italische streektaal, maar ook Grieks en Latijn. Toen in het gebied tijdens de Tweede Punische Oorlog zwaar gevochten werd, leerde Ennius de jonge veldheer Cato kennen, met wie hij meeging naar het snel groeiende Rome. Als Cato beseft had dat hij daarmee de hellenisering van de Romeinse cultuur een extra impuls zou geven, had hij Ennius wellicht in Rudiae gelaten. In Rome doceerde Ennius Griekse literatuur en fungeerde hij als een soort hofdichter voor hooggeplaatste beschermheren. In 184 v.Chr., het jaar waarin Cato censor was, werd Ennius het Romeins burgerrecht toegekend.

Ennius is de schepper van een groot oeuvre dat een ongekende invloed heeft uitgeoefend op alles wat daarna kwam. Hij schreef tragedies over Andromache en Medea, satiren, epigrammen, een curieus leerdicht over gastronomie (Hedyphagetica, waarschijnlijk op basis van een Grieks origineel), een rationalistisch traktaat over de interpretatie van mythen, en bovenal het eerste Latijnse epos in hexameters, de Annalen, waarvan bijna 570 regels resteren.

Schreven Livius Andronicus en Naevius nog in de traditionele saturnische versmaat, Ennius introduceerde de dactylische hexameter van Homerus in het Latijn. Omdat de hexameter geen rekening houdt met het woordaccent, maar gebaseerd is op een regelmatige afwisseling van lange en korte lettergrepen, en bovendien geen jambisch ritme toelaat, had deze vernieuwing grote gevolgen voor het karakter van de Latijnse poëzie. Bepaalde woorden pasten vanwege hun metrische eigenschappen niet in de hexameter, zodat ze in het verheven epische genre nooit konden voorkomen – en wat niet voorkwam in Ennius' epiek, zou lange tijd als taboe gelden voor iedere dichter die wilde laten zien dat hij smaak had.

Een ander aspect van Ennius' stijl is dat hij, in tegenstelling tot Homerus en de oudste Romeinse dichters, bijvoeglijke naamwoorden vaak niet plaatste naast de zelfstandige naamwoorden waar ze bij hoorden. Deze in het Nederlands onmogelijke kunstgreep bood hem wat meer gelegenheid om het weerbarstige Latijn in zijn metrum te krijgen, terwijl het anderzijds fraaie beeldende effecten kon bewerkstelligen. De beruchte moeilijkheidsgraad van Latijnse poëzie valt onder andere te wijten aan dit negeren van de normale woordvolgorde. Ennius zal deze techniek hebben leren kennen bij Griekse lyriek als die van Aeschylus en Pindarus, en bij intellectuele dichters uit het hellenistische Alexandrië.

De *Annalen* waren opgezet als een historisch epos in vijftien boeken, die duizend jaar Romeinse geschiedenis besloegen, van de val van Troje, traditioneel gedateerd in 1184 v.Chr., tot het censorschap van Cato in 184. In zijn laatste levensjaren heeft Ennius er nog drie boeken aan toegevoegd. De eerste drie boeken behandelden de voorgeschiedenis en de tijd van de koningen, in de drie daarna werd de periode van de stichting van de republiek (ca. 510 v.Chr.) tot aan het begin van de Eerste Punische Oorlog beschreven. Omdat Naevius dat conflict uitvoerig had bezongen, ging Ennius er snel aan voorbij, maar voor de oorlog met Hannibal nam hij wel de ruimte, in de boeken VII tot en met IX. De oorlogen met Grieken en Macedoniërs die de Romeinen in de eerste drie decennia van de tweede eeuw uitvochten, vormden het voornaamste onderwerp van boek X tot en met XVIII. Ennius heeft de slag bij Pydna in 168 v.Chr., die Rome definitief de hegemonie in Griekenland bezorgde, niet meer meegemaakt, want hij overleed een jaar eerder. Voor een epicus heeft het nadelen zijn eigen tijd als onderwerp te nemen. Omdat ooggetuigen nog leven is er weinig ruimte voor fictie. We krijgen de indruk dat Ennius in de eerste zes boeken nog wel goden laat figureren, maar daarna kon hij daar niet meer mee aankomen. Misschien ligt hierin een verklaring voor het feit dat meer dan een vijfde van de overgeleverde verzen uit het eerste boek komt: het is het meest mythische gedeelte van de *Annalen*. Hoe serieus Ennius die mythen nam, is overigens een open vraag. Uit menige passage blijkt zijn belangstelling voor Griekse filosofie en wetenschap, dus een naïef gelovige was hij zeker niet.

Het werk begint met een gebeeldhouwd vers:

Musae quae pedibus magnum pulsatis Olympum.[38]

'Muzen, die met uw voeten de grote Olympus doet dreunen': evenals Naevius kiest Ennius voor Muzen in plaats van Camenen, het vers opent en eindigt met een Grieks woord, 'groot' staat in het midden, aan weerskanten waarvan de voeten allitereren met het werkwoord, en dit alles in een gedragen ritme.[39] Na de openingszin beschrijft Ennius hoe hij in een droom Homerus ontmoette, die hem als zijn reïncarnatie aanwees. Ennius zet hoog in, en voor zover we kunnen nagaan heeft hij het ook waargemaakt.

Enige gekunsteldheid is Ennius niet vreemd. Berucht is zijn regel over Titus Tatius, de Sabijnse veldheer die een overeenkomst sloot met Romulus, nadat deze hem beroofd had van alle huwbare maagden uit zijn natie. Een Romein roept uit:[40] *O Tite tute Tati tibi tanta tyranne tulisti!* (U, tiran Titus Tatius, hebt u dat alles zelf op de hals gehaald!). Vergelijkbaar is: *At tuba terribili sonitu taratantara dixit* (en de trompet sprak met verschrikkelijk geluid: tetteretet).[41] Ennius laat graag zien dat hij enig onderwijs heeft genoten: 'Met stevige vleugelslag kwam een adelaar aanvliegen, zich schrap zettend tegen de wind, die men in het Grieks *aër* noemt.'[42] Flauw is een woordspeling op de naam Quintus, die 'vijfde' betekent: 'vader

Quintus werd voor de vierde keer consul'.[43]

Daar staan magistrale regels tegenover die iedere classicus terecht uit zijn hoofd kent, vaak zonder te beseffen dat ze van Ennius zijn. Over Fabius Maximus Cunctator (de aarzelaar) heet het: *unus homo nobis cunctando restituit rem* (één man herstelde voor ons de zaak door te aarzelen),[44] en Augustinus citeert met instemming: *moribus antiquis res stat Romana virisque* (met zeden en mannen van de oude stempel stáát de Romeinse zaak).[45] In zijn beeldspraak legt Ennius een voorkeur voor paarden aan den dag. In een traktaat over de ouderdom haalt Cicero regels aan die Ennius op hoge leeftijd over zichzelf geschreven zou hebben: 'Zoals een krachtig paard dat vaak aan het eind / van de baan nog Olympisch kampioen werd, maar nu, door ouderdom geveld, uitrust' (met een treffend enjambement).[46] En Ennius is de bedenker van menig neologisme dat courant is geworden, waarvan *omnipotens* (almachtig) en *velivolus* (zeilvliegend) de bekendste zijn.

Van de dichter zelf zijn, als we Cicero mogen geloven, ook twee grafschriften waarin hij zijn eigen werk evalueert. Het laatste luidt zo:

Nemo me lacrimis decoret nec funera fletu
faxit. Cur? Volito vivus per ora virum.

Laat niemand mij sieren met tranen of huilend mijn uitvaart
verzorgen.
Waarom niet? Springlevend vlieg ik van mond tot mond.[47]

Ennius zou inderdaad lang populair blijven. In de eerste eeuw v.Chr. werden zijn tragedies nog gespeeld, en hoewel Lucretius en Vergilius de hexametrische poëzie ingrijpend vernieuwden, lazen tijdgenoten van keizer Hadrianus (tweede eeuw n.Chr.) de *Annalen* nog met genoegen. Spoedig daarna raakte zijn werk echter in vergetelheid. Weliswaar wordt hij door grammatici uit de zesde eeuw nog geciteerd, maar dan waarschijnlijk uit de tweede hand. Bij opgravingen in Herculaneum zijn verkoolde boekrollen gevonden die enkele fragmentjes Ennius hebben prijsgegeven. Het is helaas uitermate onwaarschijnlijk dat er ooit nog substantiële gedeelten van de *Annalen* zullen opduiken.

De tragedies van Pacuvius en Accius

De belangrijkste tragediedichters na Ennius waren Pacuvius en Accius, wier levens samen anderhalve eeuw omspannen. De eerste kwam net als Livius en Ennius uit het toenmalige Calabria, en wel uit Brindisi, Accius was een Umbriër. Hoewel Pacuvius in 220 v.Chr. werd geboren en Accius vijftig jaar later, schijnen beide dichters in 140 v.Chr. in Rome een wedstrijd te hebben gehouden, waarna de hoogbejaarde Pacuvius geërgerd afdroop naar Tarente om er te sterven. Accius is zelfs nog ouder geworden, want hij stierf in 84 v.Chr.. Cicero heeft hem persoonlijk gekend. Van geen van beide dichters zijn complete werken bewaard gebleven, hoewel met name de tragedies van Accius nog lang werden gespeeld.

Pacuvius geniet voornamelijk bekendheid om zijn potsierlijke samengestelde woorden, waarop Cicero en Quintilianus kritiek hadden. Het beruchtste voorbeeld is de beschrijving van dolfijnen in de tragedie *Teucer*: *Nerei repandirostrum incurvicervicum pecus* (het achterwaarts-gebogen-snuitig gekromdnekkig vee van Nereus).[48] In een *fabula praetexta* (tragedie met een Romeins onderwerp) over Aemilius Paulus, de veldheer die in 168 v.Chr. bij Pydna de Macedoniërs versloeg, staat de volgende gemaniëreerde formulering: *qua vix caprigeno generi gradilis gressio est* (waar nauwelijks gaanbaar gangpad is voor het geitslachtig geslacht).[49] Uit hetzelfde stuk komt de niet onaardige regel: *nivit sagittis, plumbo et saxis grandinat* (het sneeuwt pijlen, lood en stenen hagelt het),[50] waarin de meteorologische werkwoorden de allitererende projectielen omsluiten. Uit alles blijkt dat Pacuvius de grenzen van de goede smaak heeft opgezocht en niet zelden overschreden.

Ook Accius gaat weleens te ver, maar hij is duidelijk een beter dichter. Naast tragedies schreef hij ook essayistische poëzie over toneel, de *Didascalica* en de *Pragmatica*, en een vermoedelijk mythografisch epos met de titel *Annales*. Evenals de andere dichters die in dit hoofdstuk besproken zijn, maakt Accius vaak overdadig gebruik van alliteratie; pas in de augusteïsche tijd leren dichters zich in dit opzicht een beetje te beheersen. Accius heeft zeer beeldende regels geschreven. In zijn *Atreus*, waarin de gelijknamige hoofdpersoon zijn broer Thyestes diens eigen kinderen als maaltijd voorzet, staat: 'voor zijn zonen werd hun vader zelf het graf'.[51] Even gruwelijk is *Bacchanten*, een bewerking van het stuk van Euripides. Aan het slot daarvan komt Agaue op met het hoofd van haar zoon Pentheus in haar armen: ze heeft hem zelf aan stukken gescheurd in de veronderstelling dat hij een wild dier was. Over het hoofd zegt ze, met twee metaforen tegelijk: 'bloeiend dons omstroomt het nog maar net'.[52] In *Oenomaüs* vinden we deze sfeervolle beschrijving van dampend land in de morgen:

Forte ante auroram radiorum ardentum indicem,
cum somno in segetem agrestis cornutos cient,
ut rorulentas terras ferro fumidas
proscindant glebasque arvo ex molli exsuscitent...

Toevallig vóór de dageraad die wijst op brandende stralen,
als boeren gehoornden uit slaap opporren naar gewas
om met de ploeg het dampend dauwnat land te splijten
en kluiten uit de weke grond te wekken...[53]

Accius' bekendste regel wordt door Seneca geciteerd en stond waarschijnlijk in *Atreus: oderint, dum metuant* (laten ze me maar haten, als ze me maar vrezen).[54] Het zou de lijfspreuk van keizer Caligula worden.[55]

De satiren van Lucilius

In zijn literatuurgeschiedenis ten behoeve van studenten retorica behandelt Quintilianus eerst de afzondelijke genres van de Griekse literatuur, en daarna in dezelfde volgorde hun tegenhangers in het Latijn. Dat gaat goed totdat hij bij de satire uitkomt, die geen equivalent in het Grieks zou kennen: *satura quidem tota nostra est* (de satire is in ieder geval helemaal van ons).[56] Romeinse geleerden brachten het woord in verband met het Griekse satyrspel, een vaak obscene klucht die aan het eind van een tragedie-opvoering werd gespeeld, maar taalkundig is die verklaring onmogelijk.[57] Vermoedelijk is *satura* een culinaire term die 'mengelmoes' of 'gemengde stoofpot' betekent, hetgeen wel te rijmen valt met wat we van het genre weten: het aantal mogelijke onderwerpen was onuitputtelijk, structuur had niet de grootste aandacht, de dichter kon erg persoonlijk worden en zelfs een afwisseling van proza en poëzie kwam voor. De eerste beoefenaar ervan was Ennius, maar de belangrijkste satiricus vóór Horatius was Lucilius (ca. 180-103 v.Chr.), een man van Latijnse adel die bevriend was met toonaangevende Romeinse intellectuelen.

Scipio Aemilianus (185-129 v.Chr.), een zoon van Aemilius Paulus, maar door adoptie een kleinzoon van de grote tegenstander van Hannibal, verzamelde tussen zijn succesvolle veldtochten door een groep gelijkgestemden om zich heen, die zich diepgaand bezighielden met de Griekse literatuur en filosofie. De stoïsche denker Panaetius en de geschiedschrijver Polybius, beiden in Rome woonachtige Grieken, kwamen bij hem over de vloer, samen met zijn vriend Laelius, bijgenaamd 'de Wijze', had hij lange gesprekken over moraal en politiek, en door Cicero werd hij voorgesteld als de ideale Romein, de man die een universele vorming wist te combineren met doortastend staatsmanschap. Ook Terentius was gelieerd aan deze kring. Hoewel Lucilius dit gezelschap goed kende, bewaarde hij toch, misschien doordat hij zelf geen Romein was, een zekere ironische afstand. Hij koesterde een diep wantrouwen tegen alles wat naar verheven pretenties riekte, of het nu om filosofische principes, politieke eerzucht, vals pathos of een opgeklopte stijl ging. Het werk van Lucilius is slechts fragmentarisch overgeleverd, maar er resteert voldoende (een kleine 1300 regels) om een indruk te krijgen van zijn stijl en persoonlijkheid. Hij begon met het schrijven van gedichten in een jambisch metrum, die hij later bundelde in de vijf boeken die zijn verzameld werk afsluiten (boek XXVI tot en met XXX). Boek I tot en met XXI zijn geheel hexametrisch, terwijl de vier boeken daarna de elegische versmaat hebben. Sommige boeken bestonden waarschijnlijk uit slechts één gedicht, andere uit meer dan één, maar nauwkeurig valt dat niet meer na te gaan omdat ook binnen een gedicht de inhoud gevarieerd kon zijn.

Lucilius was een zelfbewust dichter die in zijn poëzie reflecteerde op kwesties van taal en stijl en ongezouten kritiek op vakgenoten leverde. Zo citeert Cicero een passage waarin de draak wordt gestoken met overdreven aandacht voor woordvoeging (*compositio*), de kunst om ritmisch en prosodisch perfecte zinnen te vormen:

Quam lepide lexis conpostae ut tesserulae omnes
arte pavimento atque emblemate vermiculato.

Hoe knap zijn alle words gevoegd als dobbelsteentjes
kunstig in een vloer met kronkelend design.[58]

Niet alleen gebruikt Lucilius om een bepaald type snob te karakteriseren twee Griekse woorden (*lexis* en *emblema*), ook voegt hij de woorden aan elkaar door maar liefst viermaal elisie toe te passen:[59] *conpost' ut tesserul' omnes* en *paviment' atqu' emblemate*. Daarbij moet opgemerkt worden dat Lucilius sowieso vaker elisie toepast dan Ennius of Vergilius, misschien omdat hij anders zijn verzen niet kloppend kreeg, misschien ook omdat hij dichter bij de spreektaal staat dan zijn meer serieuze collega's. Elders maakt Lucilius een toespeling op het eerder aangehaalde epitheton van Pacuvius: *pecus Nerei rostrique repandum* (het vee van Nereus dat zijn snuit naar achteren buigt).⁶⁰ Ennius noemt hij een tweede Homerus. Zelfs over spelling heeft hij zich uitgelaten. Het sterkst op dreef is Lucilius wanneer hij misstanden aan de kaak stelt. In zijn tweede boek laat hij Albucius een tirade afsteken tegen Scaevola, die 'harige zakken penetreert' en 'billen brandmerkt met een vette waterslang met een kop,'⁶¹ terwijl ook Scaevola's vrienden nogal foute jongens zijn: 'ga je gang, smulpapen, gulzigaards en penzen, ga je gang!'⁶² Uit citaten als deze blijkt dat Lucilius niet voor grove details terugdeinsde.

In dat kader is de volgende zin een mooi voorbeeld, die een ontluisterend beeld van Griekse mythische vrouwen schetst:

Num censes calliplocamon callisphyron ullam
non licitum esse uterum atque etiam inguina tangere mammis,
conpernem aut varam fuisse Amphitryonis acoetin
Alcmenam atque alias, Helenam ipsam denique – nolo
dicere; tute vide atque disyllabon elige quodvis –
kouren eupatereiam aliquam rem insignem habuisse,
verrucam naevum punctum dentem eminulum unum?

Denk je dat die schoonlokkigen met fraaie enkels nimmer
hun buik of zelfs hun schaamstreek met hun tieten raakten,
dat Amphitryo's gade Alcmena geen grote voeten of kromme
                                                            benen
gehad kan hebben, evenals die anderen, dat zelfs Helena –
ik zwijg; vul zelf maar een tweelettergrepig epitheton in –
dat een juffrouw uit goede familie geen wrat, geen moedervlek,
geen pok, geen vooruitstekend tandje kon hebben?⁶³

Het aardige van zo'n zin schuilt in het gebruik van episch idioom (er staan vier homerische woorden in) voor een verre van verheven mededeling. Het is bepaald verfrissend je de moeder van Hercules en de mooie Helena voor te stellen als o-benige matrones met hangborsten, pokdalige gezichten en konijnentanden.

Al met al geeft het werk van Lucilius een goed idee van waar de

Romeinse elite aan het eind van de tweede eeuw mee bezig was: literatuur en filosofie, retorica en moraal, politiek en pesterij, en dit alles in een maatschappij die in hoog tempo aan het veranderen was. Het Latijn had nog niet de onaantastbare, klassieke waardigheid die het in de handen van Cicero en Vergilius zou krijgen en men was nog bezig zijn positie te bepalen tegenover het Grieks en de Grieken.

Lucilius staat aan het begin van een rijke satirische traditie. In de eeuwen na hem zouden Horatius, Persius en Juvenalis het genre verder uitbouwen. Zo heeft Lucilius de toon gezet voor een vorm van literatuur die tot op de dag van vandaag zijn functie heeft behouden.

II
Klassiek Latijn
Het einde van de republiek

Een roerige periode

Doordat de snelle en onstuitbare groei van het Romeinse Rijk in de derde en tweede eeuw voor het begin van onze jaartelling nauwelijks gepaard was gegaan met politieke vernieuwing, ontstonden er langzamerhand allerlei sociale, economische en militaire problemen waarop niemand een adequaat antwoord had. De bevolking van Rome was enorm toegenomen (men schat dat er omstreeks 100 v.Chr. een half miljoen mensen in de stad woonde), er heerste grote werkloosheid, in grote delen van Italië was de traditionele kleinschalige landbouw vervangen door reusachtige plantages waarop uitheemse slaven werden afgebeuld. De Romeinen behandelden de etnisch verwante bondgenoten in Italië als onderworpenen, terwijl ze hun wingewesten schaamteloos uitzogen. Aan de grenzen van het Rijk liepen barbaarse horden zich warm om comfortabeler woonplaatsen op te zoeken. Het was, kortom, een ideale situatie voor politieke chaos.

In de jaren dertig van de tweede eeuw v.Chr. liepen sociale spanningen dan ook zo op dat zelfs binnen de conservatieve senaat stemmen voor politieke vernieuwing opgingen. Vermaard zijn de revolutionaire landhervormingsplannen van de gebroeders Tiberius en Gaius Gracchus, die hun sociale activiteiten met de dood moesten bekopen. Tussen 133 en 31 verkeerde Rome in een vrijwel permanente staat van burgeroorlog. Invallen van Germanen, conflicten met de Italische bondgenoten, de bloedige rivaliteit tussen de senatoren Marius en Sulla, de slavenopstand van Spartacus en de samenzwering van de desperado Catilina leidden tot de opkomst van Julius Caesar, die na uitschakeling van Pompeius in 48 de facto alleenheerser werd. Na de moord op Caesar (15 maart 44 v.Chr.) brak er opnieuw oorlog uit, ditmaal tussen zijn politieke erfgenamen, Octavianus en Marcus Antonius, en zijn moordenaars, van wie Brutus en Cassius de voormannen waren. Nadat laatstgenoemden in 42 waren verslagen, stonden de voormalige strijdmakkers Octavianus en Antonius tegenover elkaar, Antonius in het gezelschap van femme fatale Cleopatra. Octavianus wist het tweetal in 31 v.Chr. te verslaan, waarna hij, evenals zijn adoptiefvader Caesar, alleenheerser werd. In 27 kreeg hij de eretitel Augustus (verhevene) en behoorde de republikeinse staatsvorm definitief tot het verleden.

In deze roerige eeuw werd het enerzijds boerse, onhandige, anderzijds barokke en levendige Latijn, dat zich nooit had afgeschermd tegen buitenlandse invloeden, omgevormd tot een soepele standaardtaal die, hoezeer de spreektaal ook veranderde, tot aan het einde van de Oudheid praktisch ongewijzigd bleef. Voortaan golden niet Cato en Ennius, maar Cicero en Vergilius als maatstaf voor goed en fraai taalgebruik. Latijn was een klassieke taal geworden.

De ontwikkeling van de Latijnse literatuur vanaf de eerste eeuw v.Chr. kan niet los gezien worden van de nieuwe vormen van onderwijs die zich binnen enkele decennia een positie in de Romeinse samenleving wisten te veroveren. De basis van dat onderwijs werd gevormd door de Griekse retorica. Omdat er na Cicero geen Romeinse schrijver is geweest die niet met de voorschriften van de retorica was grootgebracht, is een korte uitweiding over dit vak hier op zijn plaats.

Geschiedenis en systeem van de retorica

Hoewel de rol van het gesproken woord ook in de *Ilias* al groot is, ontwikkelde de Griekse retorica zich eerst in de vijfde eeuw v.Chr. tot zelfstandige discipline. In de polis van Athene, waar alle volwassen mannelijke burgers niet alleen deel uitmaakten van de volksvergadering, maar ook bevoegd waren om zitting te nemen in de omvangrijke jury's van rechtbanken, bleek scholing in welsprekendheid een probaat middel om invloed te verwerven. Rondreizende intellectuelen die sofisten werden genoemd voorzagen in die behoefte aan retorisch onderricht door een op imitatie gebaseerd curriculum aan te bieden waarin aandacht werd besteed aan argumentatie en stijl. De invloedrijkste sofist was Gorgias van Leontini op Sicilië (ca. 480-380), van wie enkele redevoeringen bewaard zijn gebleven.

Filosofen als Socrates (469-399) en Plato (427-347), streng moralistische denkers die op zoek waren naar absolute waarheid en een diep wantrouwen tegen emoties koesterden, hadden grote bezwaren tegen de snel populair geworden retorica. Volgens Plato pretendeerden sofisten en redenaars niet alleen meer dan ze konden waarmaken, ook hun gerichtheid op waarschijnlijkheid in plaats van op waarheid was in zijn ogen verderfelijk. Bovendien appelleerden redenaars vaak aan gevoelens die een fatsoenlijk mens zouden misstaan en zagen sommige sprekers er geen been in hun toehoorders regelrecht te misleiden met mooie woorden en klinkende stilistische wendingen. Isocrates, een tijdgenoot van Plato, deelde diens bezwaren niet. Voor hem was retorica juist een vak dat een belangrijke vormende waarde had voor iedereen die in de maatschappij hogerop wilde komen. Het onderwijsinstituut dat Isocrates omstreeks 390 v.Chr. oprichtte was dan ook een geduchte concurrent van Plato's Academie.

Al in de vijfde eeuw moeten er traktaten over retorische onderwerpen gepubliceerd zijn, maar de eerste fundamentele handboeken dateren van de vierde eeuw. Het bekendst is de *Retorica* van Aristoteles (384-322), een boek dat door Romeinse retoren veelvuldig met instemming geciteerd wordt. Aristoteles' leerling Theophrastus heeft eveneens een belangrijk stempel op de theorievorming over welsprekendheid gedrukt. In de vierde eeuw waren ook de grootste Attische redenaars, met name Demosthenes en Aeschines, actief.

Na de veroveringen van de Macedonische vorsten Philippus II en Alexander de Grote verdwenen overal in de Griekse wereld democratische instituties om plaats te maken voor over het algemeen niet zeer stabiele monarchieën, met als gevolg dat de welsprekendheid haar politieke betekenis verloor. Toch ging de theorievorming onverminderd door, enerzijds omdat het vak relevant bleef voor de rechtspraak, anderzijds omdat de retorische opleiding, die een grote algemene ontwikkeling vooronderstelde, een goede basis voor maatschappelijk succes vormde. Van de talloze retorische werken die tussen de vierde en de eerste eeuw v.Chr. geschreven zijn, is echter slechts een zeer klein gedeelte bewaard gebleven. In de tweede eeuw v.Chr. ontdekten de Romeinen hoe handig kennis van retorica kon zijn. Hoewel in de Romeinse politiek natuurlijk allang redevoeringen werden gehouden, suggereren (overigens vooringenomen) historische bronnen dat het niveau ervan niet erg hoog was. Door de kennismaking met de Griekse cultuur veranderde dat snel. Vermogende Romeinen namen Griekse docenten in de welsprekendheid, zogenaamde retoren (rhetores), in dienst, maar in de eerste eeuw v.Chr. kwamen er ook Latijnstalige leraren die het vak gingen onderwijzen. Als belangrijkste redenaars uit de tweede eeuw golden Marcus Porcius Cato, die nog een diepe argwaan koesterde tegen alles wat Grieks was,[1] de progressieve gebroeders Gracchus, en twee door Cicero geïdealiseerde politici, Lucius Licinius Crassus en Marcus Antonius, beiden omstreeks 90 v.Chr. overleden.[2]

Als hoogtepunt van de Romeinse welsprekendheid geldt de activiteit van Marcus Tullius Cicero (106-43), die niet alleen naam maakte als advocaat en politicus, maar ook enkele zeer invloedrijke werken over de theorie en de geschiedenis van de retorica publiceerde. Als we mogen geloven wat Cicero en Quintilianus erover zeggen, bestond er in de eerste eeuw v.Chr. een soort richtingenstrijd tussen enerzijds hen die zich in hun stijl exclusief op de navolging van de grote Attische redenaars toelegden, en anderzijds sprekers die de wat meer barokke stijl uit het Ionische Klein-Azië prefereerden. Redenaars van het eerste type worden atticisten, die van het tweede type asianisten genoemd. Romeinse atticisten streefden naar een zo puur en helder mogelijk Latijn, terwijl hun asianistische tegenhangers er geen bezwaar tegen hadden stilistisch flink uit te pakken. Cicero's rivaal Hortensius staat als asianist bekend, Julius Caesar als atticist. Cicero zelf had grote bewondering voor zijn Atheense voorgangers, met name Demosthenes, maar wist ook latere ontwikkelingen te waarderen Hij zou het beste van beide richtingen combineren. Quintilianus, wiens werk het meest complete overzicht van de antieke retorica biedt, acht het onderscheid tussen atticisme en asianisme overigens kunstmatig en niet erg relevant, misschien omdat Cicero zijn idool was.

Toen Cicero overleed, was het met de politieke welsprekendheid gedaan, want alleenheersers als Caesar, Augustus en hun opvolgers stonden geen serieuze publieke debatten over staatszaken toe. In de rechtspraak bleef retorica wél een rol van betekenis spelen. Oorspronkelijk was er in Rome weinig behoefte aan gerechtelijke welsprekendheid geweest. Een magistraat, doorgaans een praetor, formuleerde in het kort op welke wijze een gegeven zaak bekeken en beoordeeld diende te worden (de zogenaamde *formula*), waarna hij het geschil aan een rechter voorlegde. Deze bepaalde dan of het geschil juridisch gezien aan de definities van de praetor voldeed en velde op grond daarvan het vonnis dat in de formula besloten lag. In civiele zaken bleef deze procedure gedurende de gehele Oudheid bestaan. Strafrechtelijke zaken werden soms aan de volksvergadering voorgelegd. Doordat voor de Romeinse rechtspraak, anders dan in Athene, juridische kennis onontbeerlijk was, lieten rechtzoekenden zich vrijwel altijd door een advocaat (*patronus*) vertegenwoordigen. Advocaten waren echter vooral retorisch geschoold. Voor ingewikkelde juridische kwesties riepen ze de hulp in van gespecialiseerde rechtsgeleerden (*iuris consulti*).

In de derde eeuw v.Chr. was het Hof van Honderd ingesteld, de *centumviri* (honderdmannen), een juryrechtbank die uitspraak deed in privaatrechtelijke geschillen. Dit hof, dat aanvankelijk ongeveer honderd leden telde, maar in de keizertijd uit 180 rechters bestond, was verdeeld in drie of vier kamers die afzonderlijk of gecombineerd zaken behandelden. Bij zittingen van deze rechtbank bleek de welsprekendheid van de aanklagers en advocaten vaak van doorslaggevend belang te zijn. Naast het Hof van Honderd waren er in de loop van de de tweede eeuw v.Chr. enkele permanente rechtscolleges, zogeheten *quaestiones* (*quaestio*: onderzoek), voor specifieke zaken aangesteld. Zo was er een commissie die gevallen van knevelarij onderzocht en een andere die hoogverraad behandelde. Deze quaestiones, die vermoedelijk een vijftigtal jaarlijks wisselende leden telden, werden voorgezeten door een praetor. Ook bij dergelijke processen kon welsprekendheid erg belangrijk zijn.

Rechtbanken hielden doorgaans op het Forum Romanum zitting in de openlucht, of in de aan dat plein gelegen algemeen toegankelijke Basilica Julia. Goede redenaars konden daardoor op grote publieke belangstelling rekenen. Quintilianus vertelt hoe de vermaarde redenaar Trachalus door zijn krachtige voordracht de publieke tribune van meer dan één rechtbank tegelijk weet te bespelen.[3]

Het terrein van de welsprekendheid werd onderverdeeld in drie genres: redevoeringen voor de rechtbank (het *genus iudiciale*), politieke redevoeringen (het *genus deliberativum*), en het ceremoniële genre (het *genus demonstrativum*), dat bijvoorbeeld feest- en grafredes omvatte. De redenaar heeft drie taken. Hij moet zijn gehoor informeren (*docere*), hij moet onderhoudend zijn (*delectare*) en hij moet de emoties van zijn publiek weten te bespelen (*movere*). Aristoteles noemt drie middelen om toehoorders te overreden: logische argumentatie (de *logos*), de indruk die de spreker als mens wekt (het *êthos*) en de emoties die hij bij het publiek weet op te roepen (het *pathos*).

Antieke theoretici menen dat een redenaar altijd vijf fasen doorloopt. Allereerst moet hij bedenken hoe hij de zaak gaat aanpakken, welke standpunten hij zal innemen en welke argumenten hij daarvoor kan gebruiken. Dit onderdeel heet vinding (*inventio*) en omvat onder meer een complete argumentatietheorie. Bij het zoeken naar argumenten wordt uitgegaan van allerlei logische categorieën, zoals plaats, tijd, persoon en motief. Deze vindplaatsen of bronnen voor argumenten heten *topoi* of *loci*.[4] En omdat veel argumenten in de meest uiteenlopende zaken met enkele kleine wijzigingen steeds opnieuw gebruikt kunnen worden, ontstonden er standaardargumentaties, die in het Latijn *loci communes* (gemeenplaatsen) worden genoemd. De leer van loci en gemeenplaatsen heet topiek.

Het tweede onderdeel van de welsprekendheid is de ordening (*dispositio*). In deze fase plaatst de redenaar alle elementen die hij bij de vinding heeft opgespoord, in de juiste volgorde. Het aldus geordende materiaal wordt daarna in een stilistisch passend gewaad gehuld; dit derde onderdeel heet verwoording (*elocutio*). Sinds Theophrastus werd aangenomen dat een goede stijl altijd aan vier vereisten voldeed. Deze vereisten worden stijldeugden genoemd: het taalgebruik moet foutloos zijn, helder, fraai en gepast. Vooral die vierde eis (*decorum* of *aptum*) gold als essentieel, niet alleen voor de stijl, maar ook voor het optreden als geheel.

Of men nu voor de rechtbank improviseert of een volledig uitgeschreven redevoering uitspreekt, het is van het grootste belang dat de redenaar over een krachtig geheugen beschikt. Het vierde onderdeel van de retorica, geheugentraining of mnemotechniek geheten (*memoria*), biedt daarvoor dan ook tal van hulpmiddelen. Ten slotte moet het betoog op overtuigende wijze voor het voetlicht gebracht worden, want hoe voortreffelijk een verhaal ook is, als het stuntelig gepresenteerd wordt heeft het geen effect. Dit laatste onderdeel noemt men voordracht (*actio* of *pronuntiatio*).

Het belang van de retorica voor alle vormen van literatuur in het Romeinse Rijk kan nauwelijks overschat worden. Geschiedschrijvers laten historische personages vlammende redevoeringen uitspreken, monologen in Seneca's tragedies zijn vaak volgens de regels der retorica opgebouwd, dichters als Ovidius, Lucanus en Statius doen geen enkele moeite hun retorische vakbekwaamheid te verdoezelen. Plinius Minor beschouwde zijn redevoeringen als zijn grootste literaire prestatie en ook het werk van Augustinus is doordesemd van de voorschriften van deze discipline. Het is moeilijk iets van Latijnse literatuur te begrijpen indien men zich geen rekenschap geeft van het belang van de retorica.

Varro, de geleerdste aller Romeinen

Marcus Terentius Varro (116-27 v.Chr.) was een Romein zoals we ons die graag voorstellen. Vanaf zijn vroegste jeugd legde hij zich toe op de wetenschap, maar wanneer het vaderland riep, stond hij paraat. Zo leidde hij in het jaar 49 een legioen van Pompeius in

Zuid-Spanje, dat hij echter aan Caesar moest overdragen.[5] Hij bracht zijn dagen liever door op het platteland dan in de stad en verheerlijkte de oude Romeinse cultuur, maar was goed op de hoogte van de Griekse literatuur. In de *Academica Posteriora*, een werk dat dateert van omstreeks 45 v.chr., vertelt Cicero hoe hij samen met zijn vriend Atticus in zijn landhuis bij Cumae vertoeft. Samen lopen zij naar het huis van Varro, dat daar niet ver vandaan ligt, en onderweg komen ze de bejaarde geleerde tegen, die hen bij hem thuis uitnodigt. Er ontspint zich een gesprek over filosofie, waarin Varro zegt dat men de Griekse denkers het best in het Grieks kan lezen. Cicero is het daarmee niet eens, maar hij bouwt zijn weerwoord zorgvuldig op door eerst de prestaties van Varro te bewieroken:

> U hebt de leeftijd van ons vaderland, u hebt de chronologie der historie, u hebt de wetten van godsdienst en priesters, u hebt de wetenschappen van oorlogs- en vredestijd, u hebt de ligging van streken en plaatsen, u hebt de namen, soorten, plichten, oorzaken van alle goddelijke en menselijke zaken geopenbaard, en u hebt ook zeer veel licht doen schijnen over onze dichters en in het algemeen op de Latijnse letteren en taal, en zelf hebt u afwisselende en smaakvolle poëzie geschreven in vrijwel ieder genre, en u hebt op vele plaatsen een aanzet tot filosofie gegeven, weliswaar voldoende om iemand op weg te helpen, maar onvoldoende om hem diepgaand te onderrichten.[6]

Cicero windt er geen doekjes om: Varro is een fenomenaal veelweter, maar een denker is hij niet. Cicero heeft gelijk. Als we Varro zelf mogen geloven, heeft hij bijna vijfhonderd boeken geschreven (waarbij men moet bedenken dat een *liber* (boekrol) zelden meer dan een vijftigtal pagina's telt), andere tellingen komen uit op ruim zeshonderd. Daaronder zijn werken over algemene geschiedenis, literatuur, godsdienst, recht en filosofie, terwijl hij ook een omvangrijke verzameling zogeheten menippeïsche satiren publiceerde: een allegaartje van proza, poëzie en spreekwoorden over de meest uiteenlopende, vaak actuele onderwerpen. Het genre schijnt bedacht te zijn door de Cynische filosoof Menippus van Gadara (eerste helft derde eeuw v.Chr.). Van Varro's werk is bedroevend weinig tot ons gekomen. Afgezien van losse fragmentjes uit verschillende werken, bezitten we slechts zijn driedelig handboek over de landbouw en een fors gedeelte van een werk over de Latijnse taal.

De *Latijnse taal* bestond uit vijfentwintig *libri*, waarvan er zes compleet bewaard zijn gebleven. Het werk was opgedragen aan Cicero en is nog voor diens dood in 43 v.Chr. verschenen. In de eerste zeven boeken schrijft Varro over etymologie en over de betekenis van obscure woorden. Daarna volgen enkele boeken over afleiding van woorden, analogie en onregelmatigheid. Een gedeelte van het werk zou aan syntaxis gewijd zijn geweest, terwijl ook kwesties van stijl behandeld werden. De *Latijnse taal* is geschreven in een sober, soms zelfs harkerig Latijn, maar het biedt taalkundigen een schat aan informatie over de vreemdste uithoeken van het idioom, veelal ingebed in onhoudbare theorieën. Dit is een aardig voorbeeld:

'Praten' [loqui] is afgeleid van 'plaats' [locus]. Aangezien iemand die voor het eerst gaat praten de namen en andere woorden al uitspreekt voordat hij in staat is ze op de juiste plaats uit te spreken, vindt Chrysippus dat zo iemand niet praat, maar schijn-praat.[7] Zoals een afbeelding van een mens geen mens is, zo zijn bij raven, kraaien, kinderen die beginnen te brabbelen, de woorden geen woorden, omdat ze niet echt praten. Praten doet hij die bewust ieder woord op zijn plaats zet, en gesproken heeft hij pas wanneer hij al pratend heeft uitgedrukt wat hij in gedachten had.[8]

Toen zijn vrouw Fundania omstreeks 37 v.Chr. een nieuw landgoed kocht, besloot de inmiddels tachtigjarige Varro een werk aan de landbouw te wijden. Omdat hij vermoedde dat zijn jaren geteld waren (de mens is immers een zeepbel, en dat geldt zeker voor oude mannen),[9] nam hij er niet rustig de tijd voor, maar schreef hij zijn drie boeken over Het landleven in hoog tempo; hij kon niet weten dat hij nog tien jaar voor zich had. Na een inleiding waarin Varro niet alleen, zoals Homerus en Ennius, de Muzen aanroept, maar ongeveer alle goden die zelfs maar in de verte iets met het boerenbedrijf te maken hebben, en waarin hij ook ruim vijftig, voor het merendeel Griekse auteurs noemt die hem op dit terrein zijn voorgegaan, vangt het eigenlijke werk aan. De drie boeken hebben de vorm van dialogen. In het eerste boek spreken de heren Landman, Akkerman en De Boer over landbouw, de tweede dialoog, die in Griekenland is gesitueerd, gaat over veeteelt, en het derde boek is gewijd aan kleinere dieren, zoals kippen, eenden, bijen en vissen. Daar zijn het onder anderen Cornelius Merel, Fircellius Pauw en Petronius Mus die met Varro praten.

De stijl van Het landleven is aantrekkelijk omdat Varro het juiste midden heeft weten te vinden tussen de ouderwetse degelijkheid van Cato en de tierlantijntjes van asianistische tijdgenoten. Zo wordt ook de beschrijving van een bijenzwerm interessant:

> Wanneer een zwerm op het punt staat uit te vliegen, wat meestal gebeurt wanneer er een voorspoedige aanwas van jonge bijen is geweest en ze hun nageslacht een soort kolonie willen laten stichten, zoals in het verleden de Sabijnen dikwijls hebben gedaan vanwege de omvang van hun gezinnen, kan men dat afleiden uit twee tekenen die er meestal aan voorafgaan: ten eerste dat in de dagen ervoor, vooral 's avonds, vele bijen voor de ingang van de korf hangen, samengebald als druiven in een tros; ten tweede dat ze, wanneer ze op het punt staan uit te zwermen of daaraan al zijn begonnen, enorm veel lawaai maken, precies zoals soldaten doen wanneer ze hun kamp opbreken. De bijen die het eerst vertrokken zijn, vliegen in het zicht heen en weer terwijl ze wachten tot de anderen, die nog niet verzameld zijn, bij hen komen.[10]

Varro, die als de grootste geleerde van zijn tijd gold, is het slachtoffer geworden van zijn volledigheidsdrang, want de meeste van zijn boeken werden spoedig nog uitsluitend als naslagwerken geraadpleegd.

Cicero, de welsprekendste aller Romeinen

Marcus Tullius Cicero (106-43 v.Chr.) was een uitzonderlijk groot man – althans, dat vond hij zelf. Geboren in Arpinum als zoon van bemiddelde, maar niet adellijke ouders, maakte hij in hoog tempo carrière, zodat hij reeds jong toetrad tot de senaat. Omdat het voor iemand wiens familie niet tot de senatorenstand behoorde een hele prestatie was in dat conservatieve bolwerk door te dringen, raakte Cicero niet gauw uitgesproken over de duizelingwekkende vaart van zijn opkomst als *homo novus* (nieuweling). Het feit dat hij op zijn drieënveertigste, de minimumleeftijd voor dat ambt, tot consul werd gekozen, vormde de kroon op zijn loopbaan, die daarna jammerlijk tot stilstand kwam. Het epos dat hij vervolgens over zijn consulaat dichtte, schijnt dermate slecht geweest te zijn, dat latere auteurs er niet dan besmuikt gniffelend uit citeren.

Geen mens uit de Oudheid kennen we beter dan Cicero. Dat komt niet alleen doordat hij, ondanks een extreem druk bestaan als advocaat, politicus en landeigenaar, steeds de tijd vond om zijn tientallen redevoeringen bij te vijlen en tussen de bedrijven door het ene na het andere boek over filosofie of retorica te schrijven, maar ook doordat een ijverige secretaris zijn correspondentie bewaarde en na zijn dood uitgaf. In sommige jaren kunnen we daardoor zijn leven van dag tot dag volgen. Bijna zestig van zijn redevoeringen zijn tot ons gekomen. Dat men die eeuwenlang is blijven lezen, ligt niet zozeer aan de onderwerpen die erin behandeld worden, want afgezien van enkele spannende episodes gaan de meeste over zaken waarbij de moderne lezer zich weinig kan voorstellen, als wel aan zijn overrompelende beheersing van het Latijn. Geen Romeinse prozaïst heeft ooit Cicero's vlammend, bijtend, bedwelmend voortrollende volzinnen kunnen verbeteren – een oordeel dat de man zelf van harte zou hebben onderschreven.

Het is hier niet de plaats om uit te weiden over de verdiensten van Cicero als mens, jurist of politicus, maar omdat alles wat hij deed in dienst stond van zijn maatschappelijke reputatie, ligt een biografische benadering van zijn werk voor de hand. Vandaar dat ik niet ontkom aan een korte opsomming van feiten en data. Nadat Cicero grondig onderwijs in de retorica had genoten, behaalde hij in 80 v.Chr. zijn eerste triomf als redenaar, toen hij de onnozele Sextus Roscius uit Ameria wist vrij te pleiten van een aanklacht wegens vadermoord. Het was een gevaarlijke zaak, omdat iedereen wist dat de werkelijke moordenaar een handlanger van dictator Sulla was. Daarom achtte Cicero het verstandig na het proces een tijdje naar Griekenland te gaan, waar hij filosofie studeerde. Tussen 75 en 64 (Sulla was inmiddels van het toneel verdwenen) groeide hij uit tot markant bestuurder, terwijl hij zijn praktijk als advocaat voortzette. Omdat het turbulente tijden waren, hadden veel processen een politieke kant.

Tijdens Cicero's consulaat in 63 werd toevallig ontdekt dat Catilina, een (als we Sallustius mogen geloven) perverse senator met torenhoge schulden en een intens foute vriendenkring, bezig was een staatsgreep voor te bereiden. Cicero wist de samenzwering op te rollen en liet, na een bewogen senaatszitting, de putschisten zonder vorm van proces ter dood brengen. Zijn politieke vijanden meenden dat hij daarmee onwettig had gehandeld, en stelden alles in het werk om hem ten val te brengen. Het in 60 gevormde driemanschap van Caesar, Pompeius en Crassus had er weinig bezwaar tegen als de tamelijk conservatieve Cicero zich uit de politiek zou terugtrekken, en inderdaad werd hij in 58 verbannen. Toen hij anderhalf jaar later in Rome terugkwam, leek zijn rol definitief uitgespeeld. In arren moede schreef hij een belangrijk boek over retorica, *Over de redenaar*, en een werk over de ideale staat, *De staat*, allebei dialogen.

In 51 werd hij benoemd tot gouverneur van Cilicië in Klein-Azië, waar hij een bescheiden militaire overwinning behaalde die hem het recht op een triomftocht gaf. Maar toen hij in de loop van het jaar 50 in Italië terugkeerde, bleek het conflict tussen Caesar en Pompeius al dermate hoog opgelopen dat er van eerbetoon voor zijn succes geen sprake kon zijn. Nadat Caesar in 49 over de Rubico was getrokken en de burgeroorlog met Pompeius een feit was, durfde Cicero maandenlang geen keuze te maken. Pompeius had zijn sympathie, maar was in zijn ogen niet doortastend genoeg, Caesar probeerde hem aan zijn kant te krijgen.

Intussen had Cicero nog een ander probleem, dat de man pijnlijk typeert. Wie uit de provincie terugkwam en op een triomftocht rekende, moest in de tussentijd zijn lictoren (lijfwachten) in dienst houden. Deze heren werden geacht, met lauweren bekranst, de imperator overal te begeleiden. Cicero kon in deze periode dus nergens ongezien op bezoek gaan, want overal vergezelden hem die opvallende lictoren. Het duurde maanden voor Cicero tot het inzicht kwam dat het met die triomftocht niets meer zou worden, en zijn lictoren ontsloeg. Uiteindelijk koos hij voor Pompeius, die kort daarna (in augustus 48) bij het Griekse Pharsalus verslagen werd. Caesar nam het Cicero niet kwalijk en stond hem toe zijn senaatszetel weer in te nemen, zij het als fossiel uit een nu echt vervlogen tijdperk.

Cicero doodde de tijd met het schrijven van een reeks prachtige boeken, wederom over retorische en filosofische onderwerpen, totdat Caesar in 44 werd vermoord. Voor de laatste keer dacht Cicero als *elder statesman* een rol van betekenis te kunnen spelen, maar met zijn schimpende redevoeringen aan het adres van Marcus Antonius (*Philippica's* genoemd, naar het voorbeeld van Demosthenes' redevoeringen tegen de Macedonische koning Philippus II) ging hij te ver. In december 43 liet Antonius hem doden, waarna zijn hoofd en handen tentoongesteld werden op de *rostra*, de spreektribune op het Forum Romanum.

De redenaar

De zevenenvijftig redevoeringen die min of meer compleet zijn overgeleverd, zijn niet allemaal grootse scheppingen van een scherpzinnig jurist, een *begeisterte* strijder tegen onrecht of een gelouterd staatsman. Soms ging het om juridische haarkloverijen die een moderne literatuurliefhebber graag aan zich voorbij laat gaan, soms verlaagde Cicero zich tot laakbare drogredenen of smakeloze vleierij. Maar wat Cicero ook schrijft, stilistisch onbeduidend is het nooit.

Men moet zich realiseren dat Cicero zijn redevoeringen nooit van papier voorlas (dat was *not done*) maar altijd, doorgaans na zorgvuldige voorbereiding, improviseerde, zodat hij direct kon inspelen op de reacties van het publiek. In sommige gevallen volgden de gebeurtenissen elkaar zo snel op dat hij gedwongen was geheel voor de vuist weg te spreken, wat hem zeer goed afging. De teksten die hij achteraf publiceerde zijn niet de redevoeringen zoals ze werkelijk gehouden werden, maar zoals hij ze zich herinnerde, of zoals hij graag wilde dat men ze zich zou herinneren. Zo publiceerde hij, nadat hij er in 52 niet in geslaagd was Titus Annius Milo vrij te pleiten, een herziene versie van zijn pleidooi die zoveel beter was dan het origineel, dat de inmiddels naar Marseille verbannen Milo opmerkte dat hij, als Cicero déze rede had uitgesproken, nooit zou hebben kennisgemaakt met de geneugten van de Gallische keuken.[11]

De eerste grotendeels bewaard gebleven redevoering dateert uit 81, toen Cicero vijfentwintig jaar oud was, en behelst een privaatrechtelijk pleidooi voor Publius Quinctius, wiens tegenstander werd vertegenwoordigd door Quintus Hortensius Hortalus (114-50 v.Chr.), die in deze periode als de grootste Romeinse redenaar gold. Cicero zou in het vervolg nog vaak de degens met hem kruisen, maar had ook veel bewondering voor zijn rivaal.

Elf jaar later vestigde Cicero definitief zijn naam als redenaar, toen hij Gaius Verres aanklaagde, die als *propraetor* (gouverneur met de rang van praetor) de provincie Sicilië op schandalige wijze had uitgezogen. Ook Verres werd verdedigd door Hortensius. Nadat Cicero in eerste termijn de toon had gezet met een korte redevoering, presenteerde hij gedurende enkele dagen zoveel bewijzen en getuigenverklaringen dat Verres begreep dat ieder verweer kansloos was, en vrijwillig in ballingschap ging. Cicero behoefde de vijf vernietigende redevoeringen die hij nog in petto had dus niet eens uit te spreken, wat hem er niet van weerhield ze alsnog te publiceren.

Hier volgt een passage uit de vierde rede van de tweede termijn. Cicero maakt drie woordspelingen op de naam 'Verres': *everriculum* (bezem), *avertere* (onttrekken) en *verres* (zwijn):

Het feest van Saturnus

Was er, heren rechters, in enige provincie ooit zo'n bezem in de weer? Dat bestuurders uit hoofde van hun ambt soms in het diepste geheim iets aan de staatskas onttrekken, is niets nieuws. Zelfs indien zij soms privépersonen bestalen, deden zij dat in het verborgene. Toch werden ook zij veroordeeld. En als u wilt dat ik mijn eigen positie ondermijn: ik vind dat zíj pas echt aanklagers zijn geweest, die diefstal door dergelijke types wisten te vervolgen aan de hand van geursporen of voetstappen die de aarde nauwelijks beroerd hadden. Want wat is eigenlijk onze prestatie, nu we de sporen hebben aangetroffen van een Zwijn dat zich met zijn gehele lichaam in de modder heeft gewenteld? Een enorme opgave is het om iets ten nadele te zeggen van hem die in het voorbijgaan, terwijl zijn draagstoel een moment is neergezet, niet slinks maar openlijk, uit hoofde van zijn functie, met één pennestreek een gehele stad van deur tot deur heeft leeggeplukt![12]

Tijdens zijn consulaat werd Cicero, zoals gezegd, geconfronteerd met de samenzwering van Lucius Sergius Catilina, een verarmd patriciër die een bonte aanhang van oplichters, verveelde studenten en politieke opportunisten om zich heen verzameld had. In zijn behandeling van de zaak moest Cicero behoedzaam opereren, omdat een deel van de senaat garen hoopte te spinnen bij een eventuele staatsgreep. In de vier redevoeringen tegen Catilina probeerde hij zijn gehoor ervan te overtuigen dat Catilina een staatsvijand was. Dit is het beroemde begin van de eerste rede, op 8 november gehouden voor de senaat, die voor de gelegenheid bijeenkwam in de tempel van Jupiter Stator aan de voet van de Palatijn.[13] Catilina zelf was bij de zitting aanwezig:

Hoe lang nog, Catilina, zult u misbruik maken van ons geduld? Hoe lang zal ook die waanzin van u ons nog bespelen? Wanneer komt er een einde aan dat vertoon van onbeteugelde vermetelheid? Maken de nachtelijke bewaking van de Palatijn, de patrouilles in de stad, de angst van het volk, de vereniging van alle goede burgers, deze uiterst beveiligde vergaderplaats van de senaat, de gezichten en gelaatstrekken van al dezen hier, geen enkele indruk op u? Merkt u niet dat uw plannen op straat liggen, ziet u niet dat uw samenzwering verstrikt ligt in het feit dat allen hier ervan weten? Denkt u dat ook maar één van ons niet weet wat u de afgelopen nacht, wat u de nacht daarvoor hebt uitgevoerd, waar u geweest bent, wie u bijeen hebt geroepen, welk plan u beraamd hebt? Wat een tijden, wat een waarden![14] De senaat begrijpt het, de consul ziet het, maar hij leeft. Leeft? Hij komt zelfs naar de senaat, is deelgenoot van het publiek debat, noteert en registreert met zijn ogen ieder van ons om hem later te kunnen vermoorden.[15]

Hoewel Caesar tijdens een bewogen senaatszitting op 5 december zijn best deed een doodvonnis te voorkomen, ging de senaat uiteindelijk akkoord met Cicero's voorstel de opstandelingen, voor zover ze inmiddels opgepakt waren, te executeren, wat nog dezelfde dag gebeurde. Catilina zelf had zich met een legertje in de bergen teruggetrokken, maar werd anderhalve maand later verslagen. Cicero's Catilinarische redevoeringen werden pas drie jaar later gepubliceerd.

In de jaren tussen zijn consulaat en zijn verbanning verdedigde Cicero de Griekse dichter Archias. In de rede die hij daarbij uitsprak ging hij uitvoerig in op het belang van literatuur en cultuur in het algemeen. Toen hij in 57 uit zijn verbanningsoord terugkeerde, was in de tussentijd zijn huis afgebroken en het perceel geconfisqueerd. Met succes pleitte hij voor de teruggave van zijn grond. Een bekende redevoering uit de periode tussen 57 en 51 is ook het pleidooi voor de wegens geweldpleging aangeklaagde losbol Marcus Caelius Rufus, een protégé van Cicero die een tijdje in kringen rond Catilina had verkeerd. Een deel van de rede is gewijd aan het zwartmaken van Caelius' voormalige geliefde Clodia, die we hieronder nog zullen tegenkomen in verband met de dichter Catullus.

Deze Clodia was een zuster van Cicero's politieke vijand Publius Clodius Pulcher, de man die zijn ballingschap had bewerkstelligd. Handlangers van Milo, die er in 57 voor had geijverd Cicero uit zijn verbanning te laten terugkeren, liquideerden Clodius in 52, waarna

Cicero zijn vriend verdedigde. Dat Milo bij de moord betrokken was, viel nauwelijks te ontkennen, daarom probeerde Cicero enerzijds aan te tonen dat de vechtpartij toevallig en op instigatie van Clodius was ontstaan, anderzijds dat Clodius' dood een zegen voor de staat was. Pompeius, op dat moment de machtigste man in Rome (Caesar zat in Gallië, Crassus was in 53 gesneuveld), oefende met militair machtsvertoon in de stad zoveel druk uit op de senaat dat Milo geen schijn van kans had en in ballingschap ging.

Nadat Caesar in 48 de alleenheerschappij had verworven, deed Cicero in 46 een goed woordje voor twee van diens tegenstanders, Marcellus en Ligarius. In deze redevoeringen prijst hij op kruiperige wijze de vergevingsgezindheid van de dictator. Zo begint de rede voor Marcellus:

> Aan het langdurig stilzwijgen, heren senatoren, dat ik de laatste jaren in acht heb genomen, niet uit vrees, maar zowel uit treurnis als uit terughoudendheid, heeft deze dag een eind gemaakt. En tegelijk is hij een begin: de eerste dag waarop ik weer volgens mijn gewoonte van weleer openlijk uiting geef aan mijn gedachten en gevoelens. Want aan zoveel mildheid, aan zulk een ongewone, ongekende clementie, aan zo'n matiging, en dat bij het bezit van de allerhoogste macht, ja, aan een zo ongelooflijke, welhaast bovenmenselijke wijsheid kan ik geenszins stilzwijgend voorbijgaan.[16]

Cicero wist niet dat hem nog maar drie jaar gegeven waren. Na de dood van Caesar probeerde hij met zijn veertien *Philippica's* Marcus Antonius onschadelijk te maken. Daarbij haalde hij alles uit de kast om de man in diskrediet te brengen. Men kan zich voorstellen dat Antonius *not amused* was toen hij deze tekst, die overigens alleen als smaadschrift verscheen en nooit werd uitgesproken, onder ogen kreeg:

> Maar laten wij deze nog enigszins mannelijke verdorvenheid even buiten beschouwing. Spreken wij liever over lichtzinnig gedrag van het allerminderwaardigste soort. U, met die enorme keel, die enor-

me buik, met het krachtige postuur van een gladiator, had op de bruiloft van Hippias zoveel wijn naar binnen gegoten, dat u onder de blikken van het Romeinse volk moest braken, de volgende dag nog! Wat een smerigheid, niet alleen als men het ziet, maar zelfs als men erover hoort! Als dit u tijdens de maaltijd was overkomen bij het achterovergieten van die reusachtige bekers van u, wie zou dat geen schande hebben gevonden? Maar nu heeft hij bij de volksvergadering, bij de uitoefening van een publieke taak, als tweede man onder de dictator, voor wie zelfs een oprisping een schande zou zijn geweest, al brakend zijn schoot en het gehele podium met naar wijn stinkende etensresten gevuld.[17]

De retor

Als redenaar was Cicero niet zomaar een natuurtalent. Hij was in de leer geweest bij een Griekse retor en had, toen hij een jaar of veertien was, een tijd in huis gewoond bij Lucius Licinius Crassus (140-91), bij wie alle grote redenaars over de vloer kwamen. Bij de stoïsch georiënteerde Aelius Stilo studeerde hij grammatica. Nadat Crassus plotseling was overleden en de Bondgenotenoorlog was uitgebroken, onderbrak Cicero zijn opleiding, om in 89 rechten te gaan studeren bij Quintus Mucius Scaevola Augur, een van de belangrijkste juristen van zijn tijd. Het jaar daarna richtte hij zich op de filosofie, geïnspireerd door de Academische scepticus Philo van Larissa (159-84), die kort tevoren in Rome was komen wonen. Omstreeks deze tijd schreef Cicero, nog geen twintig jaar oud, zijn eerste boekje over een retorisch onderwerp, het nogal schoolse De inventione (over vinding). In die jaren moet ook de anonieme, maar op naam van Cicero overgeleverde Retorica voor Herennius gepubliceerd zijn, een uitvoerig handboek voor de redenaar.[18] Dit technische geschrift zou, gezien de overeenkomsten met De inventione, geschreven kunnen zijn door een studiegenoot van Cicero. Beide werken werden in de Middeleeuwen veel gelezen, onder de titel Rhetorica prima en secunda. Pas in de Renaissance werd vastgesteld dat het tweede werk niet van Cicero kon zijn.

Het duurde ruim dertig jaar voordat Cicero opnieuw een boek

over zijn vak zou schrijven. In 55 verscheen het driedelige *De oratore* (over de redenaar), dat geldt als het meest diepzinnige werk over retorica uit de Romeinse Oudheid. Het is opgezet als een dialoog in de traditie van Plato, waarbij men vooral moet denken aan diens *Phaedrus* en *Symposium*. Cicero laat enkele politieke kopstukken in het roerige najaar van 91 v.Chr. voor crisisberaad bijeenkomen op het buiten van Licinius Crassus bij Tusculum. De eerste dag spreken de heren over de chaos waarin de staat verkeert, maar de volgende dag merkt Scaevola tijdens een wandeling op: 'Zeg Crassus, waarom doen we niet zoals Socrates in Plato's *Phaedrus*? Deze plataan brengt me op dat idee: hij biedt met zijn brede bladerdak hier evenveel schaduw als die plataan waaronder Socrates schaduw zocht en die zijn wasdom, dunkt me, niet zozeer te danken heeft aan het daar beschreven beekje als wel aan Plato's woorden.'[19] De staatslieden vlijen zich inderdaad neer onder de platoonse plataan, overigens niet dan nadat ze wat kussens hebben laten aanrukken.

Vervolgens geeft Cicero het gesprek weer dat de heren in de loop van twee dagen gehouden zouden hebben. Geheel in de trant van Plato zegt Cicero zijn informatie te hebben gekregen van een der gesprekspartners, zodat de lezer die zijn klassieken kent, weet dat de dialoog van a tot z verzonnen is. Wat in dit buitengewoon levendige boek aan de orde komt, zijn dan ook de theorieën van Cicero, niet die van Crassus en Antonius.

Hoewel in de drie gesprekken alle aspecten van de retorica behandeld worden, ook de meer technische, zoals argumentatie en stijlfiguren, is het werk vooral een pleidooi voor een zo breed en zo diep mogelijke scholing. De ideale redenaar zoals Cicero hem voor zich ziet, is een gezaghebbend staatsman met een universele kennis van literatuur, filosofie en recht, die alle trucs van de retorica beheerst en wiens wendbare stijl onder alle omstandigheden de tegenstander weet te vloeren. De sprekers in de dialoog verschillen op diverse punten hoffelijk doch pertinent met elkaar van mening, maar de centrale plaats van retorica in de vorming tot mens en politicus staat niet ter discussie.

Zo opent Crassus het gesprek:

Voor mij bestaat er eigenlijk geen grotere prestatie dan de kunst om mensen als spreker te boeien, ze voor zich te winnen en ze te beïnvloeden in elke gewenste richting. Dit unieke vermogen heeft in elke vrije maatschappij en vooral in vreedzame staten steeds een hoge bloei gekend en een leidende rol gespeeld. Wat wekt immers zoveel bewondering als wanneer uit een onafzienbare menigte één man naar voren komt, die datgene wat allen van nature gegeven is ofwel als enige of als een der weinigen kan realiseren? Wat is zo plezierig om aan te horen als een rede die tot in de finesses verfraaid is met wijze gedachten en indrukwekkende woorden? Wat getuigt van zoveel macht en luister als het feit dat een roerige massa, scrupuleuze rechters en waardige senatoren door de woorden van één enkele man tot andere gedachten worden gebracht? Wat is voorts zó koninklijk, zó edel, zó weldadig als hulp bieden aan smekelingen, bedrukten bemoedigen, mensen redding brengen, bevrijden uit gevaren en vrijwaren voor verbanning? Wat is zó onontbeerlijk als steeds de wapens in handen te hebben waarmee men zichzelf kan beschermen, schurken ter verantwoording kan roepen of wraak kan nemen als men wordt aangevallen? Als we nu even afzien van het openbare leven op het Forum met zijn rechtspraak, volksvergaderingen en senaatszittingen - wat kan in onze vrije tijd plezieriger en menswaardiger zijn dan een spiritueel gesprek op niveau?[20]

Tien jaar later schreef Cicero opnieuw een retorische dialoog, ditmaal over de geschiedenis van de Romeinse welsprekendheid. Het boek is opgedragen aan de man die twee jaar later Caesar zou vermoorden en heet dan ook *Brutus*. Gesprekspartners zijn Cicero, zijn dierbare vriend Titus Pomponius Atticus (110-32) en Brutus zelf. Voor onze kennis van de ontwikkeling van de retorica in Rome is de *Brutus* van grote betekenis, al heeft Cicero niet geschroomd de feiten naar zijn hand te zetten. Zo is de dialoog mede bedoeld om (impliciet, uiteraard) duidelijk te maken dat de geschiedenis onvermijdelijk moest leiden naar het literaire hoogtepunt dat Cicero heet.

In hetzelfde jaar kwam *Orator* (de redenaar) tot stand, een schets van de ideale redenaar. Daarna schreef Cicero nog *Partitiones oratoriae* (schematische retorica), een behandeling van de retorica in catechismusvorm, waarin Cicero vragen van zijn zoon beantwoordt; *Topica*, een boekje over topiek in navolging van Aristoteles; en *De optimo genere oratorum* (over het beste type redenaars), dat bedoeld was als inleiding bij Cicero's vertaling van twee redevoeringen van Demosthenes en Aeschines.

De filosoof
In de jaren waarin Cicero gevormd werd, behoorde een zekere vertrouwdheid met de Griekse filosofie tot de basiskennis van iedere Romeinse intellectueel. Daarbij ging het niet zozeer om de filosofische systemen die tegenwoordig als de belangrijkste worden beschouwd, die van Plato en Aristoteles, als wel om werken uit de hellenistische periode, die men in het Grieks las.

De Academie van Plato werd inmiddels gekenmerkt door een sterke hang naar principiële scepsis en blonk uit in debatten pro en contra allerlei filosofische posities, zonder dat het de bedoeling was tot een eenduidige slotsom te komen. In 155 v.Chr. hadden de Academische debaters Carneades en Critolaüs in Rome diepe indruk gemaakt met hun vermogen van willekeurige stellingen zowel de waarheid als de onwaarheid aan te tonen. Ook Philo van Larissa, bij wie Cicero enige tijd studeerde, was een denker uit deze school.

Het Lyceum bouwde weliswaar voort op de fundamenten die Aristoteles gelegd had, maar de werken van de grote denker zelf werden al spoedig nauwelijks meer gelezen. De aristotelische wijsbegeerte wordt ook Peripatos (wandeling, promenade) genoemd, naar de gewoonte al kuierend in een zuilengalerij over filosofische onderwerpen te praten.

Naast Academie en Peripatos waren omstreeks 300 v.Chr. enkele andere scholen ontstaan. Zo ontwikkelde Epicurus (342-271) een radicaal materialistische filosofie, gebaseerd op de atoomtheorie van Democritus, verkondigde Aristippus van Cyrene (ca. 430-355) een extreem hedonisme en lapte Diogenes van Sinope (ca. 408-322) alle maatschappelijke conventies aan zijn laars. Hun volgelingen worden respectievelijk epicureeërs, Cyreneeërs en Cynici genoemd. De voornaamste nieuwe denkrichting was echter de Stoa, door Zeno van Citium (334-262) gesticht en genoemd naar de zuilengalerij (*stoa*) waar hij zijn voordrachten hield. Stoïcijnen staan bekend om hun ascetische levenswandel en hun streven iedere emotie uit te bannen.

In de tweede en eerste eeuw v.Chr. probeerden Panaetius (ca. 185-109) en Posidonius (ca. 135-50), die beiden langere tijd in Rome woonden, een synthese van Academie, Peripatos en Stoa te bewerkstelligen. Met name Posidonius had grote invloed op Cicero, die hem tot zijn vrienden rekende. Pas in de loop van de eerste eeuw ontstond er een behoefte naar de bronnen terug te keren. Antiochus van Ascalon (ca. 125-67), de opvolger van Philo als hoofd van de Academie, begon het werk van Plato zelf weer te lezen, al benadrukte ook hij de overeenkomsten tussen de drie hoofdstromingen. Tezelfdertijd werden de verloren gewaande schetsen en aantekeningen van Aristoteles teruggevonden en voor het eerst uitgegeven. Dat is het werk van Aristoteles zoals wij het kennen.

Cicero was als filosoof een eclecticus en een dilettant, maar wel een consciëntieuze. Zijn talrijke filosofische werken, die ten onrechte als oppervlakkig bekendstaan, werden tussen de bedrijven door geschreven, meestal op momenten dat Cicero als politicus niets te doen had. Voor Cicero was filosoferen geen vrijblijvend tijdverdrijf. Alles wat hij schreef, diende ertoe de lezer tot een maatschappelijk actief burger te vormen. Wie het verschil tussen goed en kwaad kan beredeneren, is immers beter in staat tot het verdedigen van zijn cliënten en het besturen van een provincie. Daarbij komt dat Cicero in een turbulent tijdvak leefde, waarin het lot ongenadig hard kon toeslaan. Cicero zelf heeft meermalen getuigd van de troost die de filosofie hem bood bij het verwerken van verdriet en tegenslag, zoals toen zijn dochter Tullia in februari 45 overleed. In dat jaar schreef hij zijn vijf boeken *Tusculanae disputationes* (gesprekken in Tusculum), waarin deze lofzang op de filosofie staat:

Maar elk herstel van deze schuld [namelijk het onvermogen zich bij het lot neer te leggen] en van mijn andere fouten en ondeugden kan alleen maar van de filosofie komen. Vanaf mijn vroegste jeugd had mijn wil en toewijding mij in haar armen gedreven, thans neem ik, door het zwaarste onheil getroffen, mijn toevlucht tot de haven waaruit ik vertrokken was, door hevige stormen moe gebeukt. Ach filosofie, gids van mijn leven, die speurt naar het goede en het kwade verdrijft! Wat zou niet alleen ik, maar het gehele leven der mensen voorstellen zonder u? U hebt steden gebaard, u hebt verstrooiden bijeengeroepen om elkaars leven te delen, u hebt hen eerst in woonplaats, dan in huwelijk, dan in gemeenschap van letteren en stemmen met elkaar verbonden, u vond wetten uit, u onderwees normen en waarden. Tot u neem ik mijn toevlucht, u vraag ik om hulp, en zoals vroeger een groot deel van mijn leven aan u gewijd was, ben ik dat nu geheel en volkomen. Eén dag die goed en naar uw voorschriften werd doorgebracht, is meer waard dan een eeuwig leven in zonde. Op wie zal ik dus liever steunen dan op u, die mij gemoedsrust hebt verleend en het schrikbeeld van de dood hebt weggenomen?[21]

Cicero was de eerste Romein die filosofisch proza van enige diepgang in het Latijn schreef. Ook vertaalde hij dialogen van Plato, versies die (behalve delen van de *Timaeus*) helaas niet bewaard gebleven zijn. Uit menige passage in Cicero's filosofisch proza blijkt dat zijn tijdgenoten niet overtuigd waren van de zin van deze onderneming. Een beschaafd mens kent toch Grieks? Waarom nog eens dunnetjes overdoen wat de Grieken al hebben gedaan? Trouwens, wat moet een Romein eigenlijk met een diepgaande kennis van filosofie?

In de inleiding van het eveneens uit 45 stammende boek *De finibus bonorum et malorum* (de ijkpunten van goed en kwaad), dat is opgedragen aan Brutus, verdedigt Cicero zich. Het antwoord op de vraag waartoe filosofie überhaupt dient, ligt zo voor de hand dat hij er niet eens op wil ingaan. Hij legt wel uit dat wie zich eenmaal serieus is gaan bezighouden met filosofie daar onmogelijk mee kan stoppen zolang niet al zijn vragen zijn beantwoord. Ook de bewering dat hij wel iets beters te doen zou hebben, wijst hij resoluut van de hand: het één sluit het ander immers niet uit. Het meest uitvoerig reageert hij op de stelling dat filosofische werken in het Latijn overbodig zouden zijn omdat iedere intellectueel Grieks kan lezen. Als je die redenering zou volgen, zegt Cicero, kun je de hele Romeinse literatuur wel schrappen. Bovendien acht hij de Latijnse taal uitstekend geschikt om in te filosoferen, zij het dat er soms even naar een passend equivalent voor een Griekse term gezocht moet worden. Inderdaad gaat Cicero geregeld in op terminologische kwesties, die hij meestal met verfrissend gezond verstand oplost.

Omdat Cicero vaak verwijst naar werk van schrijvers die wij alleen via hem kennen, en omdat hij de kunst verstaat ingewikkelde problemen helder uit te leggen, is zijn werk van onschatbaar belang geweest voor de kennis van de Griekse filosofie, met name in perioden dat niemand meer Grieks las. Ook nu kan iedereen die een goed overzicht van de epicureïsche ethiek wil krijgen, beter *De finibus* lezen dan de brieven of fragmenten van Epicurus zelf.

Cicero's filosofisch werk is niet oppervlakkig, maar dat wil niet zeggen dat hij ook een oorspronkelijk denker is. Cicero vat samen, legt uit, laat in zijn dialogen voor- en tegenstanders van bepaalde stellingen elkaar bestrijden, maar iets nieuws heeft hij nooit bedacht. Zou dat een reden kunnen zijn om Cicero's filosofische geschriften links te laten liggen, de man kan wél schrijven. Hoe taai en technisch sommige passages ook zijn, Cicero weet de lezer aan zich te binden door volzinnen te bouwen die nooit onbeduidend zijn, door op gezette tijden hartstochtelijk los te branden en door op aantrekkelijke wijze de dramatische situatie van de gesprekken te tekenen. Zijn karakters lijken aardige, beschaafde mannen met wie je graag een weekend zou doorbrengen.

Kort na de verschijning van *Over de redenaar* begon Cicero aan een van zijn meest ambitieuze projecten: een op Plato's *Politeia* geïnspireerde, maar uitermate Romeinse dialoog over de ideale samenleving in zes boeken. *De re publica* (de staat) werd gepubliceerd nog voordat Cicero in 51 naar Cilicië vertrok. Helaas is het grootste deel van dit werk verloren gegaan. Dat de indrukwekkende apotheose ervan, het zogenaamde *Somnium Scipionis* (de droom van Scipio),[22] wel is overgeleverd, komt doordat dit gedeelte in de Late Oudheid in separate edities circuleerde en zeer populair was.

De meeste filosofische werken ontstonden in de jaren 46-44. Naast de al genoemde IJkpunten en *Gesprekken in Tusculum* schreef hij onder meer twee versies van een boek over de filosofie van de Academie (*Academica*), een werk over het bestaan van de goden (*De natura deorum*), boeken over het voorspellen van de toekomst en over het lot (*De divinatione* en *De fato*), en twee wat kleinere dialogen: *Cato Maior*, ook *De senectute* (over ouderdom) genoemd, en *Laelius*, of *De amicitia* (over vriendschap). Een van zijn laatste boeken was *De officiis* (over de plichten), dat is opgezet als een brief aan zijn zoon. Als voorbeeld van Cicero's filosoferen volgt hier een synopsis van *De ijkpunten van goed en kwaad*.

Na de reeds genoemde inleiding geeft Cicero in de eerste twee boeken een (fictief) gesprek weer, dat hij niet lang tevoren gehad zou hebben met Gaius Triarius en Lucius Torquatus. Omdat de laatste een enthousiast epicureeër is, opent Cicero de aanval op Epicurus. Zijn kritiek betreft vijf punten: Epicurus kan niet schrijven; hij heeft weinig zelf bedacht, maar bijna alles overgenomen van Democritus; wat hij wel zelf heeft bedacht is minder consistent dan de filosofie van Democritus; Epicurus verwaarloost de logica ten gunste van de zintuiglijke waarneming; en dat genot (*voluptas*) het hoogste goed zou zijn is evidente onzin. In de rest van het eerste boek is Torquatus aan het woord, die uitsluitend op het laatste punt ingaat. Kern van zijn betoog is dat onder genot een afwezigheid van onlustgevoelens als pijn en verdriet verstaan moet worden. Wijsheid wordt gedefinieerd als *ars vivendi*, de kunst van het leven, die erin bestaat dat men alle ongewenste verlangens uitbant. Iedereen die helder nadenkt zal een toestand van permanent genot (lees: onverstoorbaarheid) nastreven, en traditionele deugden als gematigdheid, moed en rechtvaardigheid staan in dienst van dat streven. Ook vriendschap is een belangrijk hulpmiddel op weg naar geluk.

In het tweede boek probeert Cicero het verhaal van Torquatus te weerleggen. Zijn belangrijkste bezwaar betreft Epicurus' definitie van genot: iedereen weet toch dat genot iets anders is! Maar zelfs als die definitie klopt, heeft Epicurus geen gelijk. Cicero grijpt alles aan om te voorkomen dat hij zou moeten toegeven dat genot de diepste drijfveer van de mens is, maar nergens raakt hij de kern van Torquatus' betoog. Zo geeft hij voorbeelden van mannen die zich, zonder op hun eigenbelang te letten, voor de staat hebben ingezet (vooral de familie Torquatus heeft menige held opgeleverd), en beweert hij dat niemand in het openbaar zou toegeven dat genot zijn ultieme doel is. Bovendien is genot in hoge mate afhankelijk van omstandigheden zoals oorlog en ziekte, terwijl echte gelukzaligheid eeuwig en stabiel is. Een wijs en goed man is volmaakt gelukkig, zelfs op het moment dat hij gemarteld wordt. Wat Cicero niet wil begrijpen, is dat Torquatus nu juist beweert dat permanent genot niets anders is dan de gelukzaligheid die Cicero op het oog heeft. Torquatus geeft zich dan ook niet gewonnen.

Het derde en vierde boek zijn gewijd aan een discussie tussen Cicero en Cato, die een fanatiek stoïcijn was. Het debat wordt gesitueerd in een landhuis in Tusculum, in 52 v.Chr. De Stoa stelt dat er maar één goed (*bonum*) is en dat alles wat daar niet onder valt, automatisch niet goed is. Binnen het goede bestaan geen gradaties: je hebt het of je hebt het niet. Tussen het goede en het slechte liggen echter nog de dingen die er niet toe doen (*indifferentia*), waarbinnen weer onderscheid gemaakt kan worden tussen wat te verkiezen en wat af te wijzen valt. Wie volkomen rationeel leeft en alle emoties heeft uitgebannen, is tegelijkertijd wijs, goed en gelukkig. In zijn uitleg, die niet uitblinkt in helderheid, worstelt Cato met Griekse terminologie. Wanneer Cicero hem halverwege complimenteert met zijn voortreffelijke weergave daarvan in het Latijn, prijst hij in feite zichzelf.[23]

Het derde boek wordt door Cato afgesloten met een lofzang op de stoïsche wijze (*sapiens*):

Maar hoe ernstig, hoe groots, hoe standvastig is uiteindelijk de persoonlijkheid van de wijze. Aangezien de rede hem geleerd heeft dat alleen wat eerzaam is goed is, moet hij wel permanent gelukkig zijn en waarlijk al die namen bezitten waarom onkundigen altijd lachen. Hij zal immers met meer recht koning heten dan Tarquinius,[24] die noch zichzelf, noch de zijnen in de hand had, met meer recht leidsman van het volk (zo wordt een dictator ook wel genoemd) dan Sulla, die de leidsman in drie verderfelijke ondeugden (weeldezucht, hebzucht, wreedheid) was, met meer recht rijk dan Crassus, die, terwijl er geen enkele reden voor een oorlog was, nooit de Eufraat had willen oversteken als hij nergens gebrek aan had gehad.[25]

En zo gaat dat nog even door. In boek IV veinst Cicero aanvankelijk geen weerwoord te hebben, waarna hij losbarst in ongenadige kritiek. Volgens Cicero zijn Academie en Peripatos veel helderder in hun opvattingen dan de Stoa en hebben ze het gelijk aan hun kant. Aangezien Zeno, de oprichter van de Stoa, een leerling was van de peripateticus Polemon, is het niet verwonderlijk dat Stoa, Academie en Peripatos gemeenschappelijke fundamenten hebben. Allemaal vinden ze dat men in overeenstemming met de natuur moet leven (*secundum naturam vivere*), hetgeen een drang tot zelfbehoud impliceert, die het best gerealiseerd kan worden met behulp van de rede (*ratio*). De Stoa vergist zich als ze beweert dat het lichaam irrelevant is en dat alleen de absolute deugd ertoe doet. Trouwens, door aan te nemen dat er verkieslijke *indifferentia* zijn, geeft de Stoa al toe dat ze minder streng is dan ze lijkt. De Stoa is dus inconsequent, en als ze dat zou inzien zou ze moeten toegeven dat er geen principiële verschillen zijn tussen de opvattingen van Zeno en Chrysippus enerzijds en Plato en Aristoteles anderzijds.

Het vijfde boek speelt in 79 v.Chr., toen Cicero zich met enkele vrienden in Athene bevond, waar ze college liepen bij Antiochus van Ascalon. Net als moderne toeristen hebben ze het gevoel op gewijde grond te lopen, en het feit dat ze de gebouwen kunnen bezoeken waar hun helden hebben vertoefd raakt hen diep. Marcus

Pupius Piso Frugi (geboren ca. 114), de aristoteliaan die in dit boek het langst aan het woord zal zijn, bezoekt graag de plekken waar Plato en zijn opvolgers gedoceerd hebben, Cicero's broer Quintus (102-43), die een fan van Sophocles is, vindt het een bijzondere gedachte de buurtschap Colonus te hebben bezocht waar de mythische Oedipus gestorven zou zijn, terwijl Cicero zelf onder de indruk is van de werkplek van Carneades. Hun neef Lucius (98-68) dweept met Demosthenes, Atticus heeft ontroerd de tuin van Epicurus bezocht.

In dit boek is Cicero op zijn best. Overzichtelijk zet Piso op een rijtje hoe men over het hoogste goed (*summum bonum*) zou kunnen denken. Na de standpunten van onder anderen Aristippus, Carneades en Democritus afgeserveerd te hebben, stelt hij vast dat de Stoa ongeveer hetzelfde vindt als de Peripatos, zij het dat de Stoa volkomen onnodig de terminologie heeft veranderd. Voortbouwend op wat hij in het vierde boek had gezegd, in gebeeldhouwde volzinnen, met pakkende vergelijkingen en voorbeelden, legt Cicero bij monde van Piso uit dat de mens, die uit lichaam en ziel bestaat, naar zelfbehoud streeft, waarbij hij gebruikmaakt van natuurlijke deugden. Deze worden onderverdeeld in onwillekeurige, zoals het geheugen, en vrijwillige, zoals gematigdheid en verstandigheid. Bij het vervolmaken van wat de kenmerkende eigenschappen van de mens zijn, is de rede uiteraard het belangrijkste hulpmiddel. Interessant is dat Cicero zelf aan het slot van de discussie even in de huid van een stoïcijn kruipt om bezwaren in te brengen tegen wat Piso beweert. Piso weerlegt die echter door nogmaals te benadrukken dat het allemaal een kwestie van terminologie is.

Het bijzondere van dit werk schuilt vooral in de souplesse waarmee Cicero zich heeft ingeleefd in de afzonderlijke posities. Hoewel Torquatus er in het tweede boek stevig van langs krijgt, staat zijn exposé over de epicureïsche ethiek als een huis, en de visie van de Stoa wordt weliswaar aangevallen, maar ook met respect en bewondering uiteengezet. Dit vermogen de argumenten voor en tegen bepaalde standpunten te verdedigen, dat Cicero van zijn academische vrienden had geleerd en dat hem zeer van pas was gekomen in zijn politieke en juridische praktijk, duidt erop dat hij zich het meest thuis voelde bij de filosofie van Philo, Antiochus en Posidonius. Het is dan ook niet verwonderlijk dat het laatste boek van De ijkpunten daaraan gewijd is.

Pomponius Atticus, die nog niet overtuigd is, heeft het laatste woord:

'Maar, bij Hercules! je betoog beviel me buitengewoon! Onderwerpen waarvan ik niet gedacht had dat ze in het Latijn besproken konden worden, zijn door jou in adequate bewoordingen besproken en niet minder helder dan wanneer ze door Grieken waren besproken. Maar het is mooi geweest, als jullie daar ook zo over denken. Kom, op weg naar mijn huis.' Toen hij dat gezegd had en ook wij vonden dat er genoeg was gediscussieerd, liepen we met z'n allen de stad in, naar het huis van Pomponius.[26]

De dichter

Zoals veel vooraanstaande Romeinen schreef Cicero in zijn ledige uren ook poëzie. Hij vertaalde substantiële stukken uit het leerdicht over astronomie van Aratus (derde eeuw v.Chr.),[27] uit de Ilias en uit tragedies van Aeschylus en Sophocles, maar hij schreef ook een gedicht over de staatsman Marius en vermoedelijk een lofzang op Caesar. Zijn belangrijkste gewrocht was het uit drie boeken bestaande epos over zijn consulaat. In brieven aan Atticus kunnen we het ontstaan ervan volgen. Nadat Cicero in 62 de dichter Archias had verdedigd, rekende hij erop dat deze een gedicht aan hem zou wijden, maar dat gebeurde niet. Toen moest hij het zelf wel doen. Het gedicht is in het jaar 60 tot stand gekomen. Afgezien van achtenzeventig verzen uit het tweede boek zijn slechts enkele losse regels bewaard gebleven. De bekendste is veelzeggend: O fortunatam natam me consule Romam (O Rome, hoe gelukkig uw geboorte toen ik consul was).[28]

De briefschrijver

Cicero stond in contact met alle belangrijke redenaars, politici, dichters en denkers van zijn tijd. Met hen onderhield hij een intensieve correspondentie, die voor een groot deel van vergetelheid is gevrijwaard door Cicero's secretaris Tiro. We kennen meer dan dertig boeken met brieven, waarvan de correspondentie met Atticus de helft beslaat. De brieven tonen ons Cicero als gevatte vriend, ontspannen intellectueel, sluwe diplomaat, onderdanige senator, geïrriteerde echtgenoot en zorgzame vader. Soms lees je ze met plaatsvervangende schaamte, op andere momenten begrijp je ineens hoe groot de druk was waaronder een man in zijn positie en met zijn ambitie leefde.

Een van de meest gênante brieven is die aan de historiograaf Lucius Lucceius, geschreven in april 55 v.Chr., waarin Cicero zijn vriend een ongebruikelijk verzoek doet:

Hoewel ik in jouw bijzijn vaak geprobeerd heb dit onderwerp aan te snijden, werd ik weerhouden door een, laten we zeggen, bijna boerse schaamte. Nu ik je niet hoef aan te kijken zal ik zo overmoedig zijn het onder woorden te brengen. Een brief bloost immers niet. Ik brand van een ongelooflijk maar, naar ik meen, niet onvergeeflijk verlangen mijn naam in jouw geschriften geëerd en gevierd te zien. Ofschoon je me vaak hebt verzekerd dat je van plan bent dat verlangen ooit te zullen bevredigen, zou ik je toch willen verzoeken mij niet kwalijk te nemen dat ik op haast aandring.[29]

Hij doet er even later nog een schepje bovenop:

Maar wie eenmaal de grenzen van de schroom heeft overschreden, moet dan ook maar flink en doortastend onbeschaamd zijn. Daarom vraag ik je klip en klaar mijn daden nog wat steviger aan te zetten dan je misschien in gedachten had, en in dezen de wetten van de geschiedschrijving te laten voor wat ze zijn en die persoonlijke betrokkenheid, waarover je in een van je voorwoorden zo prachtig geschreven hebt en waardoor je je, blijkens je geschiedwerk, niet méér hebt laten leiden dan Xenophons Hercules door Genot, niet te veronachtzamen, gesteld dat ze me nog steviger bij je aanbeveelt, en onze hechte vriendschap een beetje meer te gunnen dan de waarheid zou toelaten.[30]

Of Lucceius op het verzoek is ingegaan, weten we niet.

Hartstocht voor atomen. Lucretius

Begin februari 54 v.Chr. schreef Cicero aan zijn broer Quintus: 'De gedichten van Lucretius zijn inderdaad zoals je schrijft: ze bevatten veel momenten waarop zijn genie opvlamt, maar ook wel veel techniek.'[31] Ruim vierhonderd jaar later noteerde de kerkvader Hiëronymus (348-420) in zijn historisch compendium Chronica bij het jaar 94 v.Chr.: 'De dichter Titus Lucretius wordt geboren, die later, door een liefdesdrank gek geworden, nadat hij in de tussenpozen van zijn gekte enkele boeken had geschreven die later door Cicero werden geredigeerd, de hand aan zichzelf sloeg op vierenveertigjarige leeftijd.'[32] Hiëronymus' leermeester Aelius Donatus had in zijn biografie van Vergilius beweerd dat Lucretius al in 53 stierf. Met deze obscure en tegenstrijdige informatie moeten we het doen, want verder zijn er geen bronnen over het leven van Titus Lucretius Carus, de dichter van De rerum natura (over de natuur der dingen). Het leerdicht zelf laat weinig los over zijn maker.

De natuur bestaat uit zes omvangrijke boeken, waarin de hoofdzaken van de leer van Epicurus uit de doeken worden gedaan. Het werk bevat nogal wat herhalingen van afzonderlijke regels of korte passages, hetgeen verklaard kan worden uit Lucretius' didactische geestdrift, maar het feit dat zelfs een gedeelte van vijfentwintig verzen vrijwel in extenso herhaald wordt,[33] lijkt erop te wijzen dat de dichter niet in de gelegenheid is geweest een laatste redactie uit te voeren. Bovendien is het slot van het gedicht niet helemaal bevredigend. Hoe ver Cicero's bemoeienis bij de uitgave heeft gereikt, weten we niet.

Voor moderne lezers is het leerdicht een problematisch genre, maar ook Aristoteles had er al moeite mee. In zijn *Poetica* beweert hij zelfs dat het kosmologisch gedicht van Empedocles helemaal geen poëzie is.[34] Hoewel de theoretische status van het genre in de Oudheid onduidelijk was, is het aantal leerdichten waarvan titels bekend zijn buitengewoon groot, hetgeen doet veronderstellen dat lezers zich niet druk maakten om de vraag in hoeverre hier sprake was van echte poëzie. Ook het feit dat Ovidius met zijn *Liefdesleer* een parodie op het leerdicht kon schrijven, duidt erop dat de conventies van het genre gemeengoed waren.

Het eerste didactische gedicht dat we kennen is *Werken en dagen* van Hesiodus, die vermoedelijk aan het eind van de achtste eeuw v.Chr. leefde, zodat hij misschien zelfs ouder is dan Homerus. Dit vroege werk is nogal bont van karakter en wijkt daardoor in veel opzichten af van wat later gebruikelijk werd. De filosofen Empedocles (ca. 492-432) en Democritus (ca. 460-356) schreven in beeldrijke hexameters over het ontstaan van de wereld en atoomtheorie, uit het hellenistisch tijdperk kennen we het werk van Aratus over sterrenkunde, *Phaenomena* (verschijnselen), dat door Cicero bewerkt werd, en Ennius heeft een Grieks leerdicht over lekker eten vertaald (*Hedyphagetica*).

Het leerdicht, dat vrijwel altijd in hexameters werd geschreven, is als zodanig herkenbaar doordat het expliciet didactisch is. De dichter stelt zich duidelijk op als leraar en spreekt de lezer, soms in de gedaante van degene aan wie het gedicht is opgedragen, toe als een leerling. Opmerkelijk is dat het poëtisch gehalte van de tekst vaak benadrukt wordt en dat veelal de fictie wordt geconstrueerd als zou het gedicht een openbare les zijn, die zich tijdens het lezen afspeelt, met andere woorden: het gedicht bestaat nog niet, maar komt tot stand onder de ogen van de lezer.[35]

De natuur van Lucretius is het eerste Latijnse leerdicht dat volledig overgeleverd is. Het is opgedragen aan Gaius Memmius, die in 57 v.Chr. stadhouder van het Klein-Aziatische Bithynië was. In de eerste twee boeken beschrijft Lucretius de atoomtheorie van Epicurus, die deze op zijn beurt aan Democritus had ontleend, in de middelste twee boeken gaat het om de ziel en de zintuigen, de laatste twee boeken zijn grotendeels gewijd aan kosmische en geologische verschijnselen. Het gedicht wordt nogal somber afgesloten met een uitvoerige evocatie van de pest, zoals die aan het begin van de Peloponnesische Oorlog (430 v.Chr.) uitbrak in Athene. Voor deze laatste episode heeft Lucretius gebruikgemaakt van het werk van de geschiedschrijver Thucydides.

Doel van het gedicht is, zo wordt keer op keer verkondigd, de Romeinen te bevrijden van ziekmakend bijgeloof: de angst voor de goden en voor de dood. De filosofie van Epicurus stelt weliswaar dat genot (Gr. *hêdonê*, Lat. *voluptas*) het hoogste goed is, maar daaronder wordt slechts een totale afwezigheid van onlustgevoelens verstaan. Wie volkomen rationeel doorziet hoe de wereld in elkaar zit, zal moeten toegeven dat de goden zich niet met ons kunnen bemoeien en dat de dood niets anders is dan het uiteenvallen van lichaam en ziel in losse atomen. De epicureïsche ethiek zoals die in Cicero's werken aan de orde komt, valt helaas buiten het bestek van Lucretius' gedicht.

De natuur is een wonderlijk werk. Het is bijvoorbeeld opmerkelijk dat Lucretius ervoor heeft gekozen Epicurus' leer in een gedicht uit te drukken, terwijl de Atheense denker een verklaard tegenstander van poëzie was omdat deze vorm van taalgebruik niet exact zou zijn. Ook is het vreemd dat Lucretius de zegeningen van de gemoedsrust soms op een dermate pathetische wijze onder woorden brengt dat men gaat vermoeden dat de dichter zelf nog wel wat epicureïsche lessen kan gebruiken. Verder lijkt Lucretius vormen van bijgeloof te bestrijden die door geen enkele ontwikkelde Romein werden gekoesterd, en speelt de godin Venus in het werk een rol die niet helemaal verenigbaar is met wat Lucretius over goden in het algemeen zegt. Ten slotte wordt Epicurus zelf bezongen als de Messias in eigen persoon. Dit alles heeft ertoe geleid dat er, mede onder invloed van Hiëronymus' verklaring dat de dichter krankzinnig was, een theorie is ontstaan die inhoudt dat de analytische filosoof Lucretius in permanent gevecht zou zijn geweest met de hartstochtelijke, door doodsangst geobsedeerde dichter, die dan wordt aangeduid als Anti-Lucretius. In het verlengde hiervan wordt beweerd dat de filosofische of wetenschappelijke passages uit het werk metrisch proza behelzen, en dat de echte poëzie slechts daar te vinden is waar de dichter loskomt van de theorie. Hoewel niet te ontkennen valt dat De natuur een onevenwichtig gedicht is, wordt het concept van de Anti-Lucretius tegenwoordig algemeen verworpen. Lucretius was zich terdege bewust van Epicurus' afkeer van poëzie. Voor hem is poëzie juist het aangewezen voertuig voor gedachten die niet alleen complex, maar in de ogen van velen ook onaangenaam zijn. Hij weet heel goed dat zijn onderneming nieuw en gewaagd is:

Leer nu wat volgt, luister ernaar met nog meer aandacht;
de duisterheid besef ik, maar sterke hoop op roem
heeft als een scherpe thyrsusstaf mijn hart doorboord,
mijn borst doordrongen van zoete liefde voor de Muzen,
waardoor, nu tot een grote geestdrift aangedreven,
ik zwerf in afgelegen, door geen voet betreden,
domeinen van de Muzen.[36] Opgetogen drink ik
uit ongerepte bronnen, opgetogen pluk ik
de nieuwe bloemen voor mijn luisterrijke krans
waarmee de Muzen nooit tevoren iemand kroonden.
Ten eerste, mijn leerstof is belangrijk: ik verlos
de mens uit nauwe boeien van godsdienstigheid.
Vervolgens dicht ik verzen die een duistere zaak
belichten; alles bestrijk ik met muzische bekoring.
Ook dit is ongetwijfeld te rechtvaardigen:
zoals de artsen die aan kinderen een bitter
drankje met alsem geven, vooraf de bekerrand
bestrijken met een zoete laag van gele honing,
opdat de argeloze jeugd wordt beetgenomen
tot aan de lippen maar de wrange drank intussen
volledig opdrinkt en, verleid maar niet misleid,
op die manier herstelt en weer op krachten komt,
zo ga ook ik te werk. Daar onze leerstof meestal

weerzin veroorzaakt wanneer zij niet bewerkt is,
en leken er van gruwen, wilde ik voor jou
in een zoetgevooisd Piërisch lied mijn leer verwoorden
en haar bestrijken met de honing van de Muzen
om zo de aandacht voor mijn verzen vast te houden,
terwijl je de natuur van alles wat bestaat,
in vorm en samenstelling volledig kunt doorzien.[37]

Deze passage suggereert dat de poëtische vorm niets meer is dan
een oppervlakkige aankleding. Maar vaak zijn het juist de betogende gedeelten waarin de dichter het best op dreef is. Graag past hij
de *reductio ad absurdum* toe, waarbij een onware opvatting tot haar
uiterste consequenties wordt doorgevoerd, zoals wanneer hij opmerkt dat de angst voor de dood tot zelfmoord kan leiden: 'En dikwijls / krijgt ook de angst voor de dood de mensen zó onder zijn invloed, / dat zij het zien van het licht en het leven gaan haten, zodat
zij / zich in die wanhoop des harten van 't leven beroven.'[38]

Lucretius trekt meermalen een analogie tussen taal en werkelijkheid. Zo vergelijkt hij de atomen, waarvan een beperkt aantal
typen bestaat, met letters. Uit steeds dezelfde oerelementen zijn
onderling totaal verschillende verschijnselen als water, aarde, planten en dieren ontstaan:

Zelfs in mijn verzen zie je hoe er vele letters
verspreid in vele woorden gemeenschappelijk zijn.
Toch moet je erkennen dat de verzen en de woorden
in hun betekenis en klinkende klank verschillen.
Zoveel vermogen letters, louter van plaats veranderd,
maar de begindeeltjes van dingen hebben méér
mogelijkheden om diversiteit te scheppen.[39]

Deze visie op de overeenkomsten tussen taal en werkelijkheid verleidt Lucretius zo nu en dan tot woordspelingen. Hout (*lignis*) heeft
de potentie vuur (*ignis*) voort te brengen en de aarde (*terra*) is een
moeder (*mater*) omdat ze uit materie (*materia*) bestaat.[40]

Dit brengt ons op de stijl van Lucretius. In het vuur van zijn betoog heeft hij de neiging zijn zinnen oeverloos te laten uitdijen, maar omdat hij overvloedig gebruikmaakt van structurerende elementen als redengevende bijwoorden en voegwoorden, blijft steeds duidelijk waar hij heen wil. Enjambement en alliteratie worden veel toegepast, terwijl Lucretius' beeldspraak fonkelend en verhelderend is. Abstracte gedeelten worden afgewisseld met homerische vergelijkingen die barsten van leven. De verzen zijn statig en krachtig, soms spat de verontwaardiging ervan af, maar ze lopen metrisch niet altijd even soepel. Lucretius houdt ervan de hexameter met een eenlettergrepig woord te beëindigen, wat in later Latijn ongebruikelijk is. En soms zien we de dichter worstelen met de vertaling van Griekse termen, want leenwoorden worden vermeden. Al met al lijkt Lucretius' lichtelijk archaïsch Latijn vaak meer op dat van Ennius (die hij met bewondering noemt)[41] dan op dat van Vergilius, die een generatie jonger is.

Aan het begin van boek III bezingt Lucretius Epicurus in hymnische bewoordingen, waaruit blijkt dat het eerder aangehaalde, aan Callimachus ontleende beeld van het ongebaande pad niet helemaal correct is, omdat Lucretius graag in de voetsporen van 'de glorie van de Griekse stam' wil stappen. Wedijveren met Epicurus heeft geen zin, navolgen kan wel:

> Quid enim contendat hirundo
> cycnis, aut quidnam tremulis facere artubus haedi
> consimile in cursu possint et fortis equi vis?

> Want waarom zou een zwaluw wedijveren
> met zwanen, of hoe zouden bokjes met trillende ledematen
> op de renbaan hetzelfde vermogen als de kracht van een sterk
> paard?[42]

Het beeld van de dichter als paard zou Lucretius aan Ennius ontleend kunnen hebben, in ieder geval was de metafoor van poëzie als pad of renbaan in de Oudheid frequent. Dat zwanen grote zangers zouden zijn is weliswaar onzin, maar werd alom aangenomen. Het enjambement *hirundo / cycnis* is effectief, *artubus* (in plaats van *artibus*) is een archaïsme, de alliteraties klinken krachtig. De traagheid van de bokjes wordt benadrukt doordat de woorden *in cursu possint* (in het rennen kunnen) geheel uit lange lettergrepen bestaan.

Navrant roept Lucretius de hulpeloosheid van een pasgeboren mensenkind op:

> *Tum porro puer, ut saevis proiectus ab undis*
> *navita, nudus humi iacet, infans, indigus omni*
> *vitali auxilio, cum primum in luminis oras*
> *nixibus ex alvo matris natura profudit,*
> *vagituque locum lugubri complet, ut aequumst*
> *cui tantum in vita restet transire malorum.*

> Dan, verder, ligt een jongetje, als een vanuit woeste baren aan land
> geworpen
> zeeman, naakt op de grond, spraakloos, verstoken van alle
> hulp om te leven, zodra de natuur hem op de kusten van het licht
> heeft gesmeten, met barensweeën, uit de buik van zijn moeder,
> en met rouwgejammer vult hij de ruimte, zoals terecht is
> bij iemand die in zijn leven zoveel ellende zal moeten doorstaan.[43]

De passage begint met een karakteristieke overgangsformule (*tum porro*: Lucretius houdt erg van opsommingen). De wreedheid van de zee wordt benadrukt doordat *saevis* (woest) in de woordgroep vooropstaat, de hopeloze situatie van de zeeman door het enjambement. Ook de afbreking na *omni* (alle) is veelzeggend. De aan Ennius ontleende formule 'op de kusten van het licht' (*in luminis oras*) is een van Lucretius' favorieten, maar hier maakt het beeld zijn potentie waar. Het is de onpersoonlijke natuur die het ventje op de wereld smijt, niet zijn moeder, die er net zo belabberd aan toe is als haar zoontje. Het woord *alvus* (buik) is verwant met *alveus*, dat vaak 'rivierbedding' betekent. Het gehuil van het kind wordt *lugubris* (rouwend) genoemd, omdat zijn geboorte een vorm van sterven is.

De laatste regel, die vrijwel geheel uit lange lettergrepen bestaat, benadrukt de moeizaamheid van onze levensweg.

Wie zo tegen het leven aankijkt, zoekt zijn steun bij de filosofie. De duisternis die ons omringt moet verdreven worden door het licht van de epicureïsche wijsbegeerte, die zich, paradoxaal genoeg, bezighoudt met uiterst duistere materie. Toch verklaart Lucretius op vele plaatsen in zijn werk dat hij de lezer wil bijlichten op zijn tocht naar 'de kusten van het licht':

> Want zoals kinderen in het donker beven en voor alles
> bang zijn, zo vrezen wij in het volle licht soms dingen
> die net zo min vreeswekkend zijn als wat een kind
> in het donker angstig maakt en tot verzinsels brengt.
> Zo moet dit schrikbeeld van de geest, die duisternis,
> niet door de stralen van de zon, pijlen van daglicht,
> worden verjaagd maar door de kijk op de natuur.[44]

Het geciseleerde liefdesleed van Catullus

Op 27 november 50 v.Chr. schrijft Cicero aan Atticus: 'We zijn de vijfentwintigste in Brindisi aangekomen, doordat we tijdens de overtocht het geluk hadden dat jij ook altijd hebt. Zo lekker "blies voor ons vanuit Epirus de uiterst milde Onchesmites". Deze spondeeër kun je als de jouwe verpatsen aan welke van de jongeren je maar wilt.'[45] De hexameter die Cicero hier uit zijn mouw schudt valt op doordat hij niet alleen een obscure, misschien door Cicero zelf bedachte Griekse naam voor een zuidoostenwind bevat,[46] maar ook eindigt met vier lange lettergrepen, wat bij Homerus weliswaar geregeld voorkomt, maar door latere dichters vermeden werd. Zo'n vers heette in het Grieks 'spondeeër' en was, als we Cicero mogen geloven, kenmerkend voor de gemaniëreerde poëzie van 'de jongeren' (hij duidt hen aan met de Griekse woorden *hoi neôteroi*).

Deze terloopse opmerking van Cicero heeft aanleiding gegeven tot de theorie als zou er in de eerste helft van de eerste eeuw v.Chr.

in Rome een welomschreven groep dichters zijn geweest die zichzelf als avant-garde beschouwde, te vergelijken met onze Vijftigers of Maximalen. In hoeverre dat het geval was kan moeilijk nagegaan worden, aangezien we uit die periode weliswaar veel namen van dichters kennen, maar vrijwel geen gedichten. De enige dichter wiens poëzie is overgeleverd, heet Gaius Valerius Catullus. Zijn werk is dermate persoonlijk dat we ons nauwelijks kunnen voorstellen dat het representatief zou zijn voor een heuse stroming, maar in technische zin had Catullus waarschijnlijk wel het een en ander gemeen met zijn collega's, die hij in zijn gedichten zo nu en dan aanspreekt.

In Griekenland werd onderscheid gemaakt tussen sololyriek als die van Sappho en Alcaeus (begin zesde eeuw v.Chr.) en koorlyriek als die van Pindarus (eerste helft vijfde eeuw v.Chr.), maar in beide gevallen ging het om diep in de gemeenschap verankerde teksten die met muzikale begeleiding ten gehore werd gebracht door respectievelijk de dichter zelf (met een lier) en een door de dichter gedirigeerd koor. Literatuurtheoretici als Plato en Aristoteles maken geen woord vuil aan deze vorm van kunst, die zij misschien niet eens als poëzie beschouwden. Naast dergelijke lyriek bestond ook het genre van de *iambos*, in overwegend jambische metra geschreven teksten waarin vaak iemand werd aangevallen; de bekendste vertegenwoordiger is Archilochus (zevende eeuw v.Chr.). Tegenwoordig zouden we geneigd zijn de elegie tot dezelfde categorie te rekenen als lyriek en jambe, terwijl ook het epigram veel kenmerken gemeen heeft met andere korte en min of meer persoonlijke gedichten. Maar in de Oudheid werden de genres op grond van hun metra meestal strikt van elkaar gescheiden.

In Rome stond lyriek niet in hoog aanzien. Volgens Seneca zou Cicero gezegd hebben dat hij zelfs als zijn levensduur verdubbeld werd nog geen tijd zou nemen om lyriek te lezen.[47] Daarbij dient men zich te realiseren dat lyrische poëzie in Rome, anders dan in Griekenland, geen rol van betekenis speelde in het openbare leven. Voorts werd lyriek er niet geschreven met het doel haar voor een publiek met muzikale begeleiding ten gehore te brengen, maar om haar in kleine kring voor te dragen of in een hoekje rustig te zitten lezen.[48] Voor zover er in het Latijn korte gedichten werden geschreven, waren de beoogde lezers altijd hoogontwikkelde fijnproevers. In dat opzicht is de Latijnse poëzie eerder schatplichtig aan de hellenistische, dan aan de archaïsche of klassieke Griekse literatuur. Hoe dan ook, uit de heidense Latijnse literatuur kennen we, als we de term een beetje soepel hanteren, slechts twee lyrische dichters van belang: Catullus en Horatius.

Catullus' leven is, evenals dat van Lucretius, in nevelen gehuld. Waarschijnlijk werd hij in 87 of 84 v.Chr. in Verona geboren en stierf hij zo'n dertig jaar later, in ieder geval na Caesars mislukte expeditie naar Britannië (55 v.Chr.), want die noemt hij in een van zijn gedichten. In het gevolg van Gaius Memmius, de man aan wie Lucretius De natuur opdroeg, reisde Catullus in 57 naar Bithynië, om in het voorjaar van 56 naar Italië terug te keren, na enkele toeristische trekpleisters in Klein-Azië (Troje!) te hebben bezocht. We weten dat Catullus niet onbemiddeld was, huizen in Verona, Tivoli en Rome bezat en dat hij goede kennissen in de hoogste kringen had. Verder berust alles wat over hem beweerd wordt op speculatie.

Interessante speculatie, dat wel. Zo zou hij een hartstochtelijke verhouding hebben gehad met Clodia, een tien jaar oudere helleveeg die getrouwd was met de politicus Quintus Caecilius Metellus Celer (consul in 60, overleden in 59). Deze vrouw, een halfzuster van Cicero's aartsvijand Publius Clodius Pulcher, menen we enigszins te kennen, omdat Cicero haar erotische handel en wandel met gevoel voor het sprekende detail beschrijft in zijn pleidooi voor Marcus Caelius Rufus. Caelius had, misschien na zijn vriend Catullus, een affaire met Clodia gehad die desastreus afliep, want zij beschuldigde hem in 56 van poging tot moord. Er gingen overigens geruchten dat Clodia zelf haar echtgenoot door vergiftiging om het leven had gebracht.

Catullus noemt Clodia nergens, maar spreekt in een dertiental gedichten wel van een zekere Lesbia ('de vrouw van Lesbos'), een metrisch equivalent van Clodia. Daarnaast lijkt nog een dozijn gedichten verband te houden met deze Lesbia, al kan dat niet met zekerheid worden vastgesteld. Pogingen de relatie aan de hand van de gedichten te reconstrueren zijn vruchteloos en bovendien in strijd met de intenties van de dichter, die zijn bundel zo heeft gecomponeerd dat de betreffende gedichten juist niet bij elkaar, en al helemaal niet in chronologische volgorde staan – gesteld al dat het hier een reële, en niet een zuiver fictieve liefde betreft. En zelfs als we de Lesbia-gedichten autobiografisch uitleggen, weten we nog weinig van Catullus' liefdesleven, want in dit oeuvre worden diverse geliefden, onder wie ook een jongen, bezongen.

De bundel, die zonder twijfel door Catullus zelf is samengesteld, bestaat uit drie ongeveer even lange gedeelten. De eerste zevenenvijftig gedichten, waarvan het langste drieëndertig regels telt, zijn in verschillende metra geschreven.[49] Dan volgt een afdeling met vier langere gedichten (61-64), waaronder een kort epos van 408 regels, terwijl het boek wordt afgesloten met een vijftigtal gedichten in de elegische versmaat (65-116). De gehele verzameling, of alleen het eerste gedeelte, was opgedragen aan de historicus Cornelius Nepos, zoals blijkt uit het eerste gedicht:

Aan wie geef ik dit nieuwe leuke boekje,
zojuist met droge puimsteen gepolijst?[50]
Cornelius, aan jou. Want jij bestond het
mijn bagatellen serieus te nemen,
reeds toen jij het waagde, als eerste Italiaan,
de ganse historie in drie hooggeleerde,
verdomd doorwrochte delen te ontvouwen.
Daarom: neem nu dit onbeduidend boekje,
wat het ook is. Maar moge het, o Muze,
langer dan één leven duurzaam zijn.[51]

Zoals Nepos de gehele wereldgeschiedenis had samengebald in drie boeken (in het Latijn staat er zelfs: 'stukken papier'), heeft Catullus zijn poëtische productie in drie delen ondergebracht, maar de dichter suggereert een tegenstelling tussen de geleerdheid van de historicus en zijn eigen versjes, die nauwelijks iets zouden voorstellen.

Toch was het niet voor niets dat Nepos die poëzie wel kon waarderen, want Catullus noemt zijn boekje *lepidus* (leuk, fijnzinnig, geestig) en benadrukt in de tweede regel dat hij er eindeloos aan gevijld heeft. Catullus wilde een *poeta doctus*, een geleerd dichter, zijn. De geleerdheid van Nepos lijkt overigens niet zonder ironie te zijn overdreven. Ten slotte spreekt Catullus de wens uit dat het boekje enige eeuwigheidswaarde zal hebben, hetgeen bij slordige gelegenheidsversjes een onzinnige eis zou zijn. Catullus weet heel goed wat hij waard is, maar presenteert zijn poëzie met de achteloosheid van een dandy.

Dit is het tweede gedicht:

Musje, snoepje van mijn liefje,
speelgoed, wonend in haar jurk,
dat zij met haar vingertoppen
aanvuurt gretig toe te happen,
als mijn glanzende verlangen
lust heeft in een leuk verzetje,
toeverlaatje bij verdriet,
dat de brand misschien kan blussen –
kon ik maar zo met je spelen
en verdween die droefheid maar!
Ik smacht als Atalante naar het
gouden appeltje waarvoor zij
eindelijk haar rok uittrok.[52]

Boeken zijn volgeschreven over de identiteit van dit vogeltje, dat in het latijn *passer* heet. Was het een mus, een rotslijster of een kanarie? Gezien de broeierige sfeer van het gedicht ligt een erotische interpretatie voor de hand, en dan zouden we de mus kunnen opvatten als metafoor voor het geslachtsdeel van de spreker, wat vaak gedaan is, of voor dat van het meisje. Maar het is niet nodig dit probleem definitief op te lossen, want het gaat de dichter vooral om de seksuele ondertoon.

In Catullus' bundel wordt grove humor afgewisseld met messcherpe psychologische analyses, gezellig geleuter van vrienden onder elkaar staat naast felle politieke en literaire polemiek, iedere pagina staat stijf van de testosteron. De gedichten hebben een betogende of verhalende opbouw: het zijn de woorden van iemand die de greep op zijn (al dan niet gefingeerde) gevoelsleven niet wil verliezen. Met name de eerste afdeling van het boek wordt gekenmerkt door een bestudeerd nonchalante spreektaal, doorspekt met krachttermen en gewild aanstellerige verkleinwoordjes, maar de gedichten zijn zo ingenieus geconstrueerd dat er bij nadere analyse geen millimeter speling in blijkt te zitten.

De toon van de eerste zeven gedichten is luchtig en elegant, soms ook wat drammerig, in het achtste gedicht gaat er iets mis. De dichter roept zichzelf tot de orde:

> Arme Catullus, doe toch niet zo dwaas:
> een verloren zaak is een verloren zaak.
> Wat waren dat vroeger zonnige dagen,
> toen jouw meisje je nog meewenkte!
> Wij hadden haar meer lief dan iemand ooit.[53]

Halverwege het gedicht maakt de spreker zichzelf wijs dat hij zijn verlies geaccepteerd heeft, maar wanneer hij zich tot het meisje richt, ontspoort hij weer:

> Dat wordt een ellendig leven voor je:
> wie zal je nog bezoeken? wie je bewonderen?
> wie zul jij nog liefhebben? en wie jou?
> wie zul je zoenen? in wiens lippen bijten?
> Catullus, wees een vent en hou je taai.

Catullus' inconsistentie doet in haar welsprekendheid soms denken aan Jan Arends' Keefman. In 's dichters boezem huizen verscheidene zielen, die het zelden met elkaar eens zijn.

Iets dergelijks zien we ook in gedicht 37. Aangesproken worden de gasten van een louche bordeel waarvan zelfs het adres wordt onthuld, zodat iedere Romein kon nagaan wie daar woonde. De spreker is razend:

Denk je dat alleen jullie een pik hebben,
dat alleen jullie alle meisjes mogen
naaien en dat alle anderen zakken zijn?
Denk je misschien dat ik die honderd,
tweehonderd klanten die daar zitten
niet in hun strot durf te rammen?[54]

Helaas ondergraaft hij zijn woede door nogal kinderachtig te dreigen met obscene graffiti:

Als je dat denkt, versier ik straks
de hele gevel van je kroeg met lullen.

Dan komt de aap uit de mouw: het pronkstuk van het etablissement is Catullus' vroegere geliefde. De scheldpartij wordt afgesloten met de beschrijving van één van de habitués van het pand, de uit het 'konijnenrijke' Spanje afkomstige Egnatius, een provinciaaltje dat nooit zal begrijpen hoe het hoort, gezien zijn verkeerde kapsel en het feit dat hij zijn tanden poetst met Spaanse pis. Deze combinatie van puberale flauwiteiten, dodelijke satire en obsessieve jaloezie maken dat de lezer niet meer weet waar hij moet kijken. Hoe serieus moeten we dit gedicht nemen? De dichter laat ons willens en wetens in het ongewisse.

De manier waarop de gedichten gerangschikt zijn, versterkt dat ongemakkelijke gevoel. Gedicht 50 is een delicaat, evenzeer seksueel als poëticaal briefje aan kunstbroeder en leeftijdgenoot Gaius Licinius Calvus, die ook als redenaar aan de weg timmerde:

Tot niets verplicht en in een zwoele stemming
speelden we gisteren, Licinius,
veel spelletjes met mijn notitieboekjes.[55]

Wanneer we in het volgende gedicht de vertaling van een gedicht van Sappho herkennen, interpreteren we dat, in de stemming gebracht door het kattebelletje aan Calvus, in eerste instantie als literaire vingeroefening. De ik registreert wat er met hem gebeurt als hij Lesbia ziet:

Mijn tong ligt lam, een magere vlam stroomt
door mijn huid, door hun eigen bonzen
suizen mijn oren, mijn ogen bedekt door
dubbele nacht.[56]

Dan schudt de spreker zichzelf ontnuchterend door elkaar:

Nietsdoen is voor jou funest, Catullus.
Nietsdoen brengt jou tot aanstellerij.
Nietsdoen heeft vaak vorsten en rijke steden
totaal vernietigd.

In het daaropvolgende gedicht worden, geheel in de lijn van wat Catullus zojuist over de rampzalige maatschappelijke gevolgen van ledigheid heeft gezegd, twee waardeloze politici over de hekel gehaald. Literair spel? Wanhopige verliefdheid? Oprecht engagement? De dichter zal het ons niet vertellen.

Midden in de bundel staan, zoals gezegd, een paar omvangrijkere gedichten (61-64), waarvan het langste een op het eerste gezicht onevenwichtig, maar bij nader toezien overgeconstrueerd miniepos is.[57] Alle bekende mythen, van Argonauten tot Trojaanse oorlog, hebben in dit weefsel een plaats gekregen. Het raamwerk wordt gevormd door de bruiloft van Peleus en Thetis (die de aanleiding vormde tot de schaking van Helena), maar centraal staat de beschrijving van de sprei van hun huwelijksbed, die ongeveer de helft van het gedicht in beslag neemt. Op die sprei staat het verhaal van Theseus en Ariadne afgebeeld, en in het midden van het verhaal komt natuurlijk weer een sprei voor.[58] In een bewust monsterlijke zin beschrijft Catullus hoe Theseus, na de Minotaurus te hebben gedood, met behulp van een draad uit het labyrint ontsnapt:

Inde pedem sospes multa cum laude reflexit
errabunda regens tenui vestigia filo,
ne labyrintheis e flexibus egredientem
tecti frustraretur inobservabilis error.[59]

Letterlijk staat hier: 'Daarna boog hij behouden met veel lof zijn voet terug, zijn tot dwalen gedoemde sporen richtend naar de dunne draad, opdat de ondoorgrondelijke dwaling van het gebouw hem, op zijn weg de labyrintische buigingen uit, niet zou bedriegen.' Irritant zijn de gemaniëreerde herhalingen in *reflexit* en *flexibus*, *errabunda* en *error*, en het feit dat de eerste helft van de vierde regel een metrisch obstakel vormt doordat de cesuur op een ongebruikelijke plaats valt. Ook de neologismen *errabunda*, *labyrintheis* en *inobservabilis* klinken moeizaam. Als de verteller in de volgende regel zegt dat hij afgedwaald is, begrijpt de lezer dat niet alleen het leven, maar ook het gedicht zowel een weefsel als een labyrint is.

Het is een hellenistische gewoonte wat je ook gewoon kunt zeggen zo geleerd mogelijk te omschrijven. Dat kan pesterige raadseltjes opleveren, maar bij Catullus loont het de moeite ook de meest losse eindjes te ontrafelen. Hoewel ik over het algemeen huiverig ben voor een psychoanalytische benadering van literatuur (de uitkomst staat immers bij voorbaat vast), lijken vooral Catullus' langere gedichten om een freudiaanse duiding te smeken. Alleen al de regel waarin het eerste schip uit de geschiedenis wordt beschreven, kan ik niet anders dan erotisch opvatten: 'Die kiel doordrenkte als eerste (de zeegodin) Amphitrite, die nog niet aan rijden gewend was.'[60]

De derde afdeling van Catullus' bundel bevat een vijftigtal gedichten in elegische disticha.[61] Het is gebruikelijk de wat langere gedichten elegieën, de wat kortere epigrammen te noemen. De stijl van deze gedichten maakt een meer formele en traditionele indruk dan die van de eerste groep en is minder gezocht dan die van de langere gedichten. De vorm is strak, de structuur vaak antithetisch, en de brede regels zorgen ervoor dat de dichter de ruimte kan nemen om zijn standpunten onder woorden te brengen. Maar de emoties zijn zo mogelijk nog bijtender dan die aan het begin van de bundel. Het bekendste en meest vertaalde gedicht telt slechts twee regels:

Odi et amo. Quare id faciam, fortasse requiris?
Nescio. Sed fieri sentio et excrucior.

Ik haat en heb lief. Waarom ik dat doe, is uw vraag?
Geen idee. Maar ik merk: het verscheurt me.[62]

Het gedicht klinkt als een klok. Alliteraties van de f en de k-klanken (chiastisch gerangschikt in de eerste regel: q - f - f - q), assonantie van o, a, e en i, korte zinnetjes zonder enige ballast. Sterk is het ontbreken van een object bij 'ik haat en heb lief' en de tegenstelling tussen actief (ik haat, heb lief, doe) in de eerste, en passief in de tweede regel (*fieri* fungeert als passivum bij *facere*; *excrucior*: ik word gefolterd). Kenmerkend voor Catullus is dat hij erin slaagt zelfs in dit heftige epigram afstand te nemen en emoties te objectiveren: *sentio* (ik neem waar) suggereert dat de spreker met enige verbazing zit te kijken naar wat er nu weer allemaal aan de hand is.

De bundel van Catullus was in de Oudheid nooit verplichte schoollectuur, vandaar dat de overlevering ervan aan een zijden draadje heeft gehangen: slechts één handschrift kwam de Middeleeuwen door. Daarna hebben de gedichten een grote invloed uitgeoefend op moderne dichters. De Hagenaar Janus Secundus (1511-1536) verwierf internationale roem met zijn in 1541 uitgegeven *Basia* (kusjes), een verzameling gedichten over kussen, geïnspireerd op Catullus' gedichten 5 en 7. Vele dichters in alle moderne talen hebben Catullus vertaald of nagevolgd.

Tot in de jaren vijftig van de twintigste eeuw was het gebruikelijk Catullus in gekuiste edities te lezen. Zijn Britse commentator Fordyce schrijft nog in 1961:'a few poems which do not lend themselves to comment in English have been omitted'.[63] Let wel: Fordyce laat tweeëndertig gedichten weg! Tegenwoordig zijn we minder preuts. Dat betekent niet zonder meer dat we Catullus ook beter begrijpen.

Cornelius Nepos en de biografie

Of Catullus zijn streekgenoot Cornelius Nepos terecht prijst om zijn enorme geleerdheid, valt tegenwoordig niet goed meer vast te stellen. Nepos, die omstreeks het jaar 100 werd geboren en pas na de troonsbestijging van keizer Augustus in 27 v.Chr. overleed, stond in de Oudheid bekend als onderhoudend en productief schrijver, maar van zijn werk is niet veel bewaard gebleven. Hij behoorde tot de vriendenkring van Titus Pomponius Atticus en correspondeerde met Cicero, van wie hij ook een biografie schreef. Zijn meest omvangrijke werk was de zestien boeken tellende verzameling biografieën van Grote Mannen, De viris illustribus, waarvan we alleen het boek over Griekse en Carthaagse veldheren kennen. In een duizelingwekkend tempo worden de levens van Miltiades, Themistocles, Alcibiades en vele anderen behandeld, zodat er voor historische achtergrond en psychologische verdieping weinig ruimte is. Zelfs een potentieel bloedstollend verhaal als dat over Hannibal blijft geheel aan de oppervlakte. Het begint zo:

Hannibal, zoon van Hamilcar, Carthager. Als waar is wat niemand betwijfelt, dat het Romeinse volk alle stammen in moed heeft overtroffen, kan niet ontkend worden dat Hannibal in inzicht alle andere veldheren evenzeer achter zich heeft gelaten, als het Romeinse volk in dapperheid alle naties vóórgaat. Want zo vaak als hij met dat volk slaags raakte in Italië, vertrok hij steeds als overwinnaar.[64]

In het voorwoord tot dit boek schrijft Nepos aan Atticus dat Romeinen ten onrechte de neiging hebben neer te kijken op de gewoonten van andere volkeren, met name die van de Grieken. Een biograaf dient zich in te leven in de zeden van de persoon die hij

beschrijft, en als een Griek goed kan dansen, geldt dat als prijzens-
waardig, hoe belachelijk muziek, dans en sport ook zijn in Romeinse ogen. Daar staat tegenover dat bepaalde Romeinse gebruiken
door Grieken als onfatsoenlijk worden beschouwd, zoals de gewoonte je echtgenote mee te nemen naar een feest. 'Maar zowel de
omvang van deze boekrol als mijn haast om datgene te ontvouwen
waarmee ik begonnen ben, verbiedt mij hier dieper op in te gaan,'
besluit Nepos zijn buitengewoon beknopte voorrede.[65] Dat is jammer, omdat Romeinen over het algemeen niet genegen zijn hun
eigen cultuur ter discussie te stellen.

Dat Nepos wel degelijk in staat geweest moet zijn een verhaal te
vertellen, blijkt uit de biografie die hij aan Atticus wijdde. De
schatrijke Titus Pomponius (110-32 v.Chr.) dankte zijn bijnaam
Atticus aan het feit dat hij zich in 86 in Athene vestigde, hoewel hij
ook een huis in Rome had. Hij was Cicero's beste vriend, hetgeen
moge blijken uit de zestien boeken brieven aan hem die van Cicero
bewaard zijn gebleven. Aldus beschrijft Nepos Atticus' laatste ziek-
bed en dood:

> Toen hij op deze wijze zevenenzeventig jaren voltooid had en niet
> alleen in aanzien, maar ook in invloed en fortuin tot grote hoogte
> was gekomen (want door niets anders dan zijn goedheid had hij vele
> erfenissen gekregen en zijn gezondheid was zo voorspoedig geweest
> dat hij dertig jaar lang geen medische verzorging had nodig gehad),
> kreeg hij een ziekte, die in het begin door zowel hemzelf als de art-
> sen veronachtzaamd werd; want zij dachten dat het om darmkramp
> ging, een kwaal die snel en gemakkelijk te genezen was.[66]

Na drie maanden wordt de ontsteking acuut en roept Atticus zijn
schoonzoon Agrippa met twee vrienden bij zich. Leunend op zijn
elleboog zegt hij:

> 'Omdat jullie weten welke aandacht en zorgvuldigheid ik de laatste
> tijd heb betracht bij het onderhouden van mijn gezondheid, behoef
> ik daaraan weinig woorden vuil te maken. Aangezien ik wat jullie

betreft, hoop ik, niets nagelaten heb wat zou kunnen bijdragen tot mijn genezing, kan ik niets anders doen dan voor mijzelf zorgen. Ik wilde dat jullie daarvan op de hoogte zouden zijn. Ik heb besloten op te houden met het voeden van mijn ziekte. Want met alles wat ik de afgelopen dagen aan voedsel tot mij heb genomen, heb ik mijn leven gerekt, met het gevolg dat ik mijn pijn heb vermeerderd zonder hoop op genezing. Daarom vraag ik jullie in de eerste plaats mijn besluit goed te keuren, in de tweede plaats geen poging te doen mij ervan af te brengen, want dat lukt toch niet.' Nadat hij deze woorden had uitgesproken met zo grote standvastigheid van stem en gezicht dat het leek alsof hij niet op het punt stond uit het leven te vertrekken, maar van de ene woning naar de andere te verhuizen, sloeg hij, ofschoon Agrippa hem met tranen en kussen smeekte en bezwoer de dood waartoe de natuur hem dwong niet ook nog te versnellen en, nu er nog tijd was, zich nog even ter beschikking van zichzelf en de zijnen te houden, met zwijgende volharding geen acht op Agrippa's smeekbeden.[67]

Vier dagen later is hij dood.

Omdat het Latijn van Nepos niet moeilijk is en zijn verhaaltjes opvoeden tot moed en deugd, is *Grote mannen* vele eeuwen lang verplichte schoollectuur geweest. Die tijd ligt definitief achter ons. Het monument dat Nepos voor Atticus heeft opgericht is evenwel een kleinood dat de moeite van het lezen waard blijft.

Caesar, geschiedschrijver?

Wanneer Catullus eindelijk begrijpt dat hij het best definitief kan breken met Lesbia, ziet hij er zo tegen op haar dit mee te delen dat hij zijn vrienden Furius en Aurelius verzoekt zijn laatste groet over te brengen aan de genadeloze 'sloopster van lendenen'.[68] Deze mannen zouden immers bereid zijn Catullus naar de meest onherbergzame plekken ter wereld te volgen, gevaarlijke oorden waar de Romeinse beschaving nog niet was doorgedrongen, hetgeen hen tot geschikte kandidaten maakt om het hol van de leeuwin te betreden – ongetwijfeld om op hun beurt ontmand te worden. In zijn opsomming van enge landen noemt Catullus naast India, Perzië en Egypte ook het gebied aan de overzijde van de Alpen, de 'Gallische Rijn, het huiveringwekkend wateroppervlak en de verst verwijderde Britten', tezamen aangeduid als 'gedenktekens van de grote Caesar'. Het gedicht werd kennelijk geschreven kort na Caesars mislukte, maar tot de verbeelding sprekende expedities op Germaans en Brits gebied in de jaren 55-54 v.Chr. In hoeverre Catullus' omschrijving *Caesaris monimenta magni* ironisch is, mag een raadsel blijven.

Dat Caesar een groot man is geweest die opmerkelijke monumenten heeft nagelaten, zal niemand betwijfelen, welke morele waarde je ook aan zijn activiteiten wilt hechten – want een meedogenloos machtspoliticus was hij zeker. Gaius Julius Caesar werd in het jaar 100 geboren in een adellijke familie die haar stamboom terugvoerde tot Aeneas en diens moeder Venus. De veldheer Marius (157-86) was getrouwd met een zuster van Caesars vader, zijn oudoom Caesar Strabo Vopiscus was een vooraanstaand redenaar en tragediedichter, die in Cicero's *De oratore* de behandeling van humor voor zijn rekening neemt.[69] Caesar kreeg zijn retorisch onderricht gedeeltelijk van Marcus Antonius Gnipho, die ook Cicero onder zijn studenten had gehad. Zijn vader stierf in 85, maar zijn moeder Aurelia had grote invloed op zijn vorming.

Caesars ambitie moet tomeloos geweest zijn.[70] Toen hij eenmaal besloten had de machtigste man in Rome te worden, was zijn opmars niet te stuiten. Daartoe zette hij alle middelen in die hem geschikt leken, van seksuele intriges en financiële malversaties tot het uitroeien van complete Keltische volksstammen. Toen hij in 45 v.Chr. zijn doel had bereikt, leek het alsof de fut eruit was. Ondanks waarschuwingen nam hij geen maatregelen om zich te beschermen tegen de aanslag die op 15 maart 44 een einde aan zijn dictatuur zou maken. Een van de moordenaars was Brutus, van wie werd beweerd dat hij een natuurlijke zoon van Caesar was.

Van Caesars literaire werk is slechts een gedeelte bewaard gebleven. Hij stond bekend als krachtig redenaar, zoals Quintilianus getuigt:

Als Julius Caesar meer tijd voor het Forum gehad had, zou hij het als enige Romein tegen Cicero hebben kunnen opnemen; zo groot is zijn kracht, scherpzinnigheid en heftigheid dat het duidelijk is dat hij met hetzelfde vuur heeft gesproken als waarmee hij oorlogen heeft gevoerd. Niettemin verfraaide hij dat alles met een verbazingwekkend smaakvolle stijl, iets waarop hij bij uitstek gespitst was.[71]

Geen van die redevoeringen is tot ons gekomen, evenmin als het taalkundig geschrift *Over analogie* (tijdens een reis over de Alpen geschreven), het gedicht *De reis* en een postuum schotschrift tegen zijn vijand Cato, de *Anti-Cato*. We moeten het doen met zeven boeken 'rapporten' over de Gallische oorlog en drie over de burgeroorlog tegen Pompeius. Omdat het verslag over de Gallische oorlog niet volledig was, voegde Caesars strijdmakker Aulus Hirtius er een achtste boek aan toe. Andere officieren, wier namen we niet kennen, completeerden de reeks oorlogsboeken met werkjes over de krijgshandelingen in Egypte, Noord-Afrika en Spanje: respectievelijk *Bellum Alexandrinum*, *Bellum Africum* en *Bellum Hispaniense*. Samen met het werk van Caesar vormen zij het zogeheten *Corpus Caesarianum*.

De *Commentarii de bello Gallico*, eeuwenlang verplichte schoollectuur voor weerspannige pubers, vormen een hybride geheel. Het woord *commentarii* betekent 'notities' of 'rapporten', en inderdaad cultiveert Caesar een onopgesmukte stijl vol ambtelijke wendingen en een minimum aan synoniemen. De suggestie die ervan uitgaat is er dan ook een van feitelijkheid: hier brengt een dienaar van de staat objectief verslag uit aan de senaat. Een van de meest in het oog lopende kunstgrepen is het gebruik van de derde persoon enkelvoud wanneer Caesar het over zichzelf heeft. Daartegenover staat het aanwenden van allerlei retorische stijlmiddelen op momenten dat het spannend wordt, een doortrapt gebruik van de indirecte rede, vooral wanneer tegenstanders aan het woord komen, en enkele terecht vermaarde uitweidingen over de Britse, Germaanse en Gallische cultuur.

Doordat Caesar zo helder en afstandelijk schrijft, raakt de lezer al snel onder de indruk van de doortastende wijze waarop de protagonist al dat Gallische tuig uitmoordt, knecht of als slaaf verkoopt. In de jaren dat Caesar in Gallië huishield (58-51 v.Chr.) werd de mannelijke bevolking tussen Alpen en Rijn gedecimeerd, maar als we de auteur mogen geloven was dat geheel hun eigen schuld. Zijn meest geduchte tegenstanders zijn de Zwabische leider Ariovistus, de Belg Ambiorix, en Vercingetorix uit de Auvergne. Deze mannen worden afgeschilderd als krachtige persoonlijkheden, die alles in het werk stellen om aan het Romeinse juk te ontkomen. De Germaan Ariovistus wordt teruggedreven over de Rijn, de Eburonen van Ambiorix worden uitgeroeid en na enkele uitputtende belegeringen wordt ten slotte ook Vercingetorix verslagen. De romanisering van Gallië kan beginnen.

Om de lezer in te prenten hoe gevaarlijk deze vijanden zijn, laat Caesar hen soms uitvoerig aan het woord. Wanneer er tijdens het beleg van Alesia stemmen zijn opgegaan om de verdediging van het bolwerk op te geven, spreekt Critognatus, een misschien fictieve burger van de stad, als volgt:

Geen woord zal ik zeggen over het voorstel van mensen die voor de smadelijkste slavernij de term 'overgave' hanteren: ik vind dat zij niet langer kunnen gelden als volwaardige stamleden en niet meer bij de krijgsraad mogen komen.[72]

Even later vergelijkt Critognatus de Romeinen met de Germaanse stammen die Gallië een halve eeuw eerder onder de voet hadden gelopen:

De Cimbren verwoestten Gallië en brachten grote ellende, maar uiteindelijk gingen ze wel uit ons gebied weg, op zoek naar ander land. Ze hebben ons onze rechten en wetten, onze akkers, onze vrijheid laten houden. Maar de Romeinen! Die zoeken maar één ding, willen maar één ding: als ze mensen kennen die roemrijk en machtig in de oorlog zijn, willen ze uit pure jaloezie zich in hún land en in hún steden nestelen en ze voor altijd de slavernij opleggen. Voor geen enkel ander doel hebben ze hun oorlogen gevoerd.

Na deze van scherp inzicht getuigende redevoering, die Caesar niet gehoord kan hebben en dus geheel verzonnen heeft, volharden de Galliërs in hun verzet, hetgeen uiteindelijk hun ondergang wordt.

Een analyse van Caesars stijl en de wijze waarop hij de 'historische gebeurtenissen' presenteert, levert tegenstrijdige gegevens op. Hem is er alles aan gelegen het zo voor te stellen alsof zijn doortrapte vijanden voortdurend rampspoed aanrichten, die hij dan snel en effectief uit de wereld helpt. Wat hij er zelden bij vertelt, is dat de op te lossen problemen door hemzelf worden veroorzaakt. Dat blijkt wel zeer duidelijk bij het relaas van de eerste expeditie tegen Britannia, die dermate slordig was voorbereid dat ze op een fiasco uitliep.[73]

Het plan is al halfslachtig: de zomer loopt ten einde, en daarmee het oorlogsseizoen, toch wordt de expeditie niet uitgesteld. Mocht veroveren niet lukken, dan kunnen de Romeinen in ieder geval even rondkijken op het eiland. Caesar stuurt Volusenus erop uit om de havens te gaan verkennen, maar deze keert na enkele dagen terug zonder van boord te zijn gegaan. De Atrebaat Commius wordt als gezant vooruit gezonden, maar Caesar wacht niet af of hij enig succes heeft. Niet eerder dan wanneer de vloot de Britse kust bereikt komt Caesar op het idee de officieren van zijn plannen en van de risico's op de hoogte te stellen. Vervolgens blijkt dat de vrachtschepen waarop de legioenen vervoerd worden te groot zijn om binnen redelijke afstand van het strand te landen. De legionairs zijn geen mariniers en hebben noch de training, noch de uitrusting om in het water te vechten. Pas als alles helemaal mis lijkt te gaan zet Caesar oorlogsschepen in. De ontscheping verloopt chaotisch, want is niet van tevoren doorgesproken. Wanneer de manschappen dan ook in de pan gehakt dreigen te worden, bedenkt Caesar dat het zinvol zou kunnen zijn hen te ondersteunen door op sloepen en verkenningsvaartuigen versterkingen aan te voeren. Ten slotte, wanneer tot ieders verbazing de vijanden in slechts negen woorden worden weggejaagd, blijkt dat Caesar even vergeten was dat de ruiterij nog niet was gearriveerd: die had kennelijk een afslag gemist.

Het is duidelijk dat een Nederlandse of Amerikaanse generaal na dergelijk gestuntel direct naar een nieuwe baan had kunnen uitkijken. Maar het is wel Caesar zelf die ons de informatie verschaft om zijn mismanagement aan de kaak te stellen. Dit zou erop kunnen wijzen dat hij het verslag in grote haast heeft geschreven, zoals Aulus Hirtius suggereert,[74] want als hij er langer over had kunnen nadenken, zou hij alle stommiteiten verzwegen hebben.

Iets vergelijkbaars doet zich voor bij de stijl. Nogal wat zinnen wekken door hun blijkbaar gedachteloze, want betekenisloze herhalingen een slordige indruk. Meestal doet Caesar geen poging fraaie, complexe volzinnen te wrochten, maar soms springt er ineens een juweel van een periode[75] te voorschijn, meestal op cruciale momenten in het verhaal. Tijdens het verhaal van de landing op de Britse kust treffen we bijvoorbeeld deze zin, waarin met treffende antithesen spanning wordt opgebouwd:

Erat ob has causas summa difficultas, quod naves propter magnitudinem nisi in alto constitui non poterant, militibus autem, ignotis locis, impeditis manibus, magno et gravi onere armorum oppressis, simul et de navibus desiliendum et in fluctibus consistendum et cum hostibus erat pugnandum, cum illi aut ex arido aut paulum in aquam progressi, omnibus membris expeditis, notissimis locis, audacter tela coicerent et equos insuefactos incitarent.

Er was om deze redenen een groot probleem, omdat de schepen wegens hun omvang niet dan in volle zee opgesteld konden worden, en er door de soldaten, op onbekende plaatsen, met belemmerde handen, onderdrukt door een groot en zwaar gewicht van wapens, tegelijkertijd én van de schepen gesprongen én in de golven plaatsgenomen én met de vijanden gevochten moest worden, terwijl zij [de Britten] óf vanaf het droge óf een klein eindje het water ingelopen, alle ledematen onbelemmerd, op zeer bekende plaatsen, stoutmoedig hun projectielen wierpen en hun daaraan gewende paarden opzweepten.[76]

De conclusie moet zijn dat Caesar door zijn retorische opleiding de souplesse had verworven uit de losse pols stilistisch indrukwekkend Latijn te schrijven, maar niet de moeite heeft genomen zijn 'rapporten' nog eens zorgvuldig te redigeren. Zo kon het gebeuren dat een groot deel van dit proza uitstekend geschikt is voor kinderen die nog maar net Latijn kennen, terwijl hier en daar zinnen staan die je niet anders dan als megalomaan kunt betitelen. Deze bijvoorbeeld:

Toen Caesar, na het aansporen van het tiende legioen naar de rechtervleugel vertrokken, zag dat de zijnen in het nauw werden gedreven en, doordat alle veldtekenen van het twaalfde legioen op één plaats samengebracht waren, de soldaten zo dicht opeen stonden dat ze elkaar in het vechten belemmerden, terwijl alle centurio's van het vierde cohort alsmede de vaandrig waren gedood en het veldteken verloren was, en van de overige cohorten bijna alle centurio's gewond of gedood waren, onder wie met name de oppercenturio Publius Sextius Baculus, een uitermate dapper man, door vele ernstige wonden zo gebroken was dat hij zich niet meer staande kon houden, en toen hij zag dat de anderen te traag waren, dat sommigen uit de achterhoede het slagveld verlieten en buiten het schootsveld probeerden te komen, dat de vijanden niet ophielden aan de voorzijde vanaf hun lager gelegen posities naar boven te komen en aan beide flanken opdrongen, ja toen hij zag dat de situatie kritiek was en dat er geen reserve-eenheid meer was die hij te hulp kon sturen, ontrukte hij, omdat hij daar zelf zonder schild was gekomen, een soldaat van de achterhoede zijn schild, snelde hij naar de voorste gelederen en, nadat hij de centurio's bij hun naam had geroepen en de overige soldaten had aangespoord, beval hij voorwaarts te marcheren en wat minder dicht op elkaar te gaan staan, zodat ze hun zwaarden gemakkelijker zouden kunnen gebruiken.[77]

Een monsterachtige zin, zeker door de wat houterige herhalingen ('toen hij zag', 'gedood', 'overige', 'schild'), maar uit alles blijkt dat hier een heldendaad van de eerste orde verricht wordt. En hoewel Caesar zelf de enige bron voor dit kunststukje is, wil de lezer hem graag geloven.

De *Commentarii de bello civili* (rapporten over de burgeroorlog) zijn niet alleen onvoltooid, maar ook beduidend minder spannend, hoewel er ongelooflijk veel in gebeurt. De strijd tussen Caesar en Pompeius was er een tussen Titanen. Met charisma, geld en beloftes wisten ze tienduizenden soldaten zover te krijgen dat ze bereid waren hun leven op te offeren, niet voor een ideaal, niet voor hun vaderland, maar voor hun veldheer. Je zou verwachten dat een krijgsheer die een burgeroorlog ontketent zijn best doet aannemelijk te maken dat het niet om hemzelf gaat maar om het welzijn van (een bepaald segment van) de bevolking. Het vreemde is dat Caesar geen moment met dergelijke demagogische praatjes aan komt zetten. Vanaf de eerste bladzijde van *De burgeroorlog* is duidelijk dat dit conflict om niets anders gaat dan macht, eer en prestige.

Als om de aandacht af te leiden van het feit dat hier landgenoten elkaar over de kling jagen, concentreert de verteller zich op de technische kant van de oorlogvoering. Interessante politieke beschouwingen ontbreken geheel. Dat de soldaten niet door welk idealisme dan ook worden gedreven blijkt op momenten dat een overwonnen legioen zich noodgedwongen bij de voormalige vijand aansluit en vervolgens zonder scrupules vroegere strijdmakkers bevecht. Senatoren en buitenlandse mogendheden blinken uit in schaamteloos opportunisme. Morrende legioenen krijgen gelegenheid even een stad leeg te plunderen. Een heel enkele keer pleegt iemand ostentatief zelfmoord om zijn gezicht te redden. Maar nergens wordt de schijn opgehouden dat er in dit conflict hogere belangen op het spel staan.

Partijdig is Caesar uiteraard wel. Pompeius wordt afgeschilderd als een laffe papzak die zich met foute mannen omringt. Wanneer de Caesarianen op 9 augustus 48 bij het Thessalische Pharsalus het leger van Pompeius hebben verslagen, treffen ze het volgende aan:

In Pompeius' legerkamp waren priëlen te zien, een grote hoeveelheid uitgestald zilveren vaatwerk, tenten overdekt met verse graszoden (die van Lucius Lentulus en enkele anderen waren zelfs begroeid met klimop) en nog veel andere zaken die wezen op overmatige zucht naar weelde en vertrouwen in de overwinning. Deze hang naar overbodige luxe liet duidelijk zien dat ze geen enkele zorg hadden gekoesterd omtrent de afloop van de dag. En déze mannen beschuldigden Caesars behoeftige, aan ontberingen gewende leger van zucht naar weelde, terwijl dat leger steeds aan al het noodzakelijke gebrek had gehad![78]

Het zijn dergelijke passages die het saaie boek nog enige kleur geven. Ook de anoniem overgeleverde verhalen over de episoden in Alexandrië, waarin Cleopatra een bescheiden rol speelt, in Noord-Afrika, met als hoogtepunt de spectaculaire zelfmoord van Cato,[79] en in Spanje, waar de Pompeianen in 45 definitief verslagen werden, vormen geen hoogtepunt van de Latijnse literatuur. Als bron voor de historische ontwikkelingen zijn ze, hoe vooringenomen de auteurs ook waren, onontbeerlijk.

De strenge bondigheid van Sallustius

Wanneer Quintilianus aan het eind van de eerste eeuw na Christus een synopsis van de Griekse en Latijnse literatuur schrijft, constateert hij dat er eigenlijk maar twee Griekse geschiedschrijvers zijn die je echt moet lezen.[80] De Athener Thucydides is 'gedrongen en bondig en gunt zichzelf geen rust', de uit Klein-Azië afkomstige Herodotus is 'innemend, transparant en vloeiend. In het oproepen van heftige emoties is Thucydides sterker, terwijl Herodotus de ontspannen gemoedstoestanden beter beheerst. De eerste blinkt uit in redevoeringen, de laatste in dialogen, de eerste in kracht, de laatste in plezier.' Ook de Romeinse historiografie kent volgens Quintilianus slechts twee onverbiddelijke hoogtepunten: Sallustius is vergelijkbaar met Thucydides, Titus Livius staat op één lijn met Herodotus. Caesar wordt niet eens genoemd. Sallustius wordt geprezen om zijn vaart (*velocitas*), al acht Quintilianus zijn bondigheid (*brevitas*) voor redenaars minder geschikt om na te volgen.[81]

Dat Quintilianus om de vier auteurs te beoordelen geen historische, maar puur literaire criteria hanteerde, ligt niet uitsluitend aan het feit dat zijn lezerspubliek uit redenaars bestond. In de Oudheid gold historiografie als literatuur, niet als harde wetenschap. Het zal een lezer van Thucydides weliswaar niet koud gelaten hebben of hem feit dan wel fictie werd voorgeschoteld, toch was hij in de allereerste plaats geïnteresseerd in de dramatische opbouw van het verhaal, in de karaktertekening van de personages, en in de stijl. Bovendien kenden de Romeinen de geschiedschrijving een belangrijke morele functie toe: de lezer, vooral de jonge lezer, diende door de lectuur een beter mens te worden.

Aan moralisme geen gebrek in het werk van Gaius Sallustius Crispus (86-35 v.Chr.). Vroeger was alles beter. Politici waren nog integer, boeren, arbeiders en barbaren kenden hun plaats, en de eeuwige strijd tegen de natuur hield de mensen alert en bescheiden. Maar toen de welvaart steeg, gaf men zich allengs over aan twee tegengestelde kwaden: spilzucht en hebzucht. Op macht beluste politici kenden algauw geen scrupules meer en sloegen uit pure inhaligheid munt uit de inhaligheid van het volk. Zo vestigde zich de kanker van egoïsme in de samenleving. Sindsdien is iedereen nog uitsluitend geïnteresseerd in macht, geld en seks.

De diagnose liegt er niet om, en Sallustius wist waarover hij het had. Als dertiger speelde hij een niet al te fraaie rol in het roerige politieke leven van Rome, totdat een seksschandaal hem tijdelijk in de marge drong: hij was zo onverstandig geweest de vrouw van zijn politieke tegenstander Milo te verleiden. Door Caesar teruggehaald in de senaat verwierf hij, als dank voor zijn loyaliteit aan de grote leider, een gouverneurschap in Noord-Afrika. Daar zoog hij in de jaren 46-45 de inheemse bevolking op een dermate schandalige wijze uit dat Caesar begreep dat Sallustius zo gauw mogelijk van het politieke toneel moest verdwijnen. Die stortte een aanzienlijk bedrag op Caesars rekening, maar hield voldoende over om aan de rand van Rome een uitgestrekt landgoed te kunnen aanleggen, de zogenaamde *horti Sallustiani*. Daar wijdde hij zich de laatste negen jaar van zijn leven aan het schrijven van streng proza.

Twee van Sallustius' boeken zijn integraal bewaard gebleven. *De samenzwering van Catilina* gaat over de ternauwernood verijdelde revolutie tijdens Cicero's consulaat in 63 v.Chr., *De oorlog tegen Jugurtha* behandelt een conflict van de Romeinse kolonisator met een Noord-Afrikaanse vazal, een halve eeuw eerder. Het eerste werkje telt ruim veertig, het tweede ruim tachtig bladzijden. Daarna schreef Sallustius nog *Historiën*, waarin de periode tussen 78 en 67 v.Chr. behandeld werd, maar dat werk is onvoltooid gebleven en, voor zover voltooid, slechts in fragmenten overgeleverd.

De voornaamste reden om Sallustius te lezen is niet het historisch belang van zijn verhalen. De oorlog met Jugurtha is binnen de Romeinse geschiedenis niet meer dan een ergerlijk incident, en de samenzwering van Catilina zou, zelfs als ze geslaagd was, vermoedelijk de loop der geschiedenis niet beslissend beïnvloed hebben, al is het interessant Sallustius' kijk op de gebeurtenissen met die van Cicero te confronteren. Sallustius wordt gelezen om zijn beknopte, bijna oubollig archaïserende stijl en om de psychologische scherpte van zijn politieke analyses. Nu is Sallustius' stijl voor fijnproevers inderdaad om van te watertanden, maar op dat inzicht valt wel wat af te dingen.

Dat blijkt al in de inleidende hoofdstukken van *Catilina*. Sallustius begint met een pleidooi voor het genre dat hij beoefent: 'Het is fraai om het vaderland te dienen met daden, maar het is ook niet gering om dat met woorden te doen.'[82] Even later merkt hij echter op dat de Romeinen het in de wereld nooit zo ver hadden gebracht als zij zich, net als de Grieken, op de literatuur hadden toegelegd. Ze hadden daar trouwens helemaal geen tijd voor, want 'de verstandigsten hadden het ook het drukst en niemand oefende zijn geest zonder zijn lichaam. De allerbesten wilden liever doén dan beschrijven, liever de eigen daden door anderen laten prijzen dan die van anderen navertellen.' Dat lijkt geen reclame voor geschiedschrijving.

Boeiend maar aanvechtbaar zijn passages waarin Sallustius de verwording van de Romeinse samenleving ontleedt.[83] 'De republiek kwam dankzij inspanningen en rechtvaardigheid tot bloei.' Die rechtvaardigheid blijkt, aldus Sallustius, uit de gewelddadige onderwerping van wilde stammen en volkeren. Toen al dat schorem geknecht, gedeporteerd of uitgeroeid was, bleven de Romeinen opeens zitten met een overmaat aan geld en vrije tijd. 'Eerst kwam de zucht naar geld opzetten, daarna die naar macht, en dit was als het ware de voedingsbodem van alle kwaad. Want hebzucht ondergroef alle trouw, fatsoen en andere goede eigenschappen en leidde tot arrogantie, hardheid, verwaarlozing van de goden en het idee dat alles te koop is.' Deze analyse overtuigt niet. Als hebzucht en machtswellust pas ontstonden na de verovering van de halve wereld, wat waren dan de drijfveren voor die expansie? Het is jammer dat over dit onderwerp geen Carthaagse of Gallische bronnen beschikbaar zijn.

Ook waar het karaktertekening betreft maakt Sallustius zijn reputatie niet volledig waar. De voornaamste personages uit beide monografieën lijken als druppels water op elkaar, omdat ze allemaal door dezelfde hartstochten worden gedreven. Het scherpst is Catilina getekend:

Vanaf zijn jonge jaren putte hij alleen genoegen uit binnenlandse oorlog, moord, roof en conflicten tussen burgers, en daarmee hield hij zich zijn hele jeugd onledig. Fysiek kon hij goed tegen honger, kou en slaapgebrek, tot in het ongelooflijke toe. Mentaal deinsde hij nergens voor terug, hij was listig en ongrijpbaar en kon om het even wat voorwenden of achterhouden. Hij was altijd uit op andermans bezit, verspilde het zijne en was ongeremd in zijn passies; aan welsprekendheid ontbrak het hem niet, wel aan wijsheid. Hij kende geen grenzen en verlangde dan ook altijd naar het mateloze, het onvoorstelbare, het extreme.[84]

Wanneer zo'n man een samenzwering begint, rekruteert hij zijn medestanders niet onder de deugdzame adel:

Want iedere hoerenloper, echtbreker of kroegganger die met eigen hand, maag of orgaan zijn erfdeel had verbrast, iedereen die een grote schuld had opgebouwd om een schandaal of vergrijp af te kopen, alsook alle mogelijke soorten wurgers, heiligschenners, gerechtelijk veroordeelden en misdadigers die hun straf vreesden, en daarbij nog allen die leefden van hun hand of tong dankzij meineed of moord op medeburgers en ten slotte iedereen die achtervolgd werd door schandalen, armoede of een slecht geweten – dát waren Catilina's naasten en getrouwen.[85]

Of Sallustius hier overdrijft of niet, dit is heerlijk proza. Interessant is Sallustius' suggestie, als zou Catilina's rusteloosheid pathologisch geworden zijn nadat hij op instigatie van zijn vriendin zijn inmiddels volwassen zoon had gedood. Het boek bevat trouwens enkele tot de verbeelding sprekende portretten van verdorven vrouwen.

De crisis waarin Catilina de Romeinse staat weet te storten wordt door de auteur met bijna sardonisch genoegen beschreven; de lezer kan zich nauwelijks aan de indruk onttrekken dat Sallustius grote bewondering voor de schurk koesterde. Niet voor niets komt het verhaal, na inleiding en historische achtergrond, pas goed op gang met een vlammende redevoering door de protagonist, terwijl Catilina aan het eind ook de dood ingaat na een rede waar het revolutionair elan vanaf spat.

De wijze waarop Sallustius in *Bellum Iugurthinum* beschrijft hoe de Numidische vos Jugurtha de Romeinen keer op keer in de val lokt, doet vermoeden dat enige zelfhaat de auteur niet vreemd was. Toen Jugurtha na een diplomatieke missie Rome verliet, 'keek hij herhaaldelijk in stilte om en zei ten slotte: "Stad te koop, klaar voor de ondergang! Alleen nog een koper!"'[86] Een merkwaardig incident tijdens de oorlog met Jugurtha is de instelling van een commissie die grootscheepse corruptie moet onderzoeken en die geleid wordt door Scaurus, die juist één van de ergste gluiperds is. Zo zou een Oost-Europees bewind dat ook aanpakken. En wanneer Metellus er niet in slaagt Jugurtha te verslaan, besluit hij gewoon het hele land kapot te maken. Ook dat is tegenwoordig nog een veelgebruikte strategie.

Op naam van Sallustius zijn twee brieven aan Caesar overgeleverd, alsmede een redevoering waarin Cicero wordt aangevallen; ook de repliek van Cicero is bewaard gebleven. Brieven noch redevoeringen zijn authentiek. In de brieven is de stijl van Sallustius te goed geïmiteerd om geloofwaardig te zijn, gegeven het feit dat hun dramatische datum ruim vóór de dood van Caesar ligt, toen Sallustius nog met heel andere dingen dan literatuur bezig was. Bovendien vraagt een brief om een andere stijl dan een geschiedwerk. De beide invectieven zijn zonder meer de moeite van het lezen waard, maar stammen, gezien de anachronismen, waarschijnlijk uit de augusteïsche periode. Zo spreekt 'Sallustius' over Cicero:

Nee, een uiterst lichtzinnig man, die kruipt voor zijn vijanden, zijn vrienden beschimpt, nu aan deze, dan aan die kant staat, trouw aan niemand, als senator uiterst lichtzinnig, als beschermheer te koop, van wie geen lichaamsdeel vrij is van schande: zijn tong is loos, zijn handen roofzuchtig, zijn slokdarm onmetelijk, zijn voeten voortvluchtig, zijn edele delen totaal onedel. En zo iemand durft te zeggen: 'O Rome, hoe gelukkig uw geboorte, toen ik consul was'![87]

'Cicero' betaalt hem met gelijke munt:

Maar u, voetveeg aan alle tafels, vroeger slet in alle bedden waar u later minnaar werd, u bent de schandvlek van iedere stand en een levende herinnering aan burgeroorlog. Ja, wat is erger dan dat we u hier ongedeerd in dit huis aantreffen? Houd op fatsoenlijke mensen onbeschoft te vervolgen, houd op die kwaal van brutaliteit uit te vieren, houd op eenieder naar uw eigen levenswandel af te meten. Met zo'n levenswandel krijgt men geen vrienden. Blijkbaar bent u erop uit vijanden te maken.[88]

Hier is recente geschiedenis fictie geworden, smakelijk materiaal voor aankomende redenaars die nooit meer gelegenheid zullen hebben hun werkelijke grieven in het openbaar uit te spreken. Na de dood van Caesar werd retorica spel en poëzie utopie. De grootste speler was keizer Augustus.

III
Een milde tirannie
Het tijdvak van Augustus

Pollio, Augustus, Labienus en Maecenas

Toen Gaius Asinius Pollio (76 v.Chr.- 4 n.Chr.) in 56 zijn carrière als redenaar en politicus begon, was de burgeroorlog tussen Pompeius en Caesar nog niet losgebarsten. Cicero was net terug uit ballingschap, Catullus en Lucretius leefden nog. Als Pollio op tachtigjarige leeftijd overlijdt, zit Augustus ruim dertig jaar stevig in het zadel en zijn Vergilius en Horatius al dood. Pollio heeft het allemaal meegemaakt, hij heeft het ook opgeschreven, maar er is vrijwel niets van bewaard gebleven.[1] Dat is jammer, want uit alles wat we van hem weten blijkt dat hij, na een actieve loopbaan onder Caesar en Antonius, een kritisch observator aan de zijlijn is geweest, zowel op het terrein van de politiek als dat van de literatuur. Pollio was de eerste die bijeenkomsten organiseerde waarbij hij voordroeg uit eigen werk, en nadat hij zich uit de politiek had teruggetrokken stichtte hij de eerste openbare bibliotheek van Rome.

Horatius wendt zich in het eerste gedicht van zijn tweede boek *Liederen* tot zijn elf jaar oudere vriend:

> De sinds Metellus begonnen burgertwist,
> oorlogsoorzaken, fouten, taktiek,
>   grillen van Fortuna, zware
>   vriendschapsverdragen en wapenrusting
>
> met bloed beklonterd, schuld die nog moet gedelgd:
> alles beschrijft u in uw vermetel werk,
>   gevaarlijk lopend over het vuur
>   dat onder een listige aslaag schuilgaat.[2]

Pollio had net de eerste boeken gepubliceerd van een geschiedschrijving van de burgeroorlogen, die hij liet beginnen bij het consulaat van Metellus in 60 v.Chr.[3] Dat was een gevaarlijk onderwerp, want op het moment dat Horatius dit gedicht schreef, lagen de conflicten tussen Pompeius en Caesar, tussen de moordenaars van Caesar en zijn erfgenamen, en tussen Antonius en Octavianus nog vers in het geheugen – misschien was het laatste zelfs nog niet definitief uitgevochten. Toch gaat Pollio dit politiek gevoelige onderwerp niet uit de weg, en ook Horatius, die bij de publicatie van het gedicht in 23 v.Chr. inmiddels tot de *inner circle* van Augustus' steunpilaar Maecenas behoort, durft duidelijk uit te spreken dat hij Pollio's moed bewondert. Dit roept een aantal vragen op. Hoe moeten we de politieke situatie in Rome inschatten, vanaf de jaren dertig tot aan het begin van onze jaartelling? En wat moeten we ons voorstellen van het literaire klimaat onder Augustus?

Gaius Octavius (63 v.Chr.-14 n.Chr.) was in 44 v.Chr. per testament door zijn oudoom Caesar geadopteerd en als belangrijkste erfgenaam aangewezen. De negentienjarige student veranderde, zoals gebruikelijk na een adoptie, zijn naam: voortaan zou hij Gaius Julius Caesar Octavianus heten. Vrijwel direct raakte hij in conflict met de man die op dat ogenblik het meeste gezag had in Rome, Marcus Antonius (82-30 v.Chr.). Gesteund door een groot aantal senatoren bracht Octavianus een leger bijeen, waarmee hij Antonius in januari 43 v.Chr. versloeg. Omdat Brutus en Cassius, de moordenaars van Caesar, in Griekenland een leger op de been brachten met het doel de republiek in ere te herstellen, besloot Octavianus het op een akkoordje te gooien met Antonius en diens medestander Lepidus. In oktober van hetzelfde jaar sloten ze een overeenkomst dat de geschiedenis is ingegaan als het Tweede Driemanschap (het eerste, dat geen officiële status had, was dat van Caesar, Pompeius en Crassus). In deze constellatie wisten ze bij Philippi in Noord-Griekenland Brutus en Cassius te verslaan (42 v.Chr.). Daarop verdeelden ze de bevoegdheden: Antonius kreeg de oostelijke provincies onder zijn hoede, Octavianus de westelijke, en Lepidus Noord-Afrika.

Spoedig laaide de rivaliteit tussen Octavianus en Antonius weer op. Na een diplomatieke missie van Pollio trouwde Antonius met Octavianus' zuster, maar de verzoening was van korte duur. Antonius begon een verhouding met de Egyptische koningin Cleopatra (die ook al de geliefde van Caesar was geweest) en ging zich in toenemende mate gedragen als oosters vorst. Intussen had Octavianus ook nog te maken met een zoon van Pompeius, die met een grote hoeveelheid anti-caesarianen de kusten van Italië onveilig maakte. In 36 versloeg Octavianus deze Sextus Pompeius, kort daarna schakelde hij ook Lepidus uit. In 31 vond de zeeslag bij het Griekse Actium plaats, waar Antonius en Cleopatra zo in het nauw werden gedreven dat ze halsoverkop terug naar Alexandië vluchtten. Hun vloot gaf zich over, zijzelf pleegden zelfmoord.

Om te voorkomen dat de Romeinen hem als de zoveelste usurpator zouden beschouwen, deed Octavianus het voorkomen alsof hij de instituties van de republiek volledig erkende. In zijn *Res gestae*, een politiek testament dat na zijn dood op verschillende plaatsen in het Romeinse Rijk als inscriptie werd aangebracht, formuleerde hij het zo:

> Nadat ik de brand van de burgeroorlogen had geblust en met algemene instemming het gezag over alles bezat, heb ik in mijn zesde en zevende consulaat de staat uit mijn macht weer in handen van de senaat en het Romeinse volk gelegd. Als dankbetuiging voor deze verdienstelijke daad werd ik bij senaatsbesluit Augustus genoemd.
> [...]
> Daarna heb ik qua gezag iedereen overtroffen, maar ik heb niet meer bevoegdheden bezeten dan de anderen die in om het even welke functie mijn collega's waren. Toen ik mijn dertiende consulaat bekleedde, hebben de senaat, de ridderstand en het hele Romeinse volk mij tot Vader des Vaderlands uitgeroepen.[4]

Formeel bestond het keizerschap niet, maar vanaf het moment dat Octavianus de titel Augustus (verhevene) kreeg, in 27 v.Chr., was het duidelijk dat er geen enkele beslissing meer genomen zou worden zonder zijn instemming. Hij noemde zich *princeps* (eerste), had het recht van veto en was onschendbaar, hij benutte de senaat als adviesorgaan en als reservoir van bestuurders, de volksvergadering kon uitsluitend magistraten kiezen die Augustus als kandidaat had aangewezen, en alle legioenen stonden onder zijn gezag. Omdat hij erin slaagde politieke rust te brengen, terwijl hij anderzijds respect afdwong door het Rijk zo uit te breiden dat het begrensd werd door Rijn, Donau, Zwarte Zee, Eufraat, Sahara en Oceaan, verstomde de kritiek op zijn eigenmachtig optreden algauw. Bovendien wist hij voormalige tegenstanders voor zich te winnen door ze hun aanvankelijke keuzes niet aan te rekenen. Zo konden Pollio, die in 43 nog aan de kant van Antonius had gestaan, en Horatius, die in 42 met Brutus meevocht, ongestoord hun literaire werken publiceren, zij het dat ze wel op hun woorden moesten passen.

Dat niet alles geoorloofd was, blijkt uit het optreden van de redenaar en historicus Titus Labienus, die zo fel, ja zo rabiaat tekeerging tegen wat hem niet aanstond, dat hij de bijnaam Rabienus kreeg. Seneca Rhetor, de vader van de filosoof, typeert hem met de woorden *summa egestas, summa infamia, summum odium*: extreem arm, extreem berucht, extreem gehaat.[5] Zijn welsprekendheid stond buiten kijf, maar 'zijn vrijmoedigheid was zo groot dat je het geen vrijmoedigheid meer kon noemen'. Zijn republikeinse gezindheid droeg ertoe bij dat er uiteindelijk, zoals Seneca zegt, 'een nieuw soort straf werd bedacht: zijn vijanden zorgden ervoor dat al zijn boeken werden verbrand'. Dat niet mensen, maar hun werken uit de weg werden geruimd, was nog niet eerder voorgekomen. Labienus wachtte verdere maatregelen niet af. Hij 'kon de smadelijke gebeurtenis niet verdragen en weigerde zijn werk te overleven. Hij liet zich naar zijn familiegraf brengen en zich daarin opsluiten, kennelijk uit angst dat het vuur dat zijn naam had verbrand, zijn lichaam onthouden zou worden. Hij maakte niet alleen een eind aan zijn leven, nee, hij begroef zichzelf.' Overigens werd Labienus' geschiedwerk onder keizer Caligula opnieuw veel gelezen.[6]

Naast zijn politieke, bestuurlijke en militaire ingrepen streefde Augustus, die in zijn persoonlijk leven verre van ingetogen was, ook een morele hervorming na. Hij liet tempels opknappen, herstelde in onbruik geraakte rituelen, vaardigde wetten uit tegen overspel, corruptie en luxe, en gaf financiële voordelen aan grote gezinnen. Voorts stimuleerde hij kunst, architectuur en literatuur, onder meer door op de Palatijn ter ere van Apollo een bibliotheek voor Griekse en Latijnse werken te laten bouwen en door vriendschap te sluiten met Vergilius en Horatius.[7]

Een van de drijvende krachten achter dit culturele programma was Gaius Cilnius Maecenas (ca. 70-8 v.Chr.), een goede vriend en trouw medestander van Augustus. Tijdens diens veldtochten in de jaren dertig was hij vaak Octavianus' zaakwaarnemer in Rome, hoewel hij, als lid van de ridderstand, geen deel uitmaakte van de senaat. Maecenas was puissant rijk en stond bekend als een dandy die zich graag vermaakte met liefjes van beiderlei kunne. Zijn decadente gedrag was dermate notoir dat de filosoof Seneca nog bijna een eeuw na dato, in een betoog over het verband tussen schrijfstijl en karakter, dit beeld van hem oproept:

Neem Maecenas en zijn manier van leven: die is genoegzaam bekend en ik hoef hier niet te vertellen hoe hij liep, hoe overdreven verfijnd hij was en hoe hij wilde opvallen, hoe hij zijn fouten niet wilde verbergen. Maar wat te denken van zijn stijl? Was die niet even ongebonden als hijzelf losjes gekleed ging? [...] Zo zie je bij hem de spreekstijl van een dronken man: omfloerst, onvast, ten volle ongebreideld. Kan het uitzinniger dan: 'Stroom benevens oever met wouden behaard'? En kijk eens hoe men 'de bedding met bootjes beploegt en omwoelt de wadden en zo een spoor van tuintjes trekt'. [...] Dit is de man die altijd met loshangende tunica door de stad rondliep. [...] Dit is de man die zich uitgerekend in de tijd dat er een burgeroorlog woedde en de stad in rep en roer en onder de wapenen was, publiekelijk liet begeleiden door twee eunuchen, die toch nog meer mans waren dan hijzelf.[8]

In het corpus met de werken van Vergilius zijn twee elegieën overgeleverd, de zogeheten *Elegiae in Maecenatem* (elegieën voor Maecenas), waarvan de datering omstreden is: misschien werden ze vlak na Maecenas' dood geschreven, misschien moeten ze gezien worden als reactie op de aantijgingen van Seneca. Het eerste gedicht verdedigt de ontspannen leefwijze van Maecenas met een verwijzing naar onder anderen Bacchus, die zich na zijn verovering van India aan wijn te buiten ging, en Hercules, die een tijd lang in dienst van de Lydische prinses Omphale vrouwenarbeid verrichtte. Kortom, voor alles is een tijd. In het tweede gedicht ligt Maecenas op sterven en bedankt hij Augustus, die hem de gelegenheid gaf te zijn wie hij was. Het zijn geen beste gedichten, maar ze maken duidelijk hoe belangrijk kwesties van stijl en levenswandel gevonden werden. Dat geldt zowel voor de tijd van Maecenas als voor die van Seneca.

Het was Maecenas die aan het eind van de jaren dertig eerst Vergilius, daarna Horatius en Propertius in zijn vriendenkring opnam, hen in contact bracht met invloedrijke senatoren en met de keizer zelf. Ook de dichter Domitius Marsus, van wie we enkele epigrammen kennen, behoorde tot dit gezelschap.[9] Uit tal van gedichten blijkt dat Maecenas en Horatius werkelijk goed bevriend waren, zij het dat de laatste het standsverschil altijd bleef voelen. Maecenas gaf de dichters het zelfvertrouwen om te schrijven wat ze wilden, maar zorgde er anderzijds voor dat ze zo in de nieuwe wereldorde werden ingekapseld dat ze het niet in hun hoofd haalden openlijk kritiek te leveren. Vergilius schreef een epos dat gelezen kan worden als indirecte legitimatie van de milde militaire dictatuur, Horatius en Propertius hielden behoedzaam de boot af. Uit het werk van de augusteïsche auteurs die de gruwelen van de burgeroorlog aan den lijve hadden ondervonden, kan opgemaakt worden dat iedereen blij was met het herstel van de orde. Pas Ovidius, in 43 v.Chr. geboren, voor wie het principaat eenvoudig de statusquo vertegenwoordigde, nam zoveel afstand van met name de morele pretenties van Augustus dat het hem noodlottig werd.

Vitruvius en de tempel van de architectuur

De eerste auteur die een werk aan Augustus opdroeg dat bewaard is gebleven, is Vitruvius. Deze ingenieur en architect, geboren aan het begin van de eerste eeuw v.Chr., diende in het leger van Caesar als deskundige op het gebied van belegeringswerktuigen. Na 44 sloot Vitruvius zich aan bij het kamp van Octavianus. Op voorspraak van diens zuster Octavia verwierf hij een pensioen dat hem in de gelegenheid stelde aan het eind van de jaren dertig en het begin van de jaren twintig zijn vakkennis op papier te zetten.

De architectura is, als we de schrijver mogen geloven, het eerste werk dat een compleet overzicht van de architectuur biedt. Het voorbeeldig geconstrueerde boek valt uiteen in tien delen, die niet alleen een beschrijving geven van wat wij tot de architectuur rekenen, maar ook ingaan op wandschilderkunst, watervoorziening, uurwerken en de bouw van diverse machines. Dat het *Handboek bouwkunde*, zoals het in Nederlandse vertaling heet, niets slechts een technisch traktaat is, maar literaire aspiraties heeft, blijkt uit de zorgvuldig opgebouwde voorwoorden van de tien boeken en uit het feit dat Vitruvius zijn theorieën steeds in een filosofisch kader plaatst.

In het eerste hoofdstuk van boek I legt hij uit dat de architect een universeel gevormd intellectueel dient te zijn. Naast praktijkervaring moet hij kennis hebben van filosofie en natuurkunde, muziek, geneeskunde, recht en astronomie, en hij moet ook in staat zijn die kennis in heldere bewoordingen over te dragen:

> Omdat dit vak dus zo'n breed terrein bestrijkt, en zich onderscheidt door het grote aantal rijk gevarieerde kennisgebieden, denk ik dat iemand zich niet zomaar opeens voor architect kan uitgeven, maar alleen als hij van jongs af langs de trappen van deze studies is opgeklommen, is gevoed door kennis van de meeste takken van wetenschap en kunst, en zo is doorgedrongen tot de hoogste top, de tempel van de architectuur.[10]

Hoewel het grootste deel van het handboek wel degelijk technisch van karakter is, maar dan zo dat een leek het met enige moeite kan volgen, schuilt de charme ervan in de filosofisch getinte passages en in de cultuurhistorische uitweidingen. Zo begint het tweede boek met een in haar beknoptheid bijna poëtische theorie over het ontstaan van de menselijke beschaving, als opmaat tot de geleidelijke uitvinding van de bouwkunst. Bij een bosbrand ontdekten de primitieve mensen de voordelen van het vuur. Hun communicatie erover heeft verstrekkende gevolgen:

Bij deze samenkomst van mensen werden willekeurig klanken met de adem uitgestoten. Door hun dagelijkse omgang legden ze woorden vast, zoals ze toevallig bij hen opkwamen. Door vervolgens in het gebruik dingen vaker zo aan te duiden, begonnen ze tenslotte min of meer toevallig te praten. Op die manier legden ze de kiem voor onderlinge gesprekken.[11]

Een hoogtepunt is ook boek VIII, dat gewijd is aan water: wat het is, waar je het kunt vinden, hoe regen ontstaat, hoe je de kwaliteit kunt meten, en hoe je waterleiding aanlegt. Vitruvius spreekt met kennis van zaken, want hij was betrokken geweest bij de aanleg van aquaducten in Rome. Gezondheid is het aspect dat hem hierbij het meest ter harte gaat. Zo weet hij dat lood giftig is:

Een voorbeeld hiervan kunnen we zien bij de loodwerkers, want hun lichaam is overtrokken met een bleke huidskleur. Wanneer lood namelijk wordt gesmolten en gegoten, zet de damp die daaruit opstijgt zich vast op alle delen van hun lichaam, verteert die op den duur en onttrekt aan hun ledematen de kracht van het bloed. Daarom lijkt het beslist ongewenst water in loden pijpen te leiden als we het gezond willen houden.[12]

Vaststaat dat Vitruvius ten minste één gebouw, een nog niet gevonden tempel in Fano aan de Adriatische kust, heeft ontworpen en gebouwd. Vermoedelijk is het daarbij ook gebleven. In zijn weergave van de bouwkunst heeft de theorie dan ook de overhand op de praktijk. Juist omdat hij gebouwen niet beschrijft zoals ze zijn, maar zoals hij vond dat ze moesten zijn, is De architectura in de Renaissance het ideale handboek geworden. Zoals Cicero en Quintilianus de volmaakte redenaar beschouwen als de mens die zich het meest compleet heeft ontwikkeld, is voor Vitruvius alleen de architect de ware *uomo universale*. Eerst Alberti, Leonardo en Michelangelo waren de bouwmeesters die hem voor ogen stonden.

De room van Titus Livius

'Onze geschiedschrijving doet niet onder voor die van de Grieken,'
zegt Quintilianus:

> Ik zou er niet voor terugdeinzen Sallustius tegenover Thucydides te
> zetten, en Herodotus behoeft zich niet beledigd te voelen als Titus
> Livius met hem op één lijn gesteld wordt. De wijze waarop Livius
> gebeurtenissen uiteenzet is buitengewoon aangenaam en transpa-
> rant, in zijn redevoeringen is hij onbeschrijflijk welsprekend, zo
> goed zijn al zijn woorden afgestemd op de omstandigheden en ka-
> rakters. En geen geschiedschrijver heeft (om het nog heel zuinig uit
> te drukken) met meer succes emoties bespeeld, vooral de prettige.
> En zo heeft hij met kwaliteiten die ongeveer het tegendeel vormen,
> de onsterfelijke vaart van Sallustius weten te evenaren.[13]

Zoals hierboven naar aanleiding van Sallustius al werd opgemerkt,
beschouwden de Romeinen historiografie eerder als een vorm van
literatuur dan als wetenschapsbeoefening. Geschiedwerken dienden vlot geschreven te zijn en een bron van leerrijke voorbeelden
(*exempla*) te vormen, waaruit redenaars en opvoeders naar hartelust
konden putten, want men was het erover eens dat sterke verhalen
uit het verleden essentieel waren voor nationaal zelfvertrouwen en
moreel besef.

Ook aan de vorming van een goede stijl kon het lezen van geschiedschrijvers een bijdrage leveren. Van de Atheense redenaar
Demosthenes (384-322) werd verteld dat hij het werk van Thucydides overschreef om diens stijl in zijn vingers te krijgen. 'Geschiedschrijving kan de redenaar voeden met volle en heerlijke
melk,' volgens Quintilianus, al wijst hij erop dat vertellen iets
anders is dan bewijzen.[14] Geschiedwerken zijn verwant aan poëzie, het zijn eigenlijk prozagedichten.[15] Het oogmerk van historiografen is 'de herinnering van het nageslacht en de roem van
hun talent. Daarom tracht de verteller verveling te voorkomen
door minder gangbare woorden en meer gewaagde stijlfiguren te

gebruiken.' De stijl van Sallustius is voor redenaars te bondig, 'en ook de romige volheid (*lactea ubertas*) van Livius biedt te weinig harde informatie voor iemand die niet voor een schitterende, maar voor een betrouwbare uiteenzetting gekomen is.'

Titus Livius (59 v.Chr.-17 n.Chr.) kwam uit Padua, hetgeen, zoals Pollio fijntjes vaststelde, hier en daar nog aan zijn taalgebruik was te merken.[16] Vermoedelijk is Livius pas in Rome komen wonen toen Octavianus er de orde had hersteld. Aan het eind van de jaren dertig begon hij aan het reusachtigste project uit de hele Latijnse literatuur, een geschiedwerk dat de periode vanaf de stichting van Rome in 753 v.Chr. tot aan het bewind van Augustus zou omspannen. Het eerste boek verscheen tussen 27 en 25, uiteindelijk zouden er 142 delen uitkomen, waarvan de laatste postuum. De titel is *Ab urbe condita*, 'vanaf de stichting van de stad'. Er wordt wel verondersteld dat Livius het geheel begroot had op 150 boeken, onderverdeeld in groepen van vijf, tien of vijftien. Van de (in onze termen) twaalfduizend pagina's die Livius schreef is slechts een kwart bewaard gebleven. Omdat weinigen zin hebben boeken van een dergelijke omvang helemaal te lezen en omdat ook het overschrijven ervan onevenredig veel tijd en geld kostte, werden er in de Oudheid al uittreksels en inhoudsopgaven gemaakt. Voor zover die overgeleverd zijn, bieden ze een overzicht van de opbouw van het werk als geheel.

Livius was ongehoord populair. Plinius Minor vertelt over een man die helemaal uit Cádiz naar Rome kwam om alleen maar een glimp van de schrijver op te vangen, waarna hij direct overleed.[17] Die populariteit hangt zeker samen met het feit dat Livius, evenals de dichter Vergilius, de tot in het diepst van haar ziel getraumatiseerde natie een mythisch verleden schonk. Opmerkelijk is daarbij dat hij, net als Vergilius deed en Sallustius eerder gedaan had, de schaduwzijden van de Romeinse geschiedenis niet uit de weg ging. Livius prijst het voorgeslacht, maar geeft ook aan waar het is misgegaan. Hij houdt zijn tijdgenoten een spiegel voor waarin zij, misschien met een zeker masochisme, maar al te graag zichzelf wilden herkennen.

Bewaard zijn de boeken I-X en XXI-XLV. In de eerste tien boeken beschrijft Livius de legendarische oergeschiedenis tot aan het begin van de derde eeuw v.Chr., in XXI-XXX staat de heroïsche krachtmeting met Hannibal centraal, XXXI-XLV bestrijkt de periode vanaf het eind van de Tweede Punische Oorlog tot vlak na de onderwerping van Macedonië in 168.

In het voorwoord van het eerste boek geeft Livius een escapistisch argument voor zijn onderneming: 'Ikzelf zou het loon voor mijn werk juist hierin willen zoeken, dat ik mijn ogen kan afwenden van de wantoestanden die onze tijd nu al zoveel jaren heeft aanschouwd, zolang ik maar in gedachten terugkeer naar dat verre verleden.'[18] Of hij de laatste boeken inderdaad met weerzin heeft geschreven, zoals deze inzet doet vermoeden, weten we niet. Wel is het duidelijk dat hij een groot liefhebber van juist de alleroudste legenden was:

De verhalen over de tijd voor de stichting van de stad, of beter: over die stichting zelf, blinken eerder uit door poëtische schoonheid dan dat ze berusten op betrouwbare oorkonden van werkelijke feiten, en het is niet mijn bedoeling ze te bevestigen of te weerleggen. Het zij de oude tijd vergund de geboorte van haar steden met een luisterrijk aureool te omgeven door vermenging van goddelijke en menselijke aangelegenheden. En als men één volk de vrijheid moet gunnen zijn oorsprong een zekere heiligheid te verlenen en hem toe te schrijven aan de wil der goden, dan is het wel het Romeinse.

Belangrijker dan historische betrouwbaarheid is de morele waarde van het verhaal. 'Wat de bestudering van de geschiedenis vooral zo nuttig en heilzaam maakt, is dat je alle mogelijke leerzame voorbeelden als het ware vastgelegd op een schitterend monument vóór je ziet. Daaruit kun je kiezen wat je terwille van jezelf en van je land wilt navolgen.' Er heeft nooit een volk bestaan 'dat zo groot was, zo zuiver van zeden, zo rijk aan goede voorbeelden. In geen enkele maatschappij hebben zo laat pas hebzucht en hang naar weelde hun intrede gedaan, nergens werden soberheid en spaarzaamheid zo lang in ere gehouden. Ja, naarmate men minder bezat, begeerde men ook minder.' Het verval der zeden hangt volgens Livius, en volgens de meeste Romeinse schrijvers, samen met de toegenomen welvaart, vooral na de verovering van Griekenland in de tweede eeuw. Soberheid, moed en trouw aan de traditie zijn leidmotieven in alles wat Livius vertelt.

Livius had niet de ambitie de waarheid te achterhalen. Wat betreft de vroegste geschiedenis had dat ook nauwelijks gekund, want daarvoor waren er eenvoudig geen bronnen beschikbaar, behalve, zoals hij grif toegeeft, mondelinge overlevering en een enkele inscriptie. Maar ook voor de latere perioden deed Livius geen zelfstandig onderzoek. Hij las het werk van voorgangers (Fabius Pictor en Cato Maior bijvoorbeeld, de Griekse geschiedschrijver Polybius, voor de meest recente tijd Caesar, Sallustius, Pollio en Labienus) en koos dan de versie die in zijn ogen de meest waarschijnlijke of interessante was. In de gevallen waarin we Livius met zijn bron kunnen vergelijken, blijkt soms dat hij voor de Romeinen minder flatterende informatie achterwege laat. Omdat Livius geen Romein was en geen politieke of militaire ervaring had, is hij niet erg sterk in het analyseren van staatkundige aangelegenheden en wekken de ontelbare beschrijvingen van veldslagen de indruk achter de schrijftafel te zijn bedacht.

Ook is hij geen groot psycholoog, want de meeste helden zijn onderling inwisselbaar. Wanneer hij personages het woord geeft, bijvoorbeeld voor redevoeringen, doet hij geen poging hen door middel van stijl als individu te karakteriseren, al zijn er wel duidelijke types te onderscheiden. Alles wat de sprekers zeggen beantwoordt aan de regels van het voortreffelijk retorisch onderwijs dat Livius in Padua had genoten. Wanneer, bijvoorbeeld, Coriolanus zich koppig van de stad heeft afgewend, tracht zijn moeder hem met de volgende reeks pathetische vragen te vermurwen:

Laat me, voordat ik je omhelzing aanvaard, eerst weten of ik bij een vijand of bij een zoon gekomen ben, of ik gevangene of moeder ben in dit kamp van jou. Heeft mijn lange leven en mijn droeve ouderdom het zover met mij laten komen dat ik je eerst als balling en daarna als vijand moest aanschouwen? Heb je het werkelijk kunnen bestaan deze grond, waarop je geboren en getogen bent, af te stropen? Hoe verbeten en dreigend je ook hierheen bent gekomen, is de storm van je woede niet gaan liggen toen je deze bodem betrad? Is het, toen je op Rome kon uitzien, niet in je opgekomen te denken: binnen die muren is mijn huis, zijn mijn huisgoden, mijn moeder, mijn vrouw en zonen?[19]

Livius' Hannibal doet in een schematische opsomming van extremen sterk denken aan Sallustius' Catilina. Tegelijk laat deze passage zien dat Livius ook bondig kan schrijven:

Zijn driestheid bij het ondernemen van gevaarlijke acties was even groot als zijn koelbloedigheid te midden van de gevaren zelf. Geen enkele inspanning kon zijn lichaam vermoeien of zijn geestkracht breken. Hij was even goed bestand tegen hitte als tegen kou. Van zijn eten en drinken werd de hoeveelheid bepaald door natuurlijke behoeften, niet door genot. Zijn tijden van waken en slapen waren niet ingedeeld naar dag en nacht; wat na afloop van de werkzaamheden overbleef werd aan slaap besteed. Hij zocht die niet op een zacht bed of in stilte: velen zagen hem vaak onder zijn soldatenmantel op de grond liggen te midden van wachten en voorposten. Zijn kleding onderscheidde zich in niets van die van zijn leeftijdgenoten, maar zijn wapens en paarden trokken de aandacht. Zowel te paard als te voet was hij veruit nummer een. Als eerste ging hij de strijd in, als laatste kwam hij er na afloop uit. Deze bijzondere kwaliteiten van Hannibal gingen gepaard met even grote ondeugden: onmenselijke wreedheid, meer dan Punische onbetrouwbaarheid, geen enkel gevoel voor waarheid of heiligheid, geen enkel ontzag voor de goden, geen eerbied voor een eed, geen morele principes.[20]

In het Latijn ziet die laatste zin er zo uit:

Has tantas viri virtutes ingentia vitia aequabant, inhumana crudelitas, perfidia plus quam Punica, nihil veri, nihil sancti, nullus deum metus, nullum ius iurandum, nulla religio.

Soms weet Livius treffend een sfeer van paniek, spanning of ontzetting op te roepen. Wanneer na de desastreus verlopen slag bij het Trasumeense meer in 217 de eerste berichten de stad bereiken, ontstaat er een oploop op het Forum:

De schrik en onrust waren enorm. Vrouwen liepen rond in de straten en vroegen voorbijgangers wat voor plotselinge nederlaag er gemeld was en wat het lot van het leger was. [...] Eindelijk, tegen zonsondergang, deelde praetor Marcus Pomponius mee: 'We hebben een grote slag verloren.' [...] De volgende dag en een aantal dagen daarna stond bij de poorten een bijna nog grotere menigte vrouwen dan mannen te wachten op een van hun familieleden of berichten over hen. Ze bestookten iedereen die ze aan zagen komen van alle kanten met vragen en waren niet los te rukken – vooral niet van bekenden – voordat ze naar alles van begin tot eind hadden geïnformeerd. Als ze dan van hun berichtgevers wegliepen, was aan hun gezicht te zien of ze blijde of droevige tijdingen hadden gekregen, en men zag ze te midden van gelukwensen of troostwoorden naar huis terugkeren. Vooral bij vrouwen namen de uitingen van vreugde en rouw opvallende vormen aan. Een van hen was, toen ze precies in een poort haar zoon plotseling levend en wel tegenkwam, in zijn armen overleden, zo werd er verteld. En een ander, aan wie ten onrechte de dood van haar zoon was gemeld en die treurend thuis zat, zou toen hij terugkeerde zodra ze hem zag van louter vreugde de geest hebben gegeven.[21]

Is Livius een groot schrijver? Enkele tientallen generaties hebben die vraag bevestigend beantwoord. De latere keizer Claudius liet zich door de bejaarde historicus inspireren tot het schrijven van een geschiedwerk.[22] De dichter Silius Italicus (eind eerste eeuw n.Chr.) schreef zijn epos over de Tweede Punische Oorlog met *Ab urbe condita* onder handbereik.

In 1413 werd in Padua het vermeende graf van Livius gevonden. Een paar decennia later verzocht de Napolitaanse ambassadeur in Venetië de Paduanen een deel van de arm waarmee Livius zijn werk zou hebben geschreven aan zijn heer af te staan. Inderdaad werden enige botjes naar Napels verzonden, waar ze als reliek werden tentoongesteld. Later is gebleken dat de beenderen toebehoorden aan een vrijgelatene uit Livius' familie. Belangrijker is dat ook Livius' ideeën in de Renaissance nog grote weerklank vonden, zoals blijkt uit de *Discorsi sopra la prima deca di Tito Livio* van Nicolò Machiavelli (voltooid in 1519). In dit werk worden de eerste tien boeken van Livius' geschiedwerk als leidraad genomen bij een onderzoek naar de wijze waarop een staat (lees: Florence) het best bestuurd en uitgebreid kan worden. Pragmatisch als hij is, wil Machiavelli niet zozeer weten of een bepaalde handelwijze goed of kwaad is, als wel of ze wérkt of niet. Op grond van zijn lectuur van Livius schrijft hij:

> Wie uit vrije wil en dus uit eerzucht oorlog voert, is erop uit om land te veroveren en vast te houden, en de oorlog zo te organiseren dat zijn land er rijker in plaats van armer door wordt. Bij de uitvoering en consolidering van een verovering dient het streven er dus op gericht te zijn de staatskas niet te belasten, maar juist te spekken. Wie dit allemaal wil nastreven, dient te opereren volgens de Romeinse stijl en strategie.[23]

Tot op de huidige dag wordt Livius op scholen en universiteiten veel gelezen, niet omdat hij de leerlingen aanspreekt, maar omdat je aan de hand van zijn werk zo goed Latijn kunt leren. Vereenvoudigde passages uit zijn beste verhalen vormen de basis van menige Latijnse leergang. Met name de ijzersterke anekdotes uit de eerste paar boeken zijn nog altijd populair: Romulus en Remus, Mucius Scaevola, die zijn hand in het vuur steekt, Coriolanus, Verginius, die zijn dochter doodt om te voorkomen dat ze verkracht wordt – het zijn allemaal figuren die al honderden jaren tot het collectieve geheugen behoren.

Uittreksels uit Pompeius Trogus

Vermoedelijk aan het eind van Augustus' regeerperiode, misschien iets later, schreef Pompeius Trogus een biologisch werk over dieren (*De animalibus*) dat niet is overgeleverd, en een geschiedwerk in vierenveertig boeken met als kern de Macedonische oorlogen: *Historiarum Philippicarum libri* XLIV (44 boeken Philippische geschiedenissen). Na zes boeken waarin de geschiedenis van diverse oosterse volkeren de revue passeert, zijn de boeken VII tot en met XL gewijd aan de krijgsverrichtingen van Philippus II, Alexander de Grote en hun opvolgers, tot aan het moment waarop het Griekse vasteland bij het Romeinse Rijk wordt ingelijfd. De resterende vier boeken gaan vooral over de Parthen, het Iraanse volk dat de Romeinen veel problemen bezorgde. Het werk loopt tot het jaar 20 v.Chr. Evenals Herodotus en Caesar laste Trogus etnografische en geografische uitweidingen in.

Helaas is Trogus' werk alleen tot ons gekomen in een samenvatting van Marcus Junianus (of: Junianius) Justinus, een auteur die waarschijnlijk in de eerste helft van de derde eeuw leefde. Slechts in een enkel geval is het zeker dat Justinus Trogus letterlijk aanhaalt. Een fraaie passage uit boek XXXVIII is expliciet als citaat gemarkeerd. Het gaat om een redevoering van de Klein-Aziatische koning Mithridates (of: Mithradates, 132-63 v.Chr.), die gedurende enkele decennia permanent in conflict met de Romeinen was. 'Ik vond dat deze redevoering het verdiende,' zegt Justinus, 'compleet geciteerd te worden als voorbeeld van de bondigheid van het werk. Pompeius Trogus gaf de toespraak weer in de indirecte rede, want hij had er bezwaar tegen dat Livius en Sallustius, door toespraken in de directe rede te citeren, hun historische bescheidenheid te buiten gingen.'

Het verhaal van Mithridates is een juweeltje van korte maar krachtige welsprekendheid. Omdat de indirecte rede in het Nederlands omslachtig klinkt, geef ik het begin weer alsof de koning werkelijk aan het woord is:

Het ware te wensen geweest dat ik een weloverwogen keuze had kunnen maken tussen oorlog of vrede met de Romeinen. Maar zelfs zij die geen hoop op de overwinning koesteren twijfelen er niet aan of de aanval moet worden afgeslagen. Ook tegen een struikrover trekken mensen immers het zwaard, is het niet om hun huid te redden, dan ten minste om zich te wreken. En aangezien het niet meer de vraag is of we nog kunnen kiezen voor neutraliteit, daar we niet alleen met een vijandige opstelling, maar zelfs met een veldslag worden bedreigd, moeten we overwegen op welke wijze en met welke verwachting we de begonnen oorlogen kunnen weerstaan. Ik heb vertrouwen in de overwinning, mits u de moed hebt.[24]

In de latere Oudheid wordt het werk van Trogus geregeld geraadpleegd, maar zelden gelezen. Misschien is dat het lot van alle boeken die te lang zijn.

Tranen voor de dingen. Vergilius

Wanneer Dante op het midden van zijn levenspad in een donker woud verdwaald is, ontmoet hij daar een man die zich voorstelt als de *sub Julio* geboren dichter van een epos over Aeneas. Dante reageert met ontzag:

'Bent u Vergilius?' vroeg ik verlegen,
'Bent u die taalfontein waaraan steeds weer
Zo'n brede stroom van verzen is ontstegen?

U, uwer mededichters licht en eer,
Moge mijn liefde en mijn wil te leren,
Mij baten, want ik las u keer op keer.

Uw werk, mijn dichter, mocht ik bestuderen,
Aan u alleen dank ik de schone trant
Van schrijven waarvoor sommigen mij eren.'[25]

III Een milde tirannie. Het tijdvak van Augustus

139

De wijze Vergilius neemt, op verzoek van Beatrice, de taak op zich de verdoolde Dante rond te leiden door de Hel en op de Louteringsberg. Dat Dante de heidense dichter zo'n belangrijke rol laat spelen in een door en door christelijk gedicht valt niet uitsluitend te verklaren uit het feit dat een van Vergilius' gedichten (*Ecloga 4*) in de Middeleeuwen werd opgevat als profetie van Christus' geboorte. Vergilius gold, eigenlijk al in zijn laatste levensjaren, als de grootste dichter aller tijden. Toen hij nog maar net aan de *Aeneis* was begonnen, schreef Propertius al: 'Opzij, Romeinse schrijvers, opzij Grieken! / Er is iets bezig geboren te worden dat groter is dan de *Ilias*.'[26] Direct na verschijning werd de *Aeneis* in Rome verplichte schoollectuur en eeuwenlang gold Vergilius' poëzie als de norm waaraan geen enkele dichter zich kon onttrekken. Daarin zou pas in de achttiende eeuw verandering komen, toen men aan het ongelikte genie van Homerus de voorkeur ging geven boven de monumentale en doordachte precisie van Vergilius. Maar nog steeds torent de figuur van 'de goddelijke Mantuaan' hoog uit boven alle andere Romeinse dichters en komen we verwijzingen naar zijn werk tegen in de poëzie van Ezra Pound, T.S. Eliot, Ida Gerhardt, Joseph Brodsky, H.C. ten Berge, H.H. ter Balkt, Seamus Heaney, Willem Jan Otten en Marjoleine de Vos, en in romans van W.F. Hermans, Cees Nooteboom, Harry Mulisch, Willem Brakman en Sebastian Barry – om een willekeurige opsomming te geven. Deze overweldigende receptie moet er wel op wijzen dat Vergilius iets te vertellen heeft dat van alle tijden is.

Publius Vergilius Maro werd op 15 oktober 70 v.Chr. in het Noord-Italiaanse dorpje Andes geboren, niet ver van Mantua, als zoon van een rijke boer.[27] Hij studeerde retorica in Milaan en Rome, om zich in de jaren veertig in Napels op de epicureïsche filosofie te storten. Vergilius was de herenliefde toegedaan en trad nooit in het huwelijk. Toen Octavianus tijdens de demobilisatie na de slag bij Philippi (42 v.Chr.) land onteigende ten behoeve van zijn veteranen, behoorde ook Vergilius' vader tot de ongelukkigen die van hun grond werden verdreven. De jonge dichter zelf vond in Rome aansluiting bij de vriendenkring van Pollio, die hij in zijn omstreeks 39 v.Chr. gepubliceerde *Bucolica* uitvoerig eerde.[28] Toen de *Bucolica* verscheen had Vergilius inmiddels kennisgemaakt met Maecenas, die hem de rest van zijn leven zou steunen. In 30 of 29 v.Chr. voltooide Vergilius zijn vier aan Maecenas opgedragen boeken *Georgica*. In de tien jaar daarna werkte hij aan de *Aeneis*, waarvan hij delen voorlas aan Augustus en diens zuster Octavia. In 19 v.Chr., toen het epos zo goed als af was, besloot hij een reis naar Griekenland en Klein-Azië te maken. Onderweg werd hij ziek en hij overleed op 21 september, niet dan nadat hij zijn vrienden de uitdrukkelijke opdracht had gegeven de *Aeneis* te verbranden, wat niet gebeurde. Dat de dichter nog de laatste hand aan het epos had moeten leggen blijkt onder meer uit een vijftigtal incomplete versregels.

Op zijn sterfbed schreef Vergilius dit grafschrift voor zichzelf:

> Mantua me genuit, Calabri rapuere, tenet nunc
>   Parthenope; cecini pascua rura duces.

> Mantua heeft me gebaard, Brindisi gedood, en in Napels
>   lig ik; en ik bezong herders en landbouw en strijd.

Hoewel er in de Oudheid meer gedichten aan Vergilius werden toegeschreven (zij vormen samen het zogeheten *Appendix Vergiliana*),[29] maakt dit distichon duidelijk dat de dichter slechts drie werken gecanoniseerd wenste te zien, de *Bucolica* of *Eclogae*, de *Georgica* en de *Aeneis*. De soberheid van het grafschrift, dat niet eens Vergilius' naam noemt, is op het eerste gezicht in overeenstemming met anekdotes waaruit opgemaakt kan worden dat de dichter een verlegen man was die geen raad wist met zijn ongehoorde populariteit. Of spreekt hier de valse bescheidenheid van een man die geen moment aan zijn toekomstige roem twijfelt? Weidegronden, akkers en helden: bij nader inzien omvatten die drie woorden het gehele Romeinse universum, want Romeinen waren, zoals het cliché terecht vaststelt, een volk van boeren en soldaten. Vergilius heeft als geen ander de identiteit van zijn lezers onder woorden gebracht.

Hoe gecompliceerd die identiteit was, blijkt uit iedere bladzijde van Vergilius' werk.

Bucolica

Aan het begin van de derde eeuw v.Chr. schreef de van oorsprong Siciliaanse dichter Theocritus, misschien op het eiland Kos of in Alexandrië, een verzameling ingenieuze en geestige gedichten die door latere commentatoren *eidyllia* werden genoemd, 'idyllen'. Een aantal van deze gedichten handelt over de wederwaardigheden van (overigens verdacht geletterde) herders. Aangezien *boukolos* 'koeherder' betekent, heet deze poëzie bucolisch of pastoraal. De tien hexametrische *Bucolica* die Vergilius in de eerste helft van de jaren dertig publiceerde, spelen allemaal in een milieu van herders. Ze worden ook *Eclogae* genoemd.[30]

Het is een wonderlijke bundel, vooral door het volstrekt kunstmatig karakter van de gedichten. De herders die aan het woord komen dragen Griekse, veelal aan Theocritus ontleende namen en lopen rond in een idyllisch landschap, waarvan de dichter soms in het midden heeft gelaten of het zich op een Grieks eiland dan wel in Italië bevindt. De herders houden zich bezig met alles behalve het hoeden van geiten, schapen en runderen. Hun belangrijkste activiteiten liggen op erotisch en muzikaal of poëtisch gebied. Veelal strijken ze neer op een zogeheten *locus amoenus*, een met veel piturale details beschreven lieflijk plekje, om er hun seksuele en poëticale conflicten uit te vechten. Ze lijken altijd vakantie te hebben en in hun erotische voorkeuren maken ze geen principieel onderscheid tussen jongens en meisjes.

Het allermerkwaardigste is wel dat in een aantal passages de Romeinse actualiteit impliciet of expliciet aan de orde komt. Dat begint al in het allereerste bucolicon, waar Tityrus onder een schaduwrijke beuk fluit ligt te spelen op het moment dat zijn vriend Meliboeus voorbijkomt, die van zijn land is verdreven. Tityrus vertelt dat een jongeman in Rome ervoor gezorgd heeft dat hij zijn kudden mag blijven weiden. Zijn dankbaarheid brengt hem ertoe deze weldoener voortaan als god te vereren. Lezers zijn er altijd van uitgegaan dat met die jongeman (*iuvenem* is precies het middelste woord van het gedicht) Octavianus bedoeld wordt, die Vergilius na de onteigeningen het land van zijn vader teruggegeven zou hebben. Dat moge zo zijn, het gedicht laat duidelijk de twee kanten van de zaak zien, het leed van Meliboeus en de opluchting van Tityrus. De laatste kan zich rustig wijden aan zijn vee en aan zijn rietfluit (lees: zijn poëzie) terwijl de eerste verbitterd opmerkt: *carmina nulla canam* (ik zal geen liederen zingen).

Ecloga 4 is het meest raadselachtige gedicht uit de bundel. Vergilius spreekt hier zijn beschermheer Pollio aan, consul in 40 v.Chr., en voorspelt de spoedige geboorte van een kind dat een nieuw Gouden Tijdperk zal inluiden:

> Die glorietijd gaat in onder uw consulaat,
> mijn Pollio, nu neemt het Grote Jaar een aanvang.
> In uw regering blijft maar weinig misdaad over
> en wordt de aarde van haar oude angst ontlast.
> Dat kind zal leven als een god en helden zien
> verkeren met goden, die 't kind zelf zullen zien.
> [...]
> Vanzelf komt elke geit met uiers vol van melk
> terug, geen kudde kent nog angst voor koning leeuw,
> vanzelf ook bloeien bloemen welig rond uw wieg.
> [...]
> Zodra gij, kind, de heldendaden van uw vader
> kunt lezen en beseffen kunt wat sterkte is,
> dan kleurt het veld stilaan goudgeel van golvend graan,
> dan hangen blauwe druiven aan de wilde doorn
> en zweten harde eiken honing uit als dauw.[31]

Er is eindeloos gespeculeerd over de mogelijke identiteit van dat jongetje, maar zonder resultaat. Waarschijnlijk is het beter de geboorte symbolisch op te vatten als het begin van een periode van vrede en voorspoed. Omdat de dichter verwacht onder het nieuwe gesternte poëzie te zullen schrijven waarbij die van de mythische

Orpheus en Linus verbleekt, zodat zelfs de Arcadische god Pan in hem zijn meerdere zal moeten erkennen, is ook wel verondersteld dat Vergilius hier een literaire revolutie voorspelt. In dat geval heeft hij gelijk gekregen.

Met zijn 109 versregels is *Ecloga* 8 niet alleen een van de langste, maar ook een van de meest geslaagde gedichten uit de bundel, omdat de bijna rituele herhalingen de gekunstelde aard van de *Bucolica* doen vergeten. Het gedicht is wederom opgedragen aan Pollio, die hier uitdrukkelijk ook als tragediedichter wordt aangeduid. Twee Arcadische herders, Damon en Alphesiboeus, zingen liederen over hun problematische liefdesleven. Damon is verbijsterd over het feit dat zijn jeugdvriendinnetje Nysa weggekaapt lijkt te worden door Mopsus. Zijn lied heeft de zwaar allitererende refreinregel *incipe Maenalios mecum, mea tibia, versus* (vang, mijn schalmei, met mij Maenalische verzen aan).[32] Als Mopsus Nysa krijgt, is de omgekeerde wereld van kracht:

> Vlucht nu voor schapen, wolf, draag gouden appels, eik.
> Laat nu narcissen bloeien op de elzebomen,
> laat amberhars uit schors van tamarisken druipen,
> zing als een zwaan, uil, zing als Orpheus, Tityrus,
> als Orpheus in het woud, als Arion bij dolfijnen.[33]

Dan krijgt Alphesiboeus het woord, maar Vergilius acht zich niet in staat diens lied naar behoren weer te geven, vandaar dat hij de Muzen verzoekt dit te doen: *dicite Pierides: non omnia possumus omnes* (spreek, Muzen: we kunnen niet allemaal alles).[34] Alphesiboeus doet het voorkomen alsof hij bezig is met een magisch ritueel dat tot doel heeft Daphnis, een notoir Meedogenloze Jongen (om met Reve te spreken), de stad uit te lokken. Ook dit lied heeft een refrein: *ducite ab urbe domum, mea carmina, ducite Daphnin* (haal, spreuken, uit de stad, haal Daphnis naar mijn huis). Een *carmen* is zowel een lied of gedicht als een toverformule. Aan het eind van het gedicht lijkt het offer het gewenste effect te hebben, want de as op het altaar ontvlamt spontaan en er begint een hond te blaffen: 'Is het waar? Of vormen verliefden hun eigen dromen? / Stop, spreuken, stop, daar komt Daphnis uit de stad.'[35] Of het inderdaad Daphnis is en of zijn komst een prettige hereniging van de geliefden betekent, laat Vergilius wijselijk in het midden. Eén ding is zeker: liefde is een tragisch bedrijf.

Dat Daphnis uit de stad moet komen is een veeg teken, want in deze gedichten brengt de stad voornamelijk onheil voort. In *Ecloga* 9 is Moeris op weg naar de stad, waar de man woont die het land van zijn meester Menalcas toegewezen heeft gekregen. Moeris' vriend Lycidas is verbaasd dat Menalcas, die duidelijk een afsplitsing van Vergilius zelf is, de onteigening niet heeft weten te voorkomen met zijn poëzie. Tegenover wapens zijn gedichten machteloos. Lycidas en Moeris citeren weemoedig enkele fragmenten uit de liederen van Menalcas, maar echt vrolijk worden ze er niet van. De pastorale idylle is niet bestand tegen militaire en economische rampspoed.

In het laatste bucolicon richt Vergilius zich tot Cornelius Gallus, die vier boeken elegieën had gewijd aan zijn geliefde Lycoris. Nu deze frivole juffrouw de onfortuinlijke dichter in de steek heeft gelaten voor een officier in het leger van Agrippa, is Gallus ontroostbaar. Vergilius poogt zijn vriend op te vrolijken door hem te wijzen op de zoete fictie van de pastorale poëzie, maar in de loop van het gedicht blijkt de droom zijn magie verloren te hebben. Arcadië moet verlaten worden.

We kunnen ons echter afvragen of we er ooit geweest zijn. Het idyllisch Arcadië (in werkelijkheid een ruig en onherbergzaam gebied) kan alleen bestaan bij de gratie van een 'willing suspension of disbelief' (Coleridge), en dan helpt het niet als de dichter vanaf de eerste bladzijde zijn eigen fictie ondermijnt. Vrijwel nergens in deze gedichten krijgt de lezer de kans zich met wie dan ook te identificeren. De *Bucolica* vormen een interessant experiment om Romeinse actualiteit en hellenistische geleerdheid te laten versmelten met de aantrekkelijke eenvoud van het herdersbestaan, een experiment dat helaas niet helemaal gelukt is.

Georgica

Het is een onbesuisde stelling, maar ik denk dat ze waar is: de *Georgica* is het beste gedicht ooit geschreven. Met deze bewering bevind ik me in het illustere gezelschap van John Dryden, die de *Georgica* in het voorwoord van zijn vertaling (1697) 'the best Poem of the best Poet' noemde. Het uit vier boeken bestaande leerdicht over de landbouw verscheen niet lang nadat Octavianus zijn tegenstanders definitief uitgeschakeld had.[36] Dat de dichter niet over één nacht ijs ging valt op te maken uit het feit dat hij aan het schrijven van de bijna 2200 verzen zeven jaar heeft besteed, wat een gemiddelde van iets meer dan één regel per dag betekent. Donatus vertelt dat Vergilius iedere morgen een flinke hoeveelheid verzen concipieerde en dicteerde, waaraan hij de rest van de dag liep te schaven tot hij bijna niets overhield: 'niet ten onrechte zei hij dat hij de verzen voortbracht op de manier van een berin en dat hij ze pas door ze te likken in model boetseerde'.[37]

Anders dan Lucretius, die in zijn leerdicht een hoogst intellectueel onderwerp behandelde, koos Vergilius voor de aardse en praktische landbouw. Ongetwijfeld was dit een vak dat de Romeinen na aan het hart lag, juist daarom valt niet eenvoudig vast te stellen wie nu precies de beoogde lezers van de *Georgica* waren. Niet de kleine boeren en pachters, want die lazen niet en hadden bovendien geen leerdicht nodig om hun te vertellen hoe ze moesten ploegen, enten en fokken. Daarbij komt dat Vergilius weliswaar een grote kennis van zijn onderwerp heeft, maar absoluut niet volledig en systematisch is. Ook zegt hij niets over pluimvee en zeer weinig over tuinbouw. Het praktisch nut van het gedicht is dus gering. Anderzijds geeft het werk zoveel concrete adviezen dat het onzinnig zou zijn te veronderstellen dat het eigenlijk helemaal niet over landbouw gaat, maar puur allegorisch of symbolisch moet worden gelezen.

De *Georgica* is wel degelijk een leerdicht over de landbouw, maar dan in de zin dat Vergilius de lezer laat zien hoe fundamenteel het werk op het land is, hoezeer de mens afhankelijk is van de natuur, en hoe broos de scheidslijn tussen beschaving en barbarij is. De

Georgica pretendeert niets minder dan de mens zijn plaats in het universum te wijzen. Verder heeft het gedicht ook een zware politieke lading, doordat Vergilius Octavianus bezweert het wankele evenwicht dat na een eeuw van burgeroorlogen eindelijk tot stand is gebracht, te behoeden. Ten slotte is de Georgica een belangrijk poëticaal document, dat licht werpt op hoe Vergilius zijn taak als dichter zag. Waarschijnlijk waren het vooral de geletterde hereboeren, de vermogende edellieden in de provincie en de literaire elite in Rome die zich door de Georgica aangesproken voelden.

De architectuur van het werk is imposant: vier boeken, vier solide tekstblokken die elkaar versterken en nuanceren door een complexe structuur van variatie en contrast en toewerken naar een onontkoombare climax. Na een opdracht aan Maecenas en een gebed tot alle goden die iets met de landbouw te maken hebben, spreekt de dichter Octavianus aan, van wie hij weet dat de goden hem na zijn dood in hun midden zullen opnemen. Vervolgens richt Vergilius zich tot de boeren zelf en begint het eigenlijke leerdicht. Boek I behandelt de akkerbouw, weidt uit over de seizoenen en het klimaat en eindigt in mineur met een oproep aan Octavianus om een eind te maken aan de gruwelen van de burgeroorlog. Het boek als geheel is ernstig en zwaar van toon, in overeenstemming met de aard van de beschreven arbeid. Tijdens het bewind van Saturnus heerste er van nature welvaart, maar Jupiter stelde de mens op de proef:

Zelf wilde de Vader dat landbouw
zwaar zou zijn: hij schiep als eerste op methodische wijze
het boerenbedrijf en wette het menselijk weten met zorgen;
Hij liet zijn koninkrijk niet in kwalijke loomheid verlammen.[38]

Het gevolg van alle ellende die Jupiter in het leven roept, zoals giftige slangen, hongerige wolven, voedselschaarste en stormen, is dat de mens vindingrijk wordt. Hij ontwikkelt methodes om effectief te jagen, te vissen, graan te verbouwen en metaal te bewerken: *labor omnia vicit / improbus et duris urgens in rebus egestas*.[39] Piet Schrijvers vertaalt: 'Kwellende arbeid, / knellend gebrek in grimmige tijden overwon alles!' Volgens Leeman ligt het meer voor de hand *labor* op te vatten als een vorm van lijden, waardoor het op één lijn komt te staan met *egestas* (gebrek) en het werkwoord geen overwinning van de mens op zijn problemen aanduidt, maar de greep die lijden en armoede op de mens hebben.[40] Hoe dan ook, de mens leeft in benarde omstandigheden, maar slaagt er door noeste arbeid in zijn lot enigszins te verlichten, daarin gesteund door een keur aan goddelijke krachten.

De stemming van het tweede boek, waarin de wijnstok en de olijfboom centraal staan, is opgewekt en optimistisch. Het bevat een diep doorleefde lofzang op Italië, 'machtige moeder van oogsten en mannen',[41] en een schitterende, uiterst nauwkeurige instructie voor het onderzoeken van grondsoorten:

Een zilte bodem, die men ook 'brakke grond' pleegt te noemen
(hij is onvruchtbaar, wordt van ploegen niet beter en levert
druiven en fruit die hun afkomst en naam niet kunnen bewaren),
laat zich testen: haal van de rookzwarte hanenbalken
dichtgevlochten wilgen manden en wijnperszeven.
Stamp ze vol met die slechte grond en begiet dan de inhoud
met zoet water geschept uit een bron. Al het vocht zal natuurlijk
willen ontsnappen en grote druppels passeren het vlechtwerk.
De smaak is een onmiskenbaar bewijs: wie de bitterheid proeft,
zal met verwrongen gezicht het vocht als een kwelling verduren.[42]

Het geheim van zo'n passage schuilt enerzijds in de technische details, die de vakman verraden en de tekst aanschouwelijk maken, anderzijds in de personifiëring van de natuur. De regels tussen haakjes luiden in vertaling letterlijk: 'hij is ongelukkig in opbrengst, wordt niet tam door beploeging en garandeert noch Bacchus zijn afkomst, noch vruchten hun namen'. In trage spondeeën wordt beschreven hoe het water door de zeef wordt geperst, waarbij pas het laatste woord in de regel onthult dat het dikke dat tevoorschijn komt, druppels zijn: *grandes ibunt per vimina guttae.* Bij de laatste regels sta je als lezer naast de man die de grove, vuile druppels brak water op zijn tong proeft. Dichter bij de bodem kan een mens vóór zijn dood niet komen.

Het tweede boek wordt afgesloten met een lofzang op het landleven, die tegelijk een verantwoording van Vergilius' keuze voor dit onderwerp behelst. De landbouw is misschien niet zo verheven als kosmologie, maar staat toch op zijn minst op hetzelfde niveau als de zaken waarover Lucretius dichtte. Wie zich verre houdt van politiek, handel, oorlog, rechtspraak en stedelijke decadentie, benadert in zijn rechtschapenheid en geluk het leven uit de Gouden Tijd van Saturnus.

Met boek III begint de tweede helft van het gedicht. Vergilius legt nogmaals uit waarom juist de landbouw zijn onderwerp is en waarom hij niet voor een episch of tragisch thema gekozen heeft: alle mythische helden die in aanmerking zouden kunnen komen, zijn allang vereeuwigd. Wel kondigt de dichter aan in de toekomst een monument voor Octavianus te zullen oprichten, maar zo ver is het nog niet. Dit derde boek behandelt de veehouderij. Vooral paarden en koeien krijgen veel aandacht, schapen en geiten komen er wat bekaaider af. Prachtig is de beschrijving van een verliefde stier, die aanvankelijk door een rivaal wordt verdreven, maar in afzondering traint voor een glorieuze comeback:

Als hij zijn krachten verzameld heeft en de vorm weer terug is,
rukt hij op en rent naar de niets vermoedende vijand,
zoals wanneer op zee een golf begint te schuimen,
al van verre en uit de diepte hol wordt en landwaarts
rollend over de rotsen heftig gaat razen en tieren,
hoog als een berg voorover stort, maar van onderen kolkend
opbruist terwijl hij het donkere zand van de bodem omhoogwoelt.[43]

Deze homerische vergelijking, die suggereert dat alle krachten in de kosmos met elkaar in verband staan, doet vermoeden dat Vergilius zich al warmloopt voor het schrijven van een epos.

Het boek heeft een dramatisch einde. Vergilius' adviezen voor de verzorging en bescherming van het vee lopen uit op een gedetailleerd relaas van een verschrikkelijke epidemie die eerst de dieren aantast en daarna op mensen overslaat. Dit zijn de laatste regels:

> Maar als iemand besmette kleding had trachten te dragen,
> kreeg hij gloeiende builen, over zijn stinkende leden
> gutste een smerig zweet en hij hoefde niet lang te wachten
> of zijn besmette lijf teerde weg onder vurige zweren.[44]

Het onbetwiste hoogtepunt van de *Georgica* is boek IV, dat over bijen gaat: 'Wonderbaarlijke schouwtonelen van nietige daden, / nobele leiders, karakter en zeden van een hele gemeenschap, / volkeren, veldslagen zal ik achtereenvolgens beschrijven'.[45] Er is weinig fantasie voor nodig om te zien dat de bijenwereld tot op zekere hoogte die van de mensen symboliseert, compleet met hun leiderschapscrises en burgeroorlogen. Met een mengeling van betrokkenheid, ironische distantie en milde humor vertelt de dichter hoe je een bijenveldslag stil kunt leggen door er een handvol zand overheen te gooien, vergelijkt hij hun arbeid met die van de Cyclopen in hun smederij en prijst hij de wijze waarop bijen voor hun koning door het vuur gaan. Tussendoor is er een korte uitweiding over een oude man in de buurt van Tarente, die van een armzalig stukje grond een vruchtbare tuin heeft weten te maken. Vergilius zegt geen tijd te hebben voor een uitvoerige behandeling van de tuinbouw.[46]

De tweede helft van het boek vertelt het verhaal van de imker Aristaeus, die op een dag constateert dat al zijn bijenvolken verdwenen zijn. Hij wendt zich tot zijn moeder Cyrene, een riviernimf, die hem adviseert de hulp in te roepen van de ziener Proteus. Omdat deze voortdurend van gedaante verandert, is het niet eenvoudig hem te pakken te krijgen, maar wanneer Aristaeus hem eenmaal zover heeft, onthult hij dat de imker zelf schuldig is aan zijn verlies: het is een straf voor het feit dat hij Eurydice heeft willen aanranden, die tijdens haar vlucht door een slang werd gebeten en stierf. Proteus vertelt hoe Orpheus afdaalt in de onderwereld en Eurydice mee krijgt op voorwaarde dat hij niet omkijkt. Omdat Orpheus geen weerstand kan bieden aan die verleiding verliest hij zijn geliefde definitief, wat ook zijn eigen einde inluidt. Door nu een offer van vier stieren en vier koeien te brengen kan Aristaeus zijn schuld delgen. En zie, in de rottende karkassen van de runderen ontstaan spontaan nieuwe bijenzwermen.

De verhalen van Aristaeus en Orpheus spiegelen elkaar. Aristaeus verliest alles, maar weet uiteindelijk, na zijn afdaling in de diepte waar zijn moeder woont, uit dood nieuw leven te scheppen, terwijl Orpheus' afdaling, na een aanvankelijk succes, op een mislukking uitloopt. Waarom besluit Vergilius zijn leerdicht met dit verhaal? Gaat het hem simpelweg om de eeuwige kringloop van leven en dood in de natuur? Wijst hij op de gevaarlijke, maar onontbeerlijke kracht van de seksualiteit? Aristaeus, die niet alleen imker is, maar ook expliciet ploeger, herder en bosbouwer wordt genoemd,[47] omvat in zijn persoon het gehele bereik van de *Georgica* en is daarmee de archetypische mens die de natuur tot cultuur omvormt. Maar staat Aristaeus misschien ook voor de Romein die na de hel van de burgeroorlogen een nieuw leven probeert op te bouwen, terwijl Orpheus, door om te kijken, niet loskomt van het verleden? Gelukkig heeft Vergilius ons de moraal van het verhaal, als die er al is, bespaard.

Het gedicht eindigt met een zogeheten *sphragis* (zegel), een paar regels waarin de dichter zijn handtekening zet, compleet met een bijna letterlijk citaat van de eerste regel van de *Bucolica*. Dit heb ik geschreven, zegt hij, terwijl Octavianus oorlog voerde aan de Eufraat en als overwinnaar op weg ging naar de Olympus:

Ik, Vergilius, leefde toen in het heerlijke Napels,
waar ik, rustig en zonder aanzien, genoot van mijn werk,
ik die herderszangen gedicht heb, met jeugdige durf
Tityrus onder het wijde dak van een beuk heb bezongen.[48]

Het monument voor Octavianus dat Vergilius in *Georgica* III aankondigde, is er niet gekomen. Eenmaal vereerd met de titel Augustus deed de princeps er alles aan om de geschiedenis in te gaan als doortastend doch mild grondlegger van een welvarende *Pax Augusta*. Bij zo'n vorst past geen martiaal epos, bovendien is het altijd gevaarlijk actuele gebeurtenissen tot fictie om te werken. Dat gold zeker voor het precaire begin van Augustus' bewind, te midden van een elite die voor minstens de helft uit voormalige tegenstanders bestond. Toch durfde Vergilius het aan een epos te schrijven dat weliswaar in mythische tijden speelt, maar van meet af aan werd opgevat als politiek statement ten gunste van de nieuwe keizer.

Terwijl de bekendste Griekse heldendichten, Homerus' *Ilias* en *Odyssee* en Apollonius' *Argonautica*, legendarische of mythische verhalen vertellen, begint de Latijnse literatuur met twee historische epen, die van Naevius en Ennius. De opzet van de *Aeneis* kan niet anders dan geniaal genoemd worden. Waar Homerus' gedichten allebei uit vierentwintig boeken bestaan, schreef Vergilius een werk van twaalf boeken, waarvan de eerste helft een ingedikte *Odyssee*, de tweede een Romeinse *Ilias* is. Daarmee verhief hij de Latijnse literatuur in één klap tot het niveau van de Griekse. Tegelijkertijd gaf zijn keuze voor Aeneas als hoofdpersoon hem de gelegenheid lijnen te trekken naar zijn eigen tijd, omdat de held niet alleen de *condition romaine* kon representeren, maar ook vereerd werd als voorvader van Julius Caesar, Augustus' adoptiefvader.

Waarschijnlijk is er, behalve de bijbel, geen boek uit de wereldliteratuur waarover zoveel geschreven is als de *Aeneis*. Het heeft dan ook geen zin te proberen dit epos in een paar bladzijden recht te doen wedervaren, want over de interpretatie van vrijwel iedere regel zijn geleerden elkaar in de haren gevlogen. Ik beperk me hier tot een paar schetsmatige opmerkingen over dit indrukwekkende gedicht, dat bij voor- en tegenstanders altijd heftige reacties heeft opgeroepen. Wie de *Aeneis* leest, wordt onherroepelijk gedwongen tot stellingname. Is Aeneas een held of een zak? Is de stichting van Rome een heilzame onderneming voor de mensheid geweest? Wat

vindt Vergilius eigenlijk van Augustus' bewind? En is Vergilius'
alom geroemde klassieke stijl inderdaad het ultimum van evenwicht en edele schoonheid?

Het verhaal, boek voor boek

I. Na een *prooemium* waarin de dichter duidelijk maakt dat de
man die hij bezingt indirect de grondlegger van het Romeinse Rijk
is, vertelt hij dat Juno om allerlei redenen, waaronder het Parisoor-
deel, een geweldige hekel aan Trojanen had.[49] Toen haar ter ore was
gekomen dat de nazaten van de Trojaan Aeneas in de verre toekomst haar favoriete stad Carthago zouden vernietigen, nam ze
zich voor alles wat Trojaans was te verdelgen, in de ijdele hoop het
noodlot te kunnen keren. Dan begint het eigenlijke verhaal. Aeneas, al jaren vanuit het verwoeste Troje op weg om in Italië een
nieuwe stad te stichten, spoelt na een door Juno veroorzaakte
storm aan op de Noord-Afrikaanse kust, waar hij en zijn mannen
gastvrij worden ontvangen door de uit Fenicië afkomstige koningin Dido.

II. Dido verzoekt Aeneas van zijn avonturen te vertellen, wat hij
met enige (geveinsde?) tegenzin doet. Troje wordt met behulp van
het houten paard ingenomen, Aeneas krijgt de goddelijke opdracht
met zijn gezin en de Penaten (stadsgoden) van Troje te vluchten en
in het Westen een nieuw leven te beginnen. Bij het verlaten van de
stad verliest hij zijn vrouw Creüsa uit het oog, die omkomt.

III. De vluchtelingen bouwen een vloot en gaan op weg. Apollo
maakt bekend dat de Trojanen terug moeten gaan naar het land
waar ze oorspronkelijk vandaan kwamen. Pas na een verblijf op
Kreta en in Epirus komen ze erachter dat met hun bakermat Italië
bedoeld wordt, waar een voorvader van het Trojaanse koningshuis
geboren zou zijn. Op Sicilië sterft Aeneas' vader Anchises. Eind van
Aeneas' relaas.

IV. Dido wordt verliefd op Aeneas, die graag, maar zonder expliciet zijn liefde te verklaren, op haar avances ingaat. De verhouding
is voorgekookt door Juno, die op deze manier hoopt te voorkomen
dat Aeneas uit Carthago zal vertrekken, en Aeneas' moeder Venus,

die altijd in de stemming is voor het regelen van een avontuurtje. Maar Jupiter, gealarmeerd door zijn zoon Iarbas die met lede ogen moet toezien hoe Dido voor zijn neus wordt weggekaapt, laat Aeneas weer vertrekken. Dido is razend, verklaart de nakomelingen van de Trojanen eeuwige haat en pleegt zelfmoord.

v. Op Sicilië wordt de eerste verjaardag van Anchises' dood herdacht met sportwedstrijden. Juno spoort de Trojaanse vrouwen aan de vloot in brand te steken, Jupiter blust het vuur. Aeneas laat alle Trojanen die genoeg hebben van het rondzwerven op Sicilië achter en vertrekt met de diehards.

vi. Bij Cumae raadpleegt Aeneas de Sibylle, een priesteres van Apollo, die met hem afdaalt in de onderwereld (zo'n afdaling heet een *katabasis*). Ontmoeting met Dido, die weigert met Aeneas te praten. In het Elysium, het aangename gedeelte van de onderwereld, ontmoet hij zijn vader. Anchises presenteert eerst een pythagoreïsch-platoonse theorie over zielsverhuizing en laat zijn zoon vervolgens de toekomstige helden van Rome zien, die nog niet weten welke roemvolle toekomst ze tegemoet gaan. Nu Aeneas begrijpt met welk verheven doel hij zo op de proef wordt gesteld, gaat hij met hernieuwde moed terug naar zijn mannen.

vii. Aankomst in Latium. Koning Latinus van Laurentum herkent in de Trojanen de bondgenoten die een orakel hem voorgespiegeld heeft, en biedt Aeneas zijn dochter Lavinia als bruid aan. Maar Lavinia was al toegezegd aan de Rutuliër Turnus, en Latinus' vrouw Amata peinst er niet over die belofte te verbreken. Juno roept de Furie (wraakgodin) Allecto op uit de hel om de gemoederen op te stoken. De ziedende Amata hitst haar landgenoten op, en als Aeneas' zoon Ascanius per ongeluk een tam hert doodt, is de oorlog tussen Latini en Trojanen een feit. Uitvoerige *katalogos* (opsomming) van Turnus' strijdkrachten.

viii. Aeneas vaart de Tiber op om in Pallanteum, een stadje van geëmigreerde Arcadiërs op de locatie van het toekomstige Rome, bondgenoten te verwerven. Koning Euander is Aeneas zeer ter wille en geeft hem zijn zoon Pallas mee. Ook sluiten Etrusken zich bij Aeneas aan, omdat hun voormalige tiran Mezentius, een cynische schurk die de goden minacht, de kant van Turnus gekozen heeft. Op verzoek van Venus smeedt Vulcanus een nieuwe wapenrusting voor Aeneas. Op het schild staan episodes uit de geschiedenis van Rome afgebeeld, die Aeneas uiteraard nog niets zeggen.

IX. De oorlog barst los wanneer Turnus bij Aeneas' afwezigheid de achtergebleven Trojaanse vloot in brand steekt. Jupiter zorgt ervoor dat de schepen in dolfijnen veranderen. Nisus verlaat samen met zijn geliefde Euryalus het Trojaanse kamp, aanvankelijk met het doel Aeneas van de benarde omstandigheden op de hoogte te brengen, maar onderweg kunnen zij de verleiding niet weerstaan een grote hoeveelheid slapende vijanden om te brengen. In hun onvoorzichtigheid worden ze gegrepen en gedood. Strijd rond het Trojaanse kamp.

X. Aeneas keert terug bij zijn leger. Turnus doodt de jonge Pallas en neemt hem zijn wapenrusting af. Aeneas ontbrandt in razernij en richt een slachting aan onder zijn tegenstanders. Hij doodt eerst Mezentius' zoon Lausus, dan Mezentius zelf.

XI. Aeneas zendt het lijk van Pallas naar Euander terug. Crematie van gevallenen aan beide zijden. Aeneas valt de stad van Latinus aan. De Latijnse ruiterij wordt aangevoerd door Camilla, een Volscische amazone met ruime oorlogservaring. Ze is echter onvoorzichtig en sneuvelt, waarna Turnus weer de leiding neemt.

XII. Turnus gaat akkoord met een tweegevecht tegen Aeneas, maar Juno verstoort de daartoe gesloten wapenstilstand. Aeneas raakt gewond en wordt door Venus weer opgelapt. Hij begint de stad in brand te steken, Amata pleegt zelfmoord en Turnus ziet in dat hij de Latijnse bevolking alleen nog van de ondergang kan redden door zich op te offeren. In het duel verwondt Aeneas zijn tegenstander, waarop deze hem om genade smeekt of, als dat teveel gevraagd is, een nette begrafenis. Wanneer Aeneas ontdekt dat Turnus de gordel van Pallas draagt, wint wraaklust het van clementie. De *Aeneis* eindigt met de gruwzame dood van Turnus.

Taal en stemming

Sinds Ennius was de dactylische hexameter in Rome ingeburgerd, maar de natuurlijke soepelheid waarmee Vergilius hem hanteerde was nog niet eerder vertoond. Niet alleen weet hij de indruk te wekken dat de hexameter het meest vanzelfsprekende voertuig voor het Latijn is, ook buit hij het metrum uit voor speciale effecten, zoals vertraging en versnelling wanneer de betekenis daartoe aanleiding geeft, terwijl hij ongebruikelijke cesuren en enjambementen als schokeffect gebruikt. De hexameter van Homerus kwam voort uit de orale traditie, hetgeen nog te zien is aan de vele formulaire verzen en versgedeelten, fraaie zetstukken die de improviserende dichter-zanger in grote hoeveelheden had klaarliggen om het componeren te vergemakkelijken. Daar de hexameter in het Latijn een kunstmatige innovatie was, bestonden er geen vaste formules, geen geijkte *epitheta ornantia* (versierende bijvoeglijke naamwoorden), geen eeuwenoude homerische vergelijkingen. Om toch iets van die orale sfeer op te roepen, vormde Vergilius zijn eigen formulaire elementen, soms op basis van regels van Ennius. Waar in de *Ilias* Achilles 'snelvoetig' en Hector 'bronsgepantserd' is, wordt Vergilius' Aeneas *pius* (plichtsgetrouw) en zijn vriend Achates *fidus* (trouw). Formules waarmee bij Homerus door een personage gesproken tekst wordt afgesloten ('zo sprak hij') krijgen hun Romeinse pendant (bv. *sic fatur lacrimans*: zo sprak hij in tranen). Deze vooral door Vergilius ontwikkelde epische taal zou de standaard worden voor alle latere Latijnse epiek.

Bij Homerus worden helden vaak met dieren vergeleken. In de *Georgica* had Vergilius al een aantal homerische vergelijkingen opgenomen, waarin op hun beurt dieren werden vergeleken met mensen of andere natuurverschijnselen. In de *Aeneis* zijn het weer de mensen die centraal staan. De hierboven aangehaalde beschrijving van rivaliserende stieren komt terug in *Aeneis* XII, waar Aeneas en Turnus slaags raken:

Zoals wanneer in het Sila-gebergte of op de Taburnus
een tweetal vijandige stieren de koppen buigt voor de aanval

en op elkaar afrent; angstige herders blijven op afstand,
alle dieren staan stom van de schrik, de wijfjes weifelen:
wie wordt de vorst van het woud? Wie zal de kudde regeren?
Zij proberen uit alle macht elkaar te verwonden
en zetten zich schrap met hun borende horens; een gutsende
                                            bloedstroom
kleurt hun nekken en flanken, het kreunen loeit door de bossen –
zo stormen zij toe met hun schilden: Aeneas uit Troje tegen
de held uit Italië; een geweldig gedreun weerkaatst langs de hemel.[50]

Inmiddels zijn we zo vertrouwd geraakt met het Latijn van Vergilius dat het ons soms ontgaat hoezeer hij de taal oprekte, met name in zijn beeldspraak. Dit zijn de eerste twee, uiterst welluidende regels van boek IV, waar Dido verliefd wordt:

At regina gravi iamdudum saucia cura
vulnus alit venis et caeco carpitur igni.

Letterlijk: 'Maar de koningin, al enige tijd gewond door een zware zorg, voedt de wond met haar aderen en wordt geplukt door blind vuur.' Het woord *cura* (zorg) is sinds Plautus een gebruikelijke aanduiding voor liefde of liefdesverdriet, maar de combinatie met 'voedt' reactiveert het betekenisaspect 'verzorging'. Dat de wond wordt gevoed met aderen, waarbij 'aderen' metonymisch voor bloed staat, is een ongebruikelijke woordverbinding. Het werkwoord *carpere*, dat vóór Vergilius vooral het plukken van bloemen en vruchten aanduidt, is hier voor het eerst gebruikt in de figuurlijke zin van 'verscheuren' of 'verteren'. De betekenis 'onzichtbaar' voor *caecus* (blind) is niet nieuw, de combinatie met vuur wel.

Ritme, klank, woordherhalingen en beeldspraak worden frequent ingezet om pathos op te roepen. Wanneer Dido zelfmoord pleegt, zegt zij, met een emotionele pluralis maiestatis: *moriemur inultae, / sed moriamur.* [...] *sic, sic iuvat ire sub umbras:* 'wij zullen ongewroken sterven, maar laten wij sterven. Zo, zo is het goed onder de schimmen te gaan'.[51] Het woord *umbra* betekent niet alleen 'schim', maar ook 'schaduw' of 'duisternis'. Vergilius heeft een grote voorliefde voor dit woord, dat hij vaak gebruikt om een versregel mee te besluiten. Theatrale effecten worden dus niet geschuwd, maar daarin ligt niet Vergilius' kracht. Zijn geheime machtsmiddel is het ethos, de stemming of sfeer die hij weet op te roepen door zijn eigen betrokkenheid te suggereren. Het zijn niet zozeer de personages of gebeurtenissen zelf die de lezer raken, als wel de toon van de verteller, die zich voordoet als 'a sadder and a wiser man', zoals Coleridge degene noemt die het schokkende verhaal van de Ancient Mariner heeft aangehoord. Dat begint al op de eerste bladzijde, waar de dichter zijn compassie met Aeneas betuigt: 'Wat was de grief van de hemelvorstin om een held die zijn plicht deed / zoveel te laten doorstaan en met zoveel ellende te kwellen?' Enkele regels verder: *tantae molis erat Romanam condere gentem*: zo'n opgave was het, of: zoveel moeite kostte het de Romeinse stam te stichten.[52] Het zijn hier de lange lettergrepen die van Vergilius' empathie getuigen.

Mensen en goden

We voelen mee met Vergilius, maar gaan we ook houden van Aeneas en Dido, haten we Mezentius en kunnen we ons verplaatsen in Juno? Is Turnus een geloofwaardige figuur? Hier scheiden zich de wegen van adepten en onverschilligen. Vermoedelijk zijn er nooit veel lezers geweest die zich persoonlijk verbonden hebben gevoeld met Aeneas, die in de eerste vier boeken naar voren komt als een weifelende leider en een onbetrouwbare minnaar, vervolgens een icoon van Romeins plichtsbesef wordt, en zich in de laatste vier boeken ontwikkelt tot een kloon van zijn voormalige vijand Achilles, maar dan zonder de uitzichtloze tragiek van de slotboeken van de Ilias. Dat Dido zich diep gekwetst voelt is begrijpelijk, maar dat zij zich vervolgens gaat gedragen als een vrouw uit een tragedie van Euripides of Accius (Vergilius verwijst expliciet naar Bacchanten en naar de waanzin van Orestes), is niet helemaal geloofwaardig, omdat ze vanaf het begin had kunnen weten dat

Aeneas weer zou vertrekken. En is haar hysterische vervloeking wel een plausibele verklaring voor de Punische Oorlogen?

Nog problematischer is de rol van Juno, die voorgesteld wordt als de motor achter Aeneas' ellende. Juno was voor de Romeinen een eerbiedwaardige godin, in de *Aeneis* is zij echter een toonbeeld van kleinzieligheid en gekrenkte trots. Om de stichting van een wereldrijk terug te voeren op de woede van een vrouw die niet kan accepteren dat haar aantrekkelijkheid het niet haalt bij die van haar stiefdochter, gaat te ver. Dat gelooft niemand.

De vraag is of deze kritiek hout snijdt. Misschien heeft Vergilius zijn held bewust neergezet als houten klaas, archetypische voorvader en symbool van wraaklust, omdat het hem niet om de mens maar om de idee ging. Misschien is de figuur van Dido met opzet gemodelleerd naar de Medea van Euripides en Apollonius, als retorische studie van pathetiek en falende argumentatie. En misschien moet Juno gezien worden als gewaagde combinatie van kosmische oerkracht en stiefmoeder uit de komedie. Hoe het ook zij, als de *Aeneis* een groot gedicht is, komt dat niet door de personages.

Structuur en strekking

Het is gebruikelijk erop te wijzen dat de *Aeneis* uit twee gelijke helften bestaat, waarbij de boeken I-VI corresponderen met de *Odyssee*, VII-XII met de *Ilias*. Inderdaad wordt in boek VII, zij het niet helemaal aan het begin, opnieuw de Muze aangeroepen.[53] Odysseus gaat terug naar huis, terwijl Aeneas' vlucht in zekere zin ook een thuiskomst is, aangezien de Trojanen oorspronkelijk uit Italië kwamen. Aeneas' relaas over zijn avonturen (II-III) komt overeen met de flashback waarin Odysseus van zijn zwerftochten verhaalt (*Odyssee* IX-XII). In de tweede helft van het epos speelt Aeneas de rol van Homerus' Achilles en vertoont Turnus trekken van Hector. De figuur van Pallas roept Patroclus in gedachten, en de nachtelijke uitbraak van Nisus en Euryalus die van Odysseus en Diomedes in *Ilias* X.

Vergilius had ervoor kunnen kiezen de volgorde van *Ilias* en *Odyssee* te handhaven, door Aeneas eerst te laten strijden bij Troje en hem dan de tocht naar Italië te laten ondernemen. De omkering heeft Vergilius de gelegenheid gegeven de strijd in Latium te presenteren als een herhaling van de Trojaanse oorlog. Dat heeft belangrijke consequenties voor de interpretatie. Enerzijds leidt deze gang van zaken tot de treurige constatering dat l'histoire se répète: slachtoffers worden daders, verder verandert er nooit iets. Voor lezers die zich de burgeroorlogen herinnerden, moet dat een wrange, herkenbare gedachte geweest zijn. Anderzijds kun je zeggen dat Vergilius' ingreep, door de overeenkomst tussen Troje en het toekomstige Rome te benadrukken, duidelijk maakt dat uit het oude altijd iets nieuws ontstaat en dat in de kringloop der dingen nooit iets verloren gaat. Die gedachte is in overeenstemming met de leer van de zielsverhuizing, zoals onder woorden gebracht door Anchises in boek VI. De ene stad sterft, maar haar ziel gaat over op een nieuwe. Dat is een troostrijke visie.

In ieder geval staat het buiten kijf dat Vergilius heeft willen laten zien dat bij de stichting van iets nieuws altijd iets ouds moet sneuvelen. Dat blijkt nergens sterker dan uit de overeenkomst tussen het begin en het eind van de Aeneis. In I.1-33 gebruikt Vergilius tweemaal het woord condere om het stichten of vormen van een stad en een volk aan te duiden. Dat woord betekent ook 'opbergen' of 'iets ergens in stoppen', en die betekenis heeft het in XII.950, waar Aeneas zijn zwaard in Turnus' borst steekt. Turnus' bloed, Aeneas' wraakzucht ligt aan de wortel van de Romeinse samenleving.

Het is ook mogelijk de Aeneis als een drieluik te zien. Op het centrale paneel, de boeken V-VIII, wordt de basis gelegd voor de Romeinse staat, vooral in de voorspellingen van Anchises, de rondleiding in Pallanteum en de afbeeldingen op Aeneas' nieuwe schild. De zijpanelen zijn gewijd aan respectievelijk de liefde (I-IV) en de oorlog (IX-XII), al wordt ook in het eerste gedeelte oorlog gevoerd en speelt in het laatste gedeelte de liefde van Turnus een grote rol. Dat de Aeneis begint met liefde en eindigt met oorlog is wederom een karakteristieke omkering van wat, propagandistisch gezien, de meest voor de hand liggende volgorde zou zijn geweest. De stichting van de stad wordt geflankeerd door een tragische liefde en een wrede oorlog.

Cruciaal voor Vergilius' visie op de missie van Rome zijn de twee scènes waarin Jupiter zich daarover uitlaat, in boek I en XII. Tot Venus zegt hij: *imperium sine fine dedi* (ik heb hun een rijk zonder einde gegeven).[54] Met Juno sluit hij een compromis: de Trojanen moeten hun naam en hun taal opgeven en opgaan in de Latini, 'maar het toekomstig geslacht, vermengd met het bloed van Italië, / zal voor jouw ogen goden en mensen moreel overtreffen'.[55] De meest onthutsende ideologie vinden we in de woorden van Anchises:

> Anderen zullen brons met groter bezieling vervullen,
> denk ik, en levensechter hoofden uit marmer houwen,
> zij zullen beter het woord kunnen voeren of met hun passer
> hemelbanen beschrijven en rijzende sterren benoemen.
> Jij, Romein, moet bedenken: jij bent tot heerser geboren;
> dit zal je specifieke talent zijn: vrede opleggen,
> onderworpenen sparen, neerslaan wie zich verzetten![56]

Toch is de beste samenvatting van de *Aeneis* misschien de constatering van Aeneas zelf, wanneer hij in Carthago een fresco bewondert waarop de Trojaanse oorlog staat afgebeeld: sunt lacrimae rerum.[57] Er zijn tranen voor de dingen. Mensen brengen elkaar onnoemelijk veel leed toe, maar zijn aan de andere kant niet zulke beesten dat ze niet het vermogen hebben met elkaars lot begaan te zijn. Dat is Vergilius' opdracht aan zijn lezers.

Het monument van Horatius

> Neem nu mijzelf, zoon van een vrijgelaten slaaf,
> door iedereen beroddeld: 'zoon van een vrijgelatene',
> ditmaal daar ik je huisvriend ben, Maecenas, vroeger
> omdat ik commandant was van een legioen. [...]

Als mijn karakter slechts bescheiden fouten kent,
gering in aantal, en verder onberispelijk is, [...]
dank ik dit aan mijn vader die, hoewel niet rijk,
mij niet heeft willen sturen naar een dorpsschool; [...]
hij durfde mij als kind naar Rome toe te brengen
voor onderwijs dat door een ridder of senator
verschaft wordt aan zijn telgen.[58]

Ziehier in een notendop de levensgeschiedenis van Quintus Horatius Flaccus, zoals verteld door hemzelf in zijn eerste bundel gedichten, een boekrol met tien Satiren. Het boek verscheen omstreeks 34 v.Chr., toen de dichter dertig jaar oud was.

Als zoon van een vrijgelatene die in korte tijd een behoorlijk vermogen had vergaard, was Horatius op 8 december 65 v.Chr. geboren in het Apulische Venusia. Zijn vader stelde hem niet alleen in de gelegenheid in Rome het onderwijs van grammaticus en retor te volgen, maar gaf hem ook de kans in Athene filosofie te gaan studeren, waar hij, na de moord op Caesar, Brutus ontmoette. Deze maakte de student enthousiast voor de republikeinse zaak en bood hem de functie van stafofficier aan. Na het debacle bij Philippi wist Horatius te ontkomen naar Italië. Omdat het land van zijn vader onteigend was, vestigde hij zich in Rome, waar hij een goede baan kreeg op het ministerie van Financiën. Al spoedig begon hij naam te maken als dichter en raakte hij bevriend met Vergilius, die hem in 38 in contact bracht met Maecenas. De vriendschap met Octavianus' plaatsvervanger legde Horatius geen windeieren, want Maecenas schonk hem een landgoed bij het Sabijnse Tivoli, zodat hij voortaan ongestoord en zonder zorgen om zijn inkomen gedichten kon schrijven.[59]

Kort na de zeeslag bij Actium in 31 publiceerde Horatius een boek met 17 Epoden, agressieve jambische gedichten in de traditie van Archilochus van Paros (zevende eeuw v.Chr.), een jaar of wat later gevolgd door een tweede boek Satiren. Zijn onbetwiste magnum opus, drie boeken Carmina (liederen), verscheen in 23. Vervolgens schiep Horatius een nieuw genre, de levensbeschouwelijke brief in dichtvorm. De eerste bundel *Epistulae* (brieven) werd vermoedelijk omstreeks het jaar 20 uitgegeven. In 17 viel Horatius de eer te beurt de officiële hymne te mogen schrijven voor het door Augustus ingestelde eeuwfeest (*Carmen saeculare*). Daarna volgden nog een tweede boek *Brieven*, dat uit slechts twee gedichten bestaat, en een vierde boek *Liederen*, dat op zijn vroegst in 13 v.Chr. is uitgekomen. Ten slotte schreef Horatius een lange brief (476 regels) aan een zekere Calpurnius Piso en diens twee zoons, die bekend is geworden onder de titel *Ars poetica*. De datering daarvan is omstreden; meestal wordt verondersteld dat het Horatius' laatste gedicht is. Hij stierf op 27 november 8 v.Chr., nog geen twee maanden na zijn dierbare vriend Maecenas, naast wie hij begraven werd.

Monolieten en metrisch geouwehoer
Er zijn vele manieren waarop je poëzie kunt benaderen. Sommige gedichten kun je vergelijken met monolieten. Je loopt om het gedicht heen, je beklopt en betast het, maar antwoord geeft het niet. Ongenaakbaar houdt het zich gesloten, je blikken glijden ervan af. Het bekreunt zich niet om je pogingen betekenis toe te kennen aan zijn superieure zwijgzaamheid. Wat het gedicht zegt is niets dan de echo van jouw stem. Deze beeldspraak is verhelderend bij de raadselachtige poëzie van dichters als Stéphane Mallarmé, Paul Celan en Hans Faverey. Zij maken *dingen* die niet alleen nauwelijks verwijzen naar hun maker, maar ook geen enkele poging doen de lezer te bereiken. Het is de lezer die toenadering zoekt tot het gedicht maar nooit zal weten of hij daarin geslaagd is, laat staan dat hij erdoor in contact komt met de dichter. De gedichten staan als een huis, om een andere metafoor te gebruiken, maar je kunt er niet in wonen.

Horatius komt de eer toe het bekendste gedicht te hebben geschreven waarin poëzie met massieve monumenten wordt vergeleken. Aan het eind van zijn eerste grote bundeling lyrische gedichten zegt hij trots:

Ik heb een monument voltooid
bestendiger dan brons en hoger
dan koninklijke pyramiden.[60]

Het is hier overigens niet het afzonderlijk gedicht dat geacht wordt ongevoelig te zijn voor de 'vraatzucht van een regenbui' of de 'teugelloze noordenwind', maar het boek als geheel. De metafoor is niet nieuw, want ook Pindarus (ca. 520-440 v.Chr.) had zijn lied al vergeleken met een 'stèlè, witter dan Parisch marmer' en een schathuis 'dat noch door de winterse regen, een hardvochtige invasie van donderwolken, noch door de wind met een alles meesleurende steenmassa naar de diepste krochten van de zee gebeukt kan worden'.[61] Over het algemeen spreekt Pindarus over zijn werk in termen van beweging, actie, proces: voor hem is poëzie vooral een kwestie van voordracht, want hij leefde nog niet in een schriftcultuur. Maar ook hij is zich bewust geweest van de mogelijkheid poëzie voor het nageslacht te bewaren in een materiële vorm.

In de tijd van Horatius, met Alexandrijnen als Callimachus en Lycophron ruimschoots achter de rug, was poëzie in de eerste plaats een boek. Denk aan het eerste gedicht van Catullus. Horatius ziet zijn werk als een fysiek, ruimtelijk object, waarbij het niet de sprekende dichter is die de richting en de tijdsduur van de lectuur bepaalt, maar de lezer. Je begint weliswaar bij het begin en laat je meevoeren tot het eind, maar daarna probeer je het gedicht van een afstand te bekijken, in één oogopslag te overzien, waarbij je, hoe langer je kijkt, steeds meer orde en symmetrie waarneemt.

Horatius' Liederen zijn dermate stevig geconstrueerd dat er geen koevoet tussen te krijgen is. Nietzsche heeft ze eens met mozaïeken vergeleken,[62] maar je zou ook kunnen denken aan bakstenen façades met onwrikbare metselverbanden. Ieder woord zit metrisch, muzikaal, syntactisch en semantisch hecht verankerd, eenlettergrepige woorden zijn vermeden, overbodige woorden ontbreken. Een groter vakman dan Horatius bestaat eenvoudigweg niet. Wat niet betekent dat alle gedichten inhoudelijk even interessant zijn.

Door ons te concentreren op Horatius als bouwer van steenharde bouwsels doen we echter onrecht aan een van de meest in het oog springende eigenschappen van zijn lyriek. Weliswaar is ieder gedicht een geciseleerd kunstvoorwerp, maar er is geen sprake van dat de aandacht van de lezer deze dichter koud zou laten. Integendeel, in vrijwel ieder gedicht wordt expliciet iemand aangesproken. Sommige gedichten zijn gefingeerde gesprekken, andere doen zich voor als liedjes, weer andere kunnen het best als brieven worden beschouwd. Over de schouder van de met name genoemde adressaat kijkt de lezer mee, alsof hij getuige is van een intieme dialoog, toeschouwer is bij een eenakter of de uitvoering van een sacrale compositie. De aangesprokenen zijn goden, hoeren, vrienden, en vooral belangrijke Romeinen bij wie de dichter in het krijt stond, onder wie Maecenas en de keizer zelf. Daarbij moet opgemerkt worden dat Horatius als geen ander in staat is verschillende rollen te spelen, zodat het gevaarlijk is iedere autobiografische mededeling letterlijk te nemen.

De sociale inbedding van Horatius' werk is het duidelijkst in de *Satiren* en *Brieven*, die de afgelopen tweehonderd jaar nauwelijks tot de dichtkunst werden gerekend omdat ze niet leken te passen in het beeld dat de meeste lezers van het perfecte gedicht hadden. Metrisch geouwehoer is het, ongerichte kletsverhalen in een springerige, associatieve stijl waarin alles overhoopgehaald kan worden wat een mens op een dag tegenkomt, columns zijn het, conférences van een vriendelijke zedenpreker – maar poëzie? Wie alleen gepolijste juweeltjes als poëzie wil beschouwen, zal het overgrote deel van Horatius' productie moeten verwerpen.

Dat zou jammer zijn. Het is beter vast te stellen dat er nu eenmaal verschillende soorten poëzie zijn. Enerzijds kennen we het compacte gedicht waarbinnen ieder woord betrekking heeft op alle andere woorden, het gedicht zonder losse eindjes, het perfecte kleinood van Catullus, Mallarmé of Faverey. Zo'n gedicht is *simplex et unum* (eenvoudig en één), om met Horatius te spreken, het bevat geen franje en ieder detail, op welk niveau ook, is functioneel.[63] Geen bundel waarbij close reading zoveel oplevert als de eerste drie boeken *Liederen* van Horatius. Je zou deze poëzie kunnen kenschetsen als die van de weerstand: de dichter legt zichzelf bepaalde beperkingen op (*contraintes*, zouden Georges Pérec en Raymond Queneau zeggen), waardoor de spanning, het voltage toeneemt, als deze natuurkundige metafoor niet te gewaagd is.

De tweede hoofdstroom van de Europese poëzietraditie is die van het brede, meerstemmige gedicht, dat gastvrij alles in zich opneemt wat zich toevallig voordoet. Uit de twintigste eeuw kan men denken aan *The Waste Land* van T.S. Eliot, de *Cantos* van Ezra Pound, het aangename geleuter van Leo Vroman en de paginalange beeldstapelingen van Lucebert. In deze poëzie is alles geoorloofd: anekdotes vertellen, citeren, orakelen, zeuren, aanklagen, stamelen, mijmeren en instrueren. Zulke poëzie kent nauwelijks beperkingen, waardoor ze tegelijkertijd rijker is én minder onder spanning staat dan het korte gedicht.

Welnu, met zijn *Liederen* is Horatius de voorloper van Mallarmé, met zijn *Satiren* en *Brieven* die van Ezra Pound.

Het is uiteraard niet zo dat Horatius in deze laatste genres maar wat aanrotzooit. Ook in zijn lange hexametrische gedichten blijft hij een vakman. Sommige brieven zijn trouwens vrij kort, sommige carmina heel lang. Maar de niet-strofische, open vorm stelde de dichter er wel toe in staat alles wat hij tegenkwam in de gedichten te incorporeren. Bij de langere gedichten heeft het geen zin te proberen ieder woord met ieder ander woord in verband te brengen.

Satiren en Epoden

Met zijn *Satiren* of *Sermones* plaatst Horatius zich in de traditie van Lucilius, die hij weliswaar waardeert, maar niet subtiel genoeg vindt: een meer verfijnd tijdperk vraagt om minder 'modderige' poëzie dan die van Lucilius.[64] In de achttien satiren, waarvan de kortste 35 (I.7) en de langste 326 regels telt (II.3), spreekt de dichter zich uit over tal van maatschappelijke en morele kwesties, waarbij hij zich opwerpt als man van het midden. Geniet, maar drink met mate, zorg ervoor dat je seksueel aan je trekken komt, maar vermijd hoeren en gehuwde vrouwen, wees tegenover je lezers bot noch onderdanig. Er is een gedicht dat als een roadmovie een reis naar Brindisi beschrijft (1.5), in een ander levert de zwaargeschapen tuingod Priapus commentaar op de misselijkmakende toverkunsten van twee heksen (1.8), en in 11.5 spreekt de ziener Tiresias tot Odysseus. In 11.6 bedankt Horatius Maecenas voor het Sabijnse landgoed. Het begint zo:

Dit was mijn wens: een stukje grond, niet al te groot,
met tuin en huis vlak bij een rijke waterbron
en nog wat bos erboven. De goden waren guller
en mij meer toegedaan. Prachtig, ik vraag niets meer,
Mercurius, dan dat u mij die gaven laat behouden.[65]

Vervolgens beschrijft hij de beslommeringen van het bestaan in Rome, waar menigeen hem benijdt om zijn band met Maecenas en hem aan zijn kop zeurt met allerlei verzoeken:

Op de sombere Esquilijn word ik van alle kanten
besprongen door andermans besognes: 'Roscius
vraagt om je bijstand morgenvroeg voor het gerecht;'
'de referendarissen, Quintus, vragen je vandaag
te komen voor een groot, nieuw, algemeen belang;'
'Zorg dat Maecenas tekent;' zeg jij: 'ik zal het proberen',
dan dringt de ander aan: 'jij kunt het als je wilt.'[66]

Dan verhaalt Horatius van het begin van zijn vriendschap met Maecenas, met wie hij graag over gladiatorenspelen en het weer mag keuvelen. Na een beschrijving van zijn onbekommerde leven op het land eindigt hij met een fabel over een veldmuis en een stadsmuis, waarin de eerste met volle overtuiging voor zijn veilige hol en bescheiden maaltijden kiest.

Ook in de tweede epode (Beatus ille) bezingt Horatius het landleven:

Gelukkig is de man die ver van het zakenleven,
zoals de mensen van weleer,
de akkers zijner vaderen met eigen ossen afbeult,
van elke schuldenlast verlost.[67]

Aan het eind van het gedicht blijkt niet de dichter zelf aan het woord te zijn geweest, maar de bankier Alfenus, die een idyllisch beeld van het boerenleven koestert, hoewel hij er zelf geen geduld voor heeft.

Andere epoden winden zich op over de burgeroorlogen, spreken over drank, vrouwen en vriendschap of beschimpen aanstellers. Hier moet een verlopen snol eraan geloven:

Wat een zweetlucht en kwalijke stank stijgen op van je rimpelig
lijf, wanneer het de niet te bedwingen
geilheid haastig bevredigt terwijl mijn lul al verslapt is,
al je natte make-up en je schminklaag,
stront van een krokodil, verzakken en jij in je bronsttijd
de strakke matras en de planken kapotbeukt.[68]

Liederen

De drie boeken Carmina waaraan Horatius in de jaren twintig werkte, vormen een tour de force die in de Latijnse literatuur zijn weerga niet kent.[69] Catullus had al twee gedichten geschreven in een aan Sappho ontleende versvorm, maar het was Horatius die de lyriek in Rome tot een volwassen genre maakte. De achtentachtig gedichten uit de bundeling van 23 v.Chr. zijn geschreven in een dertiental verschillende metra. Het overgrote deel van de gedichten bestaat uit vierregelige strofen, al zijn er ook gedichten in zogeheten stichische metra, waarbij iedere regel hetzelfde metrische patroon heeft en de dichter vrij is in het aantal regels dat hij gebruikt.[70] Toch worden ook deze gedichten vaak afgedrukt alsof ze strofisch zijn, aangezien het aantal regels steeds deelbaar is door vier, op één geval na (III.12).

Het eerste boek opent met een opdracht aan Maecenas en spreekt het verlangen uit op één lijn gesteld te mogen worden met de Griekse lyrici, van wie Alcaeus, Sappho en Pindarus de bekendste zijn. In het laatste gedicht van boek III, waarvan hierboven het begin werd geciteerd, stelt de dichter vast dat hij in zijn opzet is geslaagd, zodat hij recht heeft op een lauwerkrans uit Delphi. Trots sluit ironie niet uit, overigens, want in een ander gedicht vertelt hij niet alleen hoe hij in een zwaan verandert (zwanen golden in de Oudheid als uiterst muzikale dieren),[71] maar vergelijkt hij zijn metamorfose ook met die van Icarus, wiens hoge vlucht, zoals bekend, niet goed afliep:[72]

Kijk hoe op mijn benen de huid verruwt,
aan hoofd en hals word ik een witte zwaan
en op mijn vingers en schouderbladen
    groeit al een donzige laag van veren.

Nu zal ik vliegen, bekender dan Icarus,
als zingende vogel naar een galmende Bosporus,
    naar Syrten in Noord-Afrika
    en naar de Hyperboreïsche vlakten.[73]

De kortste liederen tellen slechts twee strofen, maar er zijn ook gedichten die er tien of zelfs twintig hebben. In die langere gedichten werkt de herhaling van steeds dezelfde metrische patronen als *minimal music*, met het inherente nadeel van de eentonigheid. Horatius is als lyricus op zijn best in gedichten van een regel of twintig. Als geen ander maakt hij gebruik van de vrijheden in woordvolgorde die de Latijnse grammatica hem biedt en zijn woordkeus is vaak verrassend, niet alleen door de gewaagde combinaties maar ook door de soms prozaïsche inslag ervan.

De thematiek van de *Liederen* is zeer gevarieerd. Veel gedichten spreken over vriendschap en liefde, over de genoegens van wijn en aangenaam weer, maar Horatius gaat ook zwaardere onderwerpen niet uit de weg: oorlog, dood, ziekte, gemis en vooral de vraag hoe je moet leven. Uit menige pagina blijkt dat Horatius zich voelde aangetrokken tot de filosofie van Epicurus. Verder zijn er nogal wat gedichten waarin hij ingaat op poëticale kwesties.

Een karakteristiek gedicht is het volgende, waarin Horatius het woord richt tot een kruik Massische wijn die op verzoek van de redenaar en historicus Valerius Messalla Corvinus van de wijnzolder wordt gehaald.[74] Het lied is opgebouwd als een gebed waarin de belangrijkste eigenschappen van de 'god' worden opgesomd. Enerzijds is het gedicht een parodie op een verheven genre, anderzijds stelt het ook serieuze onderwerpen aan de orde. De wijn, die even oud is als de dichter zelf en daarom misschien als zijn beschermengel beschouwd mag worden, verleent zijn drinkers het vermogen filosofie en fatsoen te relativeren, angst en zorgen te verdrijven en goede gesprekken tot de morgen te rekken:

Jij, jaargenoot van Manlius' consulaat,
of je nu droefheid ofwel plezier verschaft,
    ruzie en liefdesrazernijen,
        heilige kruik, of een zachte sluimer,

wat ook de naam is waarmee je de Massische
oogst bewaart, jij hoort bij feestvertoon,
    daal af, Corvinus heeft bevolen
        mildere wijn voor de dag te halen.

Hoewel doordrenkt met gesprekken van Socrates,
zal hij niet ruwweg jou veronachtzamen:
    ook oude Cato heeft, zo zegt men,
        dikwijls met wijn weer zijn deugd verwarmd.

Geharde hoofden kwel jij gemoedelijk,
van wijze mensen onthul jij de zorgen
    en diepverborgen mijmeringen
        dankzij de fratsen van Lyaeus.

In bange harten laat je hoop herleven,
arme zielen geef je de kracht van stieren,
na jou niet bang voor oorlogswapens
of vertoornde koningskronen.

Jou vergezellen Liber en Venus mits zij
genadig is, Gratiën hecht verbonden,
en levend lamplicht tot de sterren
worden verjaagd door Phoebus' terugkeer.[75]

In de opbouw van het gedicht vallen de anaforen op: r. 2, 3 en 4 beginnen met *seu* (hetzij), de laatste drie strofen met het persoonlijk voornaamwoord *tu/te* (jij/jou). Gewiekste woordcombinaties (in de *Ars poetica* noemt Horatius dat *callida iunctura*: slimme verbinding) zijn *pia testa* (heilige kruik: *testa* is een alledaags woord) en *lene tormentum* (milde marteling). In r. 7 maakt Horatius gebruik van het feit dat zowel wijnen als goden van boven komen. In de laatste strofe speelt hij met de woordvolgorde:

> *vivaeque producent lucernae,*
> *dum rediens fugat astra Phoebus.*

Na het bijvoeglijk naamwoord *vivae* (levend), dat op zichzelf al een zware betekenis heeft, wordt het zelfstandig naamwoord nog even uitgesteld. Eerst komt het werkwoord *producent* (zullen rekken), dan volgt, in plaats van de verwachte goden, het praktische woord *lucernae* (lampen). In de laatste regel verdwijnen eerst de sterren en verschijnt pas als allerlaatste de zon, die tegelijkertijd de god van de dichtkunst is: 'tot terugkerend verjaagt de sterren Phoebus'. Dan zou men nog kunnen opmerken dat de eerste strofe evenals de laatste refereert aan zowel de drieste als de erotische eigenschappen van de wijn, terwijl de in r. 4 opgeroepen slaap aan het slot juist overgeslagen wordt. Hoe langer je naar het gedicht kijkt, des te ingenieuzer wordt het.

Brieven

Aan het eind van de jaren twintig stelde Horatius een bundel van twintig hexametrische gedichten samen, die hij *Epistulae* (brieven) noemde. Het kortste van deze gedichten telt dertien, het langste 112 regels. Ieder gedicht pretendeert een brief aan een met name genoemde persoon te zijn, soms doet Horatius ook echt moeite de lezer te laten geloven dat er sprake is van een normaal soort correspondentie. De meeste brieven kunnen echter beter gekenschetst worden als korte essays over een literair, maatschappelijk of populair-filosofisch onderwerp. Omdat de brieven veelal geen nadrukkelijk betogende structuur hebben, doen ze, zoals gezegd, aan columns denken.

Drie van de brieven zijn gericht aan Maecenas. Op nogal wat plaatsen in de brieven lijkt Horatius zich ongemakkelijk te voelen over zijn maatschappelijke positie. Omdat het nieuwe bewind hem ertoe in staat stelde zijn leven aan het dichterschap te wijden, kon hij natuurlijk niet al teveel kritiek op zijn weldoeners hebben. Daar kwam bij dat hij, als zoon van een vrijgelatene, nooit tot 'ons soort mensen' zou gaan behoren, terwijl lieden die minder geslaagd waren dan hij jaloers waren of probeerden via hem tot de hoge heren toegelaten te worden. Het sociale leven in Rome moet Horatius veel energie hebben gekost. In ieder geval probeert hij enerzijds Maecenas tevreden te stellen, anderzijds zijn onafhankelijkheid te benadrukken. Hij doet dat bijvoorbeeld in *Epistula* I.7, waar hij Maecenas voor zijn gaven bedankt, maar tegelijk benadrukt dat hij het gegevene zonder enig probleem weer zou kunnen inleveren.

Uit de brieven spreekt soms een weemoed die in de andere genres minder kans krijgt. In de eerste brief zegt hij: 'Mijn leeftijd, mijn ambitie is veranderd,' en even later: 'Ik stop met poëzie en verdere speelsigheden.'[76] Nu is dit evident niet waar, omdat de uitspraak gedaan wordt in een gedicht, maar het geeft wel aan dat Horatius zijn literaire aspiraties aan het verleggen is. Hij neemt afstand, hij ziet de vergeefsheid van zijn ambacht in. Liever richt hij zich op een goed en deugdzaam leven. En als een veertiger zegt dat hij de rest van zijn leven aan zijn ziel wil besteden, dan betekent dat meestal dat hij de beruchte midlifecrisis heeft bereikt.

In het achtste gedicht verzoekt Horatius de Muze zijn beste wensen over te brengen aan Celsus. Vraagt hij hoe ik het maak, zegt de dichter, vertel hem dan

> dat ik ondanks alle
> mooie beloften verkeerd en zonder vreugde leef,
> niet dat de hagel of een hittegolf olijven
> en wijngaard heeft gekwetst, het verre vee verkwijnt,
> neen, ik ben zieker in mijn geest dan in mijn lijf
> en wil niets leren, niets aanhoren wat mij steunt,
> ik raak geïrriteerd van trouwe artsen, vrienden,
> die mij zo nodig uit een depressie willen helpen;
> labiel zoek ik wat schaadde en vlucht voor wat mij helpt,
> in Rome prijs ik Tibur, in Tibur prijs ik Rome.[77]

Dat Horatius neerslachtig is, blijkt misschien ook uit het laatste gedicht van dit eerste brievenboek. Had Horatius de *Liederen* afgesloten met de trotse verklaring dat hij een monument achterliet, deze bundel wordt de wereld in gestuurd met een heel wat minder positieve verwachting. De dichter spreekt zijn boek aan: je zult misverstaan worden, zegt hij, en worden afgedankt als men je uit heeft. Goed, in het begin zal men nog wel waardering voor je hebben, maar algauw zul je smoezelig worden, je zult 'stilletjes de trage houtworm voeden, / vluchten naar Utica of worden geramsjt in Spanje'. En als je echt oud bent, zul je als lesmateriaal voor jongetjes dienen. Het gedicht eindigt met een korte zelfbeschrijving, een *sphragis*:

> Wanneer de avondzon meer oren naar je trekt,
> vertel dan dat ik, zoon van een vrijgelatene,
> mijn vleugels wijder dan mijn bescheiden nest gestrekt heb,
> (voeg het tekort aan afkomst toe aan mijn verdiensten):
> ik was geliefd in Rome bij de voornaamste burgers,

ik, klein van stuk, vroeg grijs, liefhebber van de zon,
snel driftig maar toch ook gemakkelijk te verzoenen.
Als men toevallig jou zal vragen naar mijn leeftijd,
zeg dat ik vierenveertig decembers heb geleefd
in het consulsjaar van Lollius en Lepidus.[78]

Ondanks de milde zelfspot laat de dichter doorschemeren dat hij geen vrede heeft met zijn leeftijd, zijn gezondheid en met wat hij heeft bereikt. Hij ziet dat de onvermijdelijke neergang een aanvang heeft genomen.

Niet lang daarna begon hij aan zijn tweede bundel Brieven, die slechts twee gedichten bevat, maar die zijn dan ook respectievelijk 270 en 216 regels lang. Beide brieven zijn poëticaal van karakter. De eerste is opgedragen aan Augustus en gaat over de ontwikkeling van de Latijnse literatuur. Bovendien legt Horatius erin uit waarom hij niet van plan is een epos aan de vorst te wijden. Zo'n beleefde weigering heet een recusatio (weigering); in dit genre gaat het er niet alleen om duidelijk te maken hoe bescheiden je bent, maar vooral dat je kennelijk zo belangrijk bent dat men niet om je heen kan. De tweede brief uit dit tweede boek is gericht tot de jonge dichter Julius Florus, een vertrouweling van Augustus' stiefzoon Tiberius, de latere keizer. Ondanks de lichte toon, de klassieke versificatie en de afgewogen zinsbouw en woordkeus is het een indringend gedicht, zodat het de moeite waard is er wat langer bij stil te staan.

Als iemand je een slaaf wil verkopen, beste Florus – zo begint het gedicht – en niet alleen uitvoerig ingaat op de gunstige verhouding tussen prijs en kwaliteit, maar ook laat doorschemeren dat het jongetje al eens is weggelopen, weet je bij voorbaat dat je met de koop een risico loopt. Je moet dan ook niet zeuren als de slaaf er inderdaad vandoor gaat. Net zomin moet je nu boos zijn op mij, want ik heb je bij ons afscheid al gezegd dat ik te lui zou zijn om je te schrijven. En op gedichten hoef je al helemaal niet te rekenen.

Met de opening is de toon gezet. Geld en eerlijkheid, indolentie, de aandrang tot schrijven, en dit alles aan de hand van een levendig verkooppraatje van de slavenhandelaar: Horatius begint, zoals hij in de *Ars poetica* zelf aanbeveelt, *in medias res*. Een aardig detail is dat het aangeprezen slaafje zelfs kan zingen, weliswaar met een ongeschoolde stem, maar goed genoeg om naar te luisteren als je zit te drinken. Zo suggereert Horatius dat ook zijn eigen poëzie niet meer dan amateuristisch amusement te bieden heeft.

Dan komt de dichter met het verhaal van een soldaat die, na beroofd te zijn van zijn spaargeld, zo razend wordt dat hij een slachting aanricht onder de vijanden en daarvoor onderscheiden wordt met een enorm geldbedrag. Wanneer hij later wordt opgeroepen zich nog eens zo heldhaftig te gedragen, zegt hij daar niet over te peinzen: hij heeft zijn geld immers al binnen. Direct na de anekdote legt Horatius uit hoe hij tot dichten is gekomen:

Ik kreeg de kans in Rome school te gaan en leerde
hoe zwaar de Grieken leden onder Achilles' wrok.
Het eerzame Athene schonk mij wat extra vorming,
in die zin dat ik recht en krom ging onderscheiden
en onder Academie-bomen de waarheid zocht.
Maar harde tijden dreven me uit dit dierbaar oord,
want door de burgeroorlog verzeilde ik als rekruut
in een leger weerloos tegen keizer Augustus' vuist.
Zodra Philippi mij eruit ontslagen had,
werd ik, gekortwiekt, vaders geld en goed ontberend,
door roekeloze armoe ertoe aangezet
om verzen te gaan schrijven. Nu ik genoeg bezit,
welk middel zou mij ooit van deze koorts bevrijden,
als ik mijn slaap niet boven poëzie verkoos?[79]

Horatius vertelt dus hoe hij na zijn opleiding in Rome en Athene in het leger van Brutus terechtkwam en na de nederlaag zo arm was dat hij niets beters wist te doen dan maar te gaan dichten. Nu hij geld genoeg heeft, zou hij wel gek zijn als hij ermee doorging. Je kunt beter slapen dan poëzie schrijven.

De verklaring die de dichter hier voor zijn poëtische productie geeft, is niet erg waarschijnlijk. Door de autobiografie te laten volgen op het verhaal over de soldaat suggereert hij dat het dichterschap een gevecht is dat een moed en een energie vereist die geen mens een leven lang kan opbrengen; let ook op de verwijzing naar de *Ilias*. Tevens situeert hij het literaire bedrijf in het hart van de economie: de literator neemt deel aan de *vita activa*. Oorlog en dichterschap hebben hem afgehouden van datgene waar hij het liefst mee bezig was: de filosofie. Nu de omstandigheden hem toestaan zich terug te trekken in zijn persoonlijke Academie, zijn landhuis bij Tivoli, heeft poëzie geen urgentie meer. De implicatie is dat deze brief eerder tot het domein van de filosofie dan dat van de literatuur behoort.

Zou je hieruit kunnen opmaken dat Horatius het allemaal wel best vindt, in de direct hierop aansluitende regels blijkt het toch wat ingewikkelder te liggen: 'De voortgang van de jaren,' zegt hij, 'rooft alles van ons weg: / de gekheid en de liefde, het drinken en het spelen, / en rukt ook aan mijn verskunst.'[80] Poëzie is een vorm van gekte, een vorm van spel, en Horatius is op een leeftijd gekomen dat hij afscheid moet nemen van alles wat bij de jeugd hoort. Dat klinkt niet opgewekt. Ik denk dat we hier de kern van Horatius' dichterschap te pakken hebben. De man is vaak afgeschilderd als de profeet van het prettige leven, de koning van het *carpe diem*, maar waar het in Horatius' beste gedichten om gaat is de uiterst subtiele evaluatie van het ouder worden. De vorderende ouderdom berooft ons van veel moois, maar stelt er ook veel waardevols voor in de plaats. Je moet het vuur van de jeugd gekend hebben om het uitdoven ervan te kunnen appreciëren, met alle melancholie die daarbij hoort. Wijsheid is altijd een vorm van afscheid nemen, onthechting betekent zowel opluchting als weemoed.

Op de volgende bladzijden haalt Horatius van alles overhoop. Het is onmogelijk om in het pandemonium dat Rome heet gedichten te schrijven, zegt hij, een echte dichter verlangt naar het platteland, waar hij vervolgens liever goed slaapt dan gedichten schrijft. Wie zijn leven aan filosofie en letteren heeft gewijd, wordt in de grote stad als zonderling nagewezen en uitgelachen. Ook het literaire bedrijf is een gekkenhuis waarin dichters elkaar bewieroken of bekritiseren.

In een passage over de juiste stijl staan de volgende regels: 'Stuwend en stromend als een heldere rivier / stort [de dichter] zijn rijkdom, zegent met zijn taalschat Latium. / Hij snoeit de overdaad, en wijselijk polijst hij / wat al te grof is, zwakke plekken werkt hij weg.'[81] Stijl is een vorm van ethiek. Maar goed schrijven is zo moeilijk dat je er eigenlijk gek voor moet zijn. Die gekte heeft dan weer het voordeel dat je eigen missers je ontgaan. Liever gek en vol zelfvertrouwen, dan wijs en geremd.[82] Kortom: het schrijven van perfecte verzen veronderstelt een waanzin die je kritisch vermogen aantast. Dat is een van de grote paradoxen van dit gedicht.

Vervolgens komt Horatius terug op zijn stelling dat poëzie een spel is dat bij de jeugd hoort. Wie volwassen wordt zoekt geen woorden bij Latijnse liermuziek, maar richt zich op de metriek en de harmonie van het ware leven: verae numerosque modosque [...] vitae.[83] Dit is de belangrijkste regel uit het gedicht. Poëzie is niets dan een surrogaat voor het echte leven, maar de essentie van het leven kan alleen in poëticale termen worden omschreven.

In de twee laatste bladzijden rekent Horatius definitief af met wat hem nog aan het leven bindt. Behoefte aan geld is een ziekte waarvoor je een dokter zou moeten zoeken, bezit is een fictie, de dood maakt aan alles een einde. Wie verstandig is, houdt geen rekening met zijn erfgenamen, maar smijt ook niet alles over de balk. De dichter ziet zichzelf als een man van het midden, in alle opzichten. Maar dat is hij niet, want aan het slot van het gedicht toont hij zich radicaler dan tevoren. Het is niet voldoende niet hebzuchtig te zijn. Je moet ál je ondeugden bestrijden. En als je dat niet kunt, verspeel je daarmee het recht om verder te leven. Ik vind de slotregels, in al hun eenvoud, aangrijpend:

Als jij niet goed kunt leven, wijk voor wie het kunnen.
Spel, spijs en drank, het was genoeg. Nu moet je gaan,
niet verder blijven drinken; anders zal de leeftijd
bij wie het spelen past, je spottend achtervolgen.[84]

Het laatste woord van het gedicht is *aetas* (leeftijd). Aan het eind van de op één na laatste regel staat de woordgroep *largius aequo* (royaler dan gepast is), zoals regel 10 eindigde met *plenius aequo* (voller dan zou moeten). Het woord *aequus* is een sleutelbegrip in Horatius' levensbeschouwing. Het betekent 'effen' of 'gelijkmatig', 'billijk' of 'rechtvaardig', 'onbeslist' of 'gunstig'. Wie niet *aequus* kan leven, beheerst het ambacht niet. Het gedicht eindigt met de oproep met drinken te stoppen. Het is niet de eerste keer dat dichterschap en dronkenschap door Horatius met elkaar worden vereenzelvigd. Wie schrijft is dronken, ook wie schrijft over stoppen met drinken en schrijven.

Laatste lyriek en *Ars poetica*

In de jaren hierna pept Horatius zich nog eenmaal op om een bundel lyrische gedichten te schrijven. Enkele daarvan zijn door hun bloemrijke lof op Augustus en zijn stiefzoons Drusus en Tiberius zo deerniswekkend dat de meeste critici er liever niet over praten. Daar staat tegenover dat de bundel ook een paar schitterende verzen bevat, die met de diepste weemoed en een zwaarbevochten berusting de teloorgang van alles bezingen.

Horatius' meest gelezen, misschien ook meest ontoegankelijke gedicht is de *Ars poetica*. In een ogenschijnlijk vloeiend, ongericht betoog propageert hij de poëzie van de gulden middenweg, die in alles het decorum bewaakt. Er staan tal van behartenswaardige aanbevelingen in deze brief, die sinds de Renaissance als strenge wetten werden gehanteerd. Zo wijst de dichter erop dat een goed kunstwerk een organische eenheid is, dat een helder verstand de bron is van alle poëzie en dat dichters, geheel volgens de retorische leer, ofwel nuttig, ofwel onderhoudend willen zijn (*aut prodesse volunt aut delectare poetae*).[85] Het grootste raadsel van de *Ars* is gelegen in het feit dat Horatius niet of nauwelijks spreekt over de genres die hijzelf heeft beoefend, want net als Aristoteles heeft hij vooral het epos en het toneel op het oog.

Het gedicht eindigt met de satirische beschrijving van een dichter die zijn poëtische waanzin niet in de hand heeft en al raaskallend in een kuil valt. Horatius raadt aan de gek te laten zitten waar hij zit, want slechte dichters zijn even gevaarlijk als beren en vampiers:

> Als voor een beer,
> die de tralies van de dierenkooi verbrijzeld heeft,
> neemt kenner en leek de vlucht voor een smakeloos auteur,
> want wie hij in zijn klauwen heeft, die leest hij dood:
> de vampier laat pas los als hij vol is met bloed.

Zulke regels kunnen alleen geschreven zijn door een dichter die de risico's van de inspiratie aan den lijve heeft ervaren.

De liefdeselegie

In *Genezen van liefde*, het vervolg op zijn *Liefdesleer*, geeft Ovidius verliefden adviezen om van hun obsessie af te komen. Alle prikkeling dient vermeden te worden, alles wat aan erotiek herinnert is gevaarlijk. In dat kader gaat de dichter, als een strenge arts of therapeut, ook in op het lezen van gedichten:

> Lees ook geen liefdespoëzie (ik schuif mijn eigen
>   talent dus ook opzij en zeg dit contrecoeur);
> dus geen Callimachus: hij 's dik bevriend met Amor.
>   Philetas schaadt niet minder dan Callimachus.
> Sappho bracht mij beslist veel nader tot vriendinnen,
>   Anacreon heeft mij lichtvoetigheid geleerd,
> En wie kan ongedeerd Tibullus' verzen lezen
>   of hoe Propertius zijn Cynthia bezong,
> wie zonder tranen scheiden van een boek van Gallus?
>   Trouwens, ook mijn gedichten ademen die toon.[86]

Er zijn meer plaatsen waar Ovidius het Romeinse viertal, inclusief zichzelf, als vanzelfsprekend koppel opvoert. Quintilianus noemt ze eveneens in één adem: 'Ook in elegische poëzie dagen wij de Grieken uit. Ik vind Tibullus het meest afgewerkt en smaakvol, maar er zijn er die aan Propertius de voorkeur geven. Ovidius laat zich meer gaan dan deze twee, terwijl Gallus weerbarstiger is.'[87] Interessant is dat Ovidius als inspiratiebronnen van de Romeinse liefdeselegie niet alleen de hellenistische dichters Callimachus en Philetas noemt, die inderdaad de elegische versmaat hanteerden, maar ook de veel oudere lyriek van Sappho en Anacreon. Kennelijk realiseerde Ovidius zich dat de Romeinse elegie schatplichtig was aan verschillende genres. Inderdaad vertonen de gedichten van de vier elegiaci verwantschap met de Griekse elegische en lyrische poëzie, het erotisch epigram en de komedie, terwijl er zelfs raakvlakken zijn met epos, leerdicht en satire. Opmerkelijk is dat Ovidius Catullus niet noemt, van wie vooral gedicht 68 invloed gehad lijkt te hebben.

De liefdeselegie zoals geschreven door Gallus, Propertius, Tibullus en Ovidius heeft slechts een korte, maar hevige bloei gekend. Niet lang na 45 v.Chr. publiceerde Gaius Cornelius Gallus (ca. 69-26) vier boeken elegieën die gewijd waren aan zijn stormachtige verhouding met Cytheris, die hij Lycoris noemde.[88] In de jaren twintig verschenen de eerste drie boeken van Propertius en het eerste van Tibullus, wiens tweede bundel vermoedelijk nog vlak voor de dood van de dichter in 19 of 18 v.Chr. werd voltooid. Het laatste te dateren gedicht van Propertius is van het jaar 16 of vlak daarna. In die jaren werkte Ovidius aan de eerste editie van zijn *Liefdesgedichten*, in vijf boeken, die hij kort voor het begin van onze jaartelling herzag tot een driedelige uitgave. De handschriften van Tibullus (het zogeheten *Corpus Tibullianum*) omvatten behalve de twee boeken van de dichter zelf ook een aantal elegieën van een zekere Lygdamus, die in hetzelfde jaar geboren zou zijn als Ovidius, en een paar korte gedichten in de elegische versmaat van en over Sulpicia, naar alle waarschijnlijkheid een nicht van Tibullus' mecenas Valerius Messalla. Na Ovidius is het afgelopen. Weliswaar worden er in latere eeuwen nog weleens liefdeselegieën geschreven, maar die voegen niets nieuws aan het genre toe.

Ondanks de neiging van de dichters steeds dezelfde thema's te bezingen en om de haverklap op conventionele motieven te variëren, en ondanks het feit dat de cadans van de even verzen je na een paar honderd regels grondig de keel begint uit te hangen, is de liefdeselegie een onweerstaanbaar genre. Ik bespreek hier eerst de voornaamste eigenschappen ervan, daarna ga ik kort in op het werk van respectievelijk Gallus, Propertius, Tibullus, Lygdamus en Sulpicia. Ovidius, die zich ook met andere genres bezighield, krijgt een apart hoofdstukje.

De elegische versvorm werd vanaf de zevende eeuw v.Chr. gebruikt voor gedichten van uiteenlopende lengte en inhoud. Ze bestaat uit een aaneenschakeling van disticha, waarbij steeds een dactylische hexameter wordt gevolgd door een pentameter. Nu laat de hexameter een groot aantal variaties toe, aangezien twee korte lettergrepen in maximaal vier van de eerste vijf versvoeten vervangen kunnen worden door één lange lettergreep (de zesde en laatste voet bestaat altijd al uit twee lange lettergrepen), terwijl ook de cesuur geen vaste plaats heeft.[89] In de handen van een kundig versificator verveelt de hexameter nooit, ook niet na duizend regels. De pentameter heeft daarentegen grote beperkingen. Hij begint als een hexameter: lang – kort – kort – lang – kort – kort – lang, waarbij twee korte lettergrepen weer vervangen mogen worden door één lange. Na dit systeem van minimaal vijf en maximaal zeven lettergrepen is er een verplichte cesuur (woordeinde). Direct daarna herhaalt zich hetzelfde patroon, met dit verschil dat in de tweede helft van de regel de korte lettergrepen niet vervangen mogen worden. Het gevolg is dat iedere pentameter met dezelfde cadans eindigt, zij het dat het veel uitmaakt of de dichter zijn vers besluit met een woord van één, twee of meer lettergrepen.

Een ander effect heeft te maken met de spanning die er in de Latijnse poëzie van oudsher bestaat tussen natuurlijk woordaccent en metrische positie. Bij de hexameter is het doorgaans zo dat woordaccent en metrische positie in de eerste helft van het vers niet samenvallen, en in de tweede helft wel. Omdat bij Latijnse woorden het accent nooit op de laatste lettergreep valt (behalve bij eenlettergrepige woorden, uiteraard), wordt die spanning in de pentameter niet opgelost: beide helften eindigen met een lange lettergreep die meestal geen accent heeft. Vaak wordt dit gegeven door de dichters uitgebuit door beide helften op elkaar te laten rijmen. Om een voorbeeld te geven, elegie 1.17 van Propertius begint zo (met onderstreping van de klinkers die als lang gelden en markering van het woordaccent):

ét mérito, quóniam pótuī fugísse puéllam!
núnc égo desértas | álloquor alcýonas.

Eigen schuld! Dan had ik maar niet bij haar moeten weggaan!
Nu zijn zeevogels, helaas, | hier mijn verlaten soelaas.

De elegische dichter, die met verve de fictie volhoudt dat alles wat hij schrijft autobiografisch is, laat de lezer getuige zijn van een even verterende als rampzalige hartstocht voor een vrouw die hem niet trouw is. Deze vrouw, vaak aangeduid als meisje (*puella*), is volstrekt dominant. De dichter noemt haar *domina* (meesteres) en beschouwt zichzelf als haar slaaf. Daarmee zet hij de gangbare maatschappelijke verhoudingen dubbel op hun kop: de vrijgeborene wordt slaaf, de man is ondergeschikt aan de vrouw. Daar komt bij dat de gedichten bewust dubbelzinnig zijn wat betreft de sociale status van de vrouw in kwestie. Uit de teksten valt vaak niet met zekerheid op te maken of het om getrouwde vrouwen, weduwen of rijke prostituees gaat. Vooral vanaf het moment dat Augustus zijn bewind gevestigd had en zich ervoor inspande de strenge seksuele moraal van het oude Rome te herstellen, speelden de elegiaci in dit opzicht met vuur. Algemeen wordt aangenomen dat Ovidius' verbanning veel te maken heeft met zijn cynische kijk op de door Augustus gepropageerde preutsheid.

De dichters wijdden veelal complete boeken aan één geliefde. Het was de gewoonte het meisje niet onder haar eigen naam te vereeuwigen, maar onder een metrisch gelijkwaardig pseudoniem, zoals ook Catullus had gedaan. Gallus' elegieën, waarvan slechts tien regels bewaard zijn gebleven, hadden zijn liefde voor Lycoris tot onderwerp, in de eerste drie boeken van Propertius overheerst Cynthia, Tibullus bezingt in zijn eerste boek het meisje Delia en de jongen Marathus, in het tweede boek Nemesis, Lygdamus is bezeten van Neaera, en in Ovidius' *Liefdesgedichten* staat Corinna centraal. Tibullus is de enige bij wie knapenliefde een rol speelt. Sulpicia is verliefd op een jongeman, Cerinthus. Opvallend is dat al deze namen Grieks zijn, en dat drie ervan de associatie met Apollo, de god van de dichtkunst, oproepen: Lycorea is een dorpje op de Parnassus, Apollo werd geboren op Delos, Cynthus is een berg op dat eiland.[90]

De vrouwen houden er, als ze niet al getrouwd zijn, ook andere minnaars op na, met wie ze soms op reis gaan. Geregeld verwijten ze de dichter ontrouw. De dichter is overgeleverd aan de grillen van zijn geliefde, die hem niet zelden voor een dichte deur laat staan. Dat gebeurt zelfs zo frequent dat de serenade voor de gesloten deur, het zogenaamde *paraclausithyron*, bijna een apart genre is, met duidelijk komische trekken.[91] De *exclusus amator* (buitengesloten minnaar) smeekt dan tot het meisje, tot de portier of tot de deur zelf hem niet in regen, wind en sneeuw te laten staan, op straffe van huisvredebreuk. Meestal druipt de minaar onverrichter zake af.

Gallus richtte zich, nadat hij zijn bekomst had gekregen van liefde en poëzie, op een militaire en bestuurlijke carrière. Onder Octavianus verwierf hij een hoge post in het recentelijk ingelijfde Egypte, maar een arrogante opstelling deed hem bij de keizer in ongenade vallen, waarop hij in 26 v.Chr. zelfmoord pleegde. De andere dichters hielden zich verre van het landsbestuur. Propertius kreeg na de publicatie van zijn eerste boek aansluiting bij de kring van Maecenas, terwijl Tibullus, Lygdamus en Ovidius werden ondersteund door Marcus Valerius Messalla Corvinus (64 v.Chr.-8 n.Chr.). Deze politicus, militair, redenaar en geschiedschrijver had zich in de burgeroorlog pas laat bij Octavianus aangesloten, maar onderhield daarna nauwe betrekkingen met de keizer. Hoewel de dichters dicht bij het vuur zaten, weigerden zij beleefd het nieuwe bewind enthousiast te bewieroken. Tibullus laat zich weliswaar een keer overhalen Messalla op een veldtocht te vergezellen, maar het is duidelijk dat hij liever met Delia of Nemesis op zijn landgoed zit. Propertius slaat enkele malen Maecenas' voorstel om Augustus te bezingen af, al bevat het vierde boek een paar gedichten die opgevat kunnen worden als halfslachtige lof van de nieuwe orde. En Ovidius prijst Augustus het graf in, met rampzalige gevolgen – maar daarover later.

Uit alles blijkt dat deze dichters in een ideologisch vacuüm leefden. Propertius en Tibullus, wier families tijdens de burgeroorlogen zwaar getroffen waren, begrepen dat Augustus een belangrijke taak had, maar konden toch moeilijk aan het nieuwe bestel wennen. Opgevoed met oude normen en waarden, waarvan ze de loosheid hadden ondervonden, probeerden ze de gangbare moraal te ondermijnen, maar hun subversieve poëzie is uitsluitend spannend in contrast met het oude, dat dus voortdurend aanwezig verondersteld wordt. Ze willen een getrouwde, althans gebonden vrouw veroveren, met het doel vervolgens zelf de bedrogen echtgenoot te worden. Ze verlangen hartstochtelijk naar trouw en geborgenheid, die ze verafschuwen en zelf niet te bieden hebben. Ze willen financieel en politiek onafhankelijk zijn, maar wel graag onder de hoede van een machtige patroon. Omdat deze poëzie haar kracht ontleent aan een maatschappelijk instabiele situatie is het begrijpelijk dat ze verdwijnt wanneer het keizerschap een starre institutie is geworden. Ovidius heeft het genre tot de laatste druppel uitgemolken, waarna het wegkwijnde en stierf.

Gallus en Lycoris

De grammaticus Servius merkt bij *Ecloga* 10 r. 46 op dat Vergilius in de daaropvolgende verzen een aantal regels van Gallus citeert. Welke regels dat precies zijn, is omstreden, bovendien schrijft Vergilius uitsluitend hexameters, dus als hij inderdaad citeert, zal hij op zijn minst Gallus' pentameters hebben aangepast. Wel is duidelijk dat het beeld dat Vergilius van de verliefde dichter schetst, geheel past binnen de conventies die we bij Propertius en Tibullus aantreffen.

In 1978 werd in Egypte een stukje papyrus gevonden waarop negen regels Latijnse elegische poëzie geheel of gedeeltelijk te lezen zijn. Waarschijnlijk werd het er achtergelaten door een Romeinse soldaat. Omdat in één van de regels Lycoris wordt aangesproken, moet Gallus de dichter zijn. De regels zijn problematisch, volgens sommigen zijn het losse fragmenten uit verschillende gedichten, maar de thematiek is onmiskenbaar die van de liefdeselegie. Ik geef het gehele fragment:

verdriet, Lycoris, [....] jouw nietswaardigheid.

Mijn lot zal, Caesar, heerlijk zijn wanneer u later
    de climax blijkt van Rome's heldendaden,
na uw triomf lees ik in alle godentempels
    de rijkdom van uw uitgestalde buit.

[..........] de Muzen maakten eindelijk gedichten
    waarmee ik mijn gebiedster niet onteerde.
[........] u hetzelfde, Viscus, vrees ik niet
[......................] Kato, naar uw oordeel.[92]

In de eerste regel klaagt Gallus over Lycoris' ontrouw. De vier volgende regels, vermoedelijk gericht tot Julius Caesar, lijken te passen in het elegisch stramien waarbij de dichter lippendienst bewijst aan de politieke en militaire activiteiten van een machthebber, maar er de voorkeur aan geeft zich afzijdig te houden omdat zijn liefde hem volledig opeist. De laatste vier regels zijn poëticaal van aard. Uit een satire van Horatius weten we dat Vibius Viscus een geducht criticus was, Kato is vermoedelijk de dichter Valerius Cato, een generatiegenoot van Catullus. Gallus zou dan beweren dat zijn gedichten zich kunnen meten met die van Cato, en veronderstelt dat Viscus het met hem eens is.

Propertius en Cynthia

Sextus Propertius, die halverwege de jaren vijftig in de buurt van Assisi werd geboren en nog vóór het begin van onze jaartelling overleed, is de meest gefrustreerde van alle Romeinse dichters. Zijn eerste drie boeken elegieën getuigen van een erotische obsessie die aan het masochistische grenst, hij verwijst graag naar obscure mythen en zijn associaties lijken vaak zo particulier dat het in bepaalde gevallen, vooral in boek II, niet duidelijk is waar het ene gedicht ophoudt en het volgende begint. Doordat hij een geheel eigen idioom heeft dat in latere eeuwen niet zelden voor slecht Latijn werd aangezien, hebben generaties kopiisten en geleerden aan de teksten gesleuteld om de gedichten te normaliseren. Moderne lezers, gepokt en gemazeld in de twintigste-eeuwse poëzie, zijn veelal geneigd de overgeleverde tekst te nemen voor wat hij is, maar omdat middeleeuwse lezers minder ruimdenkend waren, valt niet uit te sluiten dat er aan de handschriften is geprutst. Hoe dan ook, Propertius is een moeilijk dichter.

In het eerste boek, dat ook *Monobiblos* (werk op één boekrol) werd genoemd en waarvan de oorspronkelijke titel misschien *Cynthia* was, vertelt de dichter hoe hij in de greep is geraakt van zijn passie voor een even begeerlijke als onberekenbare vrouw. Hij deelt zijn ervaringen met zijn vrienden Tullus, Bassus, Gallus (niet de dichter) en Ponticus, een aantal gedichten is ook direct tot Cynthia gericht. Geregeld probeert de dichter zijn afkeer van haar ontrouw te overschreeuwen, op andere momenten wil hij vooral laten zien hoe fijn ze het samen hebben. Er is een gedicht (1.10) waarin Propertius nog nageniet van het kijken naar een vrijpartij van Gallus en zijn vriendin,[93] een gedicht (1.2) waarin hij Cynthia aanraadt geen make-up te gebruiken, een gedicht (1.15) waarin hij ziek is en zich beklaagt over Cynthia's te late en te koele medeleven. De laatste twee (korte) gedichten gaan niet over Cynthia maar verwijzen naar de gruwelen van de burgeroorlog.

In de boeken II en III, opgedragen aan Maecenas, wordt de dichter heen en weer geslingerd tussen wanhoop en extase. Een goed voorbeeld is II.6, waarin hij na een opsomming van legendarische Griekse hoeren vaststelt dat niemand ooit zoveel minnaars heeft gehad als Cynthia, vervolgens een tirade tegen pornografie afsteekt en ten slotte, zonder overgang, uitroept dat Cynthia voor hem de enige is en blijft. In 11.28 is Cynthia ziek en speelt hij met de gedachte dat ze zou kunnen overlijden, waarover hij dan zo lang doorfantaseert dat je je nauwelijks aan de indruk kunt onttrekken dat het hier een wensdroom betreft. Uit veel gedichten blijkt dat Propertius zelf ook overspelig is, maar dan wil hij de lezer doen geloven dat Cynthia hem geen andere keus laat. In de laatste gedichten van boek III is hij verbitterd en neemt hij afscheid van de vrouw die hem tot het uiterste getergd en vernederd heeft.

Boek III verscheen omstreeks het jaar 23, in dezelfde tijd als de *Liederen* van Horatius. Daarna duurde het geruime tijd tot het vierde boek werd voltooid, een verzameling van elf elegieën die een totaal ander karakter heeft dan de eerdere boeken. Slechts twee van de gedichten zijn nog aan Cynthia gewijd, maar ook deze zijn anders van toon dan de vroegere, misschien doordat de dichter afstand heeft kunnen nemen – gesteld dat we de hele affaire als autobiografisch mogen opvatten. In IV.7 verschijnt de schim van Cynthia vlak na haar crematie aan Propertius' bed, om hem te verwijten dat hij niet genoeg treurt. Het hilarische gedicht daarna verhaalt van een avond waarop de dichter, uit ergernis om Cynthia's ontrouw, twee hoertjes mee naar huis neemt. Doordat Propertius te zenuwachtig is schiet hij ernstig tekort als minnaar, tot overmaat van ramp komt opeens Cynthia binnen. De meisjes worden half gekleed de straat op geschopt, het huis wordt ritueel gereinigd, en de geliefden maken het weer goed.

In andere elegieën van dit laatste boek behandelt Propertius mythologische of actuele onderwerpen, zoals het verhaal van Tarpeia (IV.4), die ten tijde van koning Romulus de stad aan de Sabijnen zou hebben verraden, en de slag bij Actium (IV.6). Terecht beroemd is het ontroerende laatste gedicht (IV.11). Daarin is de kort tevoren (in 16 v.Chr.) overleden Cornelia aan het woord, een dochter van Augustus' eerste vrouw Scribonia. Zij roept haar echtgenoot en haar kinderen op niet om haar te treuren, omdat ze een goed leven heeft gehad. Zelfs adviseert ze haar kinderen een eventuele nieuwe vrouw van hun vader te respecteren en deze niet te vergelijken met hun echte moeder.

Een veelbesproken gedicht is de derde elegie uit het eerste boek. Het begint zo:

> Zoals, toen Theseus' kiel haar liggen liet op Naxos'
> verlaten kust, de Knossische loom bijkwam;
> zoals in eerste slaap, bevrijd van harde klippen,
> Andromeda ontspande, kind van Cepheus;
> ja, als Maenaden die, van dansen uitgeput,
> zich vallen lieten in Thessalisch gras;
> zo zag ik Cynthia, het hoofd in slappe armen,
> voluptueus in diepe slaap verzonken,
> toen ik na liters Bacchus wankel binnensloop,
> mijn slaven fakkels zwaaiden in de nacht.

De drie mythische tafereeltjes waarmee het gedicht opent, wekken nieuwsgierigheid. Ariadne is door Theseus in de steek gelaten, Andromeda heeft zojuist voor het eerst de nacht doorgebracht met Perseus, de Bacchante heeft nachtenlang gefeest. Dan blijken de vergelijkingen van toepassing te zijn op Cynthia, die ligt te slapen op het moment dat Propertius dronken binnenkomt. Wat heeft Cynthia uitgespookt? Wat komt de dichter doen?

Aan het Latijn vallen een paar dingen op. In de eerste plaats bevatten de eerste zes regels maar liefst zeven Griekse woorden.[94] In de tweede plaats is de woordkeus zeer suggestief. De kiel in r. 1 is een metoniem voor Theseus' schip, maar is het niet ook een stevig uitsteeksel dat de zee ploegt? Cynthia schijnt (r. 7-8) 'een wellustige rust te zuchten, het hoofd ondersteunend met handen die niet zeker zijn': dit is geen onschuldig slaapje. En in r. 9 is de formulering aangepast aan de moeizame handeling:

ebria cum multo traherem vestigia Baccho

Letterlijk: 'toen ik mijn dronken sporen sleepte met veel Bacchus'; maar in het Latijn is dit de woordvolgorde: 'dronken toen met veel ik sleepte sporen Bacchus'. Nu is 'voetspoor' voor 'voet' een veel voorkomend metoniem, maar hier zie je de dronkaard binnenstommelen, niet meer in staat zijn voeten fatsoenlijk op te tillen. Bovendien legt het woord Baccho een verband tussen de spreker en de Maenaden uit r. 5-6.

Eerst overweegt hij Cynthia in haar slaap te overweldigen, maar omdat hij haar woede vreest, blijft hij slechts naar haar kijken, in gedachten meedromend op het ritme van haar ademhaling. Dan wekt binnenvallend maanlicht haar. Ze richt zich meteen op en begint Propertius uit te schelden. Urenlang heeft ze op hem zitten wachten, als Penelope op Odysseus, terwijl ze de tijd probeerde te doden met het spinnen van wol en het zingen van liederen onder begeleiding van lierspel.[95] En bij wie was hij de hele avond geweest? Ten slotte had ze zich in slaap gehuild.

Het aardige van dit gedicht schuilt in de dubbele bodems. Propertius schildert zichzelf af als een wat onhandige losbol, wiens liefde voor Cynthia weliswaar buiten kijf staat, maar niet exclusief lijkt te zijn. Cynthia gedraagt zich daarentegen als de onberispelijke Romeinse huisvrouw, terwijl de vergelijkingen aan het begin van het gedicht suggereren dat ook zij die avond niet alleen is geweest. Hier komt alles samen wat kenmerkend is voor Propertius' poëzie: liefde, geilheid en jaloezie; het gevaarlijke spel met de Romeinse huwelijksmoraal; een flinke dosis hellenistische geleerdheid; en woordcombinaties die de Latijnse grammatica onder spanning zetten. Vooral de laatste twee aspecten maken Propertius tot een lastig te vertalen dichter.

De dromer Tibullus

Ergens aan het eind van de jaren twintig schrijft Horatius zijn ongeveer tien jaar jongere vriend Albius Tibullus een brief:

Albius, oprechte criticus van mijn gedichten,
wat voer je uit op dit moment bij Tivoli?
Schrijf je een meesterwerk dat Cassius overtroeft
of kruip je zwijgend rond in de gezonde bossen,
alleen bedacht op wat een goed en wijs man past?

Jij was geen lichaam zonder geest; de goden schonken je
schoonheid en rijkdom en de kunst van het genieten.
Wat kan een voedster voor haar zoogkind méér verlangen
als hij verstand heeft en kan zeggen wat hij denkt,
met aanzien, roem, gezondheid rijk gezegend is,
met charme, en ook met een flinke duit op zak.[96]

De Tibullus die hier aan de lezer wordt voorgesteld, is een niet on-
bemiddelde levensgenieter, een gevierde dertiger met belangstelling voor literatuur en filosofie, bij wie je je niet kunt voorstellen
dat dat meesterwerk er ooit zal komen. Deze dichter moet wel een
dilettant zijn. En dat is precies de indruk die zijn bescheiden oeuvre wekt. Zestien fijnzinnige elegieën, dat is alles. Voor meer had
hij geen tijd, misschien omdat hij liever rondhing op zijn buiten,
maar ook doordat hij voor zijn veertigste overleed.

Tibullus is een dromer. Hij droomt van idyllische zomers op het
platteland met zijn geliefde Delia, die er helaas met een ander vandoor gaat. Hij verlangt naar Marathus, die hem afpoeiert, hij laat
zich vernederen door Nemesis, maar volwassen wordt hij niet. Tibullus leeft in een sprookje dat in de loop van de twee boeken
grimmiger wordt, toch blijkt hij aan het slot weinig geleerd te hebben. In het laatste gedicht staat de dichter nog steeds voor de gesloten deur van Nemesis, want Phryne, haar hoerenmadam, laat hem
niet binnen:

Vaak zegt die, als ik mijn gebiedster lief hoor praten
    achter een dichte deur, dat ze niet thuis is;
vaak zegt ze, als ik nog een nacht tegoed heb:
    'Ze zit vandaag niet lekker in haar vel.'
Dan sterf ik van verdriet, dan vormt mijn brein zich beelden
    van wie haar neemt, en ook in welke standjes.[97]

Tibullus' dromerigheid schuilt niet in zijn stijl, want het taalgebruik is doorgaans precies en concreet, zelfs op het saaie af. Hij
heeft een voorkeur voor bepaalde woorden, zoals *tener* (teer, fijn),

treurig is bij hem gewoon treurig, mooi is gewoon mooi. Hij maakt veel gebruik van herhalingsfiguren, zoals de anafoor; in de hierboven geciteerde passage beginnen twee regels met *saepe* (vaak), en het laatste distichon luidt:

Tunc morior curis, tunc mens mihi perdita fingit,
   quisve meam teneat, quot teneatve modis.

Woordelijk: 'Dan sterf ik van verdriet, dan stelt mijn verloren geest zich voor wie de mijne vasthoudt, of op hoeveel manieren hij haar vasthoudt.'

Het aantrekkelijkste aspect van Tibullus' gedichten, dat menig classicus overigens vertwijfeld heeft vervloekt, is de associatieve, en daardoor soms licht tegenstrijdige wijze waarop hij zijn gedachten ontvouwt. Dat begint al in het allereerste gedicht, waar de dichter rijkdom en oorlog verwerpt om zich tot het eenvoudige boerenleven te bekennen:

Laat mij in alle rust behoeftigheid ervaren,
   maar laat mijn haardvuur werken voor de kost.
Ik zal de tere wijnstok zaaien als het tijd is,
   en forse appels met een boerenhand.[98]

Opmerkelijk is de tegenstelling tussen de ontspannen levenswijze van de hobbyboer en de noeste vlijt van zijn haardvuur. Tuinbouwkundig onzinnig is de bewering dat hij 'als de tijd rijp is' (*maturo tempore* suggereert dat het herfst is) de wijnstok zal zaaien (de wijnstok wordt geplant of geënt, niet gezaaid) en dat hetzelfde werkwoord betrekking heeft op de appels uit de volgende regel. Kortom: hij kletst maar wat. Na een enthousiaste, weinig realistische beschrijving van het ruige werk op het land komt de aap uit de mouw: de boerenhoeve is slechts het decor voor een knus erotisch tafereel:

Hoe heerlijk om in bed de wind te horen razen,
 mijn meesteres gekoesterd aan mijn borst,
of als een winterstorm zijn ijskoud water uitstort,
 gerust te slapen bij een heerlijk vuur.[99]

Hier spreekt geen boerenknecht met eelt op zijn handen, maar een landjonker die het spel 'terug naar de natuur' speelt, en dan ook nog met een mondaine courtisane die de stad geen dag kan missen.

Later in het gedicht prijst Tibullus zijn beschermheer Messalla, die anders dan de dichter wel toegerust is voor militaire taken. Vervolgens stelt Tibullus zich voor hoe hij oud wordt met Delia, en hoe hartverscheurend ze zal huilen bij zijn crematie. De gedachte aan de dood leidt tot een oproep van de liefde te genieten zolang het kan, een liefde die wordt beschreven in termen van oorlog: 'Hier ben ik goed als veldheer en soldaat.'[100] Kennelijk is de idylle toch minder vredig dan ze aanvankelijk werd voorgesteld.

De dronkenschap van Lygdamus

Het derde boek van het *Corpus Tibullianum* opent met zes elegieën op naam van een zekere Lygdamus, wiens identiteit niet meer valt te achterhalen. Misschien behoorde hij tot de kring van Messalla. Aangezien hij zijn geboortejaar op zo'n manier omschrijft dat het om 43 v.Chr. zou kunnen gaan, is wel geopperd dat deze gedichten jeugdwerk van Ovidius zijn. Er worden echter ook vroegere en latere dateringen voorgesteld.

De eerste vijf gedichten zijn niets bijzonders, liefdeselegieën van dertien in het dozijn, de laatste elegie is daarentegen een verwarrend dronkemansgedicht zoals er in de Latijnse literatuur geen tweede is. Het is in de handschriften dan ook niet foutloos overgeleverd. In kennelijke staat sommeert de dichter een slaaf hem nog eens in te schenken, want hij wil zijn liefdesverdriet wegspoelen. Ruim zestig regels lang oreert hij, steeds onsamenhangender, tot zijn vrienden, tot zijn slaven en tot Liber (Bacchus) en Amor zelf. Beweert hij op het ene moment niets meer om Neaera te geven, even later blijkt hij toch naar haar terug te verlangen. De bewering dat Bacchus een hekel aan verdriet heeft, herinnert de spreker aan het verhaal van Ariadne, die, nadat ze door Theseus was verlaten, liefderijk door de wijngod werd opgevangen. Dat is niet zo'n handig voorbeeld, omdat het slachtoffer in dat verhaal het meisje is. Vervolgens klaagt Lygdamus over de valsheid van vrouwen in het algemeen, die echter volledig gesanctioneerd wordt door de grootste schuinsmarcheerder uit het pantheon, Jupiter zelf. Het gedicht eindigt met de tegenstrijdige oproep én meer water bij de wijn te doen, én sterkere wijn in te schenken, dat eerste met het argument dat Bacchus (de wijn) van de Naiade (waternimf) houdt. Misschien is dit geen groots gedicht, amusant is het zeker.

Sulpicia en Cerinthus

Na de zes gedichten van Lygdamus laten sommigen een nieuw boek beginnen. Eerst volgt er een obligate lofzang op Messalla in 211 hexameters, daarna komen er vijf korte elegieën van een onbekende dichter over de liefde tussen Sulpicia en Cerinthus. De grootste verrassing van het corpus bestaat uit zes elegietjes (misschien zou je ze beter liefdesepigrammen kunnen noemen) van Sulpicia zelf. Als deze gedichten werkelijk aan Sulpicia toegeschreven mogen worden, wat onbewijsbaar, maar ook onweerlegbaar is, zijn het de enige gedichten uit de Latijnse literatuur van de heidense Oudheid die door een vrouw zijn geschreven. Dat is al reden genoeg om ze te koesteren.

Sulpicia is een jonge vrouw die weet wat ze wil. In het eerste gedicht verwelkomt ze de liefde in de gedaante van Amor:

> Daar is de Liefde dan. Me ervoor schamen zou
> beschamend zijn. Ik toon hem naakt, vol trots.
> Gezwicht voor wat ik zong heeft Cytherea hem nu
> hierheen gebracht en aan mijn borst gelegd.
> Zij deed haar eed gestand. Laat wie nooit vreugde kende
> verhalen van de vreugde die ik vond.
> Niets hiervan wil ik in geheime was verbergen,
> u mag dit lezen vóór hijzelf het ziet.

Graag ga ik in de fout, maal niet om reputatie.
Laat men maar nuffig zeggen: 'Soort zoekt soort.'[101]

Met dit gedicht eindigt de reeks:

Je mag, mijn lief, de gloed waarmee ik voor jou zinder
    ervaren als bekoeld in korte tijd,
indien ik in mijn jeugd nog erger stommiteiten
    begaan heb, waar ik nog meer spijt van heb,
dan van het feit dat ik jou gisternacht alleen liet
    omdat ik bang was me te laten gaan.[102]

Hier is iemand aan het woord die heel wat meer zelfkennis heeft
dan Propertius, Tibullus en Lygdamus. De gedichten van Sulpicia
zijn echt door een vrouw geschreven. Geen twijfel mogelijk.

Het bandeloze talent van Ovidius

Over de levensloop van Publius Ovidius Naso zijn we uitvoerig ingelicht, en wel door de dichter zelf. Na zijn verbanning in 8 n.Chr.
naar Tomi aan de Zwarte Zee, schreef hij een autobiografisch gedicht waarin hij vertelt de tweede zoon van een *eques Romanus* uit
Sulmo te zijn.[103] Hij werd geboren in 43 v.Chr., studeerde in Rome
en was voorbestemd voor een carrière als advocaat en politicus,
maar hij kon zich niet onttrekken aan de lokroep van de poëzie:

Vaak zei mijn vader: 'Staak die hobby! Onvoordelig!
    Homerus zelf liet geen vermogen na!'
Hij overtuigde mij: ik zocht, de kunst vergetend,
    Naar woorden zonder maat en melodie,
Maar steeds ontstond vanzelf een vers in passend metrum
    En al mijn schrijfsels werden poëzie.[104]

Na een halfslachtige poging toch aan de verwachtingen van zijn vader te voldoen, besloot hij al vroeg fulltime dichter te worden. Hij vertelt over zijn bewondering voor Aemilius Macer, die leerdichten schreef over vogels, ongedierte en geneeskrachtige kruiden.[105] Hij was bevriend met Propertius, Bassus en Ponticus (de twee laatsten behoren tot de adressaten van Propertius' Monobiblos) en hoorde Horatius graag voordragen.[106] Vergilius en Tibullus stierven voordat Ovidius kennis met hen had kunnen maken. Hij was gelieerd aan de kring van Messalla.

Ovidius publiceerde in een hoog tempo de ene bundel gedichten na de andere. Op de geheel hexametrische Metamorfosen (en een omstreden leerdicht over vissen) na is al het overgeleverde werk van Ovidius elegisch van vorm. We weten dat hij ook een tragedie schreef, Medea, en gedichten in jambische en lyrische metra. Hij debuteerde met vijf boeken Amores (liefdesgedichten), over zijn liefde voor Corinna; omstreeks het begin van onze jaartelling reviseerde hij deze verzameling tot drie boeken (totaal vijftig gedichten). Vervolgens schreef hij een bundel theatrale brieven van mythische vrouwen aan hun geliefden, Heroïdes (heldinnen) geheten: Penelope richt zich tot Odysseus, Ariadne tot Theseus, Medea tot Jason. Aanvankelijk bestond de bundel uit veertien elegieën. In een vijftiende brief, waarvan de echtheid onder vuur heeft gelegen, spreekt Sappho tot Phaon. Later voegde Ovidius nog drie brievenparen toe, waarin de vrouwen niet alleen hun grieven spuien, maar ook antwoord krijgen. In dezelfde tijd werkte hij aan zijn parodie op het leerdicht, de Ars amatoria (liefdesleer; drie boeken), die de lezer quasi-wetenschappelijke adviezen voor een spannend liefdesleven geeft. Voor wie vervolgens van zijn verliefdheid wil afkomen, is er de Remedia amoris (genezen van liefde; één boek). Gebrekkig overgeleverd is een gedicht over make-up: Medicamina faciei femineae (middeltjes voor het gezicht van de vrouw; honderd regels).

Kort na het begin van onze jaartelling begon Ovidius aan zijn meest ambitieuze project, de vijftien boeken Metamorfosen. Ongeveer tweehonderd vijftig mythologische verhaaltjes waarin een gedaanteverwisseling voorkomt, zijn op zo'n manier aan elkaar geknoopt dat het gedicht toch de indruk van een eenheid weet te wekken. Dat is aanzienlijk minder het geval bij een andere krachttoer, de *Fasti* (kalender), een leerdicht over de maanden van het jaar. Iedere maand krijgt één boek, waarin astrologische, meteorologische, agrarische, mythologische en historische informatie wordt ingezet om het karakter van de maand te beschrijven, compleet met alle feestdagen en de daarbij behorende rituelen, waarvan de oorsprong wordt opgehelderd. Ovidius moet een omvangrijke bibliotheek bij de hand hebben gehad om dit werk te kunnen schrijven. Toen hij verbannen werd naar een uithoek van het rijk, moest hij het project dan ook staken. Er zijn zes boeken voltooid.

De redenen voor Ovidius' ballingschap zijn nooit opgehelderd. Zelf spreekt hij over een *carmen* (gedicht) en een *error* (misstap). Hij zou iets gezien hebben wat hij niet had mogen zien (erotische escapades binnen de keizerlijke familie?) en had poëzie gepubliceerd die het bewind onwelgevallig was. Misschien gaat het om de vrijmoedige *Liefdesleer*, misschien ook om de *Metamorfosen*, die niet alleen amoreel lijken te zijn, maar bovendien benadrukken dat alles in deze wereld van voorbijgaande aard is, dus ook het principaat. In elk geval vertrekt de aan het Romeinse uitgaansleven verknochte dichter in het jaar 8 zonder zijn vrouw naar de achterlijke provincie, waar hij omstreeks 17 overlijdt. Die laatste tien jaar blijft hij verbeten doorschrijven. In vijf boeken *Tristia* (sombere gedichten) en vier boeken *Epistulae ex Ponto* (brieven uit het Oosten), beklaagt hij zijn lot als balling en probeert hij vrienden ertoe te bewegen een goed woordje voor hem te doen, eerst bij Augustus, en na diens dood bij Tiberius. Voorts is er een schimpdicht aan een niet bij name genoemde adressaat onder de titel *Ibis* (642 regels) en een onvoltooid of onvolledig overgeleverd leerdicht over de vissen van de Zwarte Zee, *Halieutica* (viskunde), waarvan de authenticiteit omstreden is (ongeveer 130 regels).

Het karakter van Ovidius' werk
'Ovidius is zelfs in zijn epische poëzie een losbol en een te grote aanbidder van zijn eigen talent, maar sommige passages zijn zeker

de moeite waard,' zegt Quintilianus in zijn overzicht van de Latijnse hexametrische poëzie. Bij de behandeling van het toneel heeft hij een vergelijkbare opmerking: 'Aan Medea van Ovidius kun je, denk ik, zien waartoe de man in staat was geweest als hij ervoor gekozen had zijn talent in bedwang te houden in plaats van erin te zwelgen.'[107] Quintilianus heeft gelijk. Ovidius geeft een eenmaal opgevat idee niet op voordat het potentieel ervan totaal is uitgeput. De vijftig Amores, hoe vernuftig ze ook in elkaar zitten, doen zich voor als variaties op een al door anderen uitgekauwd thema, omdat ze nergens blijk geven van oprechte hartstocht. Bij de Heroïdes kun je na een gedicht of drie wel ongeveer voorspellen wat de volgende heldin haar geliefde zal verwijten. Tweehonderd vijftig gedaanteverwisselingen: eindeloos herhaalde virtuositeit die onherroepelijk gaat vervelen. Bijna honderd ballingschapsgedichten waaruit op iedere pagina moet blijken hoe rot de dichter het heeft: zelfs wie aanvankelijk genegen is begaan te zijn met het lot van de balling, legt het boek na de zoveelste vergelijking met Odysseus terzijde.

Niet alleen wist Ovidius niet van ophouden, hij probeerde ook de hele tijd de leukste te zijn, zelfs wanneer hij serieus was. Hij is de eerste Romeinse dichter bij wie je kunt zien dat gedegen retorisch onderwijs, met zijn nadruk op ingenieuze redenaties, vergezochte historische en mythische exempla, vet aangezet pathos en briljante pointes, ook nadelen heeft. Bovendien is Ovidius in veel gedichten een Alexandrijn, die schrijft voor een hoogopgeleid publiek dat zijn klassieken kende en genoot van overbodige geleerdheid, al gaat hij daarin niet half zo ver als de latere dichters uit de keizertijd, zoals Lucanus, Valerius Flaccus en Statius. Ten slotte nodigt het elegisch distichon de dichter ertoe uit iedere tweede regel met een uitsmijter te beëindigen.

Op zijn slechtst is Ovidius in het eerste boek van de Fasti. Het is opgedragen aan Tiberius' adoptiefzoon Germanicus, die zelf een verdienstelijk dichter was (hij vertaalde, zoals ook Cicero had gedaan, de Phaenomena van Aratus).[108] Na een lofrede tot Germanicus legt Ovidius uit hoe de Romeinse kalender in elkaar zit. Romulus, die wel goed kon vechten maar niet al te slim was, had het jaar in tien maanden verdeeld, te beginnen met maart, de maand van zijn vader Mars. Koning Numa Pompilius voegde januari en februari toe. In vers 63 begint het eigenlijke gedicht met 1 januari, de dag waarop de magistraten hun ambt aanvaarden. Terwijl de dichter daarover zit te schrijven, betreedt ineens de god Janus zijn kamer. Is dat even toevallig! Het verhaal dat deze over zichzelf vertelt is een merkwaardig samenraapsel van filosofie, vergezochte symboliek en Romeinse folklore. Zo zegt Janus dat hij vroeger Chaos heette, een ongeordende massa waaruit de vier elementen zich hebben losgemaakt. Dat Janus nu twee gezichten heeft valt te verklaren uit het feit dat er in die oertoestand geen verschil tussen voor en achter, vroeger en later was. Tot onze verrassing komt hij dan echter met een tweede verklaring voor zijn uiterlijk: hij is het scharnier van het heelal, de god van deur en drempel, hij die oorlog en vrede scheidt.

Vervolgens vraagt Ovidius waarom het jaar niet met de lente begint. Het vormt de aanleiding om een overbodige, te lange beschrijving van het voorjaar te geven. Janus vergelijkt het begin van het jaar met nieuwe maan: het is het moment waarop het licht terugkeert. In de discussie daarna passeren nog allerlei wetenswaardigheden de revue. Zo vertelt de god hoe hij in het verleden Saturnus heeft opgevangen, wiens heerschappij in Latium, waar hij zich voor zijn zoon Jupiter verborgen hield, een periode van paradijselijke eenvoud was.[109] De mensen werden nog niet door hebzucht verteerd, *proque metu populum sine vi pudor ipse regebat* (en in plaats van angst regeerde het fatsoen zelf het volk, zonder geweld). Het typeert Ovidius dat deze regel, met zo'n zware morele boodschap, het maximum aantal korte lettergrepen bevat. Wanneer 's dichters nieuwsgierigheid bevredigd is, vertrekt de god.

Het is begrijpelijk dat de *Fasti* nooit meer gelezen worden. Maar je moet dichters beoordelen op hun beste werk. Er zijn ten minste drie redenen waarom Ovidius een belangrijk dichter is: hij heeft nieuwe genres geïntroduceerd, hij heeft oude genres nieuw leven ingeblazen, en hij kan een verhaal vertellen.

Nieuwe genres

Hoewel het in beide gevallen om elegieën gaat, heeft Ovidius de literatuur verrijkt met twee nieuwe genres, als je ze zo mag noemen: de heldinnenbrief en het ballingschapsgedicht. Na de tientallen liefdeselegieën van Gallus, Propertius, Tibullus en Ovidius zelf leken de mogelijkheden van het genre uitgeput. De bundel *Heldinnen* vormt in drie opzichten een geheel nieuwe uitwerking ervan: ten eerste is de spreker een ander dan de dichter zelf; ten tweede is de spreker een vrouw; ten derde geven de gedichten een frisse kijk op de mythologie. Het zijn dramatische monologen van sterk geëmotioneerde vrouwen, hetgeen de dichter de gelegenheid biedt zich uit te leven in de perverse retoriek van wanhopigen, met als ironiserend detail dat de lezer bij voorbaat de afloop kent. We moeten een zekere mate van onwaarschijnlijkheid voor lief nemen, want in de meeste gevallen is het onduidelijk hoe de brief de geliefde zou kunnen bereiken.

Een van aardigste brieven is die van Sappho aan haar vriend Phaon. Voordat de (voormalig lesbische) dichteres zich van liefdesverdriet van de Leucadische rots werpt, heeft ze een natte droom:

> Mijn dromen zijn nog blanker dan de dag.
> Daar vind ik jou, al scheidt ons mateloze ruimte.
>   Te kort duurt het genot dat slaap mij schenkt.
> Vaak voel ik hoe je om mijn hals je armen legt,
>   hoe ik de mijne om jouw schouders sla.
> De kussen die jouw tong bedreven wist te geven,
>   bedreven wist te nemen – ik herken ze.
> Ik heb je lief, ik spreek soms woorden die aan waarheid
>   doen denken, want mijn lippen slapen niet.
> Ik schaam mij wat daarna – nu ja, je kunt het raden,
>   en ik geniet, droog kan ik dan niet blijven.[110]

Ook het ballingschapsgedicht is nieuw. Er is weleens geopperd dat Ovidius halverwege de vijftig, na alles wat hij tot dan toe had gedaan, om nieuwe stof verlegen zat en toen voor de grap dit thema heeft bedacht. Inderdaad is er geen onafhankelijke bron voor Ovidius' ballingschap, maar de gedachte dat de dichter een honderdtal treurige elegieën geschreven zou hebben terwijl hij vrolijk in Rome vertoefde, is te onwaarschijnlijk om plausibel te zijn.

Toch hebben de aanhangers van deze theorie een punt: veel van wat Ovidius in de *Sombere gedichten* en *Brieven uit het Oosten* schrijft, is ongeloofwaardig of zelfs aantoonbaar onjuist. Zo beschrijft hij het klimaat van Tomi, tegenwoordig de gewilde badplaats Constanţa, alsof het een uithoek van Siberië betreft. Daar komt bij dat de gedichten vol retorische gemeenplaatsen staan, terwijl een moderne lezer zou verwachten dat een werkelijk wanhopige dichter nu eindelijk eens recht vanuit het hart zou spreken. Maar dat is juist Ovidius' tragiek: hij kon niet anders dan in holle taal uiting geven aan zijn diepste gevoelens. Het maakt de gedichten voor ons des te interessanter, omdat ze laten zien dat de retorica voor Romeinen een laatste strohalm kon zijn, daar zij hun de middelen verschafte hun gevoelsleven te ordenen en onder woorden te brengen.

De ballingschapsgedichten zijn duidelijk voortgekomen uit de liefdeselegie. In de *Liefdesgedichten* smacht de dichter naar Corinna, die hem niet altijd binnenlaat, in de *Sombere gedichten* en *Brieven* verlangt hij naar Rome, dat hem wreed afwijst. In dat opzicht zou je het gehele oeuvre van na het jaar 8 als één langgerekt paraclausithyron kunnen beschouwen. Ik citeer slechts één magnifieke zeurpassage uit het openingsgedicht van de *Brieven uit het Oosten*:

Het is geen wonder als mijn denken hier verrot
    zoals ook sneeuw tot modderwater dooit.
Een schip wordt ongemerkt door houtworm weggevreten,
    zout water holt de klippen uit in zee,
verwaarloosd ijzer wordt door roest kapot geknaagd,
    een opgeborgen boek door mot verwoest –
zo wordt mijn borst constant verteerd door bijtend leed,
    dat mij vernietigt maar helaas niet doodt.[111]

Vernieuwde genres

Het leerdicht was een oud genre, dat zich traditioneel van de hexameter bediende. De eerste grote vernieuwer was Callimachus, die in de derde eeuw v.Chr. zijn *Oorzaken* (*aitia*) schreef, vier boeken elegische disticha waarin de oorsprong van religieuze gebruiken werd verklaard. Het werk is fragmentarisch overgeleverd, maar er is voldoende bewaard gebleven om een indruk te krijgen van Callimachus' methode. Een gesprek tussen de dichter en zijn Muze vormde het raamwerk voor een groot aantal verhalen, andere mythen werden zonder verbindende tekst aan elkaar geregen. Zo ontstond een combinatie van didactiek en epiek, met dien verstande dat Callimachus' verklaringen soms dermate geleerd waren dat lezers die niet even erudiet waren als de dichter er weinig van zouden opsteken. De vraag voor wie ze wordt geschreven speelt overigens een rol bij alle didactische poëzie. Een leerdicht voor de landbouw zal niet gelezen worden door boeren, een gedicht over astronomie is doorgaans alleen begrijpelijk voor wie het zwerk al kent.

Ovidius is in hoge mate schatplichtig aan Callimachus, zowel in de elegische *Liefdesleer* en de *Kalender* als in de hexametrische *Metamorfosen*. De *Liefdesleer* is bij uitstek een leerdicht waaruit je niets kunt leren, althans niet over de wetenschap van het liefhebben, want op dat vakgebied heeft iedereen wel een graad. In de eerste twee boeken spreekt de dichter als gediplomeerd liefdesdeskundige tot mannen die een vrouw willen versieren en behouden, het derde boek richt zich tot vrouwen. Het is erudiet, geestig en amoreel, en kan met enige kwade wil beschouwd worden als een uit de hand gelopen grap. Aan het eind van boek III geeft Ovidius vrouwen advies wat betreft standjes in bed:

> Mijn laatste les is wat gewaagd, maar Moeder Venus
>   vraagt dan: 'Gewaagd? Is al mijn werk ooit níet gewaagd?'
> Laat elke vrouw zichzelf verstaan en naar haar lichaam
>   haar houding kiezen. Er is nooit maar één patroon.
> Wie knap is van gezicht vlijt zich lang achterover.

Wie denkt: mijn rug is mooi, ligt met de rug naar boven.
Milanion nam Atalante's benen graag op
zijn schouders. Mooie benen zijn daarvoor gesmeed.
Een kleine vrouw rijdt paardje – wat die vrouw van Hector,
Andromache, nooit deed, want zij was veel te fors.
Een vrouw die om haar slanke leest gezien mag worden,
knielt op het bed en heft het hoofd fier in de nek.[112]

Zoals bij alle softporno gaat het hier om mannelijke fantasieën.
Geen vrouw schiet met deze lessen iets op.

De *Fasti* kunnen beschouwd worden als Romeinse *Oorzaken*,
maar Ovidius heeft het zichzelf wel erg moeilijk gemaakt door het
stramien van de kalender te gebruiken, dat bijna automatisch leidt
tot een opsommerig geheel, onderbroken door vignetjes en anekdotes. De *Metamorfosen*, het eerste grote hexametrische gedicht na
Vergilius' *Aeneis*, kan gezien worden als synthese van mythologische epiek en de methode van Callimachus. In het prooemium van
boek I typeert de dichter zijn werk:

In nova fert animus mutatas dicere formas
corpora: di, coeptis (nam vos mutastis et illa)
adspirate meis primaque ab origine mundi
ad mea perpetuum deducite tempora carmen.

Dit is een mogelijke vertaling: 'Mijn plan is het te spreken over vormen die veranderd zijn in nieuwe lichamen; goden, begunstig
mijn onderneming (want u hebt ook die veranderd) en spin vanaf
de eerste oorsprong van de wereld een doorlopend gedicht tot aan
mijn eigen tijd.' Doordat *corpora* (lichamen) in r. 2 staat, klinkt de
eerste regel aanvankelijk als een poëticale uitspraak. Ingenieus is
dat de onderneming van de dichter (*coeptis*: het begonnene) geïdentificeerd wordt met de veranderlijke wereld. Het *perpetuum carmen*
in r. 4 lijkt te duiden op een chronologisch epos, het werkwoord *de-*
ducere betekent zowel 'wegvoeren, afleiden' als 'afspinnen' en verwijst in die laatste betekenis naar de verfijnde poëzie van de Alex-

andrijnen. Inderdaad bestaat het werk uit losse episoden, maar het begint bij de Chaos van het begin en eindigt met de apotheose van Caesar, de lof van Augustus en een onsterfelijkheidsverklaring van de *Metamorfosen* zelf. Zo'n opzet was in het Latijn nog nooit vertoond.

Ovidius als verteller

In de *Metamorfosen* neemt Ovidius de tijd om verhalen te vertellen. In de meeste gevallen gaat het om wrede verhalen, die met ironische lichtheid worden gebracht. De goden zijn zelfzuchtig en genadeloos. Ovidius wekt niet de indruk ook maar iets te geloven van wat hij met retorische stelligheid verkondigt. Het hele werk is een spel, maar dan wel een keihard spel. Ovidius draagt permanent een masker waaronder zich niets bevindt. Zijn houding is weleens *camp* genoemd en vergeleken met de postmoderne leegte van Andy Warhol. Hij is geestig, blasé en cynisch. Hij wil ons op een verveelde manier amuseren.

Een van de meest gruwelijke verhalen uit de *Metamorfosen* is dat van Myrrha, die verliefd wordt op haar vader Cinyras. Orpheus is de verteller. Hij begint met een waarschuwing: wat hij nu gaat bezingen is eigenlijk te weerzinwekkend voor woorden:

Nu ga ik slechte dingen zingen. Meisjes, weg van hier!
Ouders, ga heen! Of, als mijn lied uw oren toch kan strelen,
vertrouw mij nu dan even niet, geloof de feiten niet;
als u ze wel gelooft, geloof dan ook in hun vergelding![113]

Myrrha worstelt met haar verliefdheid, maar probeert haar gevoelens ook te rechtvaardigen met een beroep op het dierenrijk:

een koe verwekt geen schande
als zij haar vader laat begaan, een hengst gebruikt zijn kind
als vrouw, een bok beklimt de geiten die hij zelf verwekt heeft,
een vogel wordt bevrucht door 't mannetje, wiens zaad ook haar
het leven schonk. Wat een geluk als zoiets mag! Maar mensen

bedachten straffe regels. Waar natuur de vrijheid laat,
stelt mensenwet jaloerse grenzen.[114]

Ze vervloekt haar verwantschap: 'Nu is hij niet van mij, omdat ik
hem al heb!' Ze weet dat ze alle normale categorieën door elkaar
gooit: 'je zult je moeders mededingster worden en je vaders / maî-
tresse, zuster heten van je zoon en moeder van je broer'. Wanneer
haar vader vraagt wat voor soort echtgenoot ze zou willen hebben,
zegt ze: 'Eén zoals u.' Haar oude voedster weet een zelfmoordpo-
ging te voorkomen en hoopt Myrrha van haar monsterlijke obsessie te bevrijden door voor Cinyras een blind date met zijn dochter
te organiseren. Onder onheilspellende voortekenen wordt Myrrha
door de voedster naar het slaapvertrek van haar vader geleid, die
klaarligt voor zijn ontmoeting met een onbekende maagd:

Zo neemt de vader eigen vlees en bloed in ontucht bij zich
in bed, kalmeert haar meisjesangst, zegt haar niet bang te zijn.
Misschien dat hij haar wel 'mijn kind' genoemd heeft, om haar
                                                              leeftijd;
dat zij hem 'vader' noemde – troetelnaampjes in hun zonde…
Liefdeverzadigd glipt zij uit haar vaders bed, bezwangerd
draagt zij zijn zondig zaad, die vrucht van incest, in haar schoot.[115]

Wanneer de vader in een van de volgende nachten ontdekt met wie
hij het bed deelt, ontsteekt hij in woede, maar het typeert Ovidius
dat hij nauwelijks op Cinyras' gevoelens ingaat: *verbis dolore retentis*
(uit verdriet hield hij zijn woorden in), met die drie woorden moeten we het doen. De zwangere dochter vlucht weg en verandert in
een mirreboom, die later Adonis baart.

Natuurlijk bewijst Ovidius lippendienst aan de moraal door het
verhaal in te leiden met de oproep het niet te geloven en door het
rampzalig te laten aflopen, maar juist de herhaaldelijk betuigde afschuw is ongeloofwaardig. De monologue intérieur van Myrrha
hangt van retorische spitsvondigheden aan elkaar, de dialogen zitten vol dubbelzinnigheden, het verhaal wordt met zoveel wellust

naar zijn climax gebracht dat de lezer zich onwillekeurig medeplichtig gaat voelen.

Een veelbeproefd middel tot vervreemding is de homerische vergelijking. Wanneer Pyramus, in de veronderstelling dat zijn geliefde Thisbe door een leeuwin is verscheurd, zich met zijn zwaard heeft doorstoken en stuiptrekkend op de grond ligt, schrijft Ovidius:

Het bloed spoot hoog naar buiten,
zoals wanneer een waterleiding, als het lood niet deugt,
stukbarst en door een sissend scheurtje lange stralen water
naar buiten spuiten en de lucht doorpriemen, stoot op stoot.[116]

Buitengewoon grappig is de speech die Apollo afsteekt terwijl hij bronstig de beeldschone maagd Daphne achtervolgt. Is het al absurd dat iemand in volle draf een knap opgebouwd betoog van ruim twintig regels houdt, helemaal mooi wordt het als hij zijn slachtoffer waarschuwt zich niet te bezeren en haar voorstelt wat minder hard te lopen, met de verzekering dat hij dan ook wat trager zal achtervolgen.

Soms maakt de dichter zich er zo gemakkelijk van af dat je je als lezer bekocht voelt. Dat gebeurt bijvoorbeeld wanneer hij tamelijk essentiële onderdelen van zijn verhaal afraffelt, alsof hij wil zeggen: bedenk zelf maar hoe het verder ging. De dramatische val van Icarus wordt in een opzettelijk obligaat coda afgehandeld:

De vader – niet meer vader – riep naar Icarus, diepdroevig,
'Icarus!' riep hij luid, 'waar ben je dan? Waar vind ik je?'
en steeds weer 'Icarus!', zag toen de vleugels op de golven
en heeft zijn kunst voorgoed verwenst. Het lichaam is door hem
begraven op de kust die heet naar wie daar ligt begraven.[117]

Ovidius besluit zijn magnum opus met een directe verwijzing naar Horatius' carmen III.30:

Ik heb een werk voltooid dat nooit door 's hemels ongenade
of vuur vernield kan worden, noch door strijd of vraatzucht van
de tijd. [...]
En tot in verre landen, waar Romeinse macht zal heersen,
zal men mij lezen en ik zal door alle eeuwen heen
– als dichterswoorden waarheid zingen – roemvol blijven leven.[118]

Het laatste woord is *vivam*: ik zal leven. De dichter had niet kunnen
vermoeden dat hij kort na het uitspreken van dit woord in Rome
doodverklaard werd. Hij werd uitgewezen naar een van die verre
oorden waar de Romeinse keizer formeel de macht had, maar waar
de verfijnde cultuur van de Romeinse elite niet was doorgedrongen.

In een van zijn laatste gedichten bekent Ovidius dat hij in arren
moede maar poëzie in de plaatselijke taal, het Getisch, is gaan schrijven. Mijn gedichten, zegt hij, worden steeds slechter nu ik al jaren
in dit barre gebied vertoef en zelf bijna een Geet ben geworden:

Ik heb, ik geef het toe, een Getisch boek geschreven,
   barbaarse woorden op Romeins stramien,
en met succes – ja, dank u – want mijn reputatie
   ontluikt nu onder onbeschaafde Geten.
Het onderwerp? Ik schreef een lofzang op de keizer:
   die god blies deze revolutie aan.[119]

Dat Tiberius de Getische lofzang ooit onder ogen heeft gehad, mag
betwijfeld worden. Verbazingwekkend is in ieder geval dat Ovidius
zichzelf tot zijn laatste snik als een vernieuwer is blijven beschouwen.

Grattius, Albinovanus Pedo en Cornelius Severus

In het laatste gedicht uit de *Brieven uit het Oosten* noemt Ovidius
een groot aantal dichters die hij in Rome had meegemaakt en wier

werk de tand des tijds, dacht hij, zeker zou weerstaan. Voor ons zijn de meeste van Ovidius' tijdgenoten slechts namen. Van drie dichters is een wat groter fragment bewaard gebleven.

Grattius schreef een leerdicht over de jacht, waarvan 540 regels zijn overgeleverd. Alle critici zijn het erover eens dat Grattius geen spoor van talent heeft. De *Cynegetica* begint pompeus met de woorden: *dona cano divom* (de gaven bezing ik der goden). In vertaling luiden de eerste zes regels:

> Der goden gift zing ik, het vak dat jagers blij maakt,
> Diana, naar uw woord. Eens waren het de wapens
> waarin men heil zag. Bos verstoorde men met naakte
> en onberaden moed. Men leefde slechts in dwaling.
> Pas na een tijd sloeg men een weg in met meer voordeel
> en koos men, Rede, u tot leidsvrouw in het leven.

De rest is net zo. Wie alles wil weten over het fokken van jachthonden, mag zich de regels 150-495 niet laten ontgaan.

Boeiender is een fragment van drieëntwintig regels uit een epos over de veldtocht van Germanicus in het jaar 16 n.Chr.[120] De dichter, Albinovanus Pedo, vertelt hoe Germanicus' vloot de bekende wereld verlaat en in de hel van de Waddenzee terechtkomt. De zon weet die uithoek van de aarde niet te bereiken, zodat de panische Romeinen in diepe duisternis heen en weer geslingerd worden op de Oceaan, waar de afgrijselijkste zeemonsters hen belagen, om het volgende moment vast te lopen op de wadden. De uitkijk, die op de voorsteven vergeefs probeert zijn blik door het massieve donker te boren, roept vertwijfeld uit dat de expeditie alle normale grenzen heeft overschreden:

> Waar sleurt de zee ons heen? Het licht zelf is gevlucht,
> wat er aan wereld rest door duister afgegrendeld.
> Zijn wij op weg naar hen die onder andere polen
> een land bewonen onberoerd door oorlog?
> De goden roepen halt, verbieden 's mensen ogen

de verste grens te zien. Waartoe verstoren wij
met riemen water dat aan anderen toebehoort
en schenden wij het heiligdom van goden?[121]

Morele grenzen worden ook overschreden in het vijfentwintig regels tellende fragment van Cornelius Severus, kennelijk uit een historisch epos.[122] De dichter vertelt hoe het hoofd en de handen van
Cicero, die tentoongesteld zijn op de rostra, bij allen die het zien de
diepste walging oproepen. Men herinnert zich de grootse daden
van de redenaar en is verbijsterd:

Eén dag nam van de eeuw het pronkstuk weg en rouwend
verstomde droef de tong van woordrijk Latium.[123]

De passages van Albinovanus Pedo en Cornelius Severus worden
geciteerd in een werk van Seneca de Oudere over politieke welsprekendheid, zoals die onderwezen werd op retorenscholen.[124] Voortaan zijn retorica en poëzie onverbrekelijk met elkaar verbonden.

IV
De vroege keizertijd
Van Tiberius tot Hadrianus

Macht, chaos en orde

Toen Augustus in 14 n.Chr. overleed, werd hij opgevolgd door zijn stiefzoon Tiberius, een achterdochtige, tot zwaarmoedigheid geneigde man van achter in de vijftig. Het principaat bleek erfelijk te zijn geworden. Nu had Augustus met een combinatie van efficiënt bestuur, tactvolle omgang met de senaat, visionaire cultuurpolitiek en doeltreffende repressie bij het overgrote deel van de bevolking zoveel welwillendheid opgebouwd dat men de status-quo als een gegeven was gaan zien. Onder zijn opvolgers, van wie sommige weliswaar goede bestuurders, maar minder indrukwekkende persoonlijkheden, en van wie andere regelrechte schoften waren, was de politieke situatie vaak in wankel evenwicht. Tiberius was de eerste die te pas en te onpas hem onwelgevallige personen liet aanklagen wegens *laesa maiestas* (gekrenkte waardigheid), een begrip dat het best kan worden weergegeven met 'hoogverraad'. De processen vonden doorgaans plaats in de senaat, soms in bijzijn van de keizer zelf. Aangezien de aanbrenger (*delator*) bij veroordeling een ruim aandeel in de verbeurd verklaarde bezittingen ontving, kon het entameren van zo'n aanklacht een lucratieve onderneming zijn.[1] Anderzijds waren er ook risico's aan verbonden, want wanneer een aangifte ongegrond werd verklaard, hing de aanbrenger een zware straf boven het hoofd.

Onder Tiberius trok de literatuur zich terug. De retorica ging zich voornamelijk met zichzelf bezighouden, veel dichters kozen voor kleine, onschuldige genres, filosofen wijdden hun energie aan ofwel de natuur en het heelal, ofwel het geluk van het individu. Geschiedschrijvers richtten zich bij voorkeur op lang vervlogen tijden: schrijven over de eigen tijd was riskant, zelfs de burgeroorlogen bleven een beladen onderwerp, omdat daarbij automatisch de legitimiteit van het principaat ter discussie zou komen te staan. Nog aan het eind van de eerste eeuw gold, blijkens de *Dialoog over de redenaars* van Tacitus, een aan Cato van Utica (de republikeinse vijand van Caesar) gewijde tragedie als explosief materiaal.

Dat betekent niet dat er in de literatuur niets gebeurde – integendeel. Veel keizers waren zelf actief op letterkundig terrein en stimuleerden de genres die hun speciale belangstelling hadden. Tiberius' opvolger, Germanicus' zoon Gaius (of Caligula; 37-41) was een begaafd redenaar, zijn oom Claudius (41-54) had doorwrochte historische werken op zijn naam staan, terwijl Nero (54-68) zichzelf als geniaal dichter beschouwde. De troonsbestijging van de jonge Nero werd door velen zelfs ervaren als het aanbreken van een periode van ongekende culturele bloei.

Het Latijn, dat zich inmiddels ruimschoots aan de intimiderende greep van het Grieks had ontworsteld, kreeg mede onder invloed van de welsprekendheid een nieuwe glans, die overigens niet vrij was van gekunsteldheid. In dit 'zilveren' Latijn begon poëzie steeds meer retorische, en proza steeds meer poëtische trekken te vertonen, waarbij korte, spitsvondig geformuleerde sententiën werden afgewisseld met overvloedig opgesierde volzinnen.[2] Gedurende de gehele eeuw waren er telkens discussies over de ontwikkeling van de literaire stijl, waarin classicisten, die dweepten met Cicero en Vergilius, tegenover meer experimenteel georiënteerde modernisten stonden. In dit debat werd ook consequent een parallel getrokken tussen stijl en levenswandel: wie weelderig proza schreef, moest wel een decadent leven leiden. In het vorige hoofdstuk is gewezen op Seneca's oordeel over Maecenas; Quintilianus velde op zijn beurt hetzelfde vonnis over Seneca.

Na de dood van Nero op 9 juni 68 brak een chaotische periode aan. Achtereenvolgens trachtten Galba, Otho en Vitellius de alleenheerschappij te verwerven, maar het was Titus Flavius Vespasianus die op 1 juli 69 een nieuwe dynastie wist te vestigen. Na de kaalslag tijdens de laatste jaren van Nero en het rampzalige vierkeizerjaar bracht Vespasianus *law and order*. Hij begon met de bouw van het Colosseum en riep voor het eerst een van rijkswege bezoldigde leerstoel in de retorica in het leven, die gedurende twintig jaar door Quintilianus bezet werd. Vespasianus' oudste zoon Titus volgde zijn vader in 79 op, maar overleed al twee jaar later, om te worden afgelost door zijn jongere broer Domitianus (81-96). Deze keizer, die als megalomaan, wreed en paranoïde te boek staat, maar ook dichter was, ondersteunde de literatuur door het instellen van een aan Jupiter gewijd festival. Statius en Martialis schreven lovende gedichten op Domitianus, Quintilianus kreeg de eervolle taak de kleinzoons van 's keizers zuster op te leiden. Tacitus en de jonge Plinius, die in de luwte carrière maakten, traden pas na de dood van Domitianus met literair werk op de voorgrond.

Met de milde en alom gewaardeerde Nerva, een wat oudere man die amper vijftien maanden zou regeren, brak een nieuwe periode van rust en stabiliteit aan. De Spanjaard Traianus (98-117) is de geschiedenis ingegaan als een bekwaam militair en bestuurder, die een groot deel van zijn regeringsperiode aan de grenzen van het Rijk vertoefde om Germanen, Daciërs en Parthen te bedwingen. Hij werd opgevolgd door zijn achterneef Hadrianus (117-138). Deze hartstochtelijke liefhebber van de Griekse cultuur (hij werd zelfs *Graeculus*, het Griekje, genoemd) zou eveneens lange tijd buiten Italië verblijven, niet zozeer om militaire redenen, als wel om zich te laven aan de geneugten van de oostelijke provincies. Rome begon zijn centrale positie in het Rijk, maar ook in de literatuur te verliezen.

De periode die met het principaat van Nerva begint en in 180 eindigt met de dood van Marcus Aurelius is vaak aangeduid als de gelukkigste tijd uit de Romeinse geschiedenis. Binnen het Rijk heersten betrekkelijke rust en welvaart, de grenzen werden bedreigd, maar goed verdedigd, de keizers waren fatsoenlijk. Het christendom was voorzichtig aan zijn opmars begonnen, en de culturele elite koesterde zich vooralsnog zorgeloos in de illusie dat haar verworvenheden eeuwig zouden zijn. Enkele auteurs die actief waren ten tijde van Traianus en Hadrianus, zoals Tacitus, Suetonius en Juvenalis, hadden de terreur van Domitianus echter van dichtbij meegemaakt en stonden nog met één been in de eerste eeuw. Een belangrijk deel van hun werk is ook aan die periode gewijd. Vandaar dat zij nog in dit hoofdstuk besproken worden. Kijkt Tacitus vooral terug, zijn vriend Plinius Minor is al een voorbode van het nieuwe dat gaat komen: een voorspoedige periode van stagnatie, waarin de literatuur voornamelijk op zichzelf is gericht. Hij is de laatste auteur die in dit hoofdstuk aan de orde komt.

Wetenschap en leerdicht

Waar literatuur en wetenschap tegenwoordig strikt gescheiden werelden zijn en de afzonderlijke wetenschappen elk hun eigen vaktaal hanteren, valt de scheidslijn in de Oudheid niet altijd scherp te trekken. Universitair onderwijs bestond niet, in het middelbaar onderwijs bij de grammaticus werd geen aandacht besteed aan exacte vakken.[3] Wie wilde weten hoe je een brug bouwt, ging in de leer bij iemand die er verstand van had, wiskunde gold als filosofische discipline zonder praktisch nut, de medische wetenschap stond, bij ontstentenis van een gedegen natuurwetenschappelijk fundament, nog in de kinderschoenen. Een beschaafd man was literair, retorisch en filosofisch geschoold, maar zou het niet in zijn hoofd halen de kost te gaan verdienen als architect, econoom of bioloog.

Dat betekent niet dat het de Romeinen aan wetenschappelijke belangstelling ontbrak. Een ijverig dilettant kon in principe de gehele wetenschap van zijn tijd overzien en veel Romeinse bestuurders begrepen dat theoretische inzichten op het terrein van geografie, meteorologie, landbouw, krijgskunde, landmeetkunde en geneeskunde relevantie hadden voor het beheer van een landgoed, leger of provincie. Vanaf de eerste eeuw v.Chr. kwam er een brede stroom min of meer vakwetenschappelijke publicaties op gang, vaak in de avonduren geschreven door geletterde heren met een veeleisende maatschappelijke functie. Hun lezerspubliek bestond uit al even geletterde leken, vandaar dat in de meeste gevallen de uiterste zorg was besteed aan de stijl, met name in de voorredes van de afzonderlijke boeken.

Een groot deel van deze literatuur is verloren gegaan, maar valt te reconstrueren aan de hand van citaten, excerpten, samenvattingen en bewerkingen uit de Late Oudheid en Middeleeuwen, al is het niet altijd mogelijk fragmenten met zekerheid aan een bepaalde auteur toe te schrijven. Vooral in de negentiende eeuw hebben (meestal Duitse) geleerden corpora samengesteld waarin de overgeleverde werken en fragmenten per vakgebied zijn verzameld. Zo bestaan er meerdelige tekstedities op het terrein van de grammatica, retorica, landmeetkunde, geografie, landbouw en geneeskunde. Naast hun belang voor onze kennis van de antieke wetenschap hebben deze corpora ook een onschatbare literaire waarde, omdat de auteurs vaak verwijzen naar of citeren uit stokoude tragedies, wetten, redevoeringen of historische werken. Gelukkig worden veel van die teksten nu gedigitaliseerd, zodat ze in allerlei databestanden op internet of op cd-rom beschikbaar komen. Aangename lectuur vormen deze boeken zelden.

Toch zijn er enkele auteurs uit de eerste eeuw die voldoende persoonlijkheid bezitten om een afzonderlijke behandeling te rechtvaardigen. Dat geldt zeker voor de schrijvers van drie leerdichten – want ook de scheidslijn tussen poëzie en wetenschappelijk proza is vloeiend. Manilius en Germanicus schreven gedichten over astrologie, niet toevallig een obsessie van Tiberius, tijdens wiens bewind ze hun werken schreven. De anonieme dichter van *Etna* waagde zich aan een poëtische behandeling van vulkanisme. Voorts komen uit deze eeuw vijf prozaïsten aan de orde, van wie Cornelius Celsus de vroegste en Julius Frontinus de laatste is. Celsus schrijft over geneeskunde, Pomponius Mela over geografie, Columella over landbouw, Plinius Maior over alles en Frontinus over krijgstactiek en waterbeheer. Het natuurwetenschappelijk proza van Seneca wordt besproken in de context van zijn overige werken.

Leerdichten

De kosmische poëzie van Manilius

Van Marcus Manilius weten we niets. De onhandigheid dat alle keizers aangesproken worden met 'Augustus' of 'Caesar' maakt het onmogelijk met zekerheid vast te stellen wie de adressaat van de *Astronomica* (sterrenkunde) is, Augustus of Tiberius. Manilius' stijl en benadering van mythologie vertonen een verwantschap met Ovidius, terwijl hij op zijn beurt invloed lijkt te hebben gehad op Germanicus, op de dichter van *Etna*, op Lucanus en Juvenalis. Met zijn vijf boeken is de *Sterrenkunde* het laatste grote leerdicht uit de Latijnse literatuur.

Dat het werk nooit meer gelezen wordt, ligt in de eerste plaats aan het onderwerp. Geen verstandig mens neemt de astrologie serieus, bovendien zijn Manilius' astronomische observaties achterhaald en soms regelrecht onzinnig. Zo maakt hij aan het eind van boek I geen onderscheid tussen kometen en meteorieten, hetgeen een uiterst warrig betoog oplevert. In de tweede plaats heeft de dichter het noodzakelijk geacht de lezer bladzijden lang te kwellen met ondoorgrondelijke berekeningen. Niet alleen vereist het een enorme voorkennis en concentratie om die te kunnen volgen, ook wie daarin slaagt zal zich afvragen of Manilius wel het juiste genre heeft gekozen. Sommetjes maken gaat nu eenmaal gemakkelijker in proza (of in een wiskundige notatie, maar daar deden de Romeinen niet aan) en van poëzie verwachten we eerder bezieling, overrompelende beelden, taalmuziek en grootse inzichten.

Aanzienlijke gedeelten van het gedicht zijn echter wel degelijk de moeite waard. Hoewel Manilius de neiging heeft zijn zinnen te lang te maken, alsof hij niet goed wist hoe hij ze moest beëindigen, verrast hij soms met krachtige oneliners, zoals deze: *nascentes morimur, finisque ab origine pendet* (wij sterven bij geboorte, het eind hangt aan de oorsprong)[4] of deze, over de kosmos: *idem semper erit quoniam semper fuit idem* (dezelfde zal hij altijd zijn omdat hij altijd dezelfde was).[5] Wel leidt zijn behoefte aan een originele formulering soms tot gekunstelde metoniemen, zoals waar hij zijn dubbele loyaliteit, aan de astrologie en aan de poëzie, uitdrukt met de woordgroep *duplici circumdatus aestu* (omgeven door een dubbele gloed; met 'omgeven' inderdaad in het midden).[6]

Manilius heeft een waarlijk kosmische visie op het dichterschap. Menig dichter had verkondigd ongebaande paden te betreden, Manilius neemt de lezer écht mee op een tocht door het heelal. Lucretius had een analogie getrokken tussen de letters waaruit zijn gedicht bestaat en de atomen die het universum vormen, maar omdat Lucretius' wereldbeeld door toeval beheerst wordt, is de analogie niet meer dan een gelegenheidsargument: de dichter zou

Het feest van Saturnus

immers nooit toegeven dat ook zijn werk *at random* tot stand was gekomen. Daar Manilius een stoïcijn is, weet hij de noodzaak van zijn poëzie veel overtuigender aan te tonen. De kosmos is een bezield geheel dat door onwrikbare wetten van logica bepaald wordt, de mens maakt daarvan deel uit en is, als een microkosmos, van nature gepredisponeerd om de macrokosmos te kennen en te bezingen: 'Is het een wonder als de mensen in staat zijn de kosmos te kennen, daar de kosmos zich in henzelf bevindt en ieder in het klein de godheid representeert?'[7] Manilius realiseert zich overigens dat niet elke wereldburger deze bestemming ook waarmaakt, want in de inleiding van het tweede boek weet hij dat zijn publiek klein zal zijn: misschien is hij zelfs geheel alleen als hij de hemelwagen bestijgt. Daar staat dan tegenover dat de sterren zelf zich zullen verheugen over zijn lied:

> Dit is wat ik vervuld van goddelijke adem
> ten hemel voer. Ik zing niet met of voor de massa,
> maar eenzaam rijd ik rond in onbewoonde kringen,
> ik voer mijn wagen vrij: ik kom er niemand tegen
> die met mij op die weg zijn paarden durft te leiden.
> De hemel is mijn zaal, de sterren zelf genieten,
> 't heelal is trots op mij, de dichter van zíjn zangen.
> Al wie het zwerk vergunt zijn goddelijke banen
> te kennen en doorzien, vormt mijn beperkt publiek.[8]

Het lied dat de hemel bezingt komt zelf voort uit die hemel en keert er weer in terug. Nooit eerder heeft het lot een gedicht voortgebracht met zo'n diepe innerlijke noodzaak.

Het zijn Manilius' verheven lofzangen op de grootheid en schoonheid van het universum die de *Sterrenkunde* bij vlagen tot een meeslepend gedicht maken.[9] Interessant is de beschrijving van het ontstaan van de taal, de beschaving en de diverse wetenschappen in boek I, de reflectie op de literatuurgeschiedenis in boek II en III, en een uitweiding over lot en moraal in boek IV.[10] Van geheel andere aard is het verhaal van Perseus en Andromeda, dat Manilius in boek v vertelt, ondanks zijn verzekering dat hij alle mythologie flauwekul vindt.[11] Deze passage is door en door ovidiaans van karakter, compleet met broeierige details over de schoonheid van de geketende Andromeda. Wanneer Perseus komt aanvliegen, benijdt hij zelfs de ketenen om hun intimiteit met het meisje.[12] De mythe wordt gevolgd door een astrologische moraal: wie geboren wordt in de periode dat Andromeda opkomt uit zee, wordt een sadistische beul of cipier. De regels waarin dit monster opgeroepen wordt, wijzen vooruit naar de gruwelverhalen van Lucanus en Seneca en de satiren van Juvenalis.[13]

Germanicus. De veldheer als meteoroloog

Germanicus (15 v.Chr.-19 n.Chr.) is vooral bekend als de populaire, zij het niet zeer succesvolle veldheer die vermoedelijk het slachtoffer werd van de afgunst van zijn oom en adoptiefvader Tiberius.[14] Hij was een broer van de latere keizer Claudius, de vader van Caligula en de grootvader van Nero. Ovidius prijst Germanicus in het eerste boek van de Fasti om zijn retorische en poëtische gaven. Hij maakte een bewerking van het astronomisch leerdicht Phaenomena van de hellenistische dichter Aratus, dat ook al door Cicero was vertaald. De versie van Germanicus, 725 versregels lang, is helder en compact, maar niet geheel vrij van pathetiek.

Naast dit gedicht zijn er forse fragmenten overgeleverd van een leerdicht in vier boeken, de Prognostica (voorspellingskunst), waarin de meteorologische consequenties van de hemelbewegingen op een rij worden gezet. In het langste fragment, boek III.1-163, wordt iedere keer opnieuw verteld dat een bepaalde constellatie voor kou, onweer, regen of hitte zorgt. Het ligt niet aan Germanicus' vermogen tot variatie dat de lezer onherroepelijk afhaakt, maar aan de keuze van het onderwerp. Dit zijn fraai ronkende regels:

Heu quantis terras tunc Iuppiter imbribus omnis
obruet! aut glomerata cadet quam densa per aethram
immitis grando! caelum quam saepe sonabit!

O hoe dan Jupiter de aarde met zijn buien
bedelft! Hoe dik en dicht het waas van wrede hagel!
Hoe dikwijls deelt de hemel luide klappen uit!¹⁵

Nauwkeurige observaties in Etna

De dichter van het 645 verzen tellende leerdicht *Etna* zal in de eerste helft van de eerste eeuw geleefd hebben. Het werk vertoont overeenkomsten met de *Sterrenkunde* van Manilius en de *Naturales quaestiones* van Seneca, en omdat de dichter ervan uitgaat dat het vulkanisme rond de baai van Napels tot rust is gekomen, moet het gedicht geschreven zijn vóór de aardbeving die in het jaar 63 Pompeii voor de eerste keer verwoestte.

In de literatuurgeschiedenis van Kenney en Clausen merkt Goodyear vernietigend op: 'Few Latin poems so completely fail to involve the reader.'¹⁶ Hij heeft ongelijk. *Etna* is geen perfect gedicht, maar de auteur slaagt er wel degelijk in enthousiasme voor zijn onderwerp los te maken en met ware hartstocht de lof van de wetenschap en de waarheid te zingen. In nogal wat passages hamert hij op het belang van nauwgezette observatie: wie goed uit zijn ogen kijkt kan gewoon zíen hoe de wereld in elkaar zit. Mythologie beschouwt hij als obscurantistische onzin.

De hoofdstructuur van het gedicht is eenvoudig. Na een uitvoerige inleiding wordt eerst betoogd dat de aarde poreus is, vervolgens dat er onderaardse winden zijn die met luchtdruk uitbarstingen veroorzaken, ten slotte legt de dichter uit waarom daarbij vuur vrijkomt en wat lava is. Het geheel is opgeluisterd met uitweidingen, onder andere over de Gouden Tijd, over toerisme en beeldende kunst (die hij allebei als beuzelarij verwerpt), en het gedicht eindigt met een anekdote over twee jongens uit Catania die bij een uitbarsting van de Etna halverwege de vijfde eeuw v.Chr. met goddelijke hulp hun ouders uit de vuurzee redden en daarvoor in de onderwereld geëerd werden. Het is een lichtelijk onbevredigend slot voor een werk dat zich zo fanatiek afzet tegen bovennatuurlijke verklaringen, maar de sardonische beschrijving van aan hun bezit verslingerde mensen die allereerst proberen hun spullen in veiligheid te brengen en pas daarna aan hun naasten denken, is een Persius of Juvenalis waardig. De Siciliaanse zoons beseffen pas echt wat rijkdom is: *illis divitiae solae materque paterque* (voor hen zijn schatten slechts hun moeder en hun vader).[17]

De vergelijking van de onderaardse luchtdruk met de werking van een waterorgel doet denken aan Ovidius' voorliefde voor aan de techniek ontleende vergelijkingen.[18] In zijn diepe verontwaardiging over geestelijke luiheid roept de dichter Lucretius in herinnering. Passages als deze blijven altijd actueel:

> Niet als het vee zich slechts om alles te verbazen,
> noch uitgestrekt in gras het logge lijf te laven –
> beproef de trouw van feiten, oorzaken, gevolgen,
> heb eerbied voor verstand, verhef je tot de hemel,
> weet welke en hoeveel beginselen de wereld
> verwekken (sterven zij? of leven zij nog eeuwen
> en is het bouwwerk vast en tijdeloos verankerd?)
> [...]
> dat is voor onze geest het heiligst, diepst genot.[19]

Wetenschappelijk proza

De proefondervindelijke geneeskunde van Celsus

Aulus Cornelius Celsus behoort tot het tegenwoordig ondenkbare slag mensen dat zich in alle takken van wetenschap gelijkelijk thuisvoelt. Tijdens de regering van Tiberius schreef hij een encyclopedisch werk over landbouw, krijgskunde, retorica, filosofie, recht en geneeskunde, en dat terwijl hij volgens Quintilianus een *mediocri vir ingenio* was (een man van middelmatige intelligentie).[20] Quintilianus zal zich geërgerd hebben aan het feit dat de retorica, voor hem een levensvervulling, voor Celsus slechts één van de vele vakken was. Dat het met Celsus' intelligentie wel meevalt, blijkt uit de acht boeken *De medicina* die bewaard zijn gebleven. Na een korte geschiedenis van het vak gaan de eerste vier boeken over het handhaven van een goede gezondheid en het herstellen van een verstoord evenwicht daarin door middel van voeding, rust, massage en allerlei smeerseltjes (*diaitêtikê*). De twee daaropvolgende boeken beschrijven tal van medicijnen (*pharmakeutikê*), de laatste twee behandelen de chirurgie (*cheirourgia*).

Als er ooit een auteur is geweest op wie het predikaat *no nonsense* van toepassing was, is het Celsus. Het boek valt met de deur in huis: *Ut alimenta sanis corporibus agricultura, sic sanitatem aegris medicina promittit* (zoals de landbouw voeding belooft aan gezonde, belooft de geneeskunde gezondheid aan zieke lichamen). In de inleiding constateert hij dat er een debat bestaat tussen theoretici en empirici, die elkaars deskundigheid te vuur en te zwaard bestrijden. Zelf neigt hij tot de empirische benadering, zij het dat hij theoretisch inzicht geenszins afwijst. Spannend is zijn gortdroge behandeling van het vraagstuk of het ethisch verantwoord is in gevangenen te snijden om erachter te komen hoe organen bij leven functioneren. Celsus acht dit niet alleen wreed en afschuwelijk, maar ook zinloos, omdat de samenhang van het lichaam verstoord wordt zodra je het openmaakt. Wel raadt hij aan goed op te letten als je toevallig een zwaargewonde aantreft (een gladiator, een soldaat of iemand die door rovers is overvallen), want als een lichaam toch al openligt, kun je daarmee je kennis van de anatomie aanmerkelijk vergroten.[21]

Helder en streng is, aan het begin van boek I, Celsus' beschrijving van een gezond leven. De sfeer van dit proza wordt bepaald door de praktische, aardse inslag van de auteur, maar vooral door zijn klassieke stijl: bondige, welgevormde en welluidende zinnen zonder ook maar één overbodig woord: *Concubitus vero neque nimis concupiscendus, neque nimis pertimescendus est; rarus corpus excitat, frequens solvit* (de bijslaap dient zeker noch te zeer verlangd, noch te zeer gevreesd te worden; bij lage frequentie versterkt, bij hoge verlamt hij het lichaam).[22] Zo karakteriseert Celsus de chirurg:

De chirurg moet jong zijn of ten minste eerder wat jonger dan oud; zijn hand krachtig, vast, nooit trillend, links niet minder vaardig dan rechts; scherp en helder het zicht van zijn ogen; onverschrokken; meedogend in zoverre dat hij zijn patiënt wil genezen, maar door diens geschreeuw niet zo wordt afgeleid dat hij te haastig werkt of niet diep genoeg snijdt; nee, hij moet alles precies zo uitvoeren alsof het geloei van de ander hem niets doet.[23]

Fascinerend is ook Celsus klinische, maar uiterst plastische beschrijving van de methoden waarop pijlpunten uit het lichaam kunnen worden verwijderd.[24] Dergelijke hoofdstukken vormen een ontnuchterende aanvulling op de pompeuze heroiek die een groot deel van de Latijnse literatuur kenmerkt.

De rondvaart van Pomponius Mela

Al in de vijfde eeuw v.Chr. hebben Griekse ontdekkingsreizigers pogingen gedaan een groter deel van de wereld te leren kennen dan alleen de gebieden rondom de Middellandse en Zwarte Zee, maar hun bevindingen kennen we alleen uit de tweede of derde hand. De veroveringstochten van Alexander de Grote, de handelsgeest van de Carthagers en de expansie van het Romeinse Rijk wakkerden belangstelling voor verre en vreemde volkeren aan. De eerste etnograaf en geograaf van betekenis is Herodotus, die met verbazingwekkende onbevangenheid de meest onwaarschijnlijke details overneemt van misschien niet al te betrouwbare, misschien ook slecht vertaalde zegslieden. Wat Julius Caesar over de Galliërs, Britten en Germanen vertelt, lijkt geloofwaardiger.

Pomponius Mela, een Spanjaard die ten tijde van keizer Claudius drie boeken De chorographia (aardrijkskunde) schreef, sluit aan bij de traditie van de zogenaamde periplous (rondvaart), waarin zeelieden minutieus de kusten beschrijven die ze passeren, met vooral aandacht voor klippen, havens en het karakter van de streken die vlak achter de kust liggen. Van de binnenlanden van Afrika, Azië en Centraal-Europa wist men bijna niets.

In een enigszins overladen eerste zin legt Mela uit dat de taak die hij op zich genomen heeft geen eenvoudige is, vooral omdat hij zich gedwongen ziet veel namen van volkeren en plaatsen op te sommen, wat de leesbaarheid van het werk niet ten goede zal komen. Daarin vergist de schrijver zich niet. Hoewel hij zijn best heeft gedaan enige variatie aan te brengen in de zinsbouw, bestaat het boek vrijwel geheel uit opsommingen, zij het dat die vaak zijn gelardeerd met smakelijke details.

Na een overzicht van de aarde als geheel beschrijft Mela, als zat hij zelf op een schip, de kusten van Noord-Afrika, Egypte en Palestina, Klein-Azië, de landen rond de Zwarte Zee, Griekenland, Italië, Zuid-Gallië en Spanje. Daarna komen de eilanden in de Middellandse en Zwarte Zee aan de beurt. Het derde boek vertelt eerst over de kusten van West-Europa en de eilanden in de Noordzee en Atlantische Oceaan, dan over Azië en Afrika, om uiteindelijk weer bij Gibraltar uit te komen, dat ook het punt van vertrek in het eerste boek was.[25]

Vooral in Afrika blijken de meest opmerkelijke stammen te wonen. Zo zijn er mensen die niet kunnen praten en uitsluitend met gebaren communiceren, en bij sommigen ontbreekt de tong of zitten de lippen aan elkaar vast, zodat ze slechts door een rietje kunnen drinken en eten.[26] Ook is er een groot eiland

waarvan men zegt dat er alleen vrouwen wonen, die over hun gehele lichaam beharing hebben en zonder gemeenschap met mannen uit zichzelf vruchtbaar zijn; zij gedragen zich dermate ruw en woest dat ze soms ook met boeien niet gedwongen kunnen worden hun tegenstand op te geven; dit is wat Hanno vertelt, en het verdient geloof, omdat hij huiden heeft meegenomen die van gedode exemplaren waren afgestroopt.[27]

Columella. De landman, zijn vrouw en zijn rentmeester
Spanje heeft de Latijnse literatuur in de eerste eeuw een paar belangrijke auteurs geschonken. De bekendste onder hen zijn Seneca (vader en zoon), Quintilianus en Martialis. Dat Pomponius Mela in dit rijtje thuishoort, blijkt uit het feit dat hij veel meer bladzijden inruimt voor Spanje dan voor Italië. Ook keizer Traianus kwam uit deze provincie. Maar geen van hen heeft zich zo met de oude Ro-

meinse *way of life* geïdentificeerd als Lucius Junius Moderatus Columella uit Gades (het huidige Cádiz), een tijdgenoot van de filosoof Seneca.

Zijn encyclopedische werk De re rustica (over de landbouw) behandelt in twaalf boeken alles wat er over het boerenbedrijf valt te weten. Een uitvoerige inleiding gaat in op het belang van het onderwerp: weliswaar hebben alle wetenschappen een zekere relevantie voor het menselijk bestaan, maar zonder de landbouw is ons leven ondenkbaar. Columella constateert, in te lange, te gemaniëreerde zinnen, dat landeigenaren het beheer van hun goederen tegenwoordig aan beunhazen overlaten, onbetrouwbare rentmeesters die niets van het boerenbedrijf weten en niet in staat zijn effectief leiding te geven aan al even onbetrouwbare slaven. Dat is jammer, want als er nu iets is wat een heilzaam tegenwicht biedt voor het decadente stadsleven van tegenwoordig, is het wel de noeste arbeid op akkers, in moestuin en wijngaard.

In boek I gaat het over bodem, klimaat en water, en worden de plichten van de grondbezitter behandeld. Akkerbouw vormt het onderwerp van boek II, wijnbouw van de boeken III en IV. In boek V vertelt Columella over landmeting, over wijnbouw in de provinciën en over verschillende boomsoorten, waaronder de olijf. De boeken VI tot en met IX gaan over dieren: eerst runderen, paarden en muildieren; dan ezels, schapen, geiten, varkens en honden; vervolgens pluimvee, duiven, lijsters en pauwen, alsmede visvijvers; ten slotte wildparken en bijen. En passant legt Columella uit hoe je stieren en beren castreert en hoe je kaas maakt. Steeds behandelt hij ook de ziektes die de dieren kunnen krijgen.

Boek X is iets bijzonders. Omdat Vergilius in zijn Georgica geen apart boek aan de tuinbouw had kunnen wijden, heeft Columella besloten dit onderwerp in hexameters te behandelen. Het boek bestaat dan ook uit 436 versregels die herhaaldelijk naar de vereerde voorganger verwijzen. Ook in dit korte leerdicht hebben de zinnen de neiging te lang te worden. Lichtelijk ongeloofwaardig is het wanneer Columella zichzelf oproept eenvoud te betrachten en een lied te zingen dat ook uit de mond van een snoeiende tuinder zou kunnen komen.[28] In een van de interessantste passages beschrijft de dichter kennelijk oude magische praktijken om ongedierte te bestrijden.[29]

Boek XI, weer gewoon in proza, bespreekt de taken van de rentmeester. In dat kader geeft Columella een complete kalender, waarin per dag is aangegeven wat er gedaan moet worden. In het laatste boek stelt hij mopperend vast dat Romeinse vrouwen hun traditionele plichten verzaken: ze spinnen en weven niet meer en het beheer van de huishouding laten ze aan slavinnen over. Vandaar dat Columella boek XII heeft gewijd aan het arbeidsterrein van de vrouw van de rentmeester. Zij ziet toe op het inmaken van groente en fruit, het pekelen van vlees, het karnen van melk en de bereiding van kaas, mosterd en dergelijke. In het huishouden is niets zo belangrijk als orde en regelmaat:

> Want wie zou eraan twijfelen dat op ieder terrein des levens niets mooier is dan ordening en planning? Ook bij toneelvoorstellingen kan men dat vaak constateren; wanneer het koor van zangers immers niet gehoorzaamt aan de melodieën en ritmes van de koorleider, krijgt het publiek de indruk dat ze een chaotisch stuk vol dissonanten zingen; maar wanneer het koor als in een samenzwering overeenstemt in maat en ritme en waarachtig samen zingt, klinkt uit een dergelijke eendracht van stemmen een lieflijke, heerlijke muziek op, niet alleen in de oren van de zangers zelf, maar ook in die van het publiek, dat kijkt en luistert en met het verrukkelijkst genot wordt gestreeld.[30]

Dan volgt nog een analogie met de slagorde van een leger en de efficiënte arbeidsverdeling op een schip. Columella weet van geen ophouden. Dat is meteen het voornaamste bezwaar tegen dit werk.

Na boek II wordt in de handschriften een ander geschrift overgeleverd, dat het tweede deel vormde van een verder verloren gegaan, anoniem werk over de landbouw. Dit *Liber arborum* (bomenboek), een kleurloos traktaat over wijnbouw en de verzorging van diverse boomsoorten, is zeker van later datum.

De wereld van Plinius Maior

In een van de meest spectaculaire egodocumenten uit de klassieke Oudheid vertelt Plinius Minor hoe zijn oom en adoptiefvader Gaius Plinius Secundus op 24 augustus van het jaar 79 bij de uitbarsting van de Vesuvius op onderzoek uitgaat, enerzijds om mensen te redden, anderzijds uit wetenschappelijke belangstelling.[31] De gezette vijftiger verdween weliswaar niet onder as of lava, maar kreeg, astmatisch als hij was, ademhalingsproblemen en overleed op het strand van de baai van Napels. Het is een passend einde voor een man die zich altijd onvermoeibaar had ingespannen voor het openbaar bestuur en daarnaast een ongehoord productief schrijver was. Bij dat alles had hij zijn lichaam niet ontzien.

Plinius, die in 23 of 24 in Como geboren werd, maakte carrière onder de keizers Claudius, Nero en Vespasianus, al opererreerde hij tijdens de latere jaren van Nero in de luwte. Als Romeins ridder bekleedde hij diverse militaire functies in de provincies, in Rome was hij advocaat en adviseur van Vespasianus, voor wie hij ook een tijd lang zaakgelastigde in Spanje was. Hij was bevriend met Titus, de latere keizer, die hij misschien had leren kennen tijdens het beleg van Jeruzalem in 70. Plinius schreef boeken over de Romeinse oorlogen van de laatste anderhalve eeuw, een biografie van een van zijn vrienden, een boek over welsprekendheid, maar vooral het enige werk dat bewaard is gebleven, de zevenendertig boekrollen *Naturalis historia*, door de Nederlandse vertalers terecht weergegeven als *De wereld*. Het boek is opgedragen aan kroonprins Titus.

Plinius sliep bijna nooit, liet zich zelfs tijdens het eten, in bad, in de draagstoel voorlezen en dicteerde wat hem inviel of wat hij van de lectuur wilde onthouden aan een secretaris. Hij wenste geen minuut te verliezen: *vita vigilia est* (het leven is: wakker zijn).[32] Hij ordende zijn aantekeningen op zo'n manier dat hij altijd precies kon terugvinden waar hij wat gelezen had. Uiteindelijk legde hij zijn overrompelende feitenkennis neer in een helder gestructureerd encyclopedisch geheel. Zowel in zijn inleiding als aan het slot constateert hij met trots dat hij de eerste is die zo'n project heeft ondernomen.

In een soms wat onhandig, soms al te bloemrijk Latijn legt Plinius uit wat hij gaat doen: 'Het gaat over dorre materie, namelijk de natuur, dat wil zeggen: het leven.'[33] Alles wat Plinius vertelt staat in verband met de mens; feitenkennis zonder relevantie voor het leven acht hij zinloos. Hij is geen filosoof die kennis vergaart om de kennis. Vandaar dat een groot deel van zijn beschrijving van planten en dieren in het teken van de landbouw en de geneeskunde staat.

Met enige fantasie kan in het werk een cyclische opbouw waargenomen worden. Na boek I, waarin Plinius per onderwerp zijn bronnen opsomt (meer dan vierhonderd, voor het overgrote deel Griekse, auteurs), behandelen de boeken II tot en met VI de anorganische natuur: de kosmos met zijn vier elementen en drie werelddelen. In dat kader bespreekt Plinius ook de goden (voor hem is de Natuur de enige godheid), de getijden, de bewoners van Nederland en de bronnen van de Nijl. In de boeken VII tot en met XI staan mens en dier centraal: menstruatie, de onsterfelijkheid van de ziel, voorspellende vissen, sprekende vogels en de ademhaling van insecten komen uitvoerig aan bod. De boeken XII tot en met XIX gaan over planten en bomen, van wijnstok tot Germaanse eiken, van kaneel tot vlas, van olijfgaard tot komkommer. Ook de boeken XX tot en met XXVII houden zich bezig met botanica, maar nu voor zover de planten relevantie hebben voor de geneeskunde. In de boeken XXVIII tot en met XXXII zijn we weer terug bij mens en dier, eveneens in hun medische aspecten: mensen met magische gaven, kinderziektes, bloedzuigers. Een boek over water en zout (XXXI) zou als uitweiding beschouwd kunnen worden. In de laatste vijf boeken gaat het weer om anorganische natuur: edele metalen, brons en ijzer, kostbare gesteenten, met in de boeken XXXV en XXXVI een overzicht van de schilderkunst, de beeldhouwkunst en de architectuur.

Plinius benadert zijn bronnen kritisch, zonder evenwel zelfstandig onderzoek naar de verschijnselen te doen. Hij is noch een empiricus die uit een grote verzameling data hypothesen opstelt, noch een zoeker naar diepliggende oorzaken van wat dan ook. Metafysica, natuur- en wiskunde zijn niet aan hem besteed, laat staan dat hij zich ooit een methodologische vraag stelt. Zijn theoretische zwakte is tegelijkertijd zijn kracht. Met vaart en humor vuurt Plinius, naar eigen zeggen, twintigduizend feiten op de lezer af (in werkelijkheid zijn het er veel meer). 'Als enig levend wezen is aan de mens verdriet gegeven, alleen aan hem genotzucht.' 'Gapen tijdens de bevalling is zeker dodelijk, net zoals niezen na de gemeenschap een miskraam opwekt.' 'De beet van de mens wordt als een van de gevaarlijkste beschouwd. Men behandelt hem met oorsmeer.' 'De vriendelijke bomen, die ons op een meer menselijke manier van dienst zijn met hun vruchten, andere gaven of dienstvaardige schaduw, noemt men niet ten onrechte beschaafd.'³⁴ Zelden krijg je een boek in handen waarvan je zo vrolijk wordt.

Als alle Romeinse schrijvers is Plinius een moralist. Zijn tirades tegen overdreven luxe klinken vertrouwd in de oren, interessanter is zijn conceptie van de natuur als een organisch geheel dat je moet respecteren en niet mag uitputten:

Niettemin, wat [Moeder Aarde] te verduren heeft aan haar oppervlakte en de buitenkant van haar huid, dat lijkt nog dragelijk, maar wij dringen ook door in haar ingewanden, wroetend naar de aders van goud en zilver, naar mijnen van koper en lood, ook edelstenen en bepaalde minuscule kiezels sporen we op door diepe tunnels in haar te boren. Haar ingewanden trekken wij naar buiten om een edelsteen te dragen aan dezelfde vinger waarmee die is gezocht. Hoeveel handen worden er niet afgebeuld om één vingerkootje te laten pronken. Als er echt ergens een onderwereld bestond, dan hadden die mijngangen van onze hebzucht en hang naar weelde hem beslist al lang blootgelegd. Moeten wij dan nog verbaasd zijn als diezelfde aarde een paar schadelijke producten voortbrengt? De beesten zijn er, denk ik, om haar te beschermen en heiligschennende handen tegen te houden. Graven wij niet midden tussen de slangen, komen onze handen tegelijk met de goudaders ook niet aan giftige wortels? Toch heeft de godin er vrede mee en wel hierom, dat al deze bronnen van rijkdom uitlopen op misdaden, moordaanslagen en oorlogen, dat wij haar met ons bloed besprenkelen en met onze botten bedekken. Trouwens, uiteindelijk dekt zij die zelf toe, alsof onze waanzin genoeg aan de kaak is gesteld, en onttrekt ook de misdaden van stervelingen aan het licht.[35]

Dit is het ongeremde proza van een man die in iedere alinea liefst de informatie van tien alinea's zou stoppen, maar zich door zijn enthousiasme en zijn drang tot het spuien van feiten en meningen zo laat meeslepen dat hij het niet kan laten keer op keer dezelfde stokpaardjes te berijden, proza ook van iemand die geen tijd heeft nog eens rustig over te lezen wat hij heeft gedicteerd. Het tempo waarin Plinius je onder wetenswaardigheden bedelft, beneemt je de adem.

Tot ver in de achttiende eeuw gold Plinius als autoriteit op de meest uiteenlopende gebieden. Nog steeds is dit werk een onuitputtelijke *Fundgrube* om kennis op te doen over welk aspect van de Oudheid dan ook. Het is niet minder dan een wonder dat het compleet de Middeleeuwen is doorgekomen.

Frontinus en het water

Ook Sextus Julius Frontinus (ca. 35-103) was een man die midden in de wereld stond. Na een consulaat in 73 was hij enkele jaren de hoogste baas in Britannia, een ervaring die hij verwerkte in een niet overgeleverd boek over krijgskunde. Eerder had hij al over landmeetkunde geschreven. In de jaren 84-96, tijdens de terreur van Domitianus, werkte hij aan zijn *Strategemata*: drie boeken met uit de geschiedenis opgediepte krijgslisten, systematisch gerangschikt. Het vierde boek werd later door een anonieme auteur toegevoegd.

Na de dood van Domitianus benoemde Nerva hem tot directeur van de watervoorziening in Rome, een functie waarin hij opgevolgd zou worden door Plinius Minor. Om zijn eigen kennis op dat terrein te vergroten schreef Frontinus een tweedelig boekje, *De watervoorziening van Rome*, waarin hij minutieus het netwerk van aquaducten onderzoekt en tot in detail nagaat hoeveel liter water geacht wordt erdoorheen te vloeien en hoeveel er in werkelijkheid uitkomt. Hij constateert dat het leidingnet ernstig te lijden heeft gehad onder wanbeheer: op vele plaatsen wordt illegaal water afgetapt.

Frontinus is een toonbeeld van integriteit en degelijkheid. Dat maakt zijn proza tot een waardevolle bron van informatie, maar een erg boeiend verhaal heeft hij niet te bieden. Dit is een van de weinige passages waarin hij van plichtsgetrouw ambtenaar bijna opbloeit tot schrijver:

> Dagelijks voelt Rome, de vorstin en meesteres der wereld, deze aandacht van haar hoogst plichtsgetrouwe keizer Nerva aan den lijve, en haar gezonde klimaat zal dat nog sterker gaan voelen ten gevolge van de uitbreiding van het aantal distributiestations, reservoirs, fonteinen en bassins. Niet minder gemak vloeit ook voor individuele burgers voort uit de toename van zijn weldaden: ook zij die tevoren in angst leefden omdat ze illegaal water aftapten, genieten thans zorgeloos van zijn weldaden. Zelfs afvalwater verdwijnt niet zonder nut: de stad oogt netter, de lucht is zuiverder, en de oorzaken van een nogal drukkende atmosfeer, die de stad in het verleden een slechte naam bezorgde, zijn weggenomen.[36]

Retorica in de eerste eeuw

Alles waarmee de Romeinse welsprekendheid het arrogante Griekenland kan evenaren of overtreffen, heeft zijn grootste bloei gekend in de tijd van Cicero. Alle grootheden die onze literatuur hebben verrijkt, zijn toen geboren. Daarna is de welsprekendheid met de dag verder in het slop geraakt, hetzij door de toenemende zucht naar weelde (want niets is zo dodelijk voor talent als luxe), hetzij doordat het niet meer loonde deze schitterende kunst te beoefenen, met als gevolg dat alle wedijver zich verplaatste naar allerlei vuile praktijken die wél gewaardeerd worden en geld opleveren, hetzij door een grimmig soort natuurwet die op alle terreinen des levens geldigheid heeft en inhoudt dat zaken die hun top hebben bereikt, weer afglijden naar het laagste punt, maar dan veel sneller dan ze naar boven waren gekomen.

Wanneer Seneca deze woorden op papier zet is hij de negentig al gepasseerd, maar dat is geen reden om ze af te doen als het gezeur van een reactionaire opa.[37] Hij is namelijk niet de enige die meent dat het goed mis is met de welsprekendheid. Seneca schrijft dit aan het eind van de jaren dertig. Een jaar of twintig later winden Petronius en Seneca's zoon, de filosoof, zich nog steeds op over de wansmaak die redenaars in hun greep houdt, weer een kwarteeuw later schrijft Quintilianus een (verloren gegaan) werk over de teloorgang van zijn vak, en ook de anonieme auteur van het aan de Griekse retor Longinus toegeschreven traktaat *Het sublieme*, misschien een tijdgenoot van Tacitus, zoekt naar de oorzaken van het verval. De meest subtiele analyse van het probleem valt te lezen in Tacitus' *Dialoog over de redenaars*, vermoedelijk ergens rond het jaar 100 op schrift gesteld.

Twee verklaringen van de neergang doen opgeld. De meest gehoorde klacht is moreel en pedagogisch van aard: kinderen worden verwend en imiteren het decadente gedrag van hun ouders. Quintilianus zegt het zo:

We hebben de jongste kinderen meteen al verzwakt met genietingen. De weke opvoeding die wij toegeeflijkheid noemen breekt alle spierkracht van lichaam en geest. Wat zal hij die in purperen pakjes rondkruipt, later als volwassene niet begeren? De eerste woordjes kan hij nog niet uitbrengen, maar 'scharlakenverf' begrijpt hij al, en hij zeurt om peperdure kleertjes. Wij vormen hun smaakpapillen nog voordat hun tong kan spreken. In draagstoelen groeien zij op: indien ze de aarde aanraken, hangen ze aan handen die hen van beide kanten ondersteunen. We vinden het leuk als ze iets vrijmoedigs zeggen: woorden die we zelfs Alexandrijnse pages niet zouden toestaan, verwelkomen wij met een lach en een kusje. En dat is niet verwonderlijk: wíj hebben het hun geleerd, van óns hebben ze het gehoord; ónze vriendinnetjes, ónze maîtresses zien zij; ieder diner galmt van onwelvoeglijke liedjes, dingen die te schandelijk zijn om over te praten kunnen zij aanschouwen. Hieruit ontstaat gewenning, daaruit karakter.[38]

Het gevolg is, aldus Quintilianus, een aanstellerige stijl, waarin iedere zin een spetterend kunstwerkje moet zijn, liefst zonder enige inhoud, laat staan diepgang.

Volgens Tacitus moet de oorzaak eerder gezocht worden in politieke en maatschappelijke factoren. Onder de keizers was een open debat over staatsaangelegenheden niet mogelijk. De rechtbanken boden weliswaar gelegenheid tot fonkelende en spitsvondige betogen, maar die zouden nooit meer het politieke gewicht hebben als in de tijd dat Cicero triomfeerde. Anderzijds waren de retorenscholen een belangrijke rol gaan spelen bij de intellectuele ontwikkeling van nieuwe groepen burgers. Retorische scholing was essentieel om hogerop te komen, maar het is niet verwonderlijk dat met de toename van docenten en de verbreding van de leerlingenpopulatie het onderwijsniveau daalde. De retoren hadden soms geen praktische ervaring en doceerden wat ze zelf op school hadden geleerd, ouders hadden er belang bij hun zoons zo snel mogelijk door het curriculum heen te jagen. Het onderwijs verzandde in het aanleren van trucjes, zonder dat er een degelijke bodem van kennis en inzicht onder zat. De retorica ging een eigen leven leiden.

De belangrijkste oefeningen op school waren de *controversia*, een gefingeerde rechtszaak waarin verdachten werden aangeklaagd en verdedigd, en de *suasoria*, een politieke redevoering over een verzonnen of historische beslissing. Op zichzelf lijken dit nuttige oefeningen, ware het niet dat de opgaven vaak aan het absurde grensden. Quintilianus geeft dit voorbeeld van een controverse:

Iemand die zijn vader niet verdedigt wanneer deze wegens verraad terechtstaat, dient onterfd te worden; wie wegens verraad veroordeeld is, moet samen met zijn advocaat in ballingschap gaan. Welnu, een vader die wegens verraad terechtstond, werd verdedigd door een welbespraakte zoon, terwijl zijn andere zoon, een eenvoudige jongen, hem niet steunde. Veroordeeld ging de vader met zijn advocaat in ballingschap. Toen de minder begaafde zoon zich in de oorlog heldhaftig gedragen had, werd hem als beloning de terugkeer van zijn vader en broer toegekend. Na zijn terugkeer overleed de vader zonder testament. De eenvoudige jongen eist nu zijn deel van de nalatenschap op, de welsprekende zoon het geheel.[39]

De studenten die, na uitvoerige instructie, de rollen van beide zoons of hun advocaten op zich namen, dienden niet alleen alle mogelijke juridische argumenten te verzinnen, ze moesten zich ook inleven in de situatie en de karakters van de jongens, bedenken hoe ze de rechtbank het best konden benaderen, en op gezette tijden een flinke dosis pathos in de strijd gooien. Daarbij was het zaak steeds de juiste toon te treffen, prachtige volzinnen op te bouwen en het geheel te larderen met stijlbloempjes en ritmisch uitgebalanceerde zinseinden.

Ook de suasoria had de neiging zich van de actualiteit te verwijderen. Zo staken de leerlingen redevoeringen af waarin ze Alexander de Grote een advies gaven inzake de vraag of hij de Oceaan over moest steken. Ook richtten ze zich tot Marcus Cato, de opponent van Caesar, om hem aan- of af te raden in het huwelijk te treden (stoïci werden immers geacht hun gevoelsleven uit te schakelen), of ze discussieerden zogenaamd ten overstaan van Caesar over de vraag of de moordenaar van Pompeius de doodstraf moest krijgen. Actuele politieke vraagstukken waren onder het principaat uiteraard taboe.

Een zorgvuldig uitgewerkte redevoering werd een declamatie genoemd. De declamatie ontwikkelde zich tot een apart literair genre waarmee geoefende declamatoren volle zalen wisten te trekken. Quintilianus wijst er herhaaldelijk op dat noch de keizer, noch rechters of cliënten op zo'n declamatie zitten te wachten, maar zijn leerling Plinius suggereert het tegenovergestelde. De feestrede die Plinius in het jaar 100 voor keizer Traianus uitsprak, is een schoolvoorbeeld van precieus geformuleerde gebakken lucht, en in een

brief aan Cerialis overweegt hij de mogelijkheid een in de rechtbank gehouden pleidooi nog eens voor te dragen voor een literair
geïnteresseerd publiek.[40] Ook beschrijft hij met trots hoeveel succes hij bij het Hof van Honderd heeft, en dan gaat het niet om de
juridische competentie die hij ongetwijfeld bezat, maar om zijn retorische kwaliteiten.[41]

Het geheugen van de oude Seneca

De eerste auteur die ons uitvoerig inlicht over de declamatie, is Seneca. Geboren in Córdoba halverwege de jaren vijftig van de eerste
eeuw v.Chr., was hij getuige van het ineenstorten van de republiek,
de opkomst van het principaat en de eerste uitwassen ervan onder
Tiberius. Aan het eind van zijn lange leven schreef hij, onder keizer
Caligula, een geschiedwerk over de burgeroorlogen dat niet is overgeleverd, en twee retorische werken: een tien boeken tellend overzicht van het verschijnsel controversia en een vermoedelijk onvoltooid boek over de suasoria. Hij stelde deze werken samen ten
behoeve van zijn drie volwassen zoons, die de pech hadden dat zij
te laat geboren waren om de grote redenaars nog te hebben kunnen
meemaken.

Met genoegen daalt Seneca af in de krochten van zijn geheugen
om naar boven te halen wat hij zich aan waardevolle declamaties
van generatiegenoten herinnert. Helaas is dat geheugen, evenals
zijn gezichtsvermogen, zijn gehoor en zijn spierkracht, door ouderdom enigszins verzwakt, terwijl het vroeger buitengewoon goed
was:

> Ik ontken niet dat het vroeger zo sterk was dat het niet alleen zijn
> normale functies perfect vervulde, maar zelfs tot wonderen in staat
> was. Als er tweeduizend namen werden voorgelezen was ik in staat
> ze in dezelfde volgorde te reproduceren, en als mijn medeleerlingen
> om beurten een versregel declameerden, herhaalde ik ze in omge-
> keerde volgorde, ook al waren het er meer dan tweehonderd. En
> mijn geheugen onthield niet alleen gemakkelijk wat ik wilde bewa-
> ren, maar behield ook gemakkelijk wat ik toevallig had opgevangen.

Nu echter is het aangetast door mijn leeftijd en door langdurige verwaarlozing (wat zelfs voor jonge mensen funest zou zijn), zodat het misschien wel iets te bieden, maar niets te beloven heeft.[42]

Elk van de tien boeken *Controversen* wordt voorafgegaan door een uitvoerig, vlot geschreven voorwoord, waarin Seneca steeds een bekend declamator centraal stelt. De boeken zelf behandelen achtereenvolgens een zeventigtal thema's voor gefingeerde rechtszaken, veelal ontleend aan Griekse voorbeelden. Eerst wordt het thema neergezet, dan komen in het kort de puntig geformuleerde visies (*sententiae*) van enkele declamatoren voorbij. Daarna volgen de juridische en logische analyses van het thema (*divisiones*), zoals Seneca zich die uit de mond van de sprekers herinnert. Ten slotte laat hij zien hoe de declamatoren de posities van hun verzonnen cliënten op zo'n manier inkleurden dat ze in een gunstig daglicht kwamen te staan (*colores*). De boeken eindigen een beetje rommelig met commentaar op willekeurige opmerkelijke uitspraken van Griekse redenaars.

Het boek *Suasoriën* bevat zeven fictieve politieke redevoeringen, althans in samengevatte vorm, wederom in de versies van verschillende sprekers van naam. Zo vragen de driehonderd Spartanen bij Thermopylae zich af of ze stand moeten houden tegen de overmacht van Perzen, wil Agamemnon weten of hij zijn dochter Iphigenia moet offeren en delibereert Cicero over een eventuele knieval voor Antonius.

De status van de declamaties is niet helemaal duidelijk. De genoemde sprekers waren over het algemeen geen professionele docenten, dus het gaat niet om werkelijk gebruikt studiemateriaal. Waarschijnlijk moeten we ons voorstellen dat in de praktijk van rechtbank en senaat geoefende redenaars op informele bijeenkomsten hun vaardigheden lieten zien, teneinde door wederzijdse kritiek hun techniek te verbeteren.

Afgezien van de voorwoorden is het werk van Seneca vooral interessant voor wie zich wil verdiepen in de geschiedenis van de retorica. Het is helaas gebrekkig overgeleverd. Van de *Controversen* kennen we de boeken III tot en met VI en VIII alleen uit uittreksels (wat erop duidt dat ze in de Oudheid als schoolboeken werden gebruikt), terwijl de voorwoorden van boek V, VI, VIII en van de *Suasoriën* geheel ontbreken.

Noodsituaties bij Valerius Maximus

Zowel Cicero als Quintilianus veronderstelt bij redenaars een grote belezenheid. Door niet alleen beroemde redevoeringen uit het verleden, maar ook de werken van dichters, filosofen en geschiedschrijvers te bestuderen, bouwt de spreker, behalve een aanzienlijke woordenschat, een arsenaal van zinswendingen, redenaties, anekdotes en precedenten (*exempla*) op, die hij in zijn eigen toespraken ten behoeve van de argumentatie kan inzetten. Omdat niet iedere aankomende redenaar de tijd en de moed had de hele Herodotus, Thucydides, Polybius, Ennius en Livius van buiten te leren, ontstonden er rond het begin van onze jaartelling thematisch of alfabetisch gerangschikte verzamelingen spreuken, citaten en exempla. Een invloedrijke bundeling was bijvoorbeeld de alfabetische lijst spreekwoorden die waren ontleend aan de kluchten van Publilius Syrus (halverwege de eerste eeuw v.Chr.), later aangevuld met spreuken uit andere bronnen. Ook het werk van Valerius Maximus moet in deze context gezien worden. Zijn negen boeken *Gedenkwaardige daden en uitspraken*, verschenen tussen 28 en 32, vormen een thematisch opgebouwde voorraad pasklare anekdotes. Van een groot aantal kennen we de bronnen, voor andere verhalen is Valerius de enige getuige.

Na een voorwoord waarin Tiberius als Muze wordt aangeroepen, behandelt het eerste boek religieuze en bovennatuurlijke kwesties, zoals voortekenen en dromen. De verhalen in de andere boeken zijn gegroepeerd rond ethische, filosofische, politieke of juridische thema's. Steeds worden eerst exempla uit de Romeinse geschiedenis opgesomd, daarna volgen er een paar uit buitenlandse, meestal Griekse bronnen. Valerius vertelt de anekdotes bondig, maar met gevoel voor drama, soms laat hij zich meeslepen door enthousiasme of verontwaardiging. Zijn stijl is helaas niet erg zorgvuldig. In de Oudheid werd zijn werk veel gelezen, benut en ook al samengevat. Ook in de Middeleeuwen was het populair. In boek VII is het zesde hoofdstuk gewijd aan noodsituaties. In dat kader vertelt Valerius drie schokkende anekdotes, die samen een climax vormen.[43] De eerste gaat over Kretenzers die tijdens een belegering zo door dorst werden gekweld dat ze zich genoodzaakt zagen hun eigen urine en die van hun lastdieren op te drinken. 'Uit angst voor een nederlaag ondergingen ze wat zelfs hun overwinnaar hen niet zou hebben laten ondergaan.' In het tweede verhaal horen we hoe de inwoners van het Spaanse Numantia, in 133 v.Chr. door Scipio Minor omsingeld, zich uit honger vergrepen aan de lichamen van hun dierbaren. Bij de inname van de stad werden er mensen aangetroffen die onder hun kleren de ledematen van afgeslachte medeburgers verborgen hielden. 'Hier vormt de noodsituatie geen enkele verontschuldiging: wie had kunnen sterven, was niet genoodzaakt zo te leven.' Maar het kan nog erger:

Hun gruwelijke standvastigheid is in een vergelijkbare misdaad nog overtroffen door de vervloekte goddeloosheid van de inwoners van Calagurris. Om hun volhardende trouw aan de as van de vermoorde Sertorius te bewijzen en het beleg van Pompeius zinloos te maken, bereidden zij, omdat er in hun stad verder geen levend wezen meer te vinden was, hun echtgenotes en kinderen tot een onvoorstelbaar maal. En opdat de gewapende manschappen langer in staat zouden zijn hun ingewanden met die der hunnen te voeden, aarzelden zij niet de onfortuinlijke overblijfselen van de lijken te zouten. Dat is pas een verhaal om mannen ertoe aan te sporen dapper te strijden voor het welzijn van hun vrouwen en kinderen! De grote veldheer had zulke vijanden niet moeten verslaan, maar straffen, want vergelding had hem meer gezag dan dat de overwinning hem roem had kunnen opleveren, aangezien zij alle soorten slangen en wilde dieren in woestheid overtroffen. De lieve levenspanden die deze beesten dierbaarder zijn dan hun eigen adem, strekten de mannen van Calagurris tot twaalfuurtje en avondmaal.[44]

Quintilianus en Calpurnius Flaccus

Calagurris aan de Ebro, dat was waar omstreeks het jaar 40 van onze jaartelling Marcus Fabius Quintilianus werd geboren. Hij ontving zijn retorisch onderricht in Rome en was daarna geruime tijd werkzaam als advocaat in zijn geboortestad. In 68 kwam hij in het kielzog van troonpretendent Galba terug in Rome, waar Vespasianus hem omstreeks 71 tot staatsretor benoemde. Quintilianus bekleedde het goedbetaalde ambt twintig jaar en handhaafde daarnaast zijn praktijk als advocaat.[45] Aan het begin van de jaren tachtig trouwde hij met een aanzienlijk jongere vrouw, die hem twee zoons schonk. Tot zijn intense verdriet overleed zij in 87 op achttienjarige leeftijd, kort daarop gevolgd door hun jongste zoon. Toen Quintilianus zich als retor terugtrok, besloot hij zijn ervaring te verwerken tot een handboek voor retoren en aankomend redenaars. In de tijd dat hij hiermee bezig was, schakelde keizer Domitianus hem in bij de opvoeding van de kleinzoons van zijn zuster. Maar een nieuwe ramp trof hem: zijn oudste zoon, die inmiddels met zijn retorische opleiding was begonnen, werd ernstig ziek en stierf. In het voorwoord van boek VI (het boek is voor een deel aan het gebruik van pathos gewijd: ook in de vormgeving van zijn verdriet blijft Quintilianus een vakman) schetst de vader een ontroerend beeld van zijn stervende oogappel:

Hij had alle bijkomende kwaliteiten, zoals een prettige en heldere stem, een vriendelijk gezicht en, alsof hij daarvoor geboren was, een nauwkeurige articulatie van alle klanken in beide talen. Dat was allemaal nog belofte; volledig tot ontwikkeling gekomen waren reeds zijn standvastigheid, zijn ernst, en ook de kracht om zich te wapenen tegen verdriet en angst. Met hoeveel moed, en tot hoe grote bewondering van zijn artsen, droeg hij niet zijn acht maanden durende ziekte! Wat heeft hij mij getroost in zijn laatste ogenblikken! Ja, toen hij wegzakte en al niet meer tot deze wereld behoorde, dwaalde zijn onthechte geest nog door scholen en letteren. Waren het (o nooit ingeloste belofte!) jouw ogen die ik zag breken, was het jouw adem die ik zag vluchten? Heb ik het bestaan jouw koude bleke lichaam te omarmen, jouw laatste zucht op te vangen, en vervolgens gewoon door te gaan met ademen? Ach, deze folteringen, deze gedachten heb ik verdiend![46]

Om zichzelf op de been te houden stortte Quintilianus zich met de moed der wanhoop op zijn werk. In 94 of 95 verscheen *Institutio oratoria*, in twaalf boeken, bij de boekhandelaar Trypho, die ook het werk van Martialis uitgaf. In dezelfde tijd werden Quintilianus de louter ceremoniële *ornamenta consularia* (eretekenen van consul) toegekend. Niet lang daarna moet hij overleden zijn, want in twee omstreeks het jaar 100 te dateren brieven lijkt Plinius te impliceren dat zijn leermeester niet meer leeft.[47]

De opleiding tot redenaar is een uitzonderlijk rijk boek. Het is het enige geschrift uit de Oudheid waarin het complete systeem van de retorica, met talloze praktijkvoorbeelden, wordt uiteengezet, en wel door een voortreffelijk docent die uit ervaring weet wat werkt en wat niet. Zo waarschuwt hij voor systeemdwang en angstvallige toepassing van regels. Ook lezers die niet in de eerste plaats geïnteresseerd zijn in de geschiedenis van de retorica heeft Quintilianus veel te bieden. In boek I behandelt hij de opvoeding van kleine kinderen, vanaf hun geboorte tot het moment dat ze naar de retor gaan, in boek II tekent hij een beeld van het Romeinse schoolleven, en in het laatste boek volgen we de volleerde redenaar in zijn carrière, zelfs tot na zijn pensionering. Veel geraadpleegd wordt het eerste hoofdstuk van boek X, waarin ten behoeve van de studenten een uitvoerige geschiedenis van de Griekse en Latijnse literatuur is opgenomen. Ik heb er al geregeld uit geciteerd.

Nadat in boek II een definitie van het vak is gegeven (retorica is de *scientia bene dicendi*, de wetenschap van het goede spreken, waarbij 'goed' zowel zijn technische als zijn morele betekenis heeft), worden er maar liefst vier boeken uitgetrokken voor de vinding.[48] In dat kader behandelt Quintilianus de verschillende typen redevoeringen, de statusleer,[49] de delen van de gerechtelijke redevoering, de argumentatieleer, het gebruik van pathos en ethos, humor en debat. Boek VII gaat over de ordening, waarbij opnieuw de statusleer aan bod komt. De verwoording vormt het onderwerp van de boeken VIII, IX, X en het eerste hoofdstuk van XI. Naast schier eindeloze lijsten stijlfiguren (met voorbeelden) geeft Quintilianus ook adviezen op het terrein van muzikale woordschikking (*compositio*), methodes om je stijl te verbeteren, en aanwijzingen voor improvisatie. In boek XI komen geheugentraining en voordracht aan bod. Toegiften in boek XII zijn een vergelijking van Cicero met Demosthenes, een profiel van de ideale redenaar, een uitweiding over het belang van filosofie en een geschiedenis van de beeldende kunst.

Quintilianus kan getypeerd worden als classicist, in die zin dat Cicero zijn grote idool is, terwijl hij ook Vergilius vaak aanhaalt als stilistisch model. Hij kan zich enorm opwinden over het effectbejag van moderne advocaten, declamatoren en studenten, die bij hun voordracht simpelweg het hoofddoel uit het oog verliezen: de rechters overreden. Toch is hij niet blind voor de gebreken van Cicero en hamert hij erop dat men zich te allen tijde moet aanpassen aan de situatie van het moment. Gevoel voor *decorum* (wat gepast is) en flexibiliteit zijn essentieel voor een redenaar die succes wil hebben. Daarbij is een mechanische toepassing van regels, hoe belangrijk die ook zijn, uit den boze.

Quintilianus' stijl is, in overeenstemming met het karakter van de verschillende onderwerpen die hij behandelt, nu eens dor en zakelijk, dan weer fraai, uitgebalanceerd en bloemrijk. Het loont de moeite zijn beeldspraak te volgen, die vaak is ontleend aan landbouw, krijgskunde en scheepvaart. Zo wijst hij de oudere redenaar op het gevaar niet tijdig een eind aan zijn loopbaan te maken:

Om niet ten prooi te vallen aan de hinderlaag die zijn leeftijd hem legt, dient de redenaar op tijd de aftocht te blazen en nog zonder averij de haven binnen te lopen. Als hij dat doet, zullen de vruchten die zijn intellect nog kan afwerpen, bepaald niet geringer zijn: hij zou zijn memoires voor het nageslacht te boek kunnen stellen of, zoals Lucius Crassus in het werk van Cicero van plan is,[50] juridische adviezen geven aan wie daarom vraagt, hij zou een handboek over welsprekendheid kunnen schrijven of de prachtigste levenswijsheden passend verwoorden. Hoogstaande jongelieden zullen, zoals bij onze voorouders al gebruikelijk was, veelvuldig zijn huis bezoeken en hem de juiste weg naar het redenaarschap vragen, als was hij een orakel. Als vader van de welsprekendheid zal hij hen vormen, en als een oude zeeman zal hij kusten en havens noemen, vertellen welke tekenen op storm wijzen, en hoe men bij gunstige, hoe men bij ongunstige wind moet handelen, niet alleen geleid door besef van de plicht die alle beschaafde mensen delen, maar ook door een soort hartstocht voor dit werk. [...] En misschien moeten we wel aannemen dat de redenaar dan het gelukkigst zal zijn, wanneer hij zich in heilige afzondering heeft teruggetrokken, vrij van afgunst, ver van rivaliteit, nadat hij een veilig fundament voor zijn faam heeft gelegd, en wanneer hem nog tijdens zijn leven de verering ten deel valt die gewoonlijk alleen voor de doden is weggelegd, en hij reeds een glimp opvangt van wat hij voor het nageslacht zal betekenen.[51]

Het lijkt geen gewaagde veronderstelling dat Quintilianus het hier over zijn eigen *otium cum dignitate* heeft. Zijn betekenis voor het nageslacht is groot geweest, veel groter dan hij in zijn bescheidenheid had verwacht. In de Oudheid werd het handboek volop gebruikt, maar vanwege de omvang ervan circuleerde het ook in samenvattingen, zoals de *Ars rhetorica* van de vierde-eeuwse auteur Julius Victor. In de Middeleeuwen waren alleen onvolledige exemplaren in omloop. Nadat Poggio Bracciolini in 1416 in het klooster van Sankt Gallen een compleet handschrift had aangetroffen, was de opmars van Quintilianus niet meer te stuiten. Tot in de achttiende eeuw gold de sympatieke schoolmeester als onontkoombare autoriteit op het gebied van opvoeding en letterkundige vorming. Bleef Cicero het orakel, voor gedetailleerde informatie op het gebied van statusleer, argumentatie en stijl moest je bij de meer praktisch ingestelde Quintilianus zijn. Dat maakt hem ook vandaag nog tot een auteur van wie je veel kunt leren.

Op naam van Quintilianus zijn twee collecties declamaties overgeleverd, modellen voor schoolredevoeringen. De negentien *Decla-*

mationes maiores zijn zeker niet van Quintilianus, maar de ruim 230, veel beknoptere *Declamationes minores* vertonen zoveel overeenkomsten met Quintilianus' voorschriften dat ze heel goed uit zijn school afkomstig zouden kunnen zijn. Uit ongeveer dezelfde tijd stamt een bundeling van eenenvijftig voorbeeldige passages uit declamaties van Calpurnius Flaccus. Zijn thema's zijn vaak heel vergezocht. Dit is een typerend geval:

Een orakel verklaart dat de pestepidemie zal ophouden wanneer iemand die geen vader heeft, geofferd wordt. Een man die door zijn vader is verstoten biedt zich aan. De vader die hem verstoten heeft verzet zich daartegen. Zo spreekt de zoon:
'De dood die ik omarmd heb, was tot vandaag onvermijdelijk, nu is hij ook roemvol geworden. U weerhoudt mij ervan te sterven en wilt voorkomen dat ik de levensadem die ik mijn lot schuldig ben, voor mijn vaderland uitstort. Iedere keer dat ik u zie besef ik dat ik geen vader heb.'[52]

Tacitus, *Dialoog over de redenaars*
De *Dialogus de oratoribus* die in de vijftiende eeuw werd aangetroffen in een handschrift dat de kleinere werken van Tacitus bevatte, wijkt wat betreft stijl en genre zo sterk af van diens andere geschriften dat de authenticiteit ervan lang omstreden is geweest. In de negentiende eeuw werd ontdekt dat Plinius Minor, die een goede vriend van Tacitus was, in een brief een toespeling op de dialoog lijkt te maken. Een van de gesprekspartners, de redenaar Aper, zegt tot Maternus, die zich uit het openbare leven heeft teruggetrokken om poëzie te gaan schrijven: 'Als dichters iets tot stand willen brengen en voltooien wat de moeite waard is, moeten zij alle omgang met vrienden en de genoegens van het stadsleven opgeven, alle andere taken laten liggen en, zoals zij het zelf zeggen, zich terugtrekken "in woud en geboomte", oftewel leven in afzondering.' Maternus reageert even later: 'Wat dat "woud en geboomte" en die afzondering betreft waar Aper zo op afgaf, die doen mij zoveel plezier dat ik het tot de voornaamste voordelen van poëzie reken dat

zij niet tot stand komt te midden van lawaai.' Omstreeks het jaar 107 schrijft Plinius aan zijn vriend over gedichten waarmee hij bezig is: 'De gedichten liggen dus te rusten – en volgens jou kunnen die altijd het gemakkelijkst afgemaakt worden te midden van "woud en geboomte".' Dat zou een bewuste verwijzing kunnen zijn, hoewel ook betoogd is dat beide auteurs een staande uitdrukking gebruiken.[53] Als Plinius inderdaad Tacitus citeert, zal de dialoog niet lang vóór deze brief zijn gepubliceerd. Overigens heeft codicologisch onderzoek inmiddels onomstotelijk uitgewezen dat Tacitus de auteur moet zijn.

Het als ciceroniaanse dialoog vormgegeven gesprek zou zich afgespeeld hebben in het jaar 75. De verteller is als jongeman aanwezig bij een levendige discussie tussen enkele toonaangevende redenaars, die het op vriendschappelijke wijze hartgrondig met elkaar oneens zijn over de toestand waarin de hedendaagse welsprekendheid verkeert. Marcus Aper, merkwaardig genoeg de oudste van het gezelschap, verdedigt met vuur de verworvenheden van de moderne retorica, Vipstanus Messalla is een Cicero-adept zoals Quintilianus, Curiatius Maternus heeft besloten voortaan alleen nog maar tragedies te schrijven, en Julius Secundus, een vriend van Quintilianus en een gematigd modernist, krijgt de rol van scheidsrechter toegewezen.

Helaas vertoont de tekst ten minste één flinke lacune, maar de gedachtegang is goed te volgen. Het aardige is dat geen van de sprekers helemaal gelijk krijgt. Het indrukwekkendst is de rede waarmee Maternus het gesprek afrondt, een rede waarvan niet met zekerheid bepaald kan worden hoeveel ironie ze bevat. Welsprekendheid, zegt hij, floreert alleen in tijden van chaos. Nu onze voortreffelijke keizer Vespasianus orde op zaken heeft gesteld, valt er voor redenaars niets zinnigs meer te doen. Daarom doet een welsprekend man er goed aan zijn gaven op edeler activiteiten te richten.

Zelf had Maternus echter een tragedie geschreven over Cato van Utica, en dat gold in de tweede helft van de eerste eeuw nog steeds als subversief. De Griekse historiograaf Cassius Dio vertelt dat Domitianus in 91 de schoolredenaar Maternus ter dood veroordeelde. Het is denkbaar dat met deze man het personage van Tacitus wordt bedoeld. In elk geval zinspeelt Maternus in het gesprek ondubbelzinnig op zijn dood, hetgeen aannemelijk maakt dat hij niet lang na de dramatische datum van de dialoog aan zijn eind is gekomen. Misschien vertegenwoordigt Maternus het standpunt van Tacitus zelf, en geeft de auteur impliciet een verklaring voor het feit dat hij zich onder Traianus steeds meer van het openbaar bestuur heeft gedistantieerd om geschiedwerken te kunnen schrijven. Maar daarover later.

De theatrale gaven van Seneca

Mensen uit één stuk, die zichzelf altijd trouw blijven, bestaan die wel? Spelen we niet allemaal voortdurend dubbelrollen? De filosoof, politicus en tragediedichter Seneca zegt het zo:

> Een geest zonder beginselen verraadt zich het meest: hij laat telkens een ander gezicht zien en, wat ik beschouw als het toppunt van morele minderwaardigheid, hij blijft zichzelf niet gelijk. Je moet het belangrijk vinden niet meer dan één menselijke rol te willen spelen. Maar afgezien van de wijze beperkt niemand zich tot die ene rol; wij, de anderen, laten veel gezichten zien. Nu eens willen wij in jouw ogen sober en serieus zijn, dan weer verkwistend en ijdel. Telkens weer veranderen wij van masker en zetten een heel ander op dan wij afgezet hebben. Eis dus van jezelf dat je tot de afloop blijft zoals je besloten hebt te zijn.[54]

De beeldspraak is veelzeggend: ook de ene persoon die je je gehele leven moet proberen te zijn, is slechts een personage in een toneelstuk. Je diepste drijfveren en overtuigingen vormen een toneelmasker dat je misschien niet wilt, maar wel kunt afzetten. Dat is ook de tragiek van Seneca zelf, wiens leven gezien kan worden als een theaterstuk waarin de protagonist, als Oedipus, met volle inzet naar zichzelf op zoek is, om aan het eind te ontdekken dat hij de regisseur van zijn eigen ondergang is geweest.

Lucius Annaeus Seneca werd vlak voor het begin van onze jaartelling in Córdoba geboren als tweede zoon van de hierboven genoemde Seneca Rhetor. Hij groeide op in Rome, waar hij niet alleen retorisch, maar ook filosofisch geschoold werd, hoewel zijn vader dat laatste als onpraktische tijdverspilling beschouwde. Dat de oude Seneca een dominante man geweest moet zijn, blijkt onder meer uit het feit dat hij zijn zoon een enigszins puberale flirt met neopythagoreïsch vegetarisme uit het hoofd wist te praten.[55] Toen de inmiddels volwassen Lucius uit wanhoop over zijn chronisch zieke luchtwegen op het punt stond zelfmoord te plegen, weerhield de gedachte aan zijn bejaarde vader hem: 'Want ik dacht er niet aan of ik wel sterk genoeg was om te sterven, maar of hij wel sterk genoeg was om het gemis van mij te kunnen dragen. Daarom heb ik mijzelf opdracht gegeven in leven te blijven; want soms is het ook een daad van moed in leven te blijven.'[56]

Na als twintiger enige tijd in Egypte te hebben gewoond in de hoop dat het zijn gezondheid ten goede zou komen, wierp Seneca zich in 31 op een politieke loopbaan, die hij combineerde met een praktijk als advocaat. Toen Caligula hem, uit jaloezie om zijn populariteit als redenaar, uit de weg wilde ruimen, zag hij daarvan af na de opmerking van een van zijn vriendinnen, dat Seneca leed aan tuberculose in een vergevorderd stadium en zonder twijfel spoedig zou overlijden.[57] Kort na de dood van deze keizer viel Seneca in ongenade bij diens opvolger Claudius, wiens echtgenote Messalina hem beschuldigde van overspel met een zuster van Caligula. De gevierde senator werd in 41 verbannen naar het dorre Corsica, waar hij ruim acht jaar zou wonen.

In 49 haalde Agrippina (eveneens een zuster van Caligula en inmiddels getrouwd met Claudius, haar oom) Seneca terug naar Rome om de vorming van haar zoon Nero op zich te nemen. Toen deze in 54 op bijna zeventienjarige leeftijd de troon besteeg, had iedereen hoge verwachtingen van de flamboyante, non-conformistische prins. Seneca, die als mentor en adviseur probeerde de jonge keizer enigszins in de hand te houden, schreef het hoopvol gestemde traktaat De clementia (over mildheid), waarin Nero wordt afgeschilderd als een belofte van welvaart en verstandig bestuur.

Toen Seneca zich, overtuigd van de heilzame invloed die hij op Nero zou hebben, eenmaal met diens beleid had vereenzelvigd, kon hij niet meer terug. In zijn Poetica zegt Aristoteles dat de hoofdpersoon van een tragedie bij voorkeur een moreel hoogstaande, maar zeker niet volmaakte figuur is, die met de beste bedoelingen onvermijdelijk een fatale misstap begaat.[58] Seneca is zo'n personage. Tacitus laat genadeloos zien hoe de ijdele filosoof zich schandelijk compromitteert op het moment dat Nero zijn moeder laat vermoorden.[59] Pas drie jaar later, in 62, ziet Seneca in dat hij, wil hij zijn reputatie niet helemaal verspelen, de actieve politiek moet verlaten. In de jaren die hem nog resten richt hij zich volledig op de filosofie. Zijn doodvonnis is dan al getekend. Wanneer in 65 een samenzwering tegen Nero wordt ontdekt, acht de keizer dit het aangewezen moment zijn leermeester definitief het zwijgen op te leggen. Met het feilloos gevoel voor theater dat hem nooit in de steek had gelaten ensceneert Seneca zijn eigen dood als was het een stuk over de laatste uren van Socrates.[60]

Seneca was een zeer productief, en tegelijk ook zeer veelzijdig auteur. Het grootste deel van zijn werken is filosofisch van karakter. Overgeleverd is een bonte verzameling niet al te lange geschriften onder de noemer Dialogen, een misleidende titel omdat slechts één ervan werkelijk een gesprek behelst, al kunnen de andere misschien opgevat worden als innerlijke dialogen. In deze bundel treffen we onder meer drie zogenaamde troostgeschriften (aan één persoon opgedragen aansporingen om een verlies dapper te dragen), een driedelig werk over boosheid, een boek waarin Seneca zijn exorbitante rijkdom verdedigt en een werk waarin hij uitlegt dat het geen schande is je uit het openbare leven terug te trekken om je voortaan aan wetenschappelijke of filosofische contemplatie te wijden.[61] Het ligt voor de hand aan te nemen dat dit laatste boek omstreeks 62 werd geschreven.

Uit dezelfde tijd stamt een uit zes delen bestaand werk over natuurwetenschappelijke vraagstukken, Naturales quaestiones: de regenboog, bliksem, vloedgolven, de Nijl, hagel en sneeuw, wind, aardbevingen en kometen. Voor ons curieus, maar van groot belang voor onze kennis van de Romeinse maatschappij, is een maar liefst zevendelig werk over geven en dankbaarheid.[62] Als Seneca's indrukwekkendste schepping geldt de bundel van 124 filosofische brieven aan Lucilius (wij zouden eerder over korte essays spreken), die hij aan het eind van zijn leven schreef.[63] Of het hier een reële briefwisseling betreft, is ongewis. Werken over, onder andere, Egypte, India, stenen, vissen en kosmologie zijn verloren gegaan.

Uniek binnen de Latijnse literatuur is Seneca's toneelwerk. Op zijn naam zijn tien tragedies overgeleverd (de enige complete Latijnse treurspelen uit de Oudheid), waarvan er één (Octavia) niet van Seneca kan zijn omdat het over de laatste misdaden van Nero gaat, wiens dood met grote nauwkeurigheid wordt voorspeld. Van een ander stuk (Hercules Oetaeus) is de authenticiteit omstreden.[64] De datering is moeilijk. Er is wel verondersteld dat Seneca ze schreef toen hij op Corsica vertoefde, omdat hij er geen bibliotheek voor nodig had, maar misschien waren ze bedoeld voor het huistheater van Nero, die dan zelf de hoofdrol vertolkte. Seneca's tragedies hebben in de Renaissance een moeilijk te overschatten invloed uitgeoefend (bijvoorbeeld op Vondel), maar gelden sinds de achttiende eeuw als onleesbaar en onspeelbaar: ze zouden onrealistisch, te retorisch en te gruwelijk zijn. De laatste decennia hebben bij ons vooral de bewerkingen door Hugo Claus bijgedragen aan de erkenning dat het bijzondere kunstwerken zijn die het niet verdienen altijd maar in de schaduw van Aeschylus, Sophocles en Euripides te staan.

Wat bij lezing meteen opvalt, is dat Seneca directer is dan zijn Atheense voorgangers. In Euripides' Hippolytus wordt de titelheld geconfronteerd met de verliefdheid van zijn stiefmoeder Phaedra, wier voedster het geheim van haar meesteres aan Hippolytus verklapt. Hippolytus, die vrouwen verafschuwt, ontsteekt in woede. Wanneer Phaedra beseft wat haar lot zal zijn als haar echtgenoot Theseus thuiskomt, maakt ze een eind aan haar leven, niet zonder een brief achter te laten waarin ze Hippolytus van aanranding beticht. Na kennisneming van de brief vervloekt Theseus zijn zoon, die door goddelijke inmenging een ongeluk krijgt. Vlak voordat Hippolytus sterft onthult de godin Artemis de ware toedracht.

Niet zo bij Seneca. In diens *Phaedra* is het de stiefmoeder zelf die Hippolytus haar liefde verklaart, hem bij Theseus aanklaagt en na Hippolytus' dood, alvorens op het podium de hand aan zichzelf te slaan, uitlegt hoe de vork in de steel zit. De slotscène van *Phaedra* is terecht berucht. Bedienden dragen de resten van het totaal uiteengereten lichaam van Hippolytus het toneel op, waarop Theseus probeert de losse ledematen tot een compleet kadaver te rangschikken. Tijdens de macabere puzzel houdt hij een onherkenbaar onderdeel over, dat hij in zijn ontreddering op een willekeurige plek inpast.[65]

Het retorisch karakter van Seneca's toneel is bijvoorbeeld opvallend in zijn *Medea*. Waar de klassieke retorica niet alleen tot doel heeft anderen dan de spreker ergens van te overtuigen, maar ook hoogdravende morele pretenties kent, overreedt Medea zichzelf, en wel om iets onaanvaardbaars te doen: haar kinderen te doden. Met totale beheersing van het metier schakelt ze haar moederlijke emoties uit en zweept ze zich op tot moordlust, naar eigen zeggen om dan pas echt Medea te worden – een regel die de Duitse filoloog Ulrich von Wilamowitz de opmerking ontlokte dat deze Medea kennelijk het stuk van Euripides had gelezen.[66] Retorica is hier een middel geworden om de eigen persoonlijkheid te vormen. Zo functioneert ze ook in Seneca's filosofische geschriften, maar dan uiteraard met een ethisch hoogstaand oogmerk.

De tragedies tonen wat er gebeurt als mensen zich door hun hartstochten laten meeslepen, merkwaardig genoeg vaak bij hun volle verstand. De Medea en Phaedra van Seneca zijn niet de beklagenswaardige, door blinde emoties buiten zichzelf geraakte slachtoffers die ze bij Euripides zijn, maar intens wrede vrouwen, die overigens ruiterlijk toegeven dat ze fout zitten. Deze stukken vormen als psychologische studies een sombere aanvulling op Seneca's filosofisch onderzoek. Los daarvan bieden de lyrische koorzangen vaak prachtige, beschouwelijk georiënteerde poëzie, die grote invloed heeft uitgeoefend op de christelijke dichter Prudentius en op de metrische passages uit Boëthius' *Vertroosting van de Filosofie*.[67]

Zoals Seneca's tragische helden het woord gebruiken om zichzelf en anderen in het gareel te krijgen, hanteert ook de auteur de aloude welsprekendheid in nieuwe contexten. Wanneer hij als balling op Corsica zit, schrijft hij zijn moeder een lange brief om haar te troosten voor zijn afwezigheid.[68] De argumentatie is van dien aard dat ik me niet kan voorstellen dat Helvia er werkelijk van is opgeknapt: een filosoof houdt altijd rekening met tegenslag, migratie is een normaal verschijnsel, ook in Rome vertoeven veel vreemdelingen, zelfs op Corsica wonen vrijwillig mensen, hier heerst niet die absurde luxe, de ballingschap levert zeeën van vrije tijd op. Het boekje biedt tussen de regels door een intrigerend portret van Seneca en zijn familie. Zo gaat hij er voetstoots van uit dat zijn vertrek de grootste klap is die zijn moeder ooit te verduren heeft gehad, ook al heeft ze kortgeleden haar echtgenoot begraven, en wijst hij haar erop dat ze weliswaar geen geleerde is, maar zich toch voldoende heeft kunnen ontwikkelen om steun te vinden in wijsgerige bespiegeling: 'Was mijn vader, die allerbeste man, maar minder ouderwets geweest, had hij het maar goed gevonden dat de filosofie je niet slechts had aangeraakt, maar werkelijk gevormd!'[69] Voorts herinnert Seneca zijn moeder aan het feit dat zijn broers er ook nog zijn, dat ze de opvoeding van haar kleindochter op zich genomen heeft en dat haar kleinzoon Lucanus (de toekomstige dichter) haar met zijn geestigheid zal opvrolijken. Ook haar vader is nog in leven, en aan haar zuster, die zich in het verleden had ingezet voor Seneca's carrière, kan ze een voorbeeld van geestkracht nemen. De brief eindigt met een korte opsomming van de objecten die zich thans ter contemplatie aan hem voordoen: het land, de zee en de getijdenwerking; meteorologische verschijnselen als bliksem, sneeuw en wind; en ten slotte het goddelijk schouwspel van de eeuwige hemel.

Seneca is een poseur, iemand die naar believen de rollen speelt die van hem verwacht worden. Na de vergiftiging van Claudius en de troonsbestijging van Nero achtte hij het opportuun de vermoorde keizer nog een trap na te geven door een bij vlagen geestige, maar verder nogal gemakkelijke satire te schrijven. Het werkje, dat zowel proza als poëzie bevat, is gebrekkig overgeleverd, daarom weten we niet waarom het Divi Claudii apocolocyntosis (de pompoenwording van de goddelijke Claudius) heet.[70] Wanneer de oude keizer, mank, onverstaanbaar, gekweld door een zware tremor, bij de hemelpoort aanklopt, veronderstelt Hercules aanvankelijk van doen te hebben met het zoveelste gevaarlijke monster uit zijn heldencarrière, maar nadat Claudius zijn identiteit heeft weten duidelijk te maken, beleggen de goden een senaatsvergadering. Vooral de vergoddelijkte keizer Augustus hamert erop dat Claudius er een potje van heeft gemaakt. Vervolgens brengt Mercurius hem naar de onderwereld. Tijdens de tocht naar beneden raken ze verzeild in de begrafenisplechtigheden ter ere van Claudius:

Er was zo'n menigte van trompetters, hoornblazers, allerlei koperinstrumenten en zo'n groot fanfarekorps, dat zelfs Claudius het kon horen. Iedereen was opgewekt en vrolijk: de bevolking van Rome wandelde als bevrijd rond. Alleen Agatho en een handjevol andere advocaten moesten huilen, niet als bombastisch vertoon, maar ontroerd door werkelijke emoties. De echte rechtsgeleerden kwamen uit hun donkere schuilhoeken tevoorschijn, bleek en vermagerd, meer dood dan levend, als mensen die nu pas weer volledig aan het leven konden gaan deelnemen. Toen een van hen zag hoe vroegere rechtsverkrachters de hoofden bij elkaar staken en hun lot bejammerden, ging hij naar hen toe en zei: 'Ik heb jullie toch voorspeld, het blijft niet altijd feest!'[71]

Seneca mag een poseur zijn, dat betekent beslist niet dat hij als filosoof een charlatan zou zijn. Hoewel hij zich zelf tot de Stoa rekent, is hij erin geslaagd uit elementen van verschillende filosofische stromingen een redelijk consistente, maar nergens rigide levensbeschouwing te ontwikkelen die wellicht nog het beste aangeduid kan worden met het woord humanitas, in de zin van innerlijke beschaving. Als dichter en redenaar had hij een diep psychologisch inzicht verworven, ook in zichzelf, en zijn filosofisch werk heeft een sterk therapeutische inslag. In de brieven aan Lucilius worden concrete alledaagse problemen onder de loep genomen: hoe moet ik met mijn tijd omgaan, hoe moet ik mijn slaven behandelen, hoe kom ik een depressie te boven, wat moet ik lezen, hoe zorg ik ervoor dat ik als filosoof geen aanstoot geef, wat te doen met mijn angst voor de dood? Je krijgt de indruk dat Seneca het in de eerste plaats tegen zichzelf heeft, dat hij worstelt met zijn eigen obsessies en zwakheden en dat het helpt ze onder ogen te zien door ze helder te formuleren.

Doel van wijsgerige vorming is een staat van innerlijke vrede te bereiken, waarin men niet meer door pijn, verdriet, angst, wellust of hebzucht wordt geteisterd en zich volledig kan richten op de beschouwing van de kosmos. Een van Seneca's mooiste teksten in dit verband is de inleiding van de *Natuurwetenschappelijke vraagstukken*, een lofzang op de natuurwetenschap die in zijn oprecht enthousiasme herinnert aan Cicero's *Droom van Scipio* en de meest bevlogen passages uit Plato's *Phaedrus*, *Symposium* en *Politeia*. Fysica, theologie en ethiek komen eveneens samen in wat waarschijnlijk Seneca's meest verheven brief is:

Als je komt te staan voor een woud, vol met bomen die oud zijn en hoger dan gewoon is, een woud dat het uitzicht op de hemel beneemt doordat de takken over elkaar heen schuiven, dan zal die rijzigheid van het bos, het mysterieuze karakter van die plaats en je verbazing over een zo dichte en ononderbroken schaduw in een weidse ruimte je doen geloven in een goddelijke macht. Als een grot op een plaats waar de rotsen helemaal uitgehold zijn, de indruk wekt dat een hele berg eroverheen hangt, een grot niet door mensenhanden aangelegd, maar door natuurlijke oorzaken zo diep uitgehold, dan zal de aanblik daarvan je geest treffen met een huiverig vermoeden van religieuze ervaring.[...] Als je een mens ziet die onverschrokkken blijft in gevaren, die niet beroerd wordt door begeerten, die te midden van tegenspoed gelukkig is, midden in stormen rustig, die vanaf een hoger niveau de mensen en op gelijk niveau de goden beziet, zal jou dan niet een gevoel van verering voor hem besluipen? [...] Een geest die overal boven uitsteekt, zich beheerst, die aan alles als te gering voorbijgaat, die lacht met alles wat wij vrezen en hopen, wordt door een hemelse macht bewogen.[72]

Zijn in deze passage de zinnen, overeenkomstig de grootse inhoud, relatief lang, doorgaans blinkt Seneca's proza uit in bondigheid, waarbij de zinssegmenten elkaar ritmisch perfect in evenwicht houden en alliteratie, tricolon (opsomming van drie leden), asyndeton of polysyndeton, woordspel en sterke metaforen wonderen op de vierkante centimeter verrichten. Er zijn alinea's waarin iedere zin een sententie is die je zou willen onthouden. Dit is een treffend voorbeeld: *infirmi animi est pati non posse divitias* (het kenmerkt een zwakke geest dat hij rijkdom niet kan verdragen).[73] En dit is een juweel: *frugalitatem exigit philosophia, non poenam* (filosofie eist soberheid, geen straf).[74] De filosofie staat in het midden, precies tussen de soberheid en de straf in, en de medeklinkers verlopen van de vloeiende *f*, via de wat hardere *ph*, naar de botte *p*. Keerzijde van deze woordkunst is wel dat je er al na een paar bladzijden doodmoe van wordt. Seneca adviseert zelf niet te veel achter elkaar te lezen:[75] je kunt beter iedere dag een paar regels goed tot je laten doordringen, dan het ene boek na het andere verslinden.[76]

Dat de filosoof zelf baat had bij zijn innerlijke aansporingen, valt op te maken uit een brief die hij schreef naar aanleiding van een hevige aanval van astma:

Wel is het zo dat ik midden in het gevoel van verstikking continu rust vind in opbeurende, flinke gedachten. 'Hoe zit het?' vraag ik mij af. 'Probeert de dood mij zo vaak uit? Hij doet maar! Ik heb hem allang uitgeprobeerd.' 'Wanneer dan?' vraag je? Voor ik geboren werd. Dood is: niet zijn, en wat dat inhoudt weet ik al. Na mij komt hetzelfde als voor mij. Als daar iets kwellends aan is, moet het er ook geweest zijn voordat wij het daglicht zagen. Maar toen hebben wij absoluut geen narigheid ervaren. Ik vraag je: als iemand zegt dat een lamp slechter af is wanneer hij is gedoofd dan voordat hij werd aangestoken, vind je dat dan niet oliedom? Ook wij worden gedoofd en ontstoken; in de tussentijd ervaren we wat, maar aan beide uiteinden heerst diepe rust.[77]

De rol van stervensbegeleider, en wel bij zijn eigen dood, was de laatste die Seneca zou spelen. Gedurende het zich uren voortslepende proces van zijn zelfdoding stonden zorgvuldig geïnstrueerde secretarissen gereed om zijn ongetwijfeld lang van tevoren ingestudeerde *famous last words* te boekstaven. Het enige wat aan zijn regie ontsnapte was de dood van zijn vrouw Paulina. Zij had met hem willen sterven, maar Nero liet haar redden:

> Op instigatie van de soldaten verbonden slaven en vrijgelatenen haar polsen en stelpten ze het bloed. Onduidelijk is in hoeverre zij op dat moment buiten kennis was. Mensen zijn altijd geneigd het slechtste te denken en dus ontbrak het niet aan figuren die ervan overtuigd waren dat ze er alleen maar op uit was naam te maken door samen met haar man te sterven zolang ze bang was dat Nero onverbiddelijk was, maar dat ze, toen er vervolgens toch hoop bleek te bestaan op enige mildheid, voor de verlokkingen van verder leven is bezweken.[78]

Voor Seneca zelf kwam de dood als een bevrijding.

Satyrica en satire

Afgezien van de fragmenten van Ennius en Lucilius, en afgezien van de menippeïsche satiren van Varro en de genre-technisch hybride *Pompoenwording* van Seneca, kent de Latijnse literatuur slechts drie satiredichters van formaat: Horatius, Persius en Juvenalis. Eerder is uitgelegd dat het woord *satura* op een mengelmoes duidt en etymologisch niets te maken heeft met de Griekse satyrs.[79] Hoe verschillend de gedichten van de drie auteurs ook zijn in toon, stijl en structuur, de Romeinse satire heeft een aantal onveranderlijke kenmerken: ze is geschreven in hexameters, ze pretendeert voort te komen uit persoonlijk engagement en ze bedrijft op een milde, bijtende, geestige of burleske wijze maatschappijkritiek. In die zin is het niet misleidend de Latijnse satire satirisch te noemen, met alle moderne associaties die dat woord heeft.

Die satirische inslag is echter ook buiten de satire aan te treffen. De meest onthutsende zedenschets uit de Latijnse literatuur is een krankzinnig, helaas uitermate gebrekkig overgeleverd boek dat bij ontstentenis van een betere term meestal 'roman' genoemd wordt: het zijn de *Satyricon libri* van een zekere Petronius. *Satyricon* is een Griekse genetivus meervoud, *satyrica* kan vertaald worden als 'verhalen uit satyrland'. Satyrs zijn de half-dierlijke, onveranderlijk met enorme erecties afgebeelde volgelingen van de god Dionysus, die in Athene na een tragedievoorstelling optraden in scabreuze persiflages op bekende mythen.

De oorsprong van de Romeinse roman is goeddeels in nevelen gehuld. In het Grieks kennen we enkele avonturenromans die sociologisch interessant zijn omdat ze een beeld geven van triviale literatuur zoals die eeuwenlang door grote groepen lezers (ook vrouwen!) werd verslonden. Hun literaire waarde wordt doorgaans niet hoog aangeslagen. Het bekendste, en inderdaad meest geachte veerde specimen is de softpornografische herdersroman *Daphnis en Chloë* van Longus (tweede eeuw). De Griekse roman heeft zijn wortels in het reisverhaal, de geromantiseerde biografie, de komedie en de erotische poëzie, al zijn soms ook historiografische, epische en zelfs aan mysteriegodsdiensten ontleende trekken te herkennen. Meestal speelt het verhaal zich af in een historisch onbestemde, maar als hellenistisch herkenbare wereld. Ongelooflijke avonturen volgen elkaar in hoog tempo op, compleet met vondelingen, zeerovers, schipbreuken, valse weduwen, schatrijke geilaards en vooral heel veel misverstanden, maar aan het eind 'krijgen ze elkaar'.

De Latijnse literatuur telt slechts twee romans, *Satyrica* van Petronius en de *Metamorfosen* van Apuleius (tweede eeuw). Deze boe-

ken wijken niet alleen grondig af van wat er van de Griekse roman-
literatuur bekend is, ook onderling zijn ze zo verschillend dat vergelijking nauwelijks zin heeft. Hoe origineel de auteurs zijn, valt
niet uit te maken. Binnen de overgeleverde antieke literatuur zijn
deze romans echter volstrekt eigenzinnige scheppingen.

De ongrijpbare Petronius

In het voorjaar van 66 liet Nero wederom een groot aantal hooggeplaatste heren uit de weg ruimen. Tacitus vermeldt hoe Annaeus
Mela, een broer van Seneca en de vader van Lucanus, op grond van
een valse aanklacht gedwongen werd een eind aan zijn leven te maken. Om te voorkomen dat zijn familie na zijn dood in de problemen zou komen, vermaakte hij per testament een grote som gelds
aan Nero's vertrouweling Tigellinus.[80] Het was deze Tigellinus die
ook Titus Petronius in discrediet bracht. Tacitus karakteriseert Petronius als volgt:

> Overdag sliep hij altijd, 's nachts was hij steeds druk in de weer met
> zijn sociale verplichtingen en de geneugten van het leven. Zoals an-
> deren proberen op te vallen door hun ijver, zo had hij naam ge-
> maakt door nooit iets te doen. Hij gold niet als iemand die zich
> voortdurend volvrat en zijn geld over de balk gooide, zoals de mees-
> ten die hun vermogen erdoor jagen, maar als een man van verfijnde
> extravagantie. Hoe meer hij zich in woord en daad permitteerde en
> daarbij een zekere achteloosheid ten aanzien van zichzelf tentoon-
> spreidde, des te meer werd dat alles in positieve zin uitgelegd, als
> kennelijk teken van zijn ongecompliceerde karakter. Als gouverneur
> van Bithynië en later als consul had hij zich een krachtige figuur ge-
> toond die tegen zijn taak was opgewassen. Vervolgens was hij het
> verkeerde pad opgegaan, of had althans gedaan alsof, en was hij deel
> gaan uitmaken van de kring van intimi rond Nero, waar hij de rol
> speelde van de autoriteit op het gebied van fijne smaak.[81] Nero vond
> in zijn leven van overdaad iets alleen maar aantrekkelijk en aange-
> naam als Petronius het eerst had goedgekeurd.[82]

Omdat Tigellinus afgunstig is op Petronius' positie, brengt hij hem in verband met de samenzwering die een half jaar eerder Seneca en Lucanus de kop kostte. Petronius handhaaft zijn nonchalance ook bij zijn zelfmoord. Nu eens laat hij zijn aderen openen, dan weer afbinden, tijdens het sterven converseert hij niet over filosofische of politieke, maar over frivole en kunstzinnige onderwerpen, hij maakt grappen, dineert en doet een dutje, 'om ervoor te zorgen dat zijn dood, hoezeer ook gedwongen, toch toevallig leek'. Hij peinst er niet over zijn testament te veranderen ten gunste van Nero of Tigellinus, integendeel, 'hij schreef, onder vermelding van de namen van diens lustknapen en vrouwen, de uitspattingen van de princeps en het allernieuwste op het terrein van seksueel wangedrag in detail op, voorzag het van zijn zegel en stuurde het aan Nero'.

Helaas weten we niet zeker of deze Petronius de auteur van *Satyrica* is. Hoewel er in de loop der tijden verschillende dateringen voor het werk zijn voorgesteld, lijkt een situering ten tijde van Claudius of Nero het meest voor de hand te liggen. Het boek opent met een discussie over het verval van de retorica zoals we die ook hebben gezien bij de beide Seneca's, Quintilianus en Tacitus. Een van de personages komt met een gedicht dat rechtstreeks reageert op het begin van Lucanus' *Burgeroorlog*, waarvan de eerste boeken omstreeks 62 voltooid moeten zijn geweest. Ook sociaal-economische elementen wijzen in de richting van een datering halverwege de eerste eeuw. Het is op zijn minst niet onwaarschijnlijk dat de romancier geen ander is dan Nero's decadente hoveling.

Hoe omvangrijk *Satyrica* geweest is, valt niet na te gaan, maar het is aannemelijk dat de pakweg 175 bladzijden die resteren slechts een fractie van het geheel zijn. Ook in wat er over is wemelt het van de lacunes, toch is het verhaal in grote trekken goed te volgen. Als in een menippeïsche satire wordt het proza soms onderbroken door gedichten in uiteenlopende maatsoorten, bij monde van ofwel de verteller zelf, ofwel een van de andere personages. Het verzorgde, hier en daar lichtelijk geaffecteerde Latijn van de vertellerstekst is verlevendigd door tal van dialogen en monologen, waarbij Petronius het taalgebruik heeft aangepast aan de sociale achtergrond van de sprekers. In enkele gevallen leidt dat tot magnifieke taalfouten.

De verteller, Encolpius, is een aan lagerwal geraakte intellectueel die het overwegend Griekstalige zuiden van Italië doorkruist op zoek naar geld, seks en avontuur. Hij trekt op met de uitzonderlijk zwaargeschapen Ascyltos, met wie hij in een voortdurende rivaliteit is gewikkeld om de gunsten van het bloedmooie knaapje Giton. Het verhaal leidt het drietal langs een verscheidenheid van bizarre gezelschappen in bordelen, kroegen en badhuizen. De langste aaneengesloten passage, die vaak afzonderlijk is uitgegeven onder de titel Cena Trimalchionis (het feestmaal van Trimalchio), beschrijft in geuren en kleuren een absurd diner ten huize van een omhooggevallen, schatrijk geworden vrijgelatene.

Later in het boek verdwijnt Ascyltos van het toneel om plaats te maken voor de verlopen dichter Eumolpus, die te pas en te onpas gedichten begint te reciteren, hetgeen steevast de agressie van alle omstanders oproept. Samen met Eumolpus en Giton komt Encolpius terecht op een schip dat blijkt toe te behoren aan zijn aartsvijand Lichas en diens vriendin Tryphaena, die nog een appeltje te schillen heeft met Giton. Na een schipbreuk belandt het driemanschap in Croton, waar de bevolking maar in één ding is geïnteresseerd: kinderloze rijkaards hun erfenis afhandig maken. Eumolpus geeft zich uit voor vermogend heer met als doel door de Crotoniaten gefêteerd te worden, Encolpius en Giton doen alsof ze zijn slaven zijn.

Wanneer Circe, een rijke nymfomane, Encolpius probeert te verleiden, blijkt de held, in deze passage stelselmatig beschreven als een anti-Odysseus, reddeloos impotent te zijn, ten gevolge van een belediging aan het adres van de extreem viriele tuingod Priapus. Gore priesteressen doen pogingen de moreel onaanvaardbare kwaal te verhelpen; uit de overgeleverde tekst kan opgemaakt worden dat ze daarin uiteindelijk niet slagen, hoewel een later fragment iets hoopgevender klinkt. Op de laatste pagina maakt Eumolpus zijn testament bekend: alleen degenen die bereid zijn publiekelijk zijn lijk op te eten, hebben recht op een deel van de erfenis.

Tijdens de twintigste eeuw is vanuit het modernisme belangstelling ontstaan voor zogeheten 'ander proza', experimentele teksten waarin niet alleen de wereld op zijn kop wordt gezet, maar ook het verhaal en de taal zelf. Anders dan weleens wordt gedacht was er naast het ideaal van het klassieke, volmaakte en evenwichtige kunstwerk ook altijd een dwarse, tegendraadse stroming in de Europese literatuur. Romans als *Don Quijote* van Cervantes, *The Life and Opinions of Tristram Shandy, Gentleman* van Laurence Sterne en *Ideen. Das Buch Le Grand* van Heinrich Heine waren al lang vóór *Ulysses* van James Joyce experimenteel. Als er nu één werk uit de Oudheid genoemd mag worden dat aan het begin van die traditie staat, is het wel Petronius' roman. Fellini heeft het boek op fascinerende wijze verfilmd.

In dit boek is niets wat het lijkt. Zo wordt het verval van de retorica aan de kaak gesteld door een retor die zelf alles doet wat Quintilianus zou verbieden, levert de rijmelaar Eumolpus in beginsel zinnige kritiek op Lucanus (overigens zonder diens naam te noemen) door middel van een 295 verzen tellend episch fragment waarin prima passages worden opgeschud door bombastische nonsens, en blijken de hartstochtelijkste vriendschappen als het erop aankomt geheel op eigenbelang gebaseerd te zijn.

Het meest expliciet is Trimalchio, die tijdens het opdienen van het zoveelste idiote gerecht over zijn kok spreekt: 'Als je het wenst, maakt hij van een varkenspens een vis, van een stuk spek een duif, van een ham een tortel, en van een schenkelstuk een kip. Ik heb dan ook een bijzonder aardige naam voor hem uitgedacht: hij heet "Daedalus".' Daedalus: dat is de archetypische kunstenaar. Trimalchio is nog niet uitgesproken, of er komen twee slaven binnen die bij de fontein ruzie lijken te hebben gemaakt:

> Ze hadden de kruik nog aan hun nek hangen. Trimalchio sprak recht onder de twistende partijen, maar geen van beiden aanvaardden ze zijn uitspraak: met hun stokken sloegen ze een gat in elkaars kruiken. Ontzet over de onbeschaamdheid van deze dronkelappen

staarden we naar de vechtersbazen en... zagen zowaar oesters en mosselen uit de buik van de kruiken vallen, die door een slaaf werden verzameld en op een schotel rondgediend. Onze geniale kok wilde bij deze stijlvolle vertoning niet achterblijven: hij bracht alikruiken op een zilveren braadrooster en joeg ons intussen met zijn beverig gezang de stuipen op het lijf.[83]

De weligste welsprekendheid wordt bewaard voor het moment dat de diep vernederde Encolpius zijn weerspannig lid toespreekt:

Wat heb je te zeggen, schandvlek van goden en mensen? In een serieuze context is zelfs jouw naam taboe! Heb ik dit aan je verdiend? Ik zat in de hemel maar jij hebt me naar de hel getrokken; jij hebt de kracht mijner jonge jaren belachelijk gemaakt en mij opgezadeld met de matheid van een hoge oude dag. Ik vraag je, lever mij hiervoor een passende, nadere verklaring![84]

De penis reageert echter niet, zoals Dido zich in de onderwereld afwendt van Aeneas. Bang dat hij het orgaan beledigd heeft, schaamt Encolpius zich voor zijn woorden. Maar dan vervolgt hij ferm:

Wat doe ik eigenlijk verkeerd [...] als ik door dit getier op natuurlijke wijze lucht geef aan mijn pijn? Wij mensen schelden toch ook op andere lichaamsdelen: de buik, de keel, of zelfs het hoofd als het vaak pijn doet? En maakt Odysseus geen ruzie met zijn hart en gaan ze in de tragedie niet tekeer tegen hun ogen alsof die konden horen? Mensen met reuma of jicht schelden op hun handen en voeten, mensen met oogaandoeningen op hun ogen en wie vaak zijn tenen stoot wijt alle pijntjes aan zijn voeten.

Wat staart gij, Cato's, mij met fronsend voorhoofd aan,
    veroordeelt gij wat nieuw maar eerlijk is?
Van zuiver taalgebruik blinkt charme zonder norsheid,
    mijn blanke tong geeft weer wat ieder doet.
Want wie kent niet het bed, de vreugden van een Venus?

Wie bant het hete spel van lijven uit?
Ook Epicurus zelf beval de filosofen
de liefde te beschouwen als hun doel.[85]

Is het al verbazingwekkend dat Petronius de toespraak tot de roede laat uitmonden in een lofzang op zuiver taalgebruik, het gedicht zelf zet subversief de traditie op zijn kop. Het klopt dat de beide Cato's voorstanders van puur en eenvoudig Latijn waren, maar het is moeilijk voorstelbaar dat ze daartoe ook dit genitaal onderonsje zouden hebben gerekend. Cato van Utica staat er zelfs om bekend dat hij zich onthield van gemeenschap met zijn vrouw, die hij ook enkele decennia uitleende aan de redenaar Hortensius. En Epicurus betoogde weliswaar dat genot het hoogste doel was waarnaar men moest streven, maar verstond daaronder weinig meer dan de afwezigheid van pijn. Het aardigste van het hele hoofdstukje is misschien dat er een helder psychologisch inzicht in het verschijnsel impotentie uit spreekt. Wie zijn lid aanpakt zoals Encolpius het doet, krijgt het beslist niet meer omhoog: het zal terecht reageren alsof het niets met zijn drager te maken heeft. Encolpius is fundamenteel uit balans. De tuchtiging die hij in de tempel van Priapus ondergaat, heeft dan ook geen enkel effect.

Hoe de roman er in voltooide vorm heeft uitgezien, weten we niet. Voor lezers die zijn opgegroeid met James Joyce, Imre Kertész, Sybren Polet en Dave Eggers schuilt één van de charmes van Petronius' werk juist in de fragmentarische staat waarin het tot ons gekomen is. De lacunes die er door de tijd in zijn aangebracht, kunnen in onze eeuw doorgaan voor een literaire truc. Maar ook dergelijke kunstgrepen zouden vermoedelijk niet gespaard zijn gebleven voor Petronius' ironie. Het is een illusie te denken dat we *Satyrica* ooit zullen doorgronden.

Persius' taal van de straat

Zuiver, onopgesmukt taalgebruik, dat was het stijlideaal van Aules Persius Flaccus (34-62), een aristocraat van Etruskische afkomst uit Volterra. Na de dood van zijn vader door vrouwen opgevoed, sloot

Het feest van Saturnus

hij zich op zestienjarige leeftijd aan bij de stoïcus Annaeus Cornutus, die een dierbare vriend zou blijven. Na Persius' vroege dood bezorgden Cornutus en de lyrische dichter Caesius Bassus een editie van zijn zes satiren.[86]

Al op jonge leeftijd oogstte Persius enthousiasme voor zijn gedichten: zijn klasgenoot Lucanus kon zich er tijdens een voordracht niet van weerhouden uit te roepen 'dat dit pas echte poëzie was'. De antieke biograaf Valerius Probus merkt op dat Persius 'sporadisch en traag' schreef. Misschien verklaart dat waarom de gedichten hier en daar als los zand aan elkaar lijken te hangen, maar zonder uitzondering bestaan uit sterke, expressieve regels.

Stoïcus als hij was propageerde Persius een leven in sobere eerlijkheid, vandaar dat hij koos voor de taal van de straat, de *verba togae* (woorden van de toga), en zich uitsprak tegen aanstellerij en gezwollenheid.[87] Wat zijn Romeinse publiek herkend moet hebben als de spraak van alledag, is voor ons vaak volkomen onbegrijpelijk. De huis-tuin-en-keukentaal omvat woorden voor voorwerpen en gebruiken die we nauwelijks kennen uit andere bronnen, staat bol van spreekwoorden en gezegden en verwijst naar voor ons obscure personen en plaatsen. Daar komt bij dat Persius, alsof hij gesprekken in kroeg en badhuis weergeeft, van de hak op de tak springt, graag metoniemen gebruikt en tot overmaat van ramp ook nog toespelingen maakt op literatuur die soms wel, maar vaker niet tot ons gekomen is. Zo schijnt hij, als we de antieke scholiasten mogen geloven, Nero te citeren.[88] Er is geen latinist die Persius vlot kan lezen, commentatoren verschillen niet zelden fundamenteel over de betekenis van afzonderlijke woordgroepen.

De strekking van de gedichten is, ondanks hun ogenschijnlijk losse structuur, onmiskenbaar. Het boek begint met een proloog van veertien jambische verzen, waarin Persius zegt dat hij niets te maken wil hebben met poëzie die zogenaamd door Apollo en de Muzen geïnspireerd is – zogenaamd, want in feite worden de meeste dichters vooral bezield door hun knorrende maag en de glans van geld. De eerste satire geeft een ontluisterend beeld van de literaire *scene* ten tijde van Nero. Fraai opgedoft lezen dichters op verwijfde toon hun verzen voor, die de volgevreten toehoorders 'pene-treren' en hun 'ingewanden prikkelen'.[89] Persius zit er niet op te wachten van dergelijke lezers en collega's een compliment te krijgen. De literatuur van vandaag de dag heeft geen ballen meer.[90] Als niemand deze satiren wil lezen, dan is dat jammer. Persius is niet van plan water bij de wijn te doen.

Een aantrekkelijke eigenschap van Persius' gedichten is dat ze vaak als dialoogjes zijn opgebouwd, ook al is het niet overal duidelijk wie de sprekers zijn, of zelfs welke regels aan welk personage moeten worden toebedeeld. De derde satire begint bijvoorbeeld zo: 'En ja hoor, het is weer zover. Een heldere morgen komt de ramen binnen en maakt met zijn licht de nauwe spleten breder, en wij liggen hier nog te snurken met een geweld dat afdoende is om een ongetemde Falerner af te schuimen, terwijl de zonnewijzer al op half twaalf staat.' Kennelijk komt iemand aan het eind van de ochtend binnen bij een vriend die zijn roes ligt uit te slapen; vooral dat 'wij' is briljant. In de vierde satire wordt een perverseling die naast een sportveld op zijn buik ligt te zonnen door een onbekende aangestoten en speekselrijk toegesnauwd: 'Wat een gedrag! Je pik en de geheimen van je lendenen wieden en je afgeragde spleet openstellen voor het volk! Als jij op je wangetjes een geparfumeerde baard kamt, waarom steekt je garnaal dan geschoren vanuit je liezen naar voren? Ook al rukken vijf masseurs het struikgewas uit en molesteren ze je gestoomde billen met een kromme tang, toch wijkt dat onkruid nooit voor welke ploeg dan ook.'[91] De negentiende-eeuwse commentator Gildersleeve merkt bij deze passage op: 'Of course it is impossible to analyze this spittle.'[92] De lezer moet er zelf maar zien achter te komen wat Persius hier voor vuilbekkerij over hem uitstort.

Het meest geslaagde gedicht is waarschijnlijk het vijfde, dat meteen ook het langste is (191 regels). Het begint als een gesprek tussen Persius en Cornutus over stijl, waarna de dichter uitlegt wat hij allemaal aan zijn leermeester heeft te danken. Filosofie is veel meer waard dan een aan handel, slaap, sport, spel of seks vergooid leven. Je moet je tijd goed besteden:

'Ik zal het morgen doen.' Dat kan ook morgen nog.
'Dank voor die extra dag!' Maar komt de dag van morgen,
dan is wat gisteren morgen was voorbij gevlogen.
Steeds blijft tot aan je dood een nieuwe morgen wachten.
Hoewel je steeds jezelf dicht op de hielen zit,
probeer je tevergeefs je voorwiel in te halen,
als achterwiel geklonken aan de tweede as.[93]

Hoezeer Persius speelt met zijn voorbeelden, kan geïllustreerd worden aan de hand van een passage in dezelfde satire, waar hij de gepersonifieerde Weeldezucht (Luxuria) een horatiaanse lofzang op het goede leven laat afsteken:

Indulge genio, carpamus dulcia! Nostrum est
quod vivis; cinis et manes et fabula fies.
Vive memor leti! Fugit hora; hoc quod loquor inde est.

Doe waar je zin in hebt, pluk lekkers; dat je leeft
is mijn verdienste. Straks ben jij slechts as en spookschim.
Leef, want je sterft. Dit woord is alweer tijdverlies.[94]

Persius refereert hier aan ten minste vijf regels uit verschillende gedichten van Horatius, maar de verwijzing is ironisch, omdat diens advies de dag te plukken voortkwam uit filosofische reflectie, niet uit decadente wellust.[95] Wanneer zelfs de verpersoonlijking van die decadentie het toontje van de populaire zedenmeester te pakken heeft, is het goed mis met de samenleving.

De dichter staat bekend om zijn bijtende aforismen, zoals dit: *tecum habita: noris quam sit tibi curta supellex* (woon bij je zelf en merk hoe rot je meubilair is).[96] Dit is een krachtige afwijzing van holle retoriek: *non equidem hoc studeo, bullatis ut mihi nugis / pagina turgescat, dare pondus idonea fumo* (het is niet mijn streven mijn blad te laten opzwellen van borrelende flauwekul, geschikt om rook gewicht te verlenen).[97] Ook al konden de satiren al spoedig niet meer zonder toelichtingen begrepen worden, het zijn de levendige dialoogjes, beeldende oneliners en strenge moraal die ervoor gezorgd hebben dat Persius in de Oudheid en gedurende de Middeleeuwen, en ook nog lang daarna een populair auteur is gebleven. Populair in een klein gezelschap, uiteraard. Zelf zei hij het niet erg te vinden als zijn lezerspubliek uit 'twee of geen' personen bestond.[98]

Roma van Juvenalis

In de film Roma van Fellini (1972) komt een scène voor waarin een onafzienbare stoet voertuigen onder luid getoeter en geschreeuw de Eeuwige Stad probeert binnen te rijden. In twee uur voltrekt zich een pandemonium dat als zodanig een mijlpaal in de cinematografie mag heten. De scènes zijn hoogstens associatief met elkaar verbonden, er is geen verhaal, er is alleen de gekte van een stad die nooit slaapt, waar dikke mama's en verlopen hoeren, studenten en dieven, ambtenaren en marktkooplieden, kinderen en katten verwikkeld zijn in een permanente klucht zonder plot. Hele volksstammen zitten te schransen in te smalle straatjes, fonteinen lokken door hun hormonen voortgestuwde jongeren en onder het plaveisel bevindt zich een gangenstelsel vol nooit geziene fresco's uit de Oudheid. De vaart, de opzichtige schoonheid en spectaculaire lelijkheid van de film benemen je de adem, maar het is onmogelijk te zeggen of het hier een lofzang, dan wel een satire op Rome betreft. Waarschijnlijk allebei.

Het is dezelfde vaart, hetzelfde rariteitenkabinet, dezelfde aaneenschakeling van ongelooflijke doorkijkjes en ontmoetingen, waardoor de zestien satiren van Decimus Junius Juvenalis worden gekenmerkt. Weliswaar verzekert de dichter ons dat hij gedreven wordt door niets dan woede (*facit indignatio versum*: het is de verontwaardiging die automatisch poëzie oproept),[99] toch zijn deze gedichten te geestig en gaan ze te ver in hun overdrijving van misstanden om het werk te zijn van een boze, verbitterde man, zoals vaak gedacht is. Als een declamator die zich opliert om met maximaal effect zijn standpunten naar voren te brengen, heeft Juvenalis er alles aan gedaan zijn stad af te schilderen als poel des verderfs zonder weerga, maar dan zo dat je er alleen maar nieuwsgieriger van wordt. Deze gedichten vervullen niet met afkeer, maar met vrolijkheid.

Van de dichter weten we vrijwel niets. Martialis, die, een jaar of twintig ouder, enigszins met hem bevriend was, suggereert dat Juvenalis een geducht declamator was, en in een laat gedicht contrasteert hij zijn kalme leventje als dichter in ruste op een bescheiden landgoed in Spanje met Juvenalis' gesappel in Rome, waar deze zwetend de zeven heuvelen beklimt op zoek naar steun van rijke beschermheren.[100] Juvenalis' eerste satire bevat een verwijzing naar het teleurstellende proces van Marius Priscus, die in het jaar 100 wegens corruptie werd aangeklaagd door Tacitus en Plinius (hij werd wel veroordeeld, maar mocht in ballingschap zijn vermogen behouden). De dichter was toen de veertig al gepasseerd. Het eerste boek met vijf satiren zal ergens tussen 105 en 110 gepubliceerd zijn, de zesde satire refereert aan de verschijning van een komeet in het jaar 115. Aan het begin van de zevende satire begroet Juvenalis hoopvol de troonsbestijging van Hadrianus (in 117), die, naar hij verwacht, het culturele leven zal stimuleren. Het vijfde en laatste boek, dat vier gedichten bevat (het laatste is ofwel onvoltooid, ofwel incompleet overgeleverd), dateert van na 127.[101] Horen we de dichter in de eerste gedichten voortdurend ketteren over het moeizame en vernederende bestaan van cliënten zonder geld, in het latere werk lijkt hij rust gevonden te hebben op een klein maar comfortabel buiten niet ver van Rome, misschien in Aquinum.[102] Hij nodigt er zijn vriend Persicus uit voor een eenvoudige doch voedzame maaltijd, waarna de beide oude heren volkomen ontspannen hun gerimpelde huid zullen blootstellen aan de milde lentezon.[103]

De satiren van Juvenalis ademen een totaal andere sfeer dan die van Horatius en Persius. Is Horatius de kalme, licht geamuseerde columnist die op subtiele wijze vingers op zere plekken legt, Persius doet zich voor als de principiële boeteprediker, de strenge heelmeester die niet terugdeinst voor grof, desnoods fataal ingrijpen. Juvenalis wordt gedreven door verbijstering en ongeloof, met tomeloze energie stelt hij sociale misstanden aan de kaak, maar hij gaat daarin zo ver en is zo vooringenomen dat het onmogelijk is het altijd met hem eens te zijn. *Political correctness* is wel het laatste waarvan men Juvenalis zou kunnen betichten, en de vileine geestigheid waarmee hij vrouwen, Grieken, Egyptenaren, homo's en gesjeesde intellectuelen over de hekel haalt, is onweerstaanbaar. Hoewel in de latere satiren soms een epicureïsche, en daarmee horatiaanse inslag valt waar te nemen, is Juvenalis te heetgebakerd en inconsequent om filosoof te zijn.

Structuur is niet zijn sterkste punt. De meeste satiren zijn ongeremde salvo's van hoogstens associatief met elkaar verbonden stellingen, anekdotes, voorbeelden, gelegenheidsargumenten, dik aangezette grappen en ronkende aforismen. Juvenalis schrijft niet voor letterkundige analyse, maar als een stand-upcomedian die afgerekend wil worden op het aantal keren dat hij raak geschoten heeft.

Wel hebben alle satiren afzonderlijk een eigen thema. De eerste is vooral poëticaal van karakter: in een stad als Rome, in deze absurde tijd is het bijna onmogelijk géén satiren te schrijven (*diffile est saturam non scribere*),[104] maar de politieke omstandigheden nopen de dichter zijn voorbeelden aan een voorbije periode te ontlenen, en dan vooral de tijd van Domitianus.[105] In de tweede en negende satire worden perverse homo's belachelijk gemaakt, in de zesde, met zijn bijna zevenhonderd regels verreweg het langste gedicht, moeten vrouwen het ontgelden. De ongemakken en gevaren van de stad Rome vormen het thema van de derde satire. Het vierde gedicht beschrijft een gewichtige vergadering van het kabinet van Domitianus, waar beslist moet worden over de bestemming van een reusachtige tarbot. Satire 7 is gewijd aan de (vooral financiële) problemen van dichters, historici, juristen en leraren. Sociale mobiliteit speelt een grote rol in de satiren 5 en 8. De satiren 10, 11, 13 en 14 zijn overwegend ethisch van karakter, gericht op integriteit en soberheid. Satire 12 gaat over erfenisjagers, 15 schildert een oorlog tussen rivaliserende sektes in Egypte, het onvoltooide zestiende gedicht handelt over de positie van soldaten. Al met al biedt de dichter een kleurrijk beeld van een samenleving die minstens zo veranderlijk, heterogeen en hectisch als de onze is.

In tegenstelling tot de gestileerde omgangstaal van Horatius'

Satiren en de hoekige directheid van Persius, is het idioom van Juvenalis retorisch en bloemrijk. Vooral in parodiërende passages cultiveert hij de verhevenheid van epos en tragedie, op andere momenten komt hij dicht in de buurt van de tirades van Plautus.[106] Net als bij Homerus krijg je de indruk dat hij soms een vergelijking inlast, niet zozeer om iets te verduidelijken, als wel omdat hij nog een beeld kwijt moest, of een grap. Hij schrikt er niet voor terug Griekse woorden te gebruiken, vooral wanneer hij afgeeft op dat verwerpelijke volkje van oplichters uit het Oosten:

Grammaticus rhetor geometres pictor aliptes
augur schoenobates medicus magus, omnia novit
Graeculus esuriens; in caelum, iusseris, ibit.

Docent, retor, masseur, wiskundige of schilder,
profeet, arts, acrobaat, kwakzalver, alles kan
de Griek met lege maag; desnoods wil hij wel vliegen.[107]

Bij onsmakelijke details hoedt hij zich voor al te grove woorden, maar de discrete omschrijvingen maken het vaak nog smeriger. Hier beklaagt Naevolus, gigolo op leeftijd, zich over beroerde arbeidsomstandigheden: 'Is het soms leuk je pik van wettelijke lengte / te steken in een darm waar het souper nog dringt?'[108]

Juvenalis grossiert in sententiën die erom smeken van buiten geleerd te worden. 'Brood en spelen' is een beroemd voorbeeld, evenals 'een gezonde geest in een gezond lichaam'.[109] Het geheim van de meeste van die zinnen schuilt in hun concreetheid. Hoe abstract het ook is wat de dichter wil zeggen, hij spreekt in tastbare beelden, die bovendien zijn vastgelegd in versregels die staan als een huis. Als de verzen stroef lopen, is het meestal om een speciaal effect te bereiken, bijvoorbeeld waar de oude Priamus struikelend naar het altaar rent waar hij afgeslacht gaat worden: *et ruit ante aram summi Iovis ut vetulus bos* (en zakt ineen voor het altaar als een oude stier).[110] Opvallend zijn de lange lettergrepen in *ant' aram summi Iovis*, het eenlettergrepige woord waarmee het vers eindigt, en vooral het feit dat in de tweede helft van de regel versvoet en woordaccent met elkaar botsen, wat doorgaans alleen in de eerste helft het geval is.

Een van de meest hilarische gedichten is het zesde, waarin Juvenalis met een superieure minachting voor poëtische architectuur losbarst in een tirade tegen alles wat vrouwelijk is. Na een verheerlijking van de gouden oertijd, toen Eerbaarheid nog onder de mensen was, spreekt de dichter Postumus aan, die het in zijn hoofd heeft gehaald te gaan trouwen. En dat terwijl er volop touw te krijgen is en er overal ramen openstaan op bovenverdiepingen vanwaaruit hij zich te pletter zou kunnen gooien! Honderden regels lang wordt uitgeweid over de meest uiteenlopende soorten vrouwen, maar er is er niet één die deugt. Ze zijn wellustig, dom, onbetrouwbaar, ze hebben een gat in hun hand, ze doen het met elkaar, ze dwepen met uitheemse godsdiensten die hun gelegenheid geven tot deelname aan liederlijke orgieën, ze bedrijven hun misdaden soms niet eens uit pure moordlust of frustratie, zoals Clytaemnestra of Medea, maar voor geld. Helemaal erg is het als je vrouw per ongeluk wél deugdzaam is, want dan is het met je vrijheid gedaan. En het toppunt van afschuwelijkheid is een vrouw met intellectuele belangstelling.

Gefascineerd beschrijft Juvenalis een onbehouwen manwijf:

's Nachts wil ze nog in bad, roept midden in de nacht
om water, zwelgt met luid gesteun in zware training,
terwijl de halters uit haar dikke armen vallen.
Een kundige masseur betast haar venusheuvel
en noopt haar bovendij het kletsend uit te schreeuwen.
Intussen wachten moe en hongerig haar gasten
aan tafel. Maar kijk aan, daar komt ze blozend binnen,
verlangend naar een kom met dertien liter wijn.
Die trekt ze naar zich toe, twee pinten slurpt ze op,
krijgt honger als een beest en geeft de wijn weer over,
die neerklotst op de vloer na spoeling van haar slokdarm.
De lambrizering lekt, de gouden bekkens rieken

naar prima wijn. Zoals een slang die in een vat
klem kwam te zitten, zuipt en braakt ze, waar haar eega
kokhalzend, ogen dicht, zijn gal nog binnenhoudt.[111]

Subtiel? Niet bepaald. Juist daardoor deel je de ontzetting van de
gasten en de walging van de echtgenoot die, om de sfeer niet te be-
derven, nog even net doet alsof er niets aan de hand is.

Menigmaal plaatst Juvenalis een zorgvuldig opgebouwde uitsmijter. In de derde satire besluit Umbricius Rome te verlaten. Je
kunt je nog beter op een onbewoond eiland vestigen, want:

Welk land is zo beroerd, zo miserabel dat je
niet blij bent vrij te zijn van brand, een dak dat elk
moment bezwijkt en duizend andere gevaren
en dichters die hun werk voordragen in de zomer?[112]

De laatste regel lijkt een anticlimax, maar voor een hartstochtelijk
dichter als Juvenalis is slechte poëzie even erg als een lekkend dak,
een beroving bij klaarlichte dag, een file van ossewagens of gif-
moord door een hebzuchtige Agrippina. Hij heeft gelijk.

Epigrammen

Glycera's gebit. Epigrammen van Martialis

Biedt Juvenalis op bijna epische schaal een caleidoskoop van het
Romeinse leven, Marcus Valerius Martialis was hem al voorgegaan,
zij het in een ander genre. Het Griekse woord *epigramma* betekent
'opschrift' en werd gebruikt voor bondige teksten, veelal in elegische disticha, die aangebracht werden op standbeelden, graven of
waardevolle voorwerpen. Het was ook niet ongebruikelijk een cadeau vergezeld te doen gaan van een tweeregelig versje. Simonides
schreef een beroemd epigram voor de Spartaanse gevallenen bij
Thermopylae, ook van Plato zijn enkele epigrammen bekend. In de
hellenistische tijd, in de handen van dichters als Callimachus, ont-

wikkelde het epigram zich van reëel gelegenheidsgedicht tot zelfstandig literair genre, dat soms nog de fictie overeind houdt werkelijk een opschrift te zijn, maar die associatie in veel gevallen loslaat. Wel blijft het gebruikelijk dat er iemand rechtstreeks wordt aangesproken: bij grafinscriptes was dat meestal de anonieme voorbijganger, bij geschenken de ontvanger of het voorwerp zelf. Het Griekse epigram is beknopt en verrassend geformuleerd, en meestal niet gericht op een clou of een grap in de laatste regel. Er bestaat een enorme verzameling Griekse epigrammen, de *Anthologia Palatina*, die weliswaar pas aan het eind van de Oudheid haar huidige vorm heeft gevonden, maar vele gedichten bevat uit de laatste eeuwen vóór het begin van onze jaartelling.

De eerste Romeinse dichter van wie een aantal gedichten met enig recht epigrammen genoemd kunnen worden, is Catullus. Andere epigrammendichters waren Albinovanus Pedo en Domitius Marsus. Van hun werk weten we bijna niets.[113] We kennen één epigram van keizer Augustus, omdat het wordt geciteerd door Martialis, en vier van Hadrianus. In de vierde eeuw schreef Ausonius een reeks epigrammen, en ook Claudianus beoefende het genre. De belangrijkste vertegenwoordiger is Martialis, met ruim vijftienhonderd gedichtjes, in lengte variërend van twee tot eenenvijftig regels, verdeeld over vijftien boeken;[114] gedichten langer dan een regel of twintig zijn overigens zeldzaam, en het merendeel van de tweeregelige versjes staat in de aan geschenken gewijde boeken XIII en XIV.

De dichter werd omstreeks het jaar 40 in het Spaanse Bilbilis (nu Bambola) geboren en vertrok in 64, na zijn retorische opleiding, naar Rome, waar hij zich een positie trachtte te veroveren in de literaire wereld. Daarvoor was het zaak rijke beschermheren te vinden die bereid waren hem moreel, publicitair en materieel te ondersteunen, in ruil voor vereeuwiging in Martialis' poëzie. Hoewel de dichter menigmaal klaagt over zijn problemen om aan de kost te komen, kan hij het toch niet slecht hebben gedaan, want in 84 blijkt hij een landhuis bij Nomentum te bezitten, en enkele jaren later heeft hij ook een eigen huis in Rome. Onder zijn beschermers treffen we de dichter en senator Silius Italicus, Polla Argentaria (de weduwe van Lucanus), Frontinus en Plinius Minor aan. Juvenalis was een jongere vriend. Dat hij Statius nergens noemt, die onder vergelijkbare omstandigheden verkeerde als hijzelf, zou erop kunnen duiden dat zij elkaar niet lagen, want het is ondenkbaar dat ze elkaar niet kenden. Martialis had dezelfde uitgever als Quintilianus.

Omdat hij in kringen verkeerde die zich verregaand verbonden hadden met het bewind van Domitianus en hij ook zelf menig gedicht aan de vorst had gewijd, begreep hij na de wisseling van de wacht in 96 dat zijn tijd in Rome voorbij was. In 98 keerde hij terug naar Bilbilis, waar een rijke vriend een landgoed voor hem gekocht had. Hij stierf er in 103/104. Plinius schrijft:

Ik hoor dat Valerius Martialis is overleden en ik ben daar verdrietig over. Hij was getalenteerd, spits, bijtend, met veel humor en veel gal in zijn gedichten, maar niet minder oprechtheid. Ik had hem, toen hij zich uit Rome terugtrok, als afscheidscadeau reisgeld meegegeven. Dat had ik hem gegeven uit vriendschap, maar ook vanwege de versjes die hij over mij had geschreven. [...] Maar, zeg je, het zal niet onsterfelijk zijn wat hij heeft geschreven. Misschien niet, maar hij heeft het geschreven alsof het dat wel zou zijn.[115]

Het oeuvre van Martialis is divers van karakter. Het bekendst is hij tegenwoordig om zijn aan erotiek gewijde gedichten, waarin de vreemdste seksuele voorkeuren en afwijkingen tot in detail belachelijk gemaakt worden. Honderden epigrammen maken zich vrolijk over een keur aan schilderachtige types: zwaarlijvige dames, geniepige erfenisjagers, irritante dichters, onbetrouwbare winkeliers, aan lagerwal geraakte edellieden, protserige parvenu's, schoolmeesters met losse handjes, bakkers die advocaat worden, stinkende hoeren en hypocriete filosofen. Anders dan zijn Griekse voorgangers legt Martialis zich, retorisch geschoold als hij is, toe op de climax en het hilarische schokeffect aan het slot.

In nogal wat gedichten weet Martialis een geslaagde combinatie van genres te bewerkstelligen. Vooral de wat langere gedichten hebben vaak een lyrisch of elegisch karakter. Inderdaad zegt Martialis dat hij graag als een moderne Catullus gezien wil worden.[116] Er zijn gedichten die de landelijke sfeer van Tibullus ademen, in een enkel geval proef je de epicureïsche toon van Horatius. Voor ons onverdraaglijk zijn de momenten waarop Martialis kruiperig om aandacht en geld bedelt.

De dichter begon zijn carrière met een aan keizer Titus opgedragen bundel, die in het jaar 80 verscheen ter gelegenheid van de opening van het Amphitheatrum Flavium, tegenwoordig bekend als het Colosseum. In de ruim dertig gedichten die dit *Liber spectaculorum* (boek van schouwspelen) telt, wordt een uniek beeld geschetst van een evenement zoals nooit eerder was vertoond: jachtpartijen in de arena, soms met vrouwen als jagers, als mythologische figuren uitgedoste misdadigers die door beren worden verscheurd, gladiatorengevechten en een heuse zeeslag. Dit is het achtste gedicht:

> *Daedale, Lucano cum sic lacereris ab urso,*
>   *quam cuperes pinnas nunc habuisse tuas!*

> Een woeste beer verscheurt jou, Daedalus, tot pulp.
>   Nu had je zelf wel vleugels willen hebben.[117]

Van halverwege de jaren tachtig dateren de boeken XIII en XIV. Hier doet een jongen zijn vriendinnetje een push-upbeha cadeau:

> Topje, duw haar nog te kleine tietjes op,
>   opdat mijn hand iets vindt om vast te pakken.[118]

De boeken I tot en met XI verschenen tussen 85 en 96, in 98 kwam er een herziene versie van boek X. Na zijn terugkeer in Spanje, waar Martialis de inspiratie van de grote stad bleek te missen, schreef hij alleen nog boek XII, dat in 101 het licht zag. De meeste boeken kwamen uit in december, ter gelegenheid van het carnavaleske Saturnalia-feest, wanneer men elkaar cadeautjes gaf.

Het is onmogelijk in kort bestek een representatief beeld van Martialis' verskunst te geven. Ik beperk me tot drie voorbeelden. Herhalingen doen het werk in dit korte maar dodelijke epigram, waarin een zekere Linus (de naam zal fictief zijn) van repliek gediend wordt:

Quid mihi reddat ager quaeris, Line, Nomentanus?
Hoc mihi reddit ager: te, Line, non video.

Vraag je wat mijn Nomentaanse akker opbrengt, Linus?
Dat ik jou daar kwijt ben is de opbrengst, Linus.[119]

Orale seks is een frequent thema. In het volgende gedicht wordt de clou tot het laatste woord uitgesteld:

Glycera is het liefje van Lupercus,
hij is de generaal die haar bezit.
Nu is hij al een maand niet klaargekomen
en informeert zijn makker Aelianus
waarom het toch zo ver heeft moeten komen.
Lupercus: zij had last van haar gebit.[120]

Te midden van al die gedichten over uitschot, oplichterij, aberraties en monstruositeiten, staat dit nuchtere en gelouterde gedicht:

Wat maakt het leven, allerbeste kerel,
vriend Martialis, beter? Dat is dit:
geen zuurverdiende, maar geërfde centen;
een akker die niet zeurt, een warme schoorsteen;
geen toga, geen geschillen, geen gestress;
een sterk gestel, een lichaam dat niet hapert;
doordachte eenvoud, vrienden zonder streken;
gezelligheid, een ouderwetse tafel;
geen nachtelijk gebral, maar ook geen zorgen;
geen treurig bed, maar ook geen seksorgieën;

een slaap die duisternis niet lang doet lijken;
de wil om niemand dan jezelf te wezen;
te vrezen noch te wensen dat je sterft.[121]

Het gedicht is dermate eenvoudig dat er nauwelijks iets over te zeggen valt. De eerste regel begint met *vitam* (leven), de laatste met *summum* (laatste): het gedicht omspant een heel leven. Alle aspecten van een goed leven komen aan bod: een behoorlijk inkomen zonder dat je daarvoor hard behoeft te werken, geen officieel gedoe of juridische rompslomp, een stabiele gezondheid, een prettig sociaal leven, lekker eten en drinken zonder dat het in geslemp ontaardt, goede seks op zijn tijd en een verkwikkende nachtrust. In de laatste twee regels formuleert de dichter de essentie: dat je wilt zijn wie je bent, en dat je weliswaar graag wilt leven, maar niet bang bent voor de dood. Precies midden in het gedicht staat het woord waarom het gaat: *simplicitas*. Daarom heeft Martialis terecht gekozen voor een onopvallend metrum (het elflettergrepig vers dat ook door Catullus veel werd toegepast) en de eenvoudigste structuur die je kunt bedenken, de opsomming. De elementen van die opsomming benadrukken de grote moeite die het kost om een dergelijke eenvoud te bereiken. *Prudens simplicitas*: eenvoud waarover is nagedacht. Het is niet waarschijnlijk dat de dichter dit ideaal zelfs maar heeft kunnen benaderen. Aan zijn onrust danken wij een oeuvre dat enig in zijn soort is. Wie sereniteit nastreeft, doet er goed aan Martialis' boeken gesloten te houden.

Priapea. Wedijveren in grofheid

Priapus was oorspronkelijk een vruchtbaarheidsgod uit het Klein-Aziatische Lampsacus, wiens cultus zich in de hellenistische tijd over de gehele antieke wereld verspreidde.[122] In Italië speelde hij een bescheiden rol als bewaker van tuinen. Hij werd niet alleen geacht voor een goede oogst te zorgen, tevens bedreigde hij met zijn sikkel en zijn formidabele roede eventuele dieven. Op het roodgeverfde houten beeld was vaak een korte tekst aangebracht waarin Priapus geen twijfel liet bestaan over zijn bedoelingen:

Die scepter waaraan, eens zijn boom ontnomen,
geen groene blaadjes ooit meer zullen komen,
die scepter die veel vorsten willen dragen,
waar lichte meisjes menigmaal om vragen,
die chique nichten graag met kusjes plagen,
wordt dieven diep hun darmen in gestoten,
tot aan het gevest van onderbuik en kloten.[123]

Ergens aan het eind van de eerste eeuw heeft een anonieme dichter tachtig van die zogeheten *Priapea* geschreven, epigrammen die gezien kunnen worden als tot literatuur verheven schuttingtaal, waarin het machtige wapen van de god centraal staat. Dat het boek gelezen wil worden als een gedichtenbundel en niet als een willekeurige verzameling schuine bakken blijkt al uit het programmatische eerste gedicht, dat de lezer, om hem nieuwsgierig te maken, voor de pornografische inhoud waarschuwt.

Latijnse dichters toonden hun originaliteit over het algemeen niet door steeds nieuwe onderwerpen of versvormen te exploiteren, maar door traditioneel materiaal net iets geestiger of pregnanter te formuleren dan hun voorgangers. Romeinse poëzie werd geschreven voor een kleine kring van fijnproevers, als een elitair spel waarin citaten uit canonieke meesterwerken werden gesloopt en in een andere context opnieuw tot leven gebracht. Daarmee is vanzelfsprekend niet gezegd dat Latijnse poëzie nooit doorleefd of serieus is. Wel is het in zo'n traditie van literaire wedijver extra aantrekkelijk platvloerse flauwiteiten in een elegante vorm te gieten.

Hoe leuk zijn dus de *Priapea*? Dit is niet het meest verheffende gedicht:

Dit is mijn piemels grootste kwaliteit:
    geen enkel vrouwtje is mij ooit te wijd.[124]

In combinatie met de bundel als geheel krijgt zo'n gedicht echter een ander effect. Na een paar bladzijden let je niet meer op de obsceniteiten, die het vaak moeten hebben van hun groteske overdrijving, maar ontwikkel je een oog voor de vindingrijke manier waarop de dichter steeds weer nieuwe variaties op zijn tamelijk vermoeiende thema bedacht heeft. Dat is precies de leeshouding die veel Latijnse poëzie, bijvoorbeeld die van Ovidius en Martialis, vereist.

Het best op dreef is de dichter wanneer hij een scabreuze wending geeft aan de homerische epiek ('Had de Trojaanse lul de Spartaanse kut niet bestegen, / dan had Homerus geen stof om aan het dichten te slaan.') en waar hij Catullus parodieert.[125] Je zou het op het eerste gezicht niet zeggen, maar het volgende epigram is subtiel paradoxaal, omdat het een grap is die voorgeeft geen grap te zijn:

> Ik doe wel meer dan louter moppen tappen
> en spreek heus niet alleen in scherts en grappen:
> ik dwing alle dieven die ik hier kan grijpen
> me, ongelogen, drie, vier keer te pijpen.[126]

Of de grap ook geslaagd is laat ik graag in het midden.

Epos

In zijn eerste satire beklaagt Juvenalis zich over het bedroevende peil van de Latijnse letteren. Terwijl de maatschappij ten prooi is aan een algehele verloedering en dus schreeuwt om verontwaardigde kritiek, houden tientallen dichters zich bezig met tragedies en epen die niets met het dagelijks leven te maken hebben:

> Niemand kent zijn eigen huis zo goed als ik het woud van Mars en de grot van Vulcanus, die grenst aan de rotsen van Aeolus. Wat de winden doen, welke schimmen Aeacus foltert, waarvandaan weer een ander het goud van het gestolen velletje wegvoert, hoe groot de essen zijn die Monychus slingert, dat alles roepen de platanen van Fronto de hele tijd, en zijn door permanente voordracht geteisterde marmer en brekende zuilen.[127]

Fronto, een verder onbekende mecenas, had kennelijk dagelijks dichters over de vloer die in zijn tuin of zuilengalerij niet uitgedeclameerd raakten over onderwerpen die tot de vaste stoffering van het epos behoorden. De elementen die Juvenalis hier aanhaalt zijn stereotiep. Met het woud van Mars en het gestolen velletje (het Gulden Vlies) lijkt hij specifiek te verwijzen naar Valerius Flaccus, maar stormscènes (Aeolus, winden), afdalingen in de onderwereld (Aeacus) en beschrijvingen van de Gigantomachie, de voorwereldlijke oorlog tussen aardreuzen en Olympische goden, of de daarmee tot op zekere hoogte vergelijkbare strijd tussen Centauren en Lapithen (Monychus is een centaur), komen voor in vrijwel alle bewaard gebleven epen.

Hoe ziet het corpus eruit? Als je alle overgeleverde epische teksten uit de Latijnse literatuur op een rij zet, kom je tot de treurige ontdekking dat het er maar heel weinig zijn. Compleet tot ons gekomen zijn er slechts twee: de *Thebais* van Statius en de *Punica* van Silius Italicus, allebei geschreven tijdens het bewind van Domitianus. Vergilius' *Aeneis* is niet helemaal af, maar de staat van voltooiing is van dien aard dat we moeilijk kunnen aangeven wat er nog aan verbeterd zou kunnen worden zonder er een ander gedicht van te maken. Dan is er een hele reeks epen die niet voltooid werden, in de meeste gevallen omdat de dichter overleed voordat hij klaar was: *Burgeroorlog* of *Pharsalia* van Lucanus, *Argonautica* van Valerius Flaccus (tijdgenoot van Statius en Silius), *Achilleis* van Statius en *De roof van Proserpina* van Claudianus. Vele epen werden wel voltooid, maar niet of slechts fragmentarisch overgeleverd, zoals de werken van Livius Andronicus, Naevius en Ennius. We kennen fragmenten uit de *Argonauten* van Varro van Atax (eerste eeuw v.Chr.) en het gedicht dat Cicero over zijn eigen consulaat schreef, de in het vorige hoofdstuk behandelde passage van Albinovanus Pedo over Germanicus' rampzalig verlopen tocht over de Noordzee, en een aanzienlijk fragment van Claudianus' *Gigantomachie*, vermoedelijk door hemzelf bewerkt naar een eerdere versie die hij in het Grieks schreef.

Van nogal wat gedichten weten of vermoeden we dat ze bestaan hebben, al is er geen letter van bewaard. Dat geldt misschien voor de epische poëzie van keizer Domitianus, die door Valerius Flaccus, Statius en Quintilianus de hemel in wordt geprezen, al wordt uit hun formuleringen niet helemaal duidelijk of Domitianus die werken ook echt gescheven heeft of dat het bij een veelbelovend, maar nooit tot volle bloei gekomen dichterschap is gebleven. Het geldt zeker voor de maar liefst dertig boeken tellende *Antoninias*, een historisch epos over de keizers Antoninus Pius en Marcus Aurelius, van Gordianus, die in 238 gedurende tweeëntwintig dagen keizer was.[128] Een aparte categorie wordt gevormd door de epen die niet geschreven werden. Horatius en Propertius beweren niet in de wieg gelegd te zijn om de daden van keizer Augustus in een heldendicht te verheerlijken, Valerius Flaccus meent dat alleen Domitianus in staat zou zijn de triomfen van zijn broer Titus te bezingen, terwijl Statius denkt dat hij nog niet toe is aan een epos over de keizer. Ten slotte is er het curieuze fragment in Petronius' *Satyrica*, dat gezien kan worden als reactie op Lucanus.

Als we het gehele corpus overzien, kunnen we de volgende typen epos onderscheiden. In de eerste plaats is er het mythologisch epos. Voor de Romeinen zijn Homerus en Apollonius van Rhodos de belangrijkste voorbeelden geweest. Tot deze groep behoren de *Aeneis* van Vergilius, de *Argonautica* van Valerius Flaccus, de *Thebais* en *Achilleis* van Statius, *De roof van Proserpina* en *Gigantomachie* van Claudianus.

De tweede grote groep wordt gevormd door epische gedichten over historische gebeurtenissen. Hiertoe behoren de *Punische Oorlog* van Naevius, de *Annalen* van Ennius, *Pharsalia* van Lucanus en de *Punica* van Silius Italicus.

Een derde categorie zou men epideiktisch epos kunnen noemen, omdat dit type veel kenmerken gemeen heeft met het genre uit de retorica dat *genos epideiktikon* wordt genoemd, in het Latijn *genus demonstrativum*. In dat soort redevoeringen, die ceremonieel van aard zijn, wordt iemand geëerd, bijvoorbeeld bij een belangrijke overwinning of het verkrijgen van een hoge baan, dan wel afgekraakt. Claudianus ontwikkelde aan het hof van keizer Honorius een nieuwe vorm door epische stof te verwerken in een lofrede of invectief. Voorbeelden hiervan zijn de lofzangen op het consulaat van Stilicho en de spotgedichten tegen Stilicho's vijanden Rufinus en Eutropius.

Als laatste categorie kan het vertaalde epos worden onderscheiden. Niet alleen Livius Andronicus vertaalde de *Odyssee*, maar ook een zekere Attius Labeo deed dat, terwijl er vele vertalingen van de *Ilias* in omloop waren (onder andere één van Statius' vader, zij het niet in versvorm).[129] Misschien was *Argonauten* van Varro een vertaling van Apollonius' gedicht; de luttele fragmenten suggereren dat hij inderdaad dicht bij het Grieks is gebleven.[130] Ten tijde van keizer Nero verscheen een ultrakorte versie van de *Ilias*, de 1070 verzen tellende *Ilias Latina*.

Vaste scènes in de meeste epen zijn, afgezien van de onvermijdelijke beschrijvingen van veldslagen (waarbij vaak zelfs de hobby's van de sneuvelende vijanden worden vermeld), de *katalogos*, een bladzijden lange opsomming van strijdkrachten uit exotische oorden; de *teichoskopie*, evenals *katalogos* afkomstig uit de *Ilias*: vanaf een stadsmuur worden door één van de personages, meestal een vrouw, de belangrijkste vijanden aangewezen; sportwedstrijden, veelal ter ere van een gestorven kameraad (de lijkspelen voor Patroclus uit de *Ilias* zijn het voorbeeld); een uitgebreide stormscène, in navolging van de stormen in de *Odyssee*; een *ecphrasis*: de beschrijving van een kunstwerk, zoals het schild van Achilles in de *Ilias*, meestal met subtiele hints ten aanzien van de toekomst van de held; en de *katabasis*, een afdaling in de onderwereld of ten minste een ritueel waarbij doden worden opgeroepen (zoals in het elfde boek van de *Odyssee*). Ook bevatten veel epen een scène waarin twee geliefden afscheid van elkaar nemen, zoals Hector en Andromache in de *Ilias*.

Voor de meeste classici is de *Aeneis* het Latijnse epos bij uitstek. Dat moge begrijpelijk zijn, het loont de moeite ook de andere epici te lezen. Vooral Lucanus en Statius zouden weleens een openbaring kunnen zijn.

iv De vroege keizertijd. Van Tiberius tot Hadrianus

279

De horror van Lucanus

Direct daarna beveelt Nero de moord op Annaeus Lucanus. Wanneer deze bij het voortvloeien van zijn bloed zijn voeten en handen koud voelt worden en de levensadem geleidelijk uit zijn ledematen voelt wijken, terwijl zijn borst nog gloeit en bij vol bewustzijn is, herinnert hij zich een passage uit een door hem geschreven gedicht waarin hij had verteld hoe een gewonde soldaat in een vergelijkbaar doodsbeeld was omgekomen, en hij haalde de desbetreffende verzen aan en dat waren zijn laatste woorden.[131]

Zo beschrijft Tacitus de gedwongen zelfmoord van de vijfentwintigjarige Marcus Annaeus Lucanus, die betrokken zou zijn geweest bij de samenzwering van Piso in het jaar 65. Kort tevoren had ook Lucanus' oom Seneca zich de aderen geopend, niet lang erna zou Petronius hetzelfde doen. Van Nero kan veel vervelends gezegd worden, maar niet dat hij geen stempel heeft gedrukt op de Latijnse literatuur.

De regels die de stervende Lucanus citeerde, waren misschien deze, uit het relaas over de zeeslag bij Marseille, waar een zekere Lycidas door zijn kameraden uit het water wordt gevist, maar terwijl hij nog in de lucht hangt doormidden wordt gehouwen:

Zijn bloed spoot voort uit zijn gebroken vaten,
de levenskracht die in zijn ledematen klopte
verdronk. Van geen die in die slag het leven liet
koos het zo'n brede poort. Het onderlijf verschafte
de dood zijn leden los van zijn vitale delen.
Maar waar de long nog zwelt, waar ingewanden bruisen,
daar worstelde het lot nog lang voor het ook dit
gedeelte van de man geheel en al bedwong.[132]

Fonteinen van bloed, een stinkende brij van dampende darmen, ogen die uit hun kassen hangen, nabestaanden die uit een kluwen van lauwe kadavers de ledematen van hun dierbaren bijeenscharrelen, een vlootbemanning die in een euforische orgie van bloed en staal collectief zelfmoord pleegt – je kunt het zo gruwelijk niet bedenken of Lucanus heeft het in geuren en kleuren bezongen. Zijn specialiteit is wat de retorici *evidentia* noemen (aanschouwelijkheid), zijn doel het oproepen van pathos. Hoewel Lucanus' epos onevenwichtig is en onder zijn ambities bezwijkt, kan geen lezer ongevoelig blijven voor het vuur, de walging en de beeldende kracht die van de pagina spatten. Bij Lucanus loopt alles uit de hand, zowel de plot als de taal, maar omdat hij een instortende wereld beschrijft, een morele, politieke en militaire chaos, sluiten vorm en inhoud perfect bij elkaar aan.

In november 39 werd Lucanus geboren in Córdoba. Zijn opleiding volgde hij in Rome, waar zijn grootvader, de oude Seneca, de verwording van de retorenscholen had geboekstaafd. Lucanus raakte bevriend met de dichter Persius en kwam, ongetwijfeld via zijn oom, de filosoof Seneca, in contact met keizer Nero, die twee jaar ouder was dan hij. Hij trouwde met Polla Argentaria, die later een van de beschermvrouwen van Martialis en Statius zou worden. Hoe Lucanus precies bij de samenzwering van Piso betrokken is geraakt, weten we niet, maar dat hij groots en meeslepend wilde leven, blijkt uit iedere regel van zijn werk. Als dichter en redenaar was hij onwaarschijnlijk productief. Helaas resteert alleen het onvoltooide epos over de burgeroorlog tussen Caesar en Pompeius, dat meestal wordt aangeduid als *Bellum civile*, maar op grond van een passage uit boek IX ook *Pharsalia* genoemd wordt, naar de plaats in Thessalië waar de beslissende veldslag werd geleverd. Vermoedelijk werden de eerste drie boeken al eerder afzonderlijk gepubliceerd. In ieder geval heeft Petronius delen ervan onder ogen gehad, want het episch fragment in zijn *Satyrica* is overduidelijk bedoeld als reactie op Lucanus.[133]

De passage waarin Lucanus over zijn eigen werk spreekt, staat midden in de episode van Caesars bezoek aan de ruïnes van Troje. Van die stad is zo weinig over dat Caesar de voornaamste monumenten bijna voorbijloopt. Daarop roept Lucanus uit:

O gewijde en grote inspanning van dichters, alles ontrukt u aan het doodslot en u verschaft eeuwigheid aan sterfelijke volkeren! Wees niet afgunstig op deze gewijde roem, Caesar, want als het Latijnse Muzen geoorloofd is een belofte te doen, dan zullen, zolang als de eer van de dichter uit Smyrna [Homerus] voorduurt, toekomstigen mij en u lezen. Onze *Pharsalia* zal leven en wij zullen door geen enkele periode tot duisternis gedoemd worden.'[134]

Zowel inhoudelijk als stilistisch zijn dit typerende verzen. Lucanus schuwt de grote woorden niet en bescheidenheid is hem vreemd. Tweemaal een apostrofe, eenmaal tot de *vatum labor*, eenmaal tot Caesar, die een nieuwe Achilles en een nieuwe Alexander de Grote wil zijn. Epicus en held worden één door het homerisch dichterschap van Lucanus.

Lucanus werd al in de Oudheid soms meer om zijn retorische dan om zijn poëtische gaven gewaardeerd. Quintilianus zegt: 'Lucanus is vurig, heftig bewogen en briljant in zijn sententiën, en, om te zeggen hoe ik het ervaar, eerder een voorbeeld voor redenaars dan voor dichters.'[135] Dat de dichter op school goed heeft opgelet, blijkt inderdaad voortdurend. Vele van zijn personages houden substantiële redevoeringen. Zo weet Cicero Pompeius het laatste zetje te geven om de slag bij Pharsalus aan te gaan – een fictieve gebeurtenis, want in werkelijkheid was Cicero daar niet aanwezig.

Lucanus is, zoals Quintilianus terecht opmerkt, een bron van meesterlijke sententiën, flitsend geformuleerde regels die in het kort een, veelal verschrikkelijke, waarheid verkondigen. *Temporis angusti mansit concordia discors*: 'Van korte duur was deze eendracht in tweedracht.' *Victrix causa deis placuit, sed victa Catoni*: 'de zaak die won behaagde god, die niet won Cato.' *Nil actum credens, dum quid superesset agendum*: '[Caesar] vond dat er, zolang er nog iets te doen was, niets gedaan was.'[136]

Anderzijds valt niet te ontkennen dat Lucanus zich hier en daar wel erg gretig laat meeslepen door zijn retorische inventiviteit. Een willekeurig voorbeeld van klinkklare nonsens is te vinden in het tweede boek. Om de locatie van zijn verhaal een zo hoog mogelijke status te geven, probeert de dichter aan te tonen dat de Po (of Eridanus) de grootste rivier ter wereld is, hoewel iedere ontwikkelde Romein wist dat dat niet waar was.[137] 'De aarde ontbindt zich nergens tot een grotere rivier dan de Eridanus, die losgerukte bossen naar de zee sleurt en al het water van het Avondland opslurpt,' zegt Lucanus, waarna hij vertelt hoe de Po tijdens de val van Phaëthon voldoende water bevatte om de zonnegloed te weerstaan. 'Hij zou niet kleiner zijn dan de Nijl, als die niet in de gelegenheid was zich door de vlakke ligging van Egypte uit te breiden over het Libisch zand. En hij is ook niet kleiner dan de Donau, want die verzamelt, terwijl hij de aarde doorkruist, allerlei bronnen die anders in ik weet niet wat voor zeeën zouden uitmonden, en is dus, als hij de Scythische wateren bereikt, helemaal niet meer alleen.' Kortom, Nijl en Donau zijn wel breder, maar dat telt niet. Aan dit soort spitsvondigheden werd op de retorenschool veel aandacht besteed, want als je kunt aantonen dat de Po indrukwekkender is dan de Donau, kun je ook aannemelijk maken dat een moordenaar een mensenvriend is.

Negen en een half boek heeft Lucanus kunnen voltooien. Omdat de structuur daarvan niet erg dwingend is, valt moeilijk na te gaan hoeveel boeken het gedicht had moeten krijgen. In boek x bevindt Caesar zich, na de dood van Pompeius, aan het hof van Cleopatra in Alexandrië, terwijl Cato met de laatste republikeinse troepen door de Libische woestijn zwerft. Het is een redelijke veronderstelling dat het epos had moeten eindigen met de zelfmoord van Cato bij Utica, en in dat geval zou het wellicht twaalf boeken hebben geteld, evenveel als de *Aeneis*. Erg belangrijk is dat niet, want voor Lucanus is onstuimige schwung veel bepalender dan een afgewogen architectuur. Niettemin kan erop gewezen worden dat de gevechten tussen aanhangers van Marius en Sulla in boek II (zoals verteld door een bejaarde overlevende) corresponderen met de val van Troje in *Aeneis* II, terwijl boek VI van beide epen een confrontatie met de onderwereld bevat.

Drie personen staan centraal in *Pharsalia*: Caesar, het gewetenloze, op macht beluste genie; Pompeius, een goedige, paniekerige heer van stand die teert op oude roem; en Cato, de vreugdeloze stoïcijn die in zijn ascetisch plichtsbesef nooit maat weet te houden. Met dit drietal heeft Lucanus zich een onmogelijk project op de hals gehaald, want een echt sympathieke held zit er niet tussen, bovendien staat van meet af aan vast dat de grootste schurk, nota bene de grondlegger van de dynastie waarvan Lucanus' beschermheer de laatste representant was, zal winnen. Het gedicht gaat dan ook niet zozeer over personen, als wel over de onafwendbare val van een staatsbestel, en daarmee van een wereldrijk. Onafwendbaar, want de dragende krachten zijn Fatum en Fortuna, noodlot en blind toeval, die zich van de duistere, irrationele drijfveren in eerzuchtige protagonisten en onbeheersbare massa's bedienen om alles, maar dan ook alles kapot te maken.

In het eerste boek worden Pompeius en Caesar aan de lezer voorgesteld. Een belangrijk motief vormt het feit dat Pompeius getrouwd was met een dochter van Caesar (die overigens zes jaar jonger was dan zijn schoonzoon). Wanneer deze Julia in het kraambed sterft en de derde man van het triumviraat, Crassus, in 53 v.Chr. sneuvelt tegen de Parthen, zit er geen rem meer op de rivaliteit tussen schoonzoon en schoonvader. Pompeius 'staat rechtop als een schaduw van zijn grote naam, zoals een verheven eik op een akker, die de oude wapenbuit van een volk en de geheiligde giften van aanvoerders hoog houdt, terwijl hij niet meer vastzit met stevige wortels, slechts door zijn gewicht overeind blijft; zijn stam steekt kale takken uit in de lucht en het is niet met loof dat hij schaduw biedt.' Caesar daarentegen vernietigt alles wat op zijn weg komt, zijn vuur heeft brandstof nodig om te kunnen woeden. Hij wordt dan ook vergeleken met de bliksem die de hemel verscheurt en de mensen de stuipen op het lijf jaagt.[138]

In Lucanus' universum spelen goden nauwelijks een rol. Op verscheidene plaatsen laat de dichter merken dat hij, als zoveel tijdgenoten, bij de Stoa in de leer is geweest, maar het gedrag van superstoïcijn Cato is te zonderling om voor rationeel door te gaan. In een van de meest tot de verbeelding sprekende scènes huurt Caesar een bootje waarmee hij zich in een gierende storm door een doodsban ge visser van Epirus naar Italië laat brengen, om daar te kijken waar Antonius blijft met zijn troepen. Eerst verzekert Caesar de visser dat de goden hem altijd helpen, zodat er geen reden voor angst is, en wanneer de elementen werkelijk alles uit de kast halen om het bootje te doen zinken, wordt Caesar alleen maar roekelozer. Het gevaar windt hem op:

> Doen de hemelingen er zoveel moeite voor om mij uit de weg te ruimen, nu zij mij op volle zee aanvallen in mijn kleine bootje? Als de glorie van mijn dood aan de zee, in plaats van aan de oorlog wordt toegekend, zal ik onverschrokken het einde dat jullie mij geven, goden, aanvaarden.[139]

Volgt een opsomming van wat hij allemaal bereikt heeft, waarna hij besluit: 'Ik hoef geen begrafenis te hebben, hemelingen. Bewaar mijn verscheurde lijk maar midden in de golven, voor mij geen tombe of brandstapel, als men maar altijd bang voor mij blijft en overal vreest dat ik weer kan opduiken.'

Voor zover goden in dit horrorscenario nog iets in te brengen hebben, zijn het eerder de demonen uit de hel dan de heilige machten van de Olympus. In boek VI raadpleegt Sextus, een zoon van Pompeius, de Thessalische heks der heksen, Erichtho. Dit weerzinwekkende wezen, wier specialiteit het wroeten in rottende kadavers is, roept op Sextus' verzoek uit de onderwereld een schim op, die eerst weer plaats moet nemen in zijn eigen, nog onbegraven lijk. Nadat de schim zijn walging om het ontbindende lichaam binnen te gaan heeft overwonnen, voorspelt hij Sextus de nederlaag van Pompeius, en bovendien de uiteindelijke val van Caesar. Een aardig gegeven is dat de schim vertelt hoe ook in de onderwereld de hel is losgebroken tussen goede en kwade krachten uit de Romeinse geschiedenis: Catilina geniet van de chaos op aarde.

Bij Lucanus denk je na iedere beschrijving van gruwelen dat het toppunt nu wel bereikt is, maar het blijkt altijd nog erger te kunnen. Na de slag bij Pharsalus gaat Caesar tussen de lijken ontbijten, en de kraanvogels stellen, opgetogen over zoveel voedsel, hun trek naar Egypte uit. Na een paar dagen uitzinnig schransen hangen alle aasetende vogels echter kokhalzend in de bomen, zelfs komt het voor dat ze tijdens hun vlucht vermoeid een arm of een been laten vallen, bovenop het leger van de overwinnaars.[140]

De ultieme waanzin is bewaard voor het negende boek. Cato trekt met zijn leger door de woestijn. Als een hallucinatie beschrijft Lucanus hoe de manschappen in het zand wegzakken en ondraaglijke dorst lijden, maar Cato geeft geen krimp; zelfs als er ergens een druppel water wordt aangetroffen, weigert hij te drinken. Ontdekken ze eindelijk een bron, dan blijkt die vol giftige slangen te zitten, en hier is Cato natuurlijk de enige die wél durft te drinken. Deze gebeurtenis geeft Lucanus aanleiding te vertellen hoe het komt dat er in Afrika zoveel slangen zijn. Zijn half-natuurwetenschappelijke, half-mythologische verklaring (Perseus vloog met het bloedende hoofd van Medusa over de woestijn) wordt gevolgd door een opsomming van slangensoorten met al hun eigenschappen, bijna vijfendertig regels lang.[141] In de passage die daarna komt vertelt de dichter bijna wellustig hoe enkele soldaten aan dit ongedierte ten prooi vallen. De één ziet zijn ledematen als gesmolten was uiteenvallen, een tweede zwelt op tot een reusachtige, vormeloze klomp waarvoor zelfs aaseters terugdeinzen, bij een derde spuiten uit alle lichaamsopeningen etter en bloed naar buiten, als uit een kraan. De getraumatiseerde soldaten roepen in hun gebed tot de goden dat ze nog veel liever een tweede keer bij Pharsalus zouden vechten.[142]

Het *Bellum civile*, dat halverwege boek x afbreekt maar misschien naar believen voortgezet had kunnen worden met steeds nieuwe verschrikkingen, laat de lezer in verbijstering achter. In veel opzichten kun je Lucanus beschouwen als voorganger van de Markies de Sade, van Dracula, van Bret Easton Ellis' *American Psycho*.

Maar is het epos niet in de eerste plaats een politiek statement? Als dat het geval is, heeft Lucanus zijn visie laten vertroebelen door zijn bloeddorstige verbeelding, want eenduidig is het werk allerminst. Boek 1 begint nog met een lofzang aan het adres van Nero, die zo hoogdravend is dat een moderne lezer alleen maar aan ironie kan denken (de keizer fungeert er zelfs als 's dichters Muze), maar in de loop van het gedicht ontwikkelt Lucanus een steeds grotere haat tegen tirannie. Misschien heeft het vuur van zijn scheppingsdrift, die in zijn geval ook een vernietigingsdrift was, hem ertoe aangezet tegen de keizer in opstand te komen. Hoe het ook zij, juist de onvoltooide staat van de *Pharsalia* maakt het tot een onthutsend gedicht.

Valerius Flaccus. Intertekstualiteit in het kwadraat

Zo begint de *Argonautica*, het onvoltooide epos van Valerius Flaccus:

> Wij zingen van voor het eerst door godenzonen doorkruiste zeestraten en van het voorspellend schip, dat het waagde de zomen van de Scythische Phasis te zoeken en midden tussen toeklappende bergkammen zijn koers te breken, en uiteindelijk plaatsnam op de vlammende Olympus.

De Argo, het eerste schip dat ooit de zeeën bevoer, was uitgerust met een door Minerva aangebracht navigatiesysteem, passeerde de Symplegaden (twee rotsen bij de ingang van de Zwarte Zee die zo nu en dan tegen elkaar klapten) en bereikte het sprookjesland Colchis aan de Phasis, in het huidige Georgië. Wat Valerius hier nog niet vertelt, is dat Jason daar het Gulden Vlies ging halen, hetgeen alleen lukte doordat hij geholpen werd door 's konings dochter Medea, die over magische krachten beschikte. Ook dat Jason Medea meenam naar Griekenland om haar vervolgens jammerlijk in de steek te laten, wordt niet vermeld. Dat de Argo als sterrenbeeld aan de hemel werd geplaatst, lijkt te duiden op een positieve afloop. Wat de dichter zegt is onvolledig en suggestief. Dat geldt ook voor de vaak raadselachtige en zelden oprechte taal van zijn personages.

We weten bijna niets van Valerius Flaccus. Hij behoorde tot de senatorenstand en bekleedde een prestigieus priesterschap, waarop hij zinspeelt in de regels die volgen op de hierboven geciteerde: 'Phoebus (Apollo), inspireer mij, als in een zuiver huis de drievoet staat die weet heeft van de profetes uit Cumae, als de laurier groent op een waardig voorhoofd.' Omdat Valerius vervolgens keizer Vespasianus aanroept en verwijst naar de verovering van Jeruzalem door diens zoon Titus in het jaar 70, ligt het voor de hand aan te nemen dat hij niet lang daarna aan het epos is begonnen. Het is een karakteristieke passage:

> En u, die door het openleggen van de zee nog meer roem vergaarde, nadat de Caledonische Oceaan, die eertijds de Frygische Julii de toegang weigerde, uw zeilen droeg, ontruk mij, heilige vader, aan de volkeren en de omwolkte aarde, en begunstig mij, die de lofwaardige daden van mannen uit het verleden bezing. Uw zoon zal, want dat kan hij, openbaren hoe Idume werd verwoest en hoe zijn broer zwart van het stof van Solyma met fakkels strooide en tekeerging op iedere toren.[143]

Vespasianus had onder Claudius weliswaar in Britannia gediend, maar dat hij bij Schotland de oceaan zou hebben getemd, is een zware overdrijving. Met de Frygische Julii doelt Valerius op Julius Caesar, die beweerde af te stammen van Aeneas' zoon Julus (Troje ligt in de buurt van Frygië); Caesar was er niet in geslaagd de Britten te onderwerpen. Idume ligt in Palestina, Solyma is Jeruzalem. De zoon die zijn broer zal bezingen is uiteraard Domitianus, van wiens veelvuldig geprezen dichtwerk geen letter bewaard is gebleven.

Bij een dichter die zo omslachtig formuleert is er geen hoop dat we in zijn persoonlijkheid zullen doordringen. Het enige harde feit waarover we verder beschikken is een zinnetje bij Quintilianus: 'Met de dood van Valerius Flaccus hebben we onlangs een groot verlies geleden.'[144] De dichter moet dus omstreeks het jaar 95 overleden zijn. Dat de *Argonautica* niet compleet is, zou erop kunnen duiden dat Valerius bijna vijfentwintig jaar met het epos is bezig geweest. Inderdaad wekt de stijl van het werk de indruk dat de dichter niet over één nacht ijs ging.

Het epos bestaat uit acht boeken, waarvan het laatste voortijdig afbreekt. Omdat het verhaal grotendeels parallel loopt met het ge-lijknamige epos van Apollonius van Rhodos, dat vier, overigens zeer lange, boeken telt, wordt wel verondersteld dat Valerius niet meer dan acht boeken gepland had, met precies halverwege de aan-komst in Colchis. In dat geval is het dichtwerk bijna compleet. Anderen wijzen echter op de frequente overeenkomsten met Ver-gilius' *Aeneis* en denken dat ook de *Argonautica* twaalf boeken had moeten krijgen, zeker omdat in het gedicht zo nu en dan wordt vooruitgeblikt op gebeurtenissen die nog moeten komen en die onmogelijk in een paar honderd verzen hadden kunnen worden af-gehandeld. Hoe het ook zij, we moeten het doen met wat we heb-ben.

De *Argonautica* is nooit populair geweest. Dat er de laatste de-cennia door classici veel over geschreven is, valt te verklaren uit het feit dat deze poëzie een paradijs is voor liefhebbers van intertek-stualiteit. Valerius baseerde zich vooral op Apollonius en Vergilius, maar maakte ook gebruik van onder anderen Homerus, Pindarus' vierde Pythische ode, en Ovidius' *Metamorfosen* en *Heldinnen*. Inge-wikkeld wordt het wanneer je je realiseert dat ook Vergilius terug-greep op voorgangers. Zijn Dido werd bijvoorbeeld gemodelleerd naar zowel Homerus' Nausicaä als Apollonius' Medea, zodat in de Medea die we bij Valerius aantreffen ten minste drie voorgangsters resoneren. Dat is niet alleen literatuurwetenschappelijk, maar ook psychologisch interessant, omdat het hele concept identiteit erdoor op zijn kop wordt gezet. Wie zijn we eigenlijk? Handelen we uit eigen vrije wil, of spelen we een rol in een spel waarvan we de plot niet kennen? Zijn niet al onze woorden citaten? Valerius Flaccus is het ideale onderzoeksobject voor postmoderne vorsers.

Een fraai voorbeeld van hoe zo'n intertekstueel verband kan werken is het volgende. In *Ilias* XXII nadert Achilles de stad Troje om Hector te doden. Op dat moment wordt hij vergeleken met de Hondsster, die volgens de dichter epidemieën veroorzaakt.[145] De le-zer begrijpt direct dat Achilles er inderdaad in zal slagen Hector te doden. Wanneer in Apollonius' *Argonautica* Jason voor het eerst een ontmoeting heeft met Medea, wordt ook zijn schoonheid vergeleken met de schittering van een ster.[146] Voor de geletterde lezer is dat een subtiele voorspelling van de afloop van het verhaal: Jason zal Medea te gronde richten. Ook Valerius' Medea wordt direct verblind door Jasons indrukwekkende verschijning, 'zoals, wanneer in de herfst Sirius zijn vuren verhardt en de nacht, bekranst met lichtende fakkels, in woest goud ontvlamt, de Arcadiër (Boötes) en de reusachtige Jupiter worden afgestompt; maar het land en de rivieren met hun hete bronnen hadden liever niet dat hij zo toenam.'[147] Valerius neemt dus de vergelijking over, maar verwacht van de lezer dat hij de funeste werking van Sirius in gedachten aanvult.

In het volgende boek staat Medea, die nog steeds niet weet hoe de mooie vreemdeling heet, op de stadsmuur te kijken naar een veldslag: haar vader Aeëtes heeft Jason ingeschakeld bij het conflict dat hij met zijn broer Perses uitvecht. De godin Juno, in de gedaante van Medea's zus Chalciope, wijst Medea in de verte Jason aan (een teichoskopie). Zodra Juno Medea verteld heeft wie Jason is, met het doel haar verliefd op hem te maken, 'gaf de godin hem, met Mars in de rug, een duw en dreef zij nieuwe krachten onderin zijn borst. Onder de verheven kruin van zijn helmpunt schittert zijn gezicht woest en in zijn vaart brandt de ster van zijn Achivische helmbos geenszins gunstig voor jou, Perses, noch voor jou, meisje, zoals in de herfst de felle hond en de door een vertoornde Jupiter neergezette kometen, fataal voor onrechtvaardige koningschappen.'[148] Hier is Valerius, zij het in bedekte termen, wat duidelijker over de slechte afloop van Medea's avontuur. Het lijkt aannemelijk dat de dichter ook zinspeelt op de onrechtvaardigheid van zowel Aeëtes als Jason.

Jason mag een onbetrouwbare held zijn, toch wordt zijn onderneming gesanctioneerd door Jupiter. Wanneer de Zonnegod, grootvader van Medea, in het eerste boek bezwaren heeft tegen de expeditie van de Argo, krijgt hij dit antwoord van Jupiter:

Dit alles is al lang geleden door ons geregeld, verloopt volgens plan en blijft vastliggen vanaf het eerste moment van zijn koers; want op het moment dat ik die lotsbeschikkingen uitvaardigde, liep er nog

Het feest van Saturnus

geen bloed van mij op aarde rond; vandaar dat ik rechtvaardig kon zijn toen ik de afwisselende koningschappen over de tijd verdeelde. Maar ik zal de besluiten die mij aan het hart gaan nog even op een rijtje zetten. Het gebied dat vanaf de onmetelijke Oostenwind afloopt tot het water van de maagd Helle en de Tanaïs, stroomt al lange tijd over van paarden en bloeit van mannen, en geen hand heeft het gewaagd zich hier met gelijke kracht tegen te verzetten en in oorlog naam te maken. Aldus koesterde ik het lot en die streek. Maar de laatste dag snelt nader en wij verlaten het wankelend Azië, want de Grieken eisen nu hun tijdperk op.

Met het Vlies wordt het machtscentrum van het Oosten naar Griekenland verplaatst. Daarmee is het verhaal niet ten einde, want een Trojaanse herder (Paris) zal, ter compensatie van de ontvoering van Medea, een Griekse prinses (Helena) schaken, waarna Troje zal vallen:

> Dan staat het einde van de Grieken vast en zal ik spoedig andere volkeren steunen. Mogen de bergen en bossen en meren en alle grenzen van de zee voor hen openstaan. Mogen hoop en vrees allen besturen. Zelf zal ik, door te schuiven met landen en aardse heerschappij, ontdekken welke volkeren ik het meest langdurige koningschap wil geven en waar ik met een gerust hart de teugels kan achterlaten.[149]

Met deze voorspelling presenteert Valerius een theorie over het verloop van de geschiedenis die gekenmerkt wordt door een afwisseling van wereldrijken. Dat in de laatste regels op de Romeinen gedoeld wordt, is duidelijk. Bijna subversief is de suggestie dat ook aan de Romeinse macht een einde zou kunnen komen. Omdat Valerius leefde in een tijd waarin het niet verstandig was het achterste van je tong te laten zien, sprak hij die gedachte niet uit.

De subtiliteit van Statius

Rome was het centrum van de wereld, wie iets wilde betekenen moest daarheen. Vele kunstenaars, geleerden en gelukzoekers trokken naar de Eeuwige Stad in de hoop er kapitaalkrachtige bewonderaars tegen het lijf te lopen die hen op weg konden helpen naar een groter publiek, naar roem en welstand. De ultieme bron van succes was keizer Domitianus, die er alles aan deed om bij tijdgenoten en nageslacht de reputatie van goddelijk weldoener te krijgen. Hij ontwikkelde een ambitieus bouwprogramma, stimuleerde de kunsten, stelde grootschalige culturele festivals in en liet de kleinkinderen van zijn zuster (zelf was hij kinderloos) onderwijzen door de belangrijkste retor van zijn tijd, Quintilianus.

Keerzijde van al dit goeds was dat zijn gunstelingen geacht werden hem niet zuinig te prijzen, want reeds tijdens zijn leven maakte hij aanspraak op goddelijke verering. Niet voor niets liet hij in het door hem gebouwde stadion (nu de Piazza Navona) een obelisk oprichten, waarop Egyptische hiërogliefen zijn keizerschap associeerden met de goddelijke macht van de farao's. Wie het met Domitianus oneens was, hem niet voldoende bejubelde of de verkeerde vrienden had, kon van de ene op de andere dag terechtgesteld worden. Modern onderzoek heeft laten zien dat Domitianus niet het monster was dat Tacitus en Suetonius van hem maakten, vaststaat wel dat de man zich verregaand isoleerde en overal complotten vermoedde – niet ten onrechte, want in 96 werd hij tot ieders opluchting vermoord.

Publius Papinius Statius werd in de jaren veertig in Napels geboren, een van oorsprong Griekse stad waar de helleense cultuur nog steeds sterk voelbaar was. Statius' vader was grammaticus, leraar taal- en letterkunde, gespecialiseerd in het Grieks. Diens naam was zo goed, als we de dichter mogen geloven, dat rijke jongetjes van heinde en ver naar hem toegestuurd werden om niet alleen Homerus te lezen, maar ook de leerdichten van Hesiodus en Epicharmus, de lyriek van onder anderen Pindarus, Ibycus, Alcman, Stesichorus en Sappho, alsmede de hellenistische dichters Callimachus, Lycophron, Sophron en Corinna: niet bepaald een kinderachtig lesprogramma. Daarnaast vierde vader Statius triomfen als dichter; hij schijnt zelfs van plan geweest te zijn de uitbarsting van de Vesuvius (24-25 augustus 79) te bezingen, maar overleed voordat het ervan kwam.[150] Statius had het dus van geen vreemde.

Iedere zichzelf respecterende stad kende concoursen waar dichters prijzen konden winnen met het voordragen uit eigen werk. Toen zijn vader nog leefde, wist Statius in Napels een eervolle onderscheiding in de wacht te slepen, niet lang daarna moet hij zijn geluk beproefd hebben in Rome. Dankzij zijn reputatie als dichter wist hij contacten te leggen met figuren die het in het culturele leven voor het zeggen hadden, wat van belang was omdat hij aan een epos werkte waarvoor hij rustig de tijd wilde nemen. Zo maakte hij kennis met Polla Argentaria, de weduwe van Lucanus, wiens poëzie hij buitengewoon bewonderde, zelfs even hoog aansloeg als de *Aeneis*.[151]

Aan het begin van de jaren negentig publiceerde hij zijn *Thebais*, evenals de *Aeneis* in twaalf boeken, waaraan hij twaalf jaar gesleuteld had. Inmiddels was hij getrouwd met een weduwe die al een dochter had. Zelf zou hij, tot zijn verdriet, nooit vader worden. In de jaren waarin de *Thebais* voltooid werd, schreef Statius ook tal van gelegenheidsgedichten, waarvan een eerste bundel onder de titel *Silvae* in 92 verscheen; tot de zomer van 95 zouden er nog drie delen uitkomen, een vijfde boek werd postuum uitgegeven in 96. Tegelijkertijd werkte Statius aan een nieuw epos, de *Achilleis*, maar daarvan zijn amper twee boeken gereedgekomen. De laatste maanden van zijn leven woonde hij weer in zijn geboortestad, waar hij zich na een slopende ziekte had teruggetrokken.[152]

Silvae

Omdat Statius als niet-aristocratische Napolitaan in het centrum van het Romeinse literaire leven wilde staan, moest hij een evenwichtskunstenaar zijn. Enerzijds was het zaak de juiste mensen op het juiste moment toe te juichen, anderzijds zou een slaafse houding alleen maar afbreuk doen aan zijn positie. De vijf boeken *Silvae* bevatten nogal wat gedichten waarin met name Domitianus zo buitensporig wordt geprezen dat moderne lezers er of misselijk van worden, of proberen aan te tonen dat hier sprake is van ironie. Dat laatste is alleen al niet waarschijnlijk omdat Domitianus zelf dichter was, en vermoedelijk een sensitief lezer. In ieder geval heeft hij het niet aldus opgevat, anders was Statius' carrière niet zo voorspoedig verlopen. Misschien is het beter te zeggen dat Statius ruimhartig meespeelde in het spel dat de keizer, aanvankelijk waarschijnlijk in het volle besef dat het een spel was, voor zichzelf bedacht had – een spel waarin er maar één kon winnen en verlies gelijkstond aan verbanning of doodstraf.

De titel *Silvae* kan op verschillende manieren opgevat worden. Het enkelvoud *silva* betekent niet alleen 'bos', maar ook 'ongevormd materiaal' of 'ruwe stof'. Het gaat dus om een rommelig woud, oftewel een bundel met zeer diverse gedichten, terwijl de brieven waarmee de afzonderlijke boeken zijn ingeleid, ook keer op keer hameren op het geïmproviseerde karakter van de gedichten, althans het hoge tempo waarin ze geschreven werden. Ook Lucanus had al een bundel *Silvae* gepubliceerd, maar die is niet bewaard gebleven. Misschien neemt Statius door het kiezen van de landelijk klinkende titel ook afstand van de stad die hem weliswaar roem bracht, maar die nooit echt de zijne zou worden.

De bundel omvat gedichten van verschillende typen. Zo beoefent Statius het *epicedium* (gedicht bij iemands dood), het *epithalamium* (bruiloftslied), het *genethliacon* (verjaardagslied) en het *propempticon* (afscheidslied, door de achterblijver gezongen voor iemand die vertrekt). Ook beschrijft hij graag kunstwerken of monumenten, zoals een reusachtig ruiterstandbeeld van de keizer (I.1) of een door Domitianus aangelegde weg (IV.3); zo'n gedicht wordt wel *ecphrasis* genoemd. De meeste gedichten zijn hexametrisch, maar er zijn ook hendecasyllaben (elflettergrepers, zoals Catullus ze schijft) en twee gedichten in lyrische versmaten (als in de *Liederen* van Horatius). Omdat Statius de neiging heeft zich te laten meeslepen door zijn inventiviteit en zijn geleerdheid, ontaarden veel van deze gedichten in ongeloofwaardige overdrijvingen. Het is een illusie te denken dat we er ooit achter kunnen komen wat Statius gemeend heeft, en wat niet.

Dat betekent geenszins dat het allemaal slechte gedichten zijn. Het eerste gedicht van boek 11 spreekt tot Atedius Melior, die juist een favoriet slaafje, Glaucias, heeft moeten verliezen. Het begint zo:

> Hoe kom ik, hark die ik ben, erbij jou te willen troosten, Melior, met het verlies van je pupil, naast de brandstapel waarvan het vuur nog niet gedoofd is? Je treurige wond ligt, na het doorsnijden van je aderen, nog open en glad gaapt de baan van deze grote slag, terwijl ik, woesteling, al zangen en genezende woorden kom aandragen. Jij hebt liever geweeklaag en krachtig gejammer, je haat de lier en wendt je met doof oor af. Wat ik zing komt te vroeg. Nog eerder zouden tijgers of leeuwen die hun welpen verloren hebben, naar me willen luisteren.[153]

De rest van het gedicht verloopt voorspelbaar: de zin van troostpoëzie, de lof van Glaucias, heel veel mythologische parallellen, de onvermijdelijkheid van de dood – allemaal elementen die iedereen kan bedenken, en meestal te lang en te overdreven. Maar midden in het gedicht staat een passage die de lezer ineens kippevel bezorgt. Melior had al eerder een goede vriend moeten begraven, en Glaucias, die deze Blaesus goed had gekend, had vaak gezien hoe Melior diens portret aan zijn borst drukte. Wanneer Glaucias in de onderwereld is binnengekomen (alle deuren gaan natuurlijk wijd voor hem open, zelfs Charon is beleefd), ziet hij in de verte, op de oever van de Lethe, Blaesus lopen, te midden van een groep voorname Romeinen. Verlegen gaat Glaucias achter hem aan, maar wanneer hij Blaesus' mantel vastpakt, besteedt die daar in eerste instantie geen aandacht aan, in de veronderstelling dat het een gestorven kind uit zijn familie betreft, dat hij verder niet kent:

> Maar toen hij de lieveling, de oogappel van zijn enige echte vriend herkende, het jongetje dat Melior verzoende met het verlies van Blaesus, tilde hij het ventje op, legde hij diens armen om zijn brede nek en droeg hij hem dolblij geruime tijd zelf in zijn handen, en gaf hij hem (andere geschenken heeft het milde Elysium niet te bieden)

vruchtloze takken, vogels die niet zingen en bleke bloemen zonder stuifmeel. En hij weerhoudt hem er niet van het over jou te hebben, maar omhelst teder zijn hart en deelt met hem zijn liefde voor jou.[154]

Sentimenteel? Ongetwijfeld, maar wel effectief.

Boek 11 bevat nog een epicedium voor Melior, ditmaal ter nagedachtenis van zijn papegaai:

Psittace, dux volucrum, domini facunda voluptas,
humanae sollers imitator, psittace, linguae,
quis tua tam subito praeclusit murmura fato?

O lorre, vogelvorst, welsprekend genot van je meester,
bekwaam nabootser, lorre, van de mensentaal,
welk doodslot brak zo plots jouw brabbel af?[155]

Met smaak beschrijft Statius de peperdure, nu lege vogelkooi, waarvan de deurtjes piepend openhangen: *vacat ille beatus / carcer et augusti nusquam convicia tecti* (leeg is die gelukzalige / kerker en verdwenen de scheldpartijen van het verheven huis).[156]

Als we dan toch een gedicht zouden moeten aanwijzen waarin we, tussen alle mythologische en retorische hoogstandjes door, een glimp kunnen opvangen van het persoonlijk leven van de dichter, zou dat het laatste gedicht uit boek III zijn. In 112 hexameters richt Statius zich tot zijn vrouw Claudia, op zo'n manier dat de suggestie wordt gewekt dat je getuige bent van een intiem gesprek tussen twee echtelieden in bed, die een crisis doormaken. Statius is, zo blijkt halverwege, ernstig ziek geweest, zo ziek dat iedereen dacht dat hij het niet zou redden. Na zijn herstel heeft hij besloten Rome vaarwel te zeggen en zich terug te trekken in zijn geboorteplaats Napels, maar zijn vrouw wil eigenlijk niet mee. Waarom niet? Ze zucht maar, 's nachts ligt ze te woelen in bed: ze zal toch geen minnaar hebben? Ondenkbaar! Claudia is zo mogelijk nog trouwer dan Penelope, die twintig jaar op Odysseus wachtte. Overal zou ze hem volgen, zelfs naar het hoge Noorden en naar de bronnen van de

Nijl. Als een loslopende jonge hengst die de liefde nog niet kende, had hij zich graag door haar laten onderwerpen en haar teugels aanvaard. Ze deelt lief en leed met hem, maar blijft ook trouw aan de nagedachtenis van haar eerste echtgenoot, die eveneens dichter was. Bovendien zorgt ze heel goed voor haar dochter, een intelligent, beeldschoon meisje dat net zo muzikaal is als haar vader (Statius laat in het midden of hij haar echte vader of zichzelf bedoelt), maar haar talenten in toom houdt met fatsoen: *ingenium probitas artemque modestia vincit* (fatsoen wint het van brille, ingetogenheid van techniek).[157]

Dan komt de aap uit de mouw: het is Claudia's zorg om deze dochter die haar ervan weerhoudt naar Napels te verhuizen, want het meisje is huwbaar en er moet een goede partij voor haar gevonden worden. Maar, zegt de dichter, dat hoeft toch niet per se in Rome? Dan barst hij los in een ontroerend enthousiaste lofzang op zijn geboortestreek, die heus niet helemaal door de Vesuvius is verwoest. In zijn lied neemt hij Claudia mee naar alle bezienswaardigheden in de buurt. Het is een bucolisch gebied waar nog aardige, ouderwets degelijke mensen wonen:

> Pax secura locis et desidis otia vitae
> et numquam turbata quies somnique peracti.
> Nulla foro rabies aut strictae in iurgia leges:
> morum iura viris solum et sine fascibus aequum.

> De vrede kent geen zorg daar, kalm en lui het leven,
> nooit wordt de rust verstoord, je slaapt er tot de morgen.
> Geen rechtspraak gaat tekeer, geen wet slaat ruzie neer:
> het recht zit in hun hart en vergt geen wapenstok.[158]

Bovendien is Napels bij uitstek de plaats waar Romeinse ernst en Griekse vrolijkheid samenkomen.[159] Kortom, geen betere plek om een huwelijkskandidaat te vinden. Het gedicht eindigt met een wederom uiterst effectieve retorische truc: het zou, Claudia, bijzonder onaardig, zelfs onbeschoft zijn te veronderstellen dat je me niet naar Napels zult vergezellen; dus ga ik ervan uit dat je dat doet; zonder mij zou je trouwens algauw genoeg hebben van Rome.

Thebais en Achilleis

'Jij was als enige getuige van mijn langdurig zwoegen, tegelijk met jouw jaren groeide mijn Thebais,' spreekt Statius tot Claudia.[160] De Thebais is, naast de Punica van Silius Italicus, het enige compleet overgeleverde epos uit de Latijnse literatuur. In de Middeleeuwen werden Statius' Silvae niet gelezen, zijn Thebais des te meer. Voor Dante is Statius de grootste Latijnse dichter na Vergilius; hij ging er zelfs vanuit dat Statius een christen was. Als Dante en Vergilius hem op de Louteringsberg ontmoeten, stelt hij zich aldus voor:

Nóg eert men Statius. Ik heb geschreven
Van Thebe, en mijn tweede heldenzang
Is door mijn sterven onvoltooid gebleven.

Een kunstwerk van het allerhoogst belang
Mocht met zijn vuur mijn inspiratie wezen
En schonk mij, als zovelen, scheppingsdrang:

Ik spreek van de Aeneis, onvolprezen
Gedicht dat mij gevormd heeft en gevoed:
Slechts daardoor is mijn ster zo hoog gerezen.[161]

Dat Vergilius inderdaad een van Statius' grootste inspiratiebronnen was, blijkt niet alleen uit het feit dat de Thebais evenveel boeken telt als de Aeneis en dat in beide gedichten de eigenlijke oorlog in boek VII begint, maar ook uit het slot van de Thebais, waar Statius onomwonden zijn positie ten opzichte van Vergilius formuleert:

Zul je, o Thebais, waarvoor ik twaalf jaar veel slaap heb ingeleverd, voortleven en nog gelezen worden als ik, je meester, al dood ben? De Faam heeft in ieder geval al ruimschoots een welwillend pad voor je geplaveid en is al begonnen je, zo nieuw als je bent, aan het nageslacht te tonen. Grootmoedig acht de keizer het niet beneden zijn waardigheid kennis van je te nemen, en jong Italië begint je al ijverig te lezen en vanbuiten te leren. Leef, bid ik je, maar steek de goddelijke *Aeneis* niet naar de kroon, volg haar op een afstand en vereer altijd haar voetstappen. En mocht afgunst je nog overschaduwen, spoedig zal die verdwijnen en na mijn dood zal jou verdiende eer ten deel vallen.[162]

Het epos vertelt over de broedertwist tussen Eteocles en Polynices, de twee zoons van Oedipus en Jocasta. Ze hadden afgesproken om beurten over Thebe te zullen regeren, maar een vervloeking van Oedipus, die blind en verbitterd rondzwerft, brengt hen tot ruzie en wederzijdse haat. Wanneer Eteocles op de troon zit, weigert hij die af te staan aan zijn broer. Deze zoekt zijn toevlucht in Argos, waar koning Adrastus juist op zoek is naar geschikte huwelijkskandidaten voor zijn dochters. Toevallig komt tegelijk met Polynices ook Tydeus in Argos aan; ook hij mag zijn stad niet meer in. Beide ballingen trouwen met Adrastus' dochters.

Als Polynices, na een mislukte diplomatieke missie van Tydeus, het plan opvat zijn broer met geweld uit Thebe te verdrijven, sluiten niet alleen Adrastus en Tydeus zich bij hem aan, maar ook vier anderen: de ziener Amphiaraüs; de geweldenaar Capaneus, die niet in goden gelooft; de ruiter Hippomedon, genadeloos als een centaur; en de beeldschone, naïeve Parthenopaeus, zoon van Atalante, 'droom van de pederast', om met Reve te spreken, een jongen die het jachtrevier van zijn moeder nog nooit had verlaten.

Wanneer de veldtocht eindelijk is begonnen en de Argivers, zoals het leger van Polynices wordt genoemd, hun kamp bij Thebe hebben opgeslagen, zijn boek VII tot en met XI gevuld met verschrikkelijke gevechten, waarin zes van de de zeven helden achtereenvolgens worden uitgeschakeld (alleen de oude Adrastus overleeft de oorlog). De climax is vanzelfsprekend het tweegevecht tussen Eteocles en Polynices, dat zelfs een dringende smeekbede van Jocasta niet heeft kunnen voorkomen. Nadat zij elkaar gedood hebben, weigert Thebe de doden van het vijandelijk leger te begraven. Pas wanneer, in boek XII, de vrouwen van Argos de hulp hebben ingeroepen van Theseus, koning van Athene, die Thebe op de knieën dwingt, vindt er een massale crematie plaats.

Er zijn allerlei redenen waarom de *Thebais* tegenwoordig niet veel meer wordt gelezen. Zo heeft Statius, net als Valerius Flaccus, een bijna pathologische voorkeur voor omslachtige, liefst metonymische omschrijvingen. Om een simpel voorbeeld te geven: Thebe is gesticht door Cadmus, die uit Fenicië kwam, vandaar dat Thebanen meestal Tyriërs worden genoemd, want Tyrus ligt in Fenicië. Deze aanduiding stelt Statius in de gelegenheid Thebe impliciet met Carthago te associëren, want ook de Carthagers kwamen uit Tyrus. Een afschrikwekkend voorbeeld is het volgende, waarin Jupiter zijn zoon Mercurius opdracht geeft naar het noordelijke Thracië te vliegen:

> Ga, jongen, glijd met gezwinde sprong midden over Boreas naar de Bistonische huizen en de as van de sneeuwrijke ster, waar de Parrhasische haar vuur, dat de Oceaan niet in mag, voedt met winterwolken en de regen die van ons komt.[163]

Boreas is de noordenwind; de Bistonen wonen in Thracië (Bulgarije); 'as' is een metoniem voor 'hemel', 'ster' voor 'klimaatzone'; Callisto uit Parrhasus in Arcadië werd in een berin veranderd en vervolgens als de Grote Beer aan het firmament geplaatst, een sterrenbeeld dat nooit in zee verdwijnt; Jupiter is de hemelgod, en daarmee de veroorzaker van regen. Kortom, Statius' personages kennen hun mythologie en topografie veel te goed, wat ze in iedere dialoog willen laten blijken. Verder bevat het epos een paar uitweidingen die de vaart eruit halen, zoals het verhaal van de Lemnische prinses Hypsipyle dat in boek V bijna vijfhonderd regels in beslag neemt, en het obligate verslag van de sportwedstrijden bij Nemea in boek VI.[164]

Toch is de *Thebais* het beste Romeinse epos dat we kennen. Het is evenwichtiger dan de *Aeneis* en Lucanus' *Burgeroorlog*, veel spannender dan Valerius' *Argonautica* en Silius' *Punica*. Als enige Latijnse epicus heeft Statius het vermogen psychologisch volkomen geloofwaardige personages neer te zetten, bij wie de lezer in de loop van het verhaal echt betrokken raakt. In dat opzicht heeft hij meer van Homerus en Ovidius geleerd dan van Vergilius en Lucanus. Daarbij verstaat deze dichter de kunst door het noemen van een paar details een gemoedsgesteldheid op te roepen. Misschien is Statius de subtielste van alle Romeinse dichters. Ik geef twee voorbeelden.

In boek II is Polynices net getrouwd met Argia. In stilte verbijt hij al enige tijd zijn woede over het onrecht dat zijn broer hem heeft aangedaan, want hij wil zijn jonge echtgenote er niet mee belasten.

Maar zijn trouwe vrouw had zijn wegen en geheimen wel opgemerkt. En toen ze in bed bij hem lag en hem omhelsde bij het eerste bleken van de dageraad, zei ze: 'Welke plannen, of welke vlucht beraam je, sluwe denker? Niets ontgaat hun die liefhebben. Ik merk het wel, de hele nacht wetten klachten je zuchten, geen moment is er slaap in vrede. Hoe vaak niet vind ik je gezicht zwemmend in tranen en voel ik, als ik mijn hand op je borst leg, hoe die blaft van grote zorgen?'[165]

De subtiliteit van deze scène schuilt in twee details: 'het bleken van de dageraad' is voor iemand die niet kan slapen het meest afgrondelijke moment van het etmaal; 'als ik mijn hand op je borst leg' beschrijft een tederheid, een intimiteit die je bij een andere epicus niet gauw zult tegenkomen. Polynices en Argia hebben samen wakker gelegen, maar geen van beiden wilde de ander in verlegenheid brengen.

Van geheel andere aard, en meer in de lijn van Lucanus, is een gruwelijk tafereel aan het eind van boek VIII. De overigens sympathieke held Tydeus, die in veel opzichten doet denken aan zijn onverschrokken zoon Diomedes in de *Ilias*, is dodelijk verwond door Melanippus. Hij verzoekt Capaneus wraak te nemen en hem nog voor hij sterft het lijk van zijn vijand te brengen. Capaneus doodt Melanippus en deponeert het kadaver naast de zieltogende Tydeus:

Tydeus richt zich op en vestigt zijn blik op hem, en buiten zinnen van blijdschap en woede beveelt hij, wanneer hij heeft gezien hoe het naar adem happend gezicht en die ogen naar hem toe gesleept worden en zijn eigen merkteken op hem heeft herkend, dat het hoofd van zijn vijand wordt afgehakt en hem overhandigd; met zijn linkerhand pakt hij het aan, hij bekijkt het grimmig en gloeit bij het zien van de barse ogen van het nog warme lijk, die nog aarzelen zich te sluiten. Dat was de ongelukkige genoeg. Maar de wraakgodin Tisiphone eiste meer. Tritonia stond al op het punt, met toestemming van haar vader, de arme held onsterfelijke eer te bewijzen, toen ze zag hoe hij, besmeurd met de drab uit de opengebroken hersenpan, zijn keel bezoedelde met levend bloed. Zijn kameraden waren niet bij machte het hem af te pakken. De ruige Gorgo stond recht overeind met uitgestrekte haren en de opgerichte slangen voor haar gezicht schermden de godin af. Ze wendde zich van hem af, vluchtte weg en liet hem liggen, en niet eerder steeg ze op naar de sterren dan dat de fakkel der mysteriën en de ongerepte Elisos met veel water haar ogen hadden gereinigd.[166]

In dit schokkende relaas van kannibalisme staat het zien centraal. De lezer kijkt eerst mee met Tydeus, dan met Melanippus, vervolgens met Tisiphone, Minerva, Tydeus' makkers en Medusa. Net zomin als Minerva willen wij zien wat we zien, net als zij zouden wij het beeld van ons netvlies willen spoelen. Statius heeft ons het moment waarop Tydeus zijn tanden in Melanippus' brein zet, bespaard, maar niet de aanblik van een met bloed en lillend orgaanvlees besmeurde stervende man. Wie met de dichter heeft meegekeken, vergeet dit beeld nooit.

Er is veel discussie over de vraag wat Statius nu eigenlijk wil vertellen. Heeft hij gewoon kundig een paar tragedies in elkaar geschoven (Aeschylus' *Zeven tegen Thebe*, Sophocles' *Oedipus*, *Oedipus in Colonus* en *Antigone*, Euripides' *Fenicische vrouwen* en *Smekelingen*), deze gecombineerd met elementen uit de *Argonautica* van Apollonius (de Hypsipyle-episode), en dit alles op het stramien van de *Ilias* en de *Aeneis*, met een aandacht voor het persoonlijk detail die weer

aan Ovidius herinnert? Opvallend is dat de Thebais over broeder-
strijd gaat, een thema dat de Romeinen sinds hun burgeroorlogen
obsedeerde. Horatius refereert in dit verband aan het conflict tussen Romulus en Remus, waarmee de geschiedenis van Rome begint.[167] Met Augustus leek de orde te zijn weergekeerd, maar na de
dood van Nero brak er opnieuw een burgeroorlog uit. Stabiliteit in
een samenleving is gebaat bij wijze, rechtvaardige leiders die hun
ambities weten te beteugelen. Zodra machtswellust de overhand
neemt, slaat de waanzin toe. Dat is een van de belangrijkste lessen
die Lucanus zijn lezers wilde leren, in toenemende mate bezorgd
om het gedrag van Nero.

Ook Statius' Thebais gaat over macht en stabiliteit. Eteocles en
Creon, die na de dood van de broers de macht in Thebe overneemt
en weigert de vijanden te laten begraven, zijn voorbeelden van
slechte heersers. Adrastus is daarentegen een wijze en vriendelijke
vorst, Theseus werpt zich zelfs op als verdediger van mensenrech-
ten, daartoe opgeroepen door de vrouwen uit Argos.[168] Vlak voordat
de Atheense troepen Thebe aanvallen, spreekt hij hen aan met de
woorden: terrarum leges et mundi foedera mecum / defensura cohors (soldaten die met mij de internationale wetten en de verdragen van
het heelal gaan verdedigen).[169] Er is dus reden genoeg om de Thebais, behalve als goed verhaal, ook als politieke parabel te lezen.
Misschien heeft de dichter gehoopt dat Domitianus er zijn voordeel mee zou doen.

Van de Achilleis heeft Statius slechts een goede elfhonderd verzen
kunnen voltooien, te weinig om een indruk te geven van het totale
epos zoals hij het in zijn hoofd had. De plot ziet er niet veelbelovend uit, want het was kennelijk de bedoeling Achilles' leven te
volgen en daarbij juist die episodes eruit te lichten die Homerus
had laten liggen. Sinds Aristoteles weten we dat zo'n opzet nooit
een hecht samenhangend epos oplevert.[170]

Of Statius, nadat hij in 95 naar Napels was verhuisd, Rome nog
teruggezien heeft, is niet duidelijk. Aangezien zijn laatste gedichten nog vol zijn van Domitianus' grootheid (je bent haast geneigd
te denken dat hij zijn scepsis overschreeuwt), zal hij de val van de

tiran (18 september 96) niet meer meegemaakt hebben. Het postuum uitgegeven vijfde boek van de *Silvae* had onder Nerva of Traianus niet kunnen verschijnen.

Silius Italicus. Meer toewijding dan talent

Aan het eind van de eerste eeuw schrijft Plinius Minor aan een vriend:

> Zojuist vernam ik dat Silius Italicus op zijn landgoed te Napels een einde aan zijn leven heeft gemaakt door met eten te stoppen. De reden voor deze dood was zijn gezondheidstoestand. Er had zich bij hem een ongeneeslijk gezwel ontwikkeld, dat hem zoveel weerzin inboezemde dat hij met onwrikbare standvastigheid de dood tegemoet snelde, blijmoedig en gelukkig tot zijn laatste dag.[171]

Tijdens het bewind van Nero had Silius, zo vertelt Plinius, zich geen beste reputatie op de hals gehaald door, niet zonder winstoogmerk, politieke tegenstanders aan te klagen, maar in de jaren daarna had hij zijn leven gebeterd en na een glanzende carrière 'in prijzenswaardige ambteloosheid de schandvlek van zijn vroegere ijver afgespoeld'. Hij bracht zijn tijd bij voorkeur door met filosofische en geleerde gesprekken, als hij tenminste niet aan het schrijven was. 'Hij schreef poëzie met meer toewijding dan talent, geregeld onderwierp hij zich door uit eigen werk voor te dragen aan het oordeel van anderen.' Silius was een kunstliefhebber, op het koopzieke af, die steeds nieuwe beelden, boeken en landgoederen wilde hebben. Zijn voornaamste trots was het feit dat hij het graf van Vergilius had weten te verwerven, 'wiens verjaardag hij met meer eerbied vierde dan die van hemzelf, vooral in Napels, waar hij Vergilius' grafmonument als een tempel placht te betreden'. Ook bezat hij een van de landgoederen van Cicero. Hij stierf op vijfenzeventigjarige leeftijd.

Dat Silius' zeventien boeken tellende epos *Punica* met meer toewijding dan talent zou zijn geschreven, is de afgelopen twee millennia zelden ontkend. De reputatie van het gedicht is zelfs dermate mager dat het door niemand gelezen wordt, behalve door de enkele specialist die niet de zoveelste studie over Vergilius wil afscheiden. Dat is niet terecht. Het zijn vooral mensen die Silius niet gelezen hebben, die het gedicht te lang, het verhaal te voorspelbaar en de stijl te saai vinden.

Met de omvang valt het wel mee: de *Ilias* is langer, *Oorlog en vrede* véél langer. Bovendien vertelt Silius het verhaal van de Tweede Punische Oorlog, die door de Romeinen unaniem als het belangrijkste conflict uit de geschiedenis werd beschouwd, hetgeen een epos van enig gewicht rechtvaardigt. Dat het verhaal voorspelbaar is, klopt, maar dat behoeft op zichzelf geen bezwaar te zijn. Je zou Silius kunnen vergelijken met een oerdegelijke stoomlocomotief die in een overzichtelijk tempo alle, maar dan ook alle stations aandoet op een route die geen enkele verrassing in petto heeft. Zijn plichtsbesef verbiedt hem eenvoudig een door Vergilius, Ennius of Titus Livius (Silius' voornaamste bron) bezocht station voorbij te rijden. De lezer weet bij voorbaat waar de trein hem zal brengen en kan onderweg in alle rust het landschap bekijken.

Silius' belangrijkste karaktertrek is *gravitas*: ernst en waardigheid. Niet alleen schildert hij met groot onzag de karakters van zijn protagonisten, het is vooral zijn statig Latijn dat de aandacht trekt. De hexameters worden gekenmerkt door een zekere traagheid (Silius heeft een voorkeur voor de spondee) en niet zelden zegt hij twee of drie keer hetzelfde. Om een willekeurig voorbeeld van deze tautologische stijl te geven:

> Dan rollen wij snel over de rivier naar de zomen van de zee en wij kiezen het ruime sop en bevaren met onze uitgeholde pijnboom het ontzaglijk oppervlak en doorklieven op holle balk de onmetelijke golven.[172]

Dat is wel erg expliciet, en de metonymische aanduidingen voor het schip zijn clichés. Maar geen latinist wordt niet warm bij regels als deze:

Ibant in Martem terrae dominantis alumni,
damnati superis nec iam reditura iuventus.[173]

Het gaat hier om het begin van de slag bij de Ticinus, waar de Romeinen voor het eerst door de Carthagers in de pan gehakt zullen worden:

Zij liepen af op Mars, de zoons van heersersbodem,
door goden voorbestemd niet meer terug te keren.

Ibant (zij gingen) aan het begin van het vers verwijst naar een beroemde regel van Vergilius: het moment waarop Aeneas en de Sibylle de onderwereld betreden.[174] De naam Mars, als metoniem voor de oorlog, is uiteraard niets nieuws, maar verhoogt wel de plechtigheid van het gebeuren. De Romeinen heten 'voedsterlingen van een aarde die heerst', maar zijn paradoxaal genoeg door de hemelgoden ten dode gedoemd. De eerste regel telt vier spondeeën, *damnati* en *nec iam* zijn ook lang, en het zijn de *a*, de *u*, de *m* en de *n* die de regels een sonore waardigheid verlenen. Van dit soort verzen wemelt dit epos, overigens ook op plaatsen waar we wat meer vaart zouden verwachten.

De plot van de *Punica* is eenvoudig. In het eerste boek lezen we hoe Hannibal van zijn vader de haat jegens de Romeinen overneemt en zich voorneemt de in de Eerste Punische Oorlog geleden nederlaag te wreken. Opgehitst door Juno trekt hij de Alpen over, hij brengt de Romeinen vier verschrikkelijke nederlagen toe (bij de Ticinus en de Trebia in Noord-Italië, bij het Trasumeense meer en bij Cannae), maar slaagt er, dankzij ingrijpen van Jupiter, niet in ook Rome in handen te krijgen. Dan keert het tij. Marcellus verovert Syracuse, de jonge Scipio verslaat de Carthagers in Spanje, Claudius Nero en Livius Salinator behalen een overwinning aan de Metaurus. Scipio steekt over naar Noord-Afrika, zodat ook Hannibal gedwongen is naar Carthago terug te keren. Bij Zama wordt hij definitief ingemaakt.

Omdat Romeinse dichters sterk de neiging hadden hun werken

met architectonische symmetrie op te bouwen, en omdat Silius' grote voorbeelden Ennius en Vergilius hun epen respectievelijk achttien en twaalf boeken gaven, is het feit dat de *Punica* er zeventien telt ongebruikelijk.[175] Sommigen hebben geopperd dat het gedicht eigenlijk uit achttien boeken had moeten bestaan, anderen wijzen op een structuur van driemaal vijf boeken (zoals de *Metamorfosen* van Ovidius), met het zesde en twaalfde boek als scharnierpunten. Hoe dan ook, Silius heeft nogal wat cruciale scènes op significante plaatsen gezet. Zo herinnert Juno's woede uit het eerste boek aan het begin van de *Aeneis* en correspondeert de val van Saguntum in boek II met de verovering van Troje in *Aeneis* II. Waar Juno zich aan het slot van de *Aeneis* neerlegt bij de overwinning van Aeneas, leidt een vergelijkbare discussie in *Punica* XVII tot de nederlaag van Hannibal, die in dit epos fungeert als een nazaat van Dido én een tweede Turnus. De storm die de Trojanen in *Aeneis* I naar Carthago brengt, steekt in de *Punica* pas in het laatste boek op, wanneer Hannibal Italië verlaat: een fraaie omkering. Hannibal is echter ook een Hector, gezien de roerende wijze waarop hij in *Punica* III afscheid neemt van zijn vrouw en zijn zoontje.[176] In het op één na laatste boek organiseert Scipio lijkspelen voor zijn vader, zoals Achilles dat deed voor Patroclus in *Ilias* XXIII en Aeneas voor Anchises in *Aeneis* V. Silius legt dus alleen al door middel van de structuur van zijn werk allerlei betekenisvolle intertekstuele verbanden.

Als veel Romeinse intellectuelen van zijn tijd was Silius de stoïsche levensbeschouwing toegedaan. De Griekse filosoof Epictetus kende hem persoonlijk en noemde hem zelfs een van de meest vooraanstaande Romeinse denkers.[177] In de *Punica* zijn tal van stoïsche denkbeelden terug te vinden. Senatoren van de oude stempel worden afgeschilderd als steile asceten die zich alleen om *virtus* (moed en deugd) bekommeren:

> De consul roept het verheven college bijeen, de vaderen, welvarend door onbezoedelde armoede, namen verworven door triomfen, de senaat die de hemelgoden in deugd evenaart. Moedige daden en een

gewijd verlangen naar het rechtvaardige verheffen deze mannen. Hun toga's zijn ruig, aan hun tafel wordt geen enkele aandacht besteed, hun rechterhand is, zodra ze de kromme ploeg laten liggen, bedreven met het zwaard. Tevreden met weinig, hun harten niet geïnteresseerd in rijkdom, keerden zij dikwijls na een triomftocht terug naar hun povere Penaten.[178]

Maar ook Hannibal spreekt soms als een stoïsche wijze, bijvoorbeeld op het moment dat hij zijn vrouw terugstuurt naar Carthago met de geruststelling dat zijn lot vastligt.[179]

De belangrijkste belichaming van het stoïsch ideaal is echter de jonge Scipio, die, als Hercules op de tweesprong, bezocht wordt door *Voluptas* (genot) en *Virtus*, en vanzelfsprekend kiest voor een leven in dienst van de laatste.[180] Hercules wordt in stoïsche teksten vaak genoemd als held die met pure kracht van geest en lichaam moeilijkheden wist te overwinnen en uiteindelijk werd opgenomen onder de goden. Het is deze instelling die ervoor zal zorgen dat Rome de machtigste staat op aarde wordt.

Evenals Hercules, Odysseus en Aeneas daalt ook Scipio in de onderwereld af; althans, hij krijgt door een sinister ritueel de gelegenheid met de doden te spreken. Hij ontmoet er zijn moeder, die hem vertelt dat hij waarschijnlijk een zoon van Jupiter is (net als Hercules). Ook wordt hem alvast een vooruitblik op de roemrijke geschiedenis van Rome gegund. Tevens ziet hij Homerus lopen, waarop hij uitroept:

> Gaven de lotsbeschikkingen het nu, dat deze bard de Romeinse daden op aarde zou bezingen, hoeveel groter zouden door zijn getuigenis diezelfde daden dan zijn in de ogen van onze nakomelingen! Gelukkige nazaat van Aeacus, wie het ten deel viel door zo'n mond aan de volkeren getoond worden. Uw moed nam toe door zijn lied.[181]

Maakt Silius hier sluikreclame voor zijn eigen epos?

De *katabasis*-passage illustreert nog een andere eigenschap van

Het feest van Saturnus

poëzie ten tijde van Domitianus: de onuitputtelijke behoefte van dichters te laten horen wat ze allemaal weten. Nu gaat Silius daarin lang niet zo ver als Valerius Flaccus en Statius, maar ook hij kent zijn klassieken. Potsierlijk is het moment waarop Scipio in gesprek raakt met de schim van de gesneuvelde, maar nog onbegraven Appius Claudius.[182] Appius verzoekt Scipio ervoor te zorgen dat zijn uitvaart snel geregeld wordt, waarop Scipio bijna twintig regels lang uitweidt over de exotische begrafenisgebruiken uit Spanje, Egypte, de gebieden rond de Zwarte en Kaspische zee, de Garamanten en Nasamonen in Noord-Afrika, de Kelten, de Atheners en de Scythen. Daar zit Appius echt op te wachten!

De grootheid van Rome, waarvan Scipio in de onderwereld een voorproefje krijgt, is eerder uitvoerig voorspeld door Jupiter, en wel op het moment dat Hannibal de top van de Alpen heeft bereikt. De roem van het Romeinse volk zal, aldus de oppergod, culmineren in de keizers van de Flavische dynastie: Vespasianus, Titus en Domitianus. Deze laatste zal eens als collega aan de zijde van Jupiter zitten, want hij is niet alleen een voortreffelijk vorst, maar ook een uitmuntend redenaar en dichter.[183] Iedere tijdgenoot moet geweten hebben dat Silius' lof van Domitianus hier veel te ver ging, maar zo waren de mores nu eenmaal.

Tijdens het bewind van die keizer had Silius zich 'op aanraden van zijn leeftijd' teruggetrokken in Campania, maar toen Domitianus in 96 vermoord werd, was dat voor hem geen reden om naar Rome terug te keren. 'Het strekt niet alleen de nieuwe keizer tot lof dat men onder zijn bewind die vrijheid genoot, maar ook hem die de moed had van die vrijheid gebruik te maken,' schrijft Plinius.[184] Ook onder keizers met een goede reputatie, zoals Nerva, Traianus en Hadrianus, was vrijheid kennelijk een betrekkelijk begrip.

Fabels en herderszangen
Phaedrus, Calpurnius en de *Carmina Einsidlensia*

In mijn overzicht van epische gedichten heb ik er één niet genoemd: het gedicht over de val van Troje dat door Nero zou zijn geconcipieerd toen Rome in brand stond. Cassius Dio vertelt dat toen de dichter het in een theater voordroeg, iedereen zich realiseerde welke ramp eigenlijk bedoeld werd.[185] Zelfs de keizer had een omweg nodig om uit te drukken wat hij kwijt wilde.

Ten tijde van Tiberius, zelf een man die altijd iets anders bedoelde dan hij zei, schreef Phaedrus, een uit Noord-Griekenland of Thracië afkomstige vrijgelatene van Augustus, vijf boeken fabels. In de zesde eeuw v.Chr. zou Aesopus, een slaaf van het eiland Samos, het volkse genre in Griekenland geïntroduceerd hebben, maar of Aesopus werkelijk bestaan heeft, weten we niet.[186] Aannemelijk is dat er in de loop van de vierde eeuw op naam van Aesopus een verzameling in proza gestelde fabels circuleerde, die later in het Latijn werd vertaald. Phaedrus is de eerste die een aantal van deze verhaaltjes tot eenvoudige, jambische gedichten bewerkte. Welke van de fabels traditioneel waren en wat precies de persoonlijke inbreng van Phaedrus is geweest, valt moeilijk na te gaan, maar dat de dichter in bedekte termen maatschappijkritiek bedreef, is evident. In de proloog van boek III vertelt hij daardoor in de problemen te zijn gekomen tijdens het schrikbewind van Seianus, de commandant van de praetoriaanse garde onder Tiberius.[187] Interessant is wat hij daar over het genre zegt:

> Ik zal nu kort uiteenzetten in welk verband
> de fabel is ontstaan. Omdat de slavenstand
> nooit vrijuit over zijn ellende spreken dorst,
> heeft hij tot troost zijn hart in fabels uitgestort
> en met verzonnen grapjes de censuur misleid.[188]

In korte verhaaltjes waarin vaak, maar niet altijd, dieren een hoofdrol spelen, worden met name machtsmisbruik en hypocrisie aan de

Het feest van Saturnus

kaak gesteld, overigens altijd in zo algemene zin dat niemand er werkelijk aanstoot aan zou kunnen nemen. De fabel is verwant met de zogeheten diatribe, de prikkelende ethische verhandeling van filosofen uit de Cynische school van Diogenes.

De allereerste fabel is meteen één van de meest bittere uit de hele bundel. Een wolf die uit een beek komt drinken, ziet stroomafwaarts een lam hetzelfde doen. Hij beschuldigt het lam ervan dat het zijn water verpest, waarop het lam terecht opmerkt dat dat niet kan. Geërgerd zegt de wolf dat het lam hem een half jaar geleden belasterd heeft. Het lam antwoordt dat het toen nog niet geboren was. Dan roept de wolf dat het waarschijnlijk de vader van het lam was die de roddels had verspreid, waarna hij zonder pardon zijn slachtoffer verscheurt. Moraal: 'Wie zich aan weerlozen vergrijpt uit machtswellust / vindt altijd wel een smoes die zijn geweten sust.'[189]

Na de dood van keizer Claudius werd de troonsbestijging van de jonge Nero door velen verwelkomd als begin van een zonnige periode. Seneca vereerde de nieuwe vorst met een verhandeling over mildheid, ook de verwachtingen van de verder onbekende Calpurnius Siculus waren hooggespannen.[190] Hij schreef een knap geconstrueerd bundeltje van zeven bucolische gedichten, dat teruggrijpt op Vergilius en Theocritus, maar toch een geheel eigen sfeer heeft. Waar de *Eclogae* van Vergilius weleens wringen omdat er geen evenwicht is tussen Siciliaanse onschuld en Romeinse realiteit, heeft Calpurnius een sprookjesachtige wereld geschapen waarin het niet storend is dat nimfen en dieren komen luisteren naar het gezang van de herders. In die context is het ook niet meer dan vanzelfsprekend dat de nieuwe keizer wordt vereerd als een god die het Gouden Tijdperk in volle luister zal herstellen.

De dichter zelf verschijnt ten tonele als de herder Corydon – eigenlijk gaan al deze gedichten over het schrijven van poëzie. De eerste *Ecloga* verhaalt hoe Corydon samen met een vriend plaatsneemt onder een boom, in de bast waarvan de god Faunus een boodschap heeft gekorven, een boodschap van maar liefst vijfenvijftig versregels: de Gouden Tijd keert weer, het Recht komt terug,

het is afgelopen met de Oorlog en de Mildheid (Clementia) zege-
viert:

> *Nulla catenati feralis pompa senatus*
> *carnificum lassabit opus, nec carcere pleno*
> *infelix raros numerabit Curia patres.*

> Niet mat een doodse stoet geketende senatoren
> de beul nog af, noch zal, bij goed gevulde kerkers,
> de Curia bedroefd slechts weinig vaders tellen.[191]

In het middelste gedicht richt Corydon zich tot zijn beschermheer
Meliboeus met het verzoek zijn poëzie onder de aandacht van de
keizer te brengen, zoals Maecenas dat gedaan had voor Vergilius,
die in dit gedicht Tityrus heet. 'Je ambitie is enorm, Corydon, als je
een Tityrus wilt worden,' zegt Meliboeus,[192] maar de jonge dichter
laat zich niet ontmoedigen en barst samen met Amyntas uit in een
beurtzang ter ere van de goddelijke vorst, die zelfs de macht heeft
het graan te laten groeien en de kudden vruchtbaar te maken.

Aan het eind van de bundel vertelt Corydon hoe hij in Rome de
spelen in het nieuwe houten amfitheater heeft meegemaakt.[193] Als
arme herder moest hij genoegen nemen met een slechte zitplaats,
maar van grote afstand heeft hij toch de keizer mogen aanschouwen, die in zijn persoon Mars en Apollo verenigde. Het feit dat Corydon, boerenkinkel als hij is, de namen van de dieren niet kent is
een overtuigend detail in de weergave van zijn karakter.

Het tweede gedicht is voor het grootste gedeelte een beurtzang
tussen een herder en een tuinman, die bij wijze van wedstrijd hun
eigen ambacht ophemelen in de hoop de lieftallige Crocale voor
zich te winnen. Idas, de herder, zegt: *rusticus est, fateor, sed non et bar-*
barus Idas (goed, Idas is een boer – maar geen barbaar!). Even later
belooft hij: *si venias, Crocale, totus tibi serviet hornus* (Crocale, als je
komt, is de opbrengst van hele hele jaar voor jou), waarop Astacus
reageert met: *si venias, Crocale, totus tibi serviet hortus* (Crocale, als je
komt, is heel de tuin voor jou).[194] Dit gedicht correspondeert met

het op één na laatste, dat ook weer een beurtzang betreft, maar ditmaal worden de deelnemers het zelfs niet eens over de voorwaarden van de wedstrijd.

In het derde gedicht treurt Lycidas om het vertrek van zijn liefje Phyllis. Iollas is bereid een door Lycidas te dicteren boodschap op boombast te schrijven en die aan Phyllis over te brengen. Ruim de helft van het gedicht wordt in beslag genomen door de brief van Lycidas. Het vijfde gedicht bestaat zelfs helemaal uit een monoloog en is een *Georgica* in het klein: de bejaarde Micon legt zijn pleegzoon uit wat er allemaal bij komt kijken als je een goede herder van schapen en geiten wilt zijn. Het is een levendig, aanschouwelijk verteld verhaal, dat, gezien tegen de achtergrond van de Nero-gedichten, een paradijselijke wereld van eenvoud en vruchtbaarheid oproept, ook al waarschuwt Micon tegen ongedierte en ziektes.

Er is veel gespeculeerd over de identiteit van Calpurnius Siculus en zijn beschermheer Meliboeus. De bijnaam *Siculus* (de Siciliaan) zou kunnen verwijzen naar Theocritus, maar de familienaam suggereert een verwantschap met Calpurnius Piso, de man die in 65 de samenzwering tegen Nero organiseerde. In dat geval zou Meliboeus Piso kunnen zijn. Toevallig is er een anoniem lofdicht op een zekere Piso (misschien dezelfde persoon) overgeleverd, dat dan eveneens door Calpurnius Siculus geschreven zou kunnen zijn. Maar het is een teleurstellend gedicht vol obligate, sterk overdreven lofprijzingen betreffende Piso's welsprekendheid, zijn dichterschap en zijn heldhaftige prestaties bij het spelen van bordspelletjes.

Veel intrigerender zijn twee incomplete bucolische gedichten die halverwege de negentiende eeuw werden gevonden in een klooster te Einsiedeln, en sindsdien bekendstaan als de *Carmina Einsidlensia*. Ook deze gedichten moeten geschreven zijn ten tijde van Nero, maar de wat onhandige structuur en stijl, alsmede de gebrekkige staat van de overlevering maken het moeilijk vast te stellen of ze serieus dan wel satirisch opgevat moeten worden. Opmerkelijk is in ieder geval dat de scheidsrechter van de beurtzang in het eerste gedicht Midas heet: aangezien deze Frygische koning vanwege zijn slechte smaak door Apollo werd gestraft met ezels-oren, is hij niet bepaald de meest voor de hand liggende criticus. De volgende regels, bij monde van Thamyris, zouden kunnen refereren aan Nero's gedicht over het brandende Troje:

> Kom hierheen, Muzen, kom in vlugge dans hierheen!
> Hier bloeit uw Helicon, hier zetelt uw Apollo!
> Gij, Troje, til uw as verheven tot de sterren
> en toon dit edel werk aan Agamemnons veste.
> Dit bracht uw val u op! Ruïnes, wees verheugd,
> en prijs uw laatste brand – uw zoon heeft u verheven![195]

Nero is een zoon van Troje, omdat hij van moederskant afstamt van de Julische familie, die haar oorsprong terugvoerde op Aeneas' zoon Julus. Maar de laatste woorden, *vester vos tollit alumnus*, kunnen ook iets geheel anders betekenen: 'uw zoon ruimt u uit de weg'. In dat geval gaat het hier niet om de puinhopen van Troje, maar om die van Rome. Het gedicht breekt af bij regels die ik niet anders kan lezen dan als grap. Eerst plaatst Homerus zijn krans op het hoofd van de jonge keizer, en dan staat er:

> Vlakbij stond Mantua, dat met haar stem Homerus
> kon evenaren, en verscheurde haar *Aeneis*.[196]

Nero die als epicus Homerus en Vergilius onttroont: dat zou zelfs Nero niet geloven.

Historiografie

In het jaar 25 werd Cremutius Cordus gedagvaard, omdat hij in zijn *Annalen* Marcus Brutus had geprezen en Cassius 'de laatste Romein' had genoemd. Aangezien hij werd aangeklaagd door Seianus, was zijn positie kansloos. Vastbesloten zelfmoord te plegen sprak hij een moedige verdediging uit, waarin hij aantoonde dat wat hij gedaan had, in het verleden niet meer dan normaal was geweest. Wat is er tegen grote mannen die allang dood zijn, het respect te betonen dat ze verdienen?

'Het is toch zeker niet zo dat Cassius en Brutus tot de tanden gewapend in de vlakte van Philippi staan en ik het volk in vlammende redevoeringen oproep tot burgeroorlog? Ze zijn al zeventig jaar dood, men kent hen van hun afbeeldingen, zelfs de overwinnaar heeft die beelden niet verwijderd. Mag hun nagedachtenis dan niet ook voortleven in geschiedenisboeken? Eenieder krijgt van het nageslacht de eer die hem toekomt, en het zal stellig ook niet ontbreken aan mensen die, als ik veroordeeld word, niet alleen aan Cassius en Brutus zullen denken: ze zullen ook aan mij denken.'

Daarop verliet hij de senaat. Hij maakte een einde aan zijn leven door in hongerstaking te gaan. De senatoren besloten de aediles opdracht te geven zijn werk te verbranden. Maar een aantal kopieën is bewaard gebleven: ze werden verstopt en zijn later opnieuw uitgegeven.[197]

Het werk van Cremutius Cordus is niet tot ons gekomen. Dat lot deelt het met de geschiedwerken van zijn tijdgenoot Aufidius Bassus, van Servilius Nonianus (een vriend van Persius), van keizer Claudius en de oude Plinius, en van Cluvius Rufus en Fabius Rusticus, die door Tacitus werden geraadpleegd.[198] Wat er uit de eerste anderhalve eeuw van het principaat aan historiografie is overgeleverd, bevestigt dat deze vorm van literatuur nooit zonder risico's bedreven werd, al was het gevaar onder de ene keizer groter dan onder de andere. Er waren maar twee manieren om die risico's te vermijden: ofwel het werk in te kleden als lofzang op het vigerend bewind, ofwel zover terug te gaan in de tijd dat alle betrokkenen al waren overleden. En dan nog waren er dingen die je beter niet kon zeggen, zoals het verhaal van Cremutius Cordus laat zien. Pas een eeuw later kan Tacitus het zich veroorloven de reputatie van de man recht te doen.

Van slechts vier geschiedschrijvers uit deze periode is werk bewaard gebleven. Velleius Paterculus' boekje is voor minstens de helft een hagiografie van keizer Tiberius, die hij zeer bewonderde. De andere drie auteurs kozen voor een veilige afstand van hun onderwerp. Curtius Rufus ging het verst terug door een biografie van Alexander de Grote te schrijven, Tacitus waagde zich weliswaar aan een korte levensbeschrijving van zijn schoonvader, maar richtte zich toch vooral op de eerste helft van de eerste eeuw, die hij zelf niet had meegemaakt. Suetonius, die zijn keizerbiografieën schreef in de jaren twintig van de tweede eeuw, eindigt met de dood van Domitianus.

Oprecht enthousiasme van Velleius Paterculus

In het jaar 4 n.Chr. treedt Velleius Paterculus, dan een jaar of vijfentwintig oud, als ruitercommandant in dienst van Tiberius, die kort tevoren door zijn stiefvader Augustus is geadopteerd.[199] Het is het begin van een voorspoedige militaire en bestuurlijke carrière, die hem, een homo novus, zelfs tot het praetorschap brengt.[200] In het jaar 30 publiceert hij zijn uit twee boeken bestaande wereldgeschiedenis, die voor een kwart gewijd is aan de krijgsverrichtingen en politieke weldaden van de vorst die hij met kinderlijk enthousiasme aanbidt. Nadat Seianus, die door Velleius als een zegen voor het Rijk wordt beschouwd, in 31 ten val is gekomen, horen we niets meer over de gezagsgetrouwe historicus.[201] Misschien heeft de sluwe usurpator hem in zijn neergang meegesleept.

De *Historiën* (welke titel de auteur ervoor bedacht had weten we niet) vormen een curieus en uitermate onevenwichtig werk.[202] Dat het eerste boek in de huidige vorm slechts een achtste deel van het geheel vormt, komt voor rekening van de overlevering, want aan het begin ontbreken enkele hoofdstukken en halverwege is er een lacune die een periode van bijna zeshonderd jaar beslaat. Vreemder is dat het eerste boek, dat vermoedelijk met de Trojaanse oorlog begon (twaalfde eeuw v.Chr.), de geschiedenis tot aan de val van Carthago in 146 v.Chr. bestrijkt, terwijl het tweede boek steeds uitvoeriger wordt naarmate Velleius zijn eigen tijd nadert. Daarmee wekt hij de indruk dat de gehele geschiedenis slechts een opmaat is voor de grootse symfonie van Tiberius' heilstaat. Dat uit zich ook in de stijl. Waar het eerste boek een kortademige opsomming geeft van jaartallen en gebeurtenissen, wordt de taal in het tweede boek allengs bloemrijker, totdat het ten slotte uiteenspat in een vuurwerk van juichende uitroepen dat bijna Noord-Koreaanse trekken vertoont. Dat is slechts verteerbaar omdat je voelt dat hij er iedere letter van meent.

Het werk van Velleius is, hoe weinig objectief het ook is, historisch van belang omdat hij voor bepaalde perioden de voornaamste, zo niet de enige bron is. Zo vult hij voor ons de leemte die het verlies van Livius' latere decaden heeft achtergelaten. Zeer leesbaar zijn Velleius' bondige portretten van beroemdheden als Scipio Aemilianus, Tiberius Gracchus, Pompeius en Cato van Utica. Ook rekent hij het tot zijn taak zo nu en dan een hoofdstuk aan literatuurgeschiedenis te wijden.[203] In dat verband is het weer merkwaardig dat hij wel Terentius, maar niet Plautus noemt, wel Vergilius, maar niet Horatius.

Aan het eind van boek I ontvouwt Velleius een literair-historische theorie die verwantschap vertoont met die van de oude Seneca, in zoverre dat beide schrijvers vaststellen dat bepaalde genres een kortstondige bloei kennen, doorgaans van één of twee generaties, waarna onherroepelijk een neergang volgt: kijk naar de drie Attische tragediedichters, naar de filosofen Socrates, Plato en Aristoteles, en in Rome naar de retorica ten tijde van Cicero. Velleius' diagnose mag overeenkomen met die van Seneca, zijn verklaring is een andere:

Wedijver voedt talenten, het is nu eens afgunst, dan weer bewondering die aanzet tot navolging, en van nature stijgt dat wat met de hoogste toewijding wordt nagestreefd het hoogst, maar het is moeilijk stil te blijven staan op het punt van volmaaktheid en natuurlijkerwijs gaat wat niet voortgaat, achteruit. En zoals wij eerst worden aangewakkerd om te volgen wie wij als voortrekkers beschouwen, zo zal, waar wij de hoop opgeven hen te kunnen voorbijstreven of evenaren, met de hoop ook onze toewijding verslappen, en kunnen wij niet op hen inlopen, dan houden wij op hen na te lopen en zoeken wij, zonder belangstelling voor wat al behandeld is, nieuwe stof, en met voorbijgaan aan dat waarin wij niet kunnen uitblinken zoeken wij iets waarin we kunnen schitteren, waaruit volgt dat een veelvuldig en onstandvastig overstappen de grootste belemmering vormt tot een volmaakt werk.[204]

Afgezien van de conclusie aan het eind is dit geen nonsens, het is alleen jammer dat de zinnen zo slap aaneengeregen zijn. Dan lezen we met meer genoegen de necrologie van Cicero, waaruit onbedoeld zonneklaar blijkt dat Velleius gelijk heeft met zijn bewering dat de hoogtijdagen van de Romeinse stilistiek voorbij zijn. In zijn agitatie spreekt hij Antonius persoonlijk aan:

U hebt niets bereikt, Marcus Antonius (want de uit mijn hart en ziel losbrekende verontwaardiging dwingt mij buiten het stramien van mijn werk te stappen), niets, zeg ik, hebt u bereikt door een prijs te noemen voor het afhakken van die hemelse mond en dat roemrijke hoofd en door een grafgeld uit te loven voor de moord op de man die eens de staat redde en zo'n groot consul was. U beroofde Marcus Cicero van een al zwaar beproefd levenslicht, van een oude dag, van een leven dat onder uw heerschappij ellendiger zou zijn geweest dan zijn dood was onder uw deelgenootschap van het triumviraat, maar de roep en de roem van zijn daden en woorden hebt u zelfs in die mate niet weggenomen dat u ze hebt vergroot. Hij leeft en zal leven in de herinnering van alle eeuwen, en zolang dit lichaam der natuur, samengesteld als het is door toeval, voorzienigheid of hoe dan ook (dat hij als vrijwel enige Romein met zijn geest doorzag, met zijn genie omvatte, met zijn welsprekendheid verlichtte) ongedeerd overeind zal staan, zal het als metgezel van zijn lange leven de lof van Cicero meevoeren, en het gehele nageslacht zal zijn geschriften tegen u bewonderen, zal uw misdaad jegens hem vervloeken, en sneller zal de menselijke soort van deze wereld wijken dan de naam van Cicero.[205]

Inderdaad. Niet dankzij Velleius Paterculus.

Curtius Rufus. Feiten of fictie?

Hoewel Quintus Curtius Rufus gewoonlijk wordt aangeduid als historicus, is het de vraag of die titel hem wel past. Zijn *Geschiedenis van Alexander de Grote, koning van Macedonië* is eerder een biografie dan de politieke analyse van een belangwekkend tijdvak, bovendien heeft de auteur zich zo ingeleefd in zijn protagonist en diens entourage dat het boek tegenwoordig eerder als historische roman gelezen zou worden. Curtius geeft conversaties en redevoeringen weer, hij biedt couleur locale door de beschrijving van landstreken en uitheemse zeden en gewoonten, en hij beschrijft veldslagen alsof hij er middenin heeft gezeten. In deze opzichten wijkt hij echter niet wezenlijk af van gerenommeerde voorgangers als Herodotus, Sallustius en Livius.

Curtius' historische betrouwbaarheid staat ter discussie. Zeker heeft hij gebruik kunnen maken van vroege Griekse bronnen, maar die waren niet onpartijdig. Ook was de mythevorming omtrent Alexander al tijdens zijn leven op gang gekomen. Curtius moet vermoedelijk eerder gedateerd worden dan de Griekstalige Alexanderbiografen Plutarchus en Arrianus, met wie hij soms wel, soms ook niet overeenstemt. Als vroegste uitvoerige bron voor het leven van Alexander moet hij voorzichtig au sérieux genomen worden, behalve waar onomstotelijk aangetoond kan worden dat hij ernaast zit.

Het oorspronkelijk uit tien boeken bestaande werk is gehavend tot ons gekomen: de eerste twee boeken ontbreken geheel, alsmede delen van het derde, vijfde, zesde en tiende boek. Desondanks is de opzet transparant. In de eerste vijf boeken wordt Alexander volwassen, begint zijn veldtocht tegen de Perzen en weet hij uiteindelijk, na een paar mislukte pogingen, Darius te verslaan. In de tweede helft van het werk wordt Alexander zelf zijn grootste vijand. Onder invloed van zijn triomfen en zijn verslaving aan oosterse luxe en hoogmoed ontwikkelt hij zich tot achterdochtig despoot, die te maken krijgt met reële én ingebeelde samenzweringen. Hij dringt door tot in India en sterft op tweeëndertigjarige leeftijd in Babylon, zonder officiële erfgenaam. Het rijk valt uiteen, ten prooi aan de strijd tussen zijn potentiële opvolgers, een strijd die door Curtius wordt vergeleken met de burgeroorlogen waarmee de Romeinen maar al te veel ervaring hadden:

> Maar het Noodlot confronteerde de Macedoniërs met burgeroorlogen; het koningschap is immers ondeelbaar en werd door velen begeerd. Eerst botsten hun krachten dan ook opeen, vervolgens vielen zij uiteen, en nadat zij het lichaam hadden opgetast met meer dan het kon dragen, begonnen de ledematen het te begeven, en het Rijk dat onder de leiding van één overeind had kunnen blijven, stortte in elkaar toen het door velen staande werd gehouden. Daarom is het volkomen terecht dat het Romeinse volk toegeeft zijn welzijn te danken te hebben aan zijn keizer, die als een nieuwe ster zijn licht verspreidde in een nacht die bijna onze laatste was. De opkomst van deze ster, bij Hercules, niet die van de zon, bracht het licht terug in een verduisterde wereld waarvan de stuiptrekkende ledematen onafhankelijk van elkaar hun gang gingen, beroofd als zij waren van hun hoofd. Hoeveel fakkels heeft hij toen niet gedoofd! Hoeveel zwaarden heeft hij niet weggeborgen! Hoe zwaar was niet het noodweer dat hij met zijn plotselinge glans uiteenreet! Het Rijk krijgt niet slechts nieuwe groene blaadjes, maar staat zelfs in bloei. Als afgunst nu maar wegblijft heeft deze thans zo succesvolle dynastie misschien niet de eeuwigheid, maar dan toch een langdurige toekomst.[206]

Deze passage speelt een belangrijke rol in het vraagstuk van de datering van Curtius' werk. Hoewel daarover geen eenstemmigheid bestaat, lijkt een datering ten tijde van Vespasianus het meest voor de hand te liggen, die immers orde op zaken stelde na het chaotische vierkeizerjaar. Curtius' stijl is eerder die van een retor dan die van een historiograaf in de traditie van Livius, anderzijds is hij classicistischer dan Velleius en Seneca, terwijl hij vrij is van het archaïsme dat in de tweede eeuw terrein zou winnen. Hij zou heel goed een vroege tijdgenoot van Quintilianus kunnen zijn. Tacitus lijkt bepaalde zinswendingen van hem te hebben overgenomen, bijvoorbeeld het hierboven geciteerde 'het koningschap is ondeelbaar' (*insociabile regnum*), dat letterlijk voorkomt in de *Annalen*.[207] Suetonius schijnt in het verloren gegane gedeelte van zijn boek over retoren ook een Quintus Curtius Rufus behandeld te hebben, maar dat is geen informatie waaraan we iets hebben.

Dat onze auteur retorisch geschoold was, blijkt uit iedere zin, natuurlijk met name uit de redevoeringen, die de Macedonische of Perzische sprekers tot rasechte Romeinen maken. Een schitterend staaltje van welsprekendheid dat de oude Seneca en Quintilianus bekoord zou hebben, wordt gevormd door de elkaar spiegelende redevoeringen van Alexander en Darius vlak voor de slag bij Gaugamela. De woorden van Alexander worden in de indirecte rede weergegeven, die van Darius direct. Alexander, wiens leger veel kleiner is dan dat van Darius, merkt op dat er aan Perzische kant veel onbekende volkjes meevechten: hun gebrek aan roem betekent dat ze niets voorstellen. Darius wijst erop dat de Macedoniërs in het nadeel zijn omdat ze worden gehinderd door de enorme hoeveelheden buit die ze meesjouwen. Hij schildert zijn tegenstrever af als een onbesuisde jongeman, wiens succes 'eerder aan onze angst dan aan zijn moed is te danken. Maar niets waaraan geen rationaliteit ten grondslag ligt, kan lang bestaan.'[208] Uit alles blijkt echter dat de koning wel degelijk rekening houdt met een nederlaag, want zijn op één na laatste zin luidt: *effugit mortem, quisquis contempserit; timidissimum quemque consequitur* (wie de dood veracht, is hem ontkomen; de dood achtervolgt juist wie het bangst is).[209] Helaas ziet Darius zich tijdens de slag genoodzaakt op de vlucht te slaan.

Aan het begin van boek VI, na de dood van Darius, geraakt Alexander in de greep van oosterse weelde. In wellustig allitererende zinnen ontleedt Curtius de morele neergang van de jonge vorst:

Maar zodra zijn geest verlost was van nijpende zorgen, werd hij, beter bestand als hij was tegen oorlog dan tegen rust en vrije tijd, ingepalmd door vormen van genot, en hij die niet gebroken was door de wapens van de Perzen, verloor het van voosheid: te vroege banketten, een waanzinnig zwelgen in doordrinken en opblijven, spelletjes en horden van hoeren. Alles verviel tot uitheems gedrag. In zijn voorliefde daarvoor, alsof het beter was dan waarmee hij was opgegroeid, kwetste hij zowel de harten als de ogen van zijn landgenoten dermate, dat het merendeel van zijn vrienden hem voor een vijand hield. Want mannen die hechtten aan hun discipline, die gewend waren genoegen te nemen met karig en eenvoudig verkrijgbaar voedsel om de noden der natuur te bevredigen, had hij aangezet tot kwaden van vreemden en verslagen volkeren. Vandaar een toename van op hem beraamde aanslagen, van muiterij, en een meer vrijmoedig uiten van onvrede tijdens wederzijdse klachten, vervolgens bij hemzelf nu eens woedeaanvallen, dan weer verdenkingen, opgewekt door onberedeneerde angst, en alles wat daarbij hoort. Maar daarover later.[210]

Deze passage, die in stijl en morele verontwaardiging aan Sallustius herinnert, doet ook denken aan wat Livius en Silius Italicus over Hannibal vertellen, die na de slag bij Cannae in het luxueuze Campania tot decadente indolentie verviel.

Met veel gevoel voor detail en karakter schildert Curtius hoe de jonge Philotas, een vertrouweling van Alexander, wordt beschuldigd van medeplichtigheid aan een samenzwering en door een duivelse coïncidentie van achterdocht, machtsstrijd en dubieuze procedures op de pijnbank belandt, waar hij vanzelfsprekend (zowel Curtius als het slachtoffer zegt sarcastisch dat wie gefolterd wordt uiteindelijk altijd schuld zal bekennen) toegeeft dat hij van plan was de koning te vermoorden. Juist doordat Curtius in het midden laat of Philotas inderdaad een aanslag beraamd had, is deze episode een van de spannendste uit het hele werk.[211]

De beschrijvingen van veldslagen zijn doorgaans niet de meest opwindende gedeelten van Romeinse geschiedwerken en epische gedichten, ten eerste omdat het vaak bijzonder moeilijk is je een precieze voorstelling van de troepenbewegingen te maken (hetgeen in de hand gewerkt wordt door het gebrek aan militaire ervaring van de meeste auteurs), ten tweede omdat alle krijgshandelingen op elkaar lijken, ten derde omdat de lezer de afloop vaak al kent. Desondanks slaagt Curtius erin zijn veldslagen een zekere mate van geloofwaardigheid te geven. Het relaas van het gevecht met de olifanten van de Indiase koning Porus is hier en daar zelfs bloedstollend: de details zijn aanschouwelijk, de klankrijke, sterk ritmische zinnen verlenen de handeling een duizelingwekkende vaart. Eén voorbeeld:

> Ergo elephanti vulneribus tandem fatigati, suos impetu sternunt et, qui rexerant eos, praecipitati in terram ab ipsis obterebantur.

> Uiteindelijk uitgeput door hun wonden, lopen de olifanten dus hun eigen soldaten onder de voet, en zij die hen bestuurd hadden werden, hals over kop op de grond geslingerd, door henzelf vertrapt.[212]

Het woord *praecipitati* (eraf geslingerd) rijmt op *fatigati* (uitgeput), waardoor er een parallellie ontstaat tussen de afmatting van de olifanten en de val van hun berijders; maar omdat *fatigati* aan het eind, en *praecipitati* aan het begin van een beknopte bijzin staat, worden ze ook met elkaar gecontrasteerd. Bovendien tellen de twee zinssegmenten die daartussen staan precies evenveel lettergrepen. Wat de zin epische allure geeft, is dat zowel het gedeelte tot aan de eerste komma als het gedeelte vanaf de laatste komma bijna een dactylische hexameter vormt.[213] Misschien is Curtius geen groot historicus, als je hem hardop leest is hij op zijn minst een melodieus redenaar.

Tacitus. Tragiek en cynisme

Ergens in de tweede helft van het eerste decennium van de tweede eeuw schrijft Plinius Minor aan zijn vriend Maximus:

> Dikwijls is het mij overkomen bij een pleidooi dat de honderdmannen, na zich lange tijd volgens de normen van het gezag en de waardigheid van rechters te hebben beheerst, allen tegelijk plotseling, als overwonnen en gedwongen, opsprongen en applaudisseerden. Dikwijls heb ik uit een senaatszitting een roem meegenomen zo glanzend als ik me maar had kunnen wensen. Nooit echter heb ik

dieper voldoening geproefd dan onlangs na een gesprek met Cornelius Tacitus. Hij vertelde me dat tijdens de laatste circusspelen een Romeins ridder naast hem had gezeten, en dat deze na gesprekken over diverse onderwerpen, waarin zijn belezenheid was gebleken, had geïnformeerd: 'Komt u uit Italië of een van de provincies?' Hij had geantwoord: 'U kent mij, namelijk uit mijn werken.' Daarop had hij gevraagd: 'Bent u dan Tacitus of Plinius?' Ik kan met geen mogelijkheid uitdrukken wat een vreugde het voor mij is dat onze namen, als eigennamen van literaire werken en niet van mensen, worden verbonden met de literatuur, omdat wij allebei door onze geschriften bekend zijn bij mensen voor wie wij verder onbekend zijn.[214]

Wisten we niet beter, dan zouden we uit dit briefje kunnen opmaken dat Tacitus, die hier gezellig zit te keuvelen in het stadion, net als zijn vriend Plinius een derderangs, maar goed verkopend literator was, die zijn roem voor een belangrijk deel aan zijn retorische gaven dankte en niet door bescheidenheid gehinderd werd. Het heeft niet veel gescheeld of we wisten inderdaad niet beter, want Tacitus werd in de Middeleeuwen nauwelijks gelezen, zodat zijn tekstoverlevering aan een zijden draadje heeft gehangen. Compleet bewaard zijn een biografie van Tacitus' schoonvader Agricola en een werkje over de Germanen; zo goed als compleet de dialoog over het verval van de welsprekendheid, die hierboven al behandeld is. Van de *Historiën* is vier en een half boek (van de twaalf of veertien) bewaard gebleven, van de *Annalen*, die er zestien telden, kennen we de eerste vier boeken, een fragment van boek v, het grootste deel van boek vi, een deel van boek xi, de boeken xii tot en met xv compleet, en een flink deel van boek xvi.

Tacitus is zonder serieuze concurrentie de grootste prozaïst uit de Latijnse literatuur. Juist de aspecten die hem tot een eeuwig modern auteur maken, zijn meedogenloos cynisme, zijn neiging het leggen van verbanden aan de lezer over te laten, zijn onklassieke, soms zelfs gewrongen zinsbouw, hebben ervoor gezorgd dat hij in de eeuwen na zijn dood nooit een groot en enthousiast publiek heeft gehad. Het proza van Tacitus grijpt je bij je strot, dwingt je stelling te nemen in onmogelijke dilemma's, vervult je met het besef dat niet alleen geen mens deugt, maar dat je ook zelf voortdurend vuile handen maakt. Moralisme is vrijwel geen enkele Romeinse schrijver vreemd, maar alleen Tacitus slaagt erin je zijn obsessies en frustraties zo op te dringen dat je je medeplichtig gaat voelen. De lectuur van Tacitus is verontrustend, nooit ontspannend. In het jaar 275 besloot keizer Tacitus dat iedere bibliotheek in het bezit moest zijn van de werken van zijn naamgenoot en er ieder jaar tien afschriften van moest maken.[215] Maar deze keizer werd al na een half jaar uit de weg geruimd, waarna de bibliotheken het verder voor gezien hielden. In roerige tijden is er geen markt voor literatuur waarvan je somber wordt.

Voor informatie over het leven van Tacitus zijn we voornamelijk afhankelijk van de spaarzame opmerkingen die hij er zelf over maakt, vooral in *Agricola* en in het eerste hoofdstuk van de *Historiën*, van een paar brieven van Plinius en een enkele inscriptie. Aangenomen dat de *Dialogus*, die in het jaar 75 speelt, authentiek is, dan moet Tacitus toen een jaar of achttien geweest zijn, want hij is bij het gesprek aanwezig als een jongeman die het *tirocinium* Fori (leertijd aan het Forum) doorloopt; dat is een soort stage, waarbij een student retorica een tijd meeloopt met een ervaren redenaar. Tacitus trouwt in 78 en begint, vermoedelijk zelf niet uit een senatorenfamilie, aan een glanzende bestuurlijke carrière onder Vespasianus en Titus, om in 88 onder Domitianus op betrekkelijk jonge leeftijd praetor te worden. Onder Nerva wordt hij *consul suffectus*.[216] In 100 klaagt hij samen met Plinius de corrupte gouverneur Marius Priscus aan, onder voorzitterschap van keizer Traianus.[217] Omstreeks 112/113 wordt hij zelf proconsul van de provincie Asia. Waarschijnlijk heeft hij ook het principaat van Hadrianus nog meegemaakt.

Agricola

In 98 verschijnt *Leven en karakter van Julius Agricola*, over Tacitus' vijf jaar eerder overleden schoonvader. Het is een compacte, helder gestructureerde biografie die ook kenmerken vertoont van een *lauda-tio* (de redevoering waarin een overledene wordt herdacht), maar tevens een korte geschiedenis van Britannia behelst, compleet met veldslagen en etnografische uitweidingen. Agricola was daar jarenlang de hoogste Romeinse gezagsdrager geweest. Bovendien is dit het eerste werk waarin Tacitus, die onder de moordzuchtige Domitianus geprobeerd had een fatsoenlijk senator te blijven, zijn schaamte en woede van zich afschrijft. Agricola was voor Tacitus een voorbeeld, omdat hij ook onder dubieuze omstandigheden integer zijn plicht had gedaan:

> [Agricola] toonde geen koppigheid, geen ijdel vertoon van onafhankelijkheid, waarmee hij roem én doem over zich af zou roepen. Laat dit duidelijk zijn voor de bewonderaars van verboden daden: zelfs onder slechte keizers kunnen grote mannen leven. Met gehoorzaamheid en bescheidenheid, mits gepaard aan ijver en energie, kan men tot grote hoogten stijgen, evengoed als de velen die de gevaren hebben opgezocht en bekend zijn geworden door een opzienbarende dood: een gebaar zonder nut voor de gemeenschap.[218]

In *Agricola* laat Tacitus zich ook uit over wat volgens hem de missie van de Romeinen was: de wereld beschaven, als het niet goedschiks kan, dan maar kwaadschiks. Voor keizers die geen pogingen doen het Rijk verder uit te breiden, heeft hij geen respect. Dit is een onthullende passage:

> De Britten komen zonder mankeren hun verplichtingen na (troepen leveren, belasting betalen, andere opgelegde taken), mits zij niet oneerlijk behandeld worden. Daar kunnen ze namelijk slecht tegen: als onderworpenen gehoorzamen ze al wel, maar slaven zijn ze nog niet.[219]

Merkwaardig is de ambivalentie die uit deze zinnen naar voren komt. Enerzijds vindt Tacitus het niet meer dan normaal dat de Britten onderworpen worden en zich voegen naar het Romeins ge-

zag, anderzijds spreekt hij zijn waardering uit voor hun niet-slaaf-
se opstandigheid wanneer ze uitgezogen worden.

Germania

Het is dezelfde ambivalentie die men proeft in Tacitus' tweede geschrift, De oorsprong en het woongebied van de Germanen, doorgaans
simpelweg Germania genoemd. Het werkje maakt geen erg hechte
indruk, al is de hoofdstructuur duidelijk genoeg. In de eerste helft
bespreekt Tacitus de cultuur van de Germanen in het algemeen,
waarbij hij aandacht besteedt aan economische, militaire, religieuze en sociologische aspecten. De tweede helft is gewijd aan afzonderlijke stammen, waaronder ook de Bataven en de Friezen.

Germanen zijn barbaren met vreemde gewoonten. Aan de ene
kant zijn het onverantwoordelijke, maar onbevangen kinderen.
'Dag en nacht doordrinken wordt niemand tot schande aangere-
kend.' 'Dit volk kent geen sluwheid of geslepenheid en men zegt in
de vrolijkheid van het moment nog gewoon wat men denkt, zodat
ieders overtuiging dus open op tafel ligt.' 'Dobbelen is bij hen,
wonderlijk genoeg, een ernstige zaak waarbij ze nuchter blijven.'
'Wanneer men niet in oorlog is verwikkeld, brengt men de tijd
door met een beetje jagen en vooral met nietsdoen. Men geeft zich
dan over aan slapen en eten. Juist de dapperste en oorlogszuchtig-
ste mannen voeren niets uit.'[220] Aan de andere kant heeft Tacitus
onmiskenbaar bewondering voor dit volk, dat er tot dan toe in is
geslaagd de corrumperende invloed van weelde op afstand te houden:

De vrouwen leven in goed afgeschermde kuisheid, onbedorven door
de verlokkingen van het theater of de prikkels van uitgebreide diners. Geheime briefwisselingen zijn bij man en vrouw onbekend.
Overspel komt er, gegeven de omvang van het volk, zeer weinig
voor. [...] Niemand lacht daar namelijk om morele misstanden, noch
heet zedenverval 'iets van deze tijd'.[221]

De Germanen zijn dan ook dappere krijgers. Als ze niet zo dom waren om voortdurend met elkaar overhoop te liggen, zou het er voor de Romeinen niet best uitzien:

> Moge het nog lang zo blijven, bid ik, dat vreemde volkeren zo al geen liefde voor Rome, dan toch haat jegens elkaar koesteren. Want met de onafwendbare ontwikkeling van ons Rijk kan het lot ons nu geen groter gunst bewijzen dan tweedracht bij de vijand.[222]

Tacitus bevindt zich in een paradoxale situatie. Als strenge senator die het aloude *virtus*-ideaal koestert, is hij ervan overtuigd dat de Romeinen tot taak hebben de rest van de wereld hun 'vrede' op te leggen, die er onvermijdelijk toe zal leiden dat de onderworpenen ook alle slechte gewoonten van hun overwinnaars zullen overnemen. De Romeinse samenleving is echter dermate in verval geraakt dat van veroveringen geen sprake kan zijn, zodat de Romeinen belang hebben bij de onrust in het buitenland die ze nu juist zo verafschuwen. Daarbij komt dat zelfs de senaat, ooit het bolwerk van deugd en daadkracht, verworden is tot een college van slappe jaknikkers, dat slechts door een krachtige keizer in het gareel gehouden kan worden. Dat is het probleem dat centraal staat in de hierboven besproken *Dialogus*, die waarschijnlijk verscheen in 102, het jaar waarin de adressaat, Fabius Justus, consul was.

Historiën en Annalen

Toen Tacitus een jaar of twaalf was, heerste er na de dood van Nero ook binnen het Romeinse Rijk een ongehoorde chaos. De bejaarde, wat ouderwetse keizer Galba werd na zes maanden opzijgeschoven door Otho, een sluwe intrigant, die op zijn beurt het veld moest ruimen voor Vitellius, een onhandig opererende man die eigenlijk alleen zijn afkomst mee had. Lynchpartijen op klaarlichte dag waren in Rome een jaar lang geen uitzondering. Intussen brak er een opstand uit onder de Bataven en probeerde Vespasianus een conflict in Palestina te onderdrukken. Deze kundige generaal stelde uiteindelijk orde op zaken.

Wat Tacitus hiervan persoonlijk allemaal heeft gezien, vertelt hij niet, maar het begin van de Historiën biedt een keiharde diagnose van de toestand van het Rijk aan het begin van het jaar 69. Het werk behandelde in tenminste twaalf boeken de geschiedenis van het vierkeizerjaar en de Flavische keizers, het bewaard gebleven gedeelte loopt tot aan het einde van de Bataafse opstand in 70. De Historiën verschenen omstreeks 109. Daarna gaat Tacitus terug in de tijd, hoewel hij in het eerste hoofdstuk van de Historiën had aangekondigd in een volgend werk verder te zullen gaan met Nerva en Traianus. Was dat toch te riskant? De misschien op achttien boeken begrote, maar in boek XVI afbrekende Annalen vangen aan met de dood van Augustus (de echte titel luidt dan ook Vanaf de dood van de vergoddelijkte Augustus) en hadden moeten eindigen waar de Historiën beginnen. Misschien is Tacitus overleden voordat hij het werk kon voltooien.[223]

In de Historiën heeft Tacitus zijn eigen stijl gevonden. Hij schrijft bondig (brevitas), in plaats van keurige parallellie prefereert hij zinnen waarin met elkaar corresponderende onderdelen juist níet overeenkomen in grammaticale vorm (variatio), het verband tussen zinssegmenten en zinnen blijft, doordat bijvoorbeeld redengevende voegwoorden ontbreken, impliciet, en de belangrijkste informatie staat vaak niet in de hoofdzin, maar in een bijzin of deelwoordconstructie. Korzelig en sarcastisch is dit proza, de zinnen hangen evenzeer uit het lood als de samenleving die ze beschrijven, en evenmin als zijn verknipte personages laat Tacitus het achterste van zijn tong zien. Hij vermijdt al te voor de hand liggende woordcombinaties. Tegelijkertijd weet hij een senatoriale waardigheid te bewaren en sluit hij, zoals hij op de retorenschool geleerd had, hoofdstukken graag af met een feilloze sententie. Hij haat de misstanden, de perversiteiten en gruweldaden die hij met kennelijke fascinatie beschrijft. En hoewel hij voorgeeft objectief (sine ira et studio)[224] te kunnen zijn omdat hij voldoende afstand heeft tot zijn onderwerp, ziet hij er geen been in met boosaardig genoegen ook geruchten en insinuaties te vermelden waarin hij zelf beweert niet te geloven. Je zou kunnen beweren dat Tacitus' manier van schrijven de grootste kwaliteiten van Sallustius, Lucanus, Valerius Flaccus en Silius Italicus combineert.

Hoe betrouwbaar is Tacitus? Net als Thucydides, met wie hij als historicus zeer verwant is, weegt hij zijn bronnen tegen elkaar af en probeert hij vast te stellen welke informatie het meest geloofwaardig is. Aan het begin van de *Annalen* zegt hij:

> Voor- en tegenspoed van het volk van het oude Rome zijn door prominente schrijvers voor het nageslacht vastgelegd. Ook heeft het niet ontbroken aan getalenteerde figuren die zich uitgelaten hebben over de tijd van Augustus. Totdat ze werden afgeschrikt door de hand over hand toenemende bewieroking ervan. Van het doen en laten van Tiberius, Gaius, Claudius en Nero is een valse voorstelling van zaken gegeven. Tijdens hun leven deed men dat uit angst, en toen ze eenmaal dood waren, deed men dat omdat de haatgevoelens nog vers in het geheugen lagen.[225]

Hoewel Tacitus de indruk wekt een consciëntieus onderzoeker te zijn, is het jammer dat hij zelden de namen van zijn bronnen vermeldt. Had hij dat wel gedaan, dan hadden we overigens niet kunnen controleren wat hij er precies mee gedaan heeft, omdat ze verloren zijn gegaan.

Beide werken zijn opgezet volgens annalistische principes, dat wil zeggen dat de gebeurtenissen voor zover mogelijk steeds per jaar worden behandeld. Soms dwingt de aard van het onderwerp Tacitus ertoe van die opzet af te wijken, bijvoorbeeld bij zijn behandeling van de samenzwering van Piso. De afzonderlijke boeken hebben een kop en een staart. In de *Historiën* valt op dat de dood van Galba en Otho precies midden in respectievelijk boek I en boek II staat, terwijl boek III eindigt met de dood van Vitellius. De *Annalen* hadden misschien een consequente structuur in drie delen van zes boeken moeten krijgen. In ieder geval zijn de eerste zes boeken gewijd aan Tiberius, met als epiloog een evaluatie van de hoofdfiguur. De volgende zes boeken handelden over Caligula en Claudius, in de laatste zes zou dan Nero centraal hebben gestaan.

De karakters van de protagonisten torenen, als in een tragedie of epos, uit boven hun omgeving. Zo wordt de onvermijdelijke ondergang van mannen als Galba en Otho met dramatisch meesterschap en niet zonder grimmige ironie getekend. Het karakter van de norse, achterdochtige, door en door gefrustreerde Tiberius, wiens bewind we van het begin tot het eind kunnen volgen, is groots in zijn tragische verwording. Nero ontwikkelt zich in vier boeken van onbesuisde puber tot megalomaan monster. Daarnaast ruimt Tacitus plaats in voor vaak genadeloze, een enkele keer van sympathie getuigende, maar altijd genuanceerde portretten van tientallen bijfiguren, soms in één enkele zin. Hierboven heb ik zijn typeringen van Seneca, Petronius, Lucanus en Cremutius Cordus geciteerd.

Echt vernieuwend is Tacitus als massapsycholoog. Zeker, ook Caesar, Sallustius en Livius weten de stemming van een stad of legioen weer te geven, maar Tacitus is de eerste die dergelijke diffuse groepsprocessen niet alleen nauwgezet analyseert, maar ze ook een rol geeft als drijvende kracht in historische ontwikkelingen. Zo lijkt de opkomst van Otho vrijwel geheel gestuurd te worden door onvoorspelbare, maar daarom nog niet onverklaarbare wisselingen van stemming onder soldaten, senatoren en burgers. Aan het begin van de dag waarop Galba zal sterven, ziet Otho's positie er nog niet hoopgevend uit:

> Het volk vulde reeds massaal de Palatijn, groepen slaven ertussen, met een kakofonie van geschreeuw dat opriep Otho te vermoorden en de samenzweerders uit de weg te ruimen, zoals men op de renbaan en in het theater steeds nieuwe stunts eist. Ze lieten zich noch door inzicht, noch door oprechtheid leiden, want nog dezelfde dag zouden ze met evenveel enthousiasme het tegendeel eisen, maar het is nu eenmaal traditie welke vorst dan ook de hielen te likken in losbandigheid van toejuichingen en een betekenisloos vertoon van toewijding.[226]

Later op de dag gaat het gerucht dat Otho is vermoord:

En algauw, zoals dat gaat bij grote leugens, waren er mensen die verzekerden dat ze erbij waren geweest en het gezien hadden; praatjes zijn welkom bij wie er belang bij hebben en geen behoefte hebben ze te controleren. Velen dachten dat het gerucht bewust was geconstrueerd en verspreid door geïnfiltreerde aanhangers van Otho, die het goede nieuws valselijk verbreid hadden om Galba uit zijn schuilplaats te lokken.[227]

De eerste zin uit dit citaat is kenmerkend voor Tacitus' stijl. In het Latijn luidt hij zo:

Mox, ut in magnis mendaciis, interfuisse se quidam et vidisse adfirmabant, credula fama inter gaudentis et incuriosos.

De ablativus absolutus na de laatste komma lijkt er los bij te hangen: 'lichtgelovig het gerucht onder zich verheugenden en nietkritischen', waarbij 'lichtgelovig' hier de nieuwe betekenis 'geloofwaardig' blijkt te krijgen. In de tweede zin valt op dat de focus van Tacitus wisselt: hij geeft én de opvatting van de 'velen' weer, én de bedoeling van de infiltranten, én de optimistische reactie erop van de aanhangers van Galba.

Bij zijn relaas over de vroege keizertijd ziet Tacitus zich genoopt steeds meer wreedheden weer te geven, naar eigen zeggen tot vervelens toe:

Mijn geschiedenis is een aaneenrijging van grimmige bevelen, voortdurende beschuldigingen, vriendschappen die geen vriendschappen blijken te zijn, onschuldige mensen die de dood ingejaagd worden, en zaken die steeds op dezelfde manier eindigen – steeds weer dringt de gedachte zich op dat het voortdurend hetzelfde is, zozeer dat men er genoeg van krijgt.[228]

Vanaf het moment dat Nero de troon bestijgt ontrolt zich een ware horrorfilm. Eerst laat Nero zijn veertienjarige stiefbroer Britannicus vergiftigen, nota bene tijdens een diner waarbij de hele familie aanwezig is en net doet alsof er niets aan de hand is, dan laat hij zijn moeder vermoorden, vervolgens zijn vrouw Octavia, het zusje van Britannicus, daarna trapt hij zijn zwangere minnares Poppaea dood en ten slotte grijpt hij de samenzwering van Piso aan om zich te ontdoen van Seneca, Lucanus en Petronius. Intussen organiseert hij fantastische orgieën, treedt hij in het huwelijk met de eunuch Pythagoras en voorkomt hij dat de grote brand van Rome in het jaar 64 geblust wordt, zodat hij het vrijgekomen gebied kan gebruiken voor uitbreiding van zijn paleis. Om geruchten te onderdrukken wijst hij de christenen als zondebokken aan:

> De aanklacht betrof niet zozeer brandstichting als wel haat jegens de menselijke soort. En terwijl ze hun dood tegemoet gingen, werden ze nog eens extra bespot: ze kwamen om het leven nadat ze eerst gehuld waren in vachten van wilde dieren en zo door honden werden verscheurd, of doordat ze aan kruisen werden geslagen en, wanneer de dag ten einde was gelopen, bij wijze van verlichting in de nacht werden verbrand. Nero had zijn eigen tuinen voor het schouwspel ter beschikking gesteld en hij liet tegelijk races houden waarbij hij zich onder het volk mengde gekleed als wagenmenner of terwijl hij op zijn wagen stond.[229]

Halverwege het zestiende boek lijkt Tacitus er echt genoeg van te krijgen:

> Zelfs als ik buitenlandse oorlogen en voor het vaderland gevallenen zou afhandelen op een manier die, zoals hier, iedere keer hetzelfde was, zou ik zelf een verzadigingspunt bereiken en verwachten dat mijn lezers met weerzin bedankten voor alweer zo'n reeks treurige sterfgevallen, hoe eerzaam de burgers die het betrof ook waren. Maar nu werken al die slaafse lijdzaamheid en al dat in eigen huis vergoten bloed hoogst vermoeiend en deprimerend. Tegenover mijn lezers kan ik als verweer niets anders aanvoeren, dan dat ik geen haat koester jegens degenen die zo gedwee zijn gestorven. Kennelijk waren de goden woedend op Rome, en het zou niet gepast zijn die,

zoals gebruikelijk is bij nederlagen van legers of gevallen waarin steden worden ingenomen, in één keer af te doen. Zij dit de nagedachtenis van illustere figuren vergund, dat zij, zoals hun uitvaart verschilt van een gewone begrafenis, ook in de overlevering hun eigen herinnering krijgen en behouden.[230]

Zo wordt dit sombere boek toch nog een monument voor die kleine groep fatsoenlijke mannen die, net als de auteur, onder onmogelijke omstandigheden hun plicht hebben gedaan. Boek XVI breekt af bij de zelfmoord van de stoïsche senator Thrasea Paetus. Evenals Seneca brengt hij een plengoffer aan Jupiter de Bevrijder. 'Toen daarna de traagheid van het sterven voor ernstige pijn zorgde, ... gericht op Demetrius.....'[231] Misschien is Tacitus midden in deze fragmentarische zin overleden.

Suetonius. Verdorven keizers

Aan het begin van de tweede eeuw schrijft Plinius een gedicht in elflettergrepige verzen, waarin hij reclame maakt voor het boek dat Suetonius binnenkort zal publiceren. Maar het boek verschijnt niet. Plinius roept zijn jonge vriend tot de orde:

> Los nu eindelijk eens de belofte in van mijn elfvoeters, die zich tegenover onze gezamenlijke vrienden voor jouw geschriften borg hebben gesteld. [...] Zelf ben ik ook wel een echte bangerik in het publiceren, maar jij stelt toch zelfs mijn besluiteloosheid en traagheid in de schaduw. Vooruit, laat het nu afgelopen zijn met dat eindeloos uitstellen [...]. Het werk is volmaakt en honderd procent in orde, verder vijlen zal de glans niet verfraaien maar dofschuren. Laat mij je naam op het titelblad zien, laat mij vernemen dat de boekdelen van mijn dierbare Tranquillus worden afgeschreven, gelezen, verkocht. Bij onze wederzijdse genegenheid is het niet meer dan billijk dat ik hetzelfde genoegen kan beleven aan jou als jij geniet van mij.[232]

Gaius Suetonius Tranquillus was omstreeks 70 geboren in het Noord-Afrikaanse Hippo Regius. Hij behoorde tot de ridderstand en maakte in Rome, met steun van Plinius, carrière onder keizer Traianus. Hadrianus diende hij als hoofd van het bibliotheekwezen en als persoonlijk secretaris, waardoor hij toegang had tot de keizerlijke archieven. In 122 viel hij in ongenade. Hadrianus 'ontsloeg Septicius Clarus, de commandant van de keizerlijke garde, en Suetonius Tranquillus, de directeur van zijn secretariaat, en vele anderen, omdat zij zich in het contact met keizerin Sabina informeler hadden gedragen dan de eerbied voor zijn huis vereiste. Hij benoemde opvolgers voor hen en zei dat hij, als hij een gewoon burger was geweest, ook zijn vrouw de laan uit gestuurd zou hebben, vanwege haar chagrijnig en opvliegend karakter.'[233] Er zijn aanwijzingen dat Suetonius in de tien jaar daarna nog actief was als schrijver.[234]

Suetonius was een encyclopedisch auteur. Zijn oeuvre omvatte geschriften over dieren, lichamelijke gebreken, beroemde hoeren en Griekse spelletjes, maar bewaard zijn alleen een boekje over grammatici, het begin van een boek over retoren, en de acht boeken met biografieën van de eerste twaalf keizers.[235] Dat werk is enigszins onevenwichtig van samenstelling, want de eerste zes keizers (Suetonius begint niet met Augustus, maar met Caesar) krijgen allemaal een eigen boek, terwijl boek VII Galba, Otho en Vitellius combineert en de drie Flavische keizers samen in boek VIII worden behandeld. Veelal wordt ervan uitgegaan dat Suetonius de laatste twee boeken pas na 122 heeft geschreven, toen hij niet meer over de keizerlijke correspondentie kon beschikken. Hij citeert daar namelijk niet uit brieven, wat hij in de eerste zes boeken vaak had gedaan. Het is beslist merkwaardig dat de biografie van Caligula, die vier jaar regeerde, twee keer zo uitvoerig is als die van Domitianus, die vijftien jaar keizer was.

Hoewel Suetonius een belangrijke bron is voor onze kennis van de eerste anderhalve eeuw van het principaat, is hij strikt genomen geen historicus. Hij doet geen moeite de levens van de keizers in te bedden in een historisch kader en presenteert de opeenvolgende biografieën niet als doorlopend verhaal. Bovendien zijn de afzonderlijke levensbeschrijvingen niet chronologisch opgezet, maar min of meer thematisch. Elke biografie kent een aantal vaste onderdelen, die overigens niet als rigide systeem worden gehanteerd. Suetonius begint met afkomst, jeugd en carrière tot aan het keizerschap. Het principaat wordt beschreven aan de hand van krijgsverrichtingen, bestuurlijke kwaliteiten en gedrag in de privésfeer, waarbij aandacht wordt besteed aan eetgewoonten en seksuele uitspattingen. Tegen het einde vertelt Suetonius hoe de man eruitzag, welke voortekenen zijn dood aankondigden en hoe hij uit de weg werd geruimd: keizers sterven doorgaans niet in bed, om Fik Meijer aan te halen. Ten slotte gaat Suetonius kort in op de uitvaart en de reacties van senaat en volk op de dood van de vorst.

De thematische structuur heeft het nadeel dat de keizers niet als mannen uit één stuk gepresenteerd worden. De verschillende aspecten van hun persoonlijkheid blijven naast elkaar staan, zodat het aan de lezer is zich er een alomvattend beeld van te vormen. Slechts een enkele maal veroorlooft Suetonius zich regelrecht psychologiserende uitspraken. Zo zegt hij over Caligula: 'De aan elkaar tegengestelde gebreken die hij in zich verenigde, extreme zelfverzekerdheid en buitensporige vreesachtigheid, kunnen volgens mij op goede gronden op rekening van zijn geestesziekte geschreven worden.'[236] Over Nero: 'Zijn ondeugden werden geleidelijk erger, tot hij niet langer deed of het grappenmakerij was of ze verborgen hield, maar openlijk tot ernstiger wangedrag overging zonder enige moeite te doen het te verhullen.'[237] Over Domitianus: 'Overigens was zijn gedrag ten aanzien van het rijksbestuur geruime tijd heel wisselend, waarbij zijn ondeugden en goede eigenschappen elkaar ongeveer in evenwicht hielden, totdat ook zijn kwaliteiten in hun tegendeel verkeerden. Voor zover valt na te gaan, werd zijn natuurlijke neiging tot inhaligheid en wreedheid nog versterkt door geldgebrek en angst.'[238]

Het proza van Suetonius mag dan niet al te diepgravend zijn, het is vooral aantrekkelijk om zijn bijna zakelijke afwerking van de meest ontstellende anekdotes. Had hij een halve eeuw eerder geleefd, dan zou hij al die wreedheden en perversiteiten met retorisch machtsvertoon opgeblazen hebben, nu schrijft hij zonder een spoor van effectbejag: 'Af en toe vergrendelde [Caligula] de graanschuren en kondigde hij het volk een hongersnood aan.'[239] En: 'Een maaltijd beëindigde [Claudius] vrijwel nooit voordat hij tot barstens toe vol was en de drank hem de poriën uit kwam. Direct daarna ging hij slapen, liggend op zijn rug en met de mond wijd open, en dan moest men een veer in zijn keel steken om zijn maag te ontlasten.'[240] Bij de volgende passage over Nero mag de lezer zelf kiezen hoe verontwaardigd hij wil zijn:

Wat zijn moeder aangaat: niemand twijfelde eraan dat hij zich met haar heeft willen verenigen en dat haar tegenstanders hebben weten te verhinderen dat deze vrouw met haar onstuitbare heerszucht ook op deze manier haar invloed op hem zou doen gelden. Het bewijs werd geleverd toen hij een prostituee die volgens de geruchten sprekend op Agrippina leek onder zijn concubines opnam. Men verzekert zelfs dat hij zich al voor die tijd, telkens als hij een rijtoer maakte met zijn moeder, aan zijn incestueuze hartstocht had overgegeven, wat door vlekken op zijn kleding verraden werd.[241]

Toch verrast Suetonius soms met een pakkende zin. Deze typering van Caligula's kleding is meesterlijk opgebouwd:

Vestitu calciatuque et cetero habitu neque patrio neque civili, ac ne virili quidem ac denique humano semper usus est.

Zijn kleding, zijn schoeisel en alles waarmee hij zich verder uitdoste paste niet bij een Romein, niet bij een burger, zelfs niet bij een man of zelfs maar bij een mens.[242]

Met graagte citeert Suetonius opvallende uitspraken van en over de keizers. Wat dat betreft sluit hij aan bij de retorische hang naar puntige sententiën. Aan gouverneurs die adviseerden hun provincie een zwaardere schatting op te leggen, schrijft Tiberius: 'Een goede herder scheert zijn beesten, maar stroopt hun de huid niet af.'[243] Caligula citeert op zijn beurt Accius: 'Laten ze me maar haten, als ze maar bang voor me zijn' (oderint dum metuant).[244] Toen Vespasianus de dood voelde naderen, sprak hij: 'Helaas, ik geloof dat ik een god word.'[245]

Suetonius heeft een belangrijk stempel gedrukt op de reputatie van de twaalf keizers. Augustus en Vespasianus gelden sinds zijn werk als goede keizers, Tiberius en Domitianus, maar vooral Caligula, Nero en Vitellius als schurken. Genuanceerder is het beeld bij Caesar, Claudius, Galba, Otho en Titus. Vooral waar de tekstoverlevering van Tacitus ons in de steek laat, is Suetonius een onmisbare zegsman. Wie een meeslepend verhaal wil lezen, is bij Suetonius aan het verkeerde adres. Liefhebbers van schokkende details kunnen bij hem echter hun hart ophalen.

Plinius Minor en Traianus

In dit hoofdstuk is Plinius Minor al enkele malen genoemd, als leerling van Quintilianus, als redenaar, als beschermheer van Martialis en Suetonius en als vriend van Tacitus. De in 61 of 62 geboren Gaius Caecilius verloor zijn vader jong, waarop een broer van zijn moeder, de schrijver Plinius Secundus, zich over hem ontfermde. Gaius nam de naam van zijn oom over en was bij diens dood in 79 zijn enige erfgenaam.

Plinius was een harde werker, die onder Titus, Domitianus, Nerva en Traianus carrière maakte in de advocatuur en het openbaar bestuur. Er is een inscriptie gevonden die oorspronkelijk was opgesteld bij het badhuis dat Plinius de stad Como geschonken heeft, waarop zijn indrukwekkende loopbaan stap voor stap te volgen is:[246] financieel stafofficier in Gallië, chef bij de belastingdienst, praetor, prefect van de militaire pensioenkas, directeur van het bedrijf dat de oevers van de Tiber en de openbare riolen beheerde, en ten slotte, als kroon op zijn werk, gouverneur van de provincie Pontus en Bithynië (Noordwest-Turkije). De laatste functie bekleedde hij in de jaren 111-113. Vermoedelijk is hij kort daarna overleden.

Plinius was een spin in het web van de Romeinse literaire wereld.[247] Vrijwel dagelijks kon men in zuilengalerijen, afgehuurde zaaltjes of bij weldoeners thuis optredens bijwonen van dichters en declamatoren. De beleefdheid vereiste weliswaar dat je de voordrachten van je kennissen bezocht, maar dat betekende niet dat deze bijeenkomsten ook enig letterkundig gehalte bezaten: het was in de eerste plaats een sociaal gebeuren. Een dichter die serieus aan het werk wilde, diende zich los te scheuren uit het keuvelcircuit en zich terug te trekken op het platteland, anders kwam er niets van schrijven.[248] Plinius wijst er herhaaldelijk op dat hij zijn best doet zijn tijd zo efficiënt mogelijk te besteden, en zijn loopbaan bevestigt het vermoeden dat hij zich daaraan hield, niettemin wekt een groot deel van zijn oeuvre de indruk de vrucht te zijn van een leven gewijd aan beuzelarijen.[249]

Van Plinius' gedichten is er geen bewaard gebleven, en vermoedelijk is dat niet jammer.[250] Ook zijn redevoeringen voor de rechtbank, die, als we Plinius mogen geloven, schitterend waren, heeft de overlevering ons misgund, hetgeen al evenmin als een groot verlies voor de literatuur beschouwd hoeft te worden. Aan het begin van de tweede eeuw besloot hij zijn brieven te ordenen, te redigeren en uit te geven. Negen boeken met brieven aan vrienden, beschermelingen, collega's en familieleden maakte hij persklaar. Postuum werd er een tiende boek aan toegevoegd, dat zijn correspondentie met keizer Traianus, compleet met de meeste van diens antwoorden, bevat, voor het grootste deel uit de tijd dat Plinius Bithynië bestuurde. Ten slotte is er een maar liefst tachtig pagina's tellende lofrede van Plinius op de keizer overgeleverd, de zogeheten *Panegyricus*, aanvankelijk uitgesproken op 1 september 100, toen Plinius het consulaat aanvaardde, later bewerkt en uitgebreid.

Die lofrede is Plinius' vroegste werk. Traianus was nog maar net keizer en de herinneringen aan het schrikbewind van Domitianus waren nog vers. De rede is een in onze ogen afstotelijk vertoon van kruiperigheid, maar was, mogen we veilig aannemen, volledig gemeend. Ze heeft echter ook zeker de functie van vorstenspiegel gehad, zoals Pro Marcello van Cicero en De clementia van Seneca: door de voortreffelijkheid van de nieuwe machthebber te contrasteren met het wangedrag van zijn voorgangers, spoort de spreker hem aan in zijn genadige rechtvaardigheid te volharden.

Buitengewoon ongeloofwaardig bij zo'n uit en te na geciseleerde en bijgevijlde redevoering is Plinius' suggestie dat wat hij zegt eigenlijk een spontane opwelling is:

> Wij wisselen onze lofprijzingen af met het gebed: 'laat hem zo voortgaan!', 'laat hij ons horen!' en we doen dat in de overtuiging dat hij onze beden al ingewilligd heeft. Hij luistert naar ons met tranen in de ogen en bloost van verlegenheid, want hij begrijpt en voelt dat hij benaderd wordt als mens, niet als keizer. Dezelfde matiging die wij allen in deze spontane opwelling van genegenheid betrachten, moet ieder ook afzonderlijk in acht nemen bij een voorbereide lofrede. We moeten nooit vergeten dat een dankbetuiging oprechter is en welkomer naarmate hij meer lijkt op die spontane toejuichingen waarbij voor geveinsdheid de tijd ontbreekt.[251]

Al even ongeloofwaardig klinkt het wanneer Plinius na vijftig bladzijden juichend proza het volgende schrijft:

> Na honderden jaren zal men nog weten dat er ooit een keizer is geweest aan wie in de bloei van zijn leven slechts geringe, en vaker nog helemaal geen, eerbewijzen werden toegekend. Toegegeven, als wij zouden willen wedijveren met wat vroegere tijden onder dwang tot stand brachten, dan verliezen we dat. Huichelarij is nu eenmaal veel vindingrijker dan eerlijkheid, slavernij wint het van vrijheid en vrees van liefde. En bovendien, aangezien iedere originaliteit al lang door kruiperigheid is verdwenen, blijft er voor ons geen andere oorspronkelijke manier over om u te eren, dan soms over u te durven zwijgen.[252]

Maar dit is echt:

De eerste dag van uw consulaat was nog maar net aangebroken of u trad het senaatsgebouw binnen en spoorde ons aan, individueel en collectief, om onze vrijheid te hernemen, het rijksbestuur als het ware gemeenschappelijk op ons te nemen en waakzaam en energiek op te komen voor de belangen van de staat. Al uw voorgangers hadden hetzelfde gezegd, maar niemand hadden we geloofd. Ons stond voor ogen de schipbreuk van zovelen die bij bedrieglijk mooi weer de zee opgegaan waren en door een onvoorziene storm waren overvallen. [...] Zonder vrees en enthousiast volgen wij u waarheen u ons roept. U beveelt ons vrij te zijn. Dan zullen we ook vrij zijn. U gebiedt ons vrijuit onze mening te verkondigen. Dan zullen we dat doen.[253]

Vrijheid op bevel: er is geen andere passage waaruit duidelijker blijkt hoezeer Tacitus en Plinius tot twee verschillende eeuwen behoren. Waar voor de eerste de republiek het referentiekader vormt, hoezeer hij ook beseft dat die tijden voorbij zijn, heeft Plinius zich geheel en met innerlijke overtuiging neergelegd bij de status-quo. De keizer is een held, en als hij dat niet is, dan is hij nog steeds de baas, en zo hoort het.

De wijdlopigheid van de lofrede ontbreekt in de brieven. Zonder twijfel betreft het brieven die in eerste versie werkelijk verstuurd zijn, maar gezien de uiterst verzorgde, precieuze stijl en het feit dat in elke brief slechts één onderwerp wordt aangesneden, ligt het voor de hand aan te nemen dat Plinius ze vóór publicatie grondig herzien heeft. De verzameling is zeer gevarieerd van inhoud en biedt een uniek inzicht in het dagelijks leven van rijke senatoren en grootgrondbezitters, literatoren, juristen en hun vrouwen. In dat opzicht is Plinius de aristocratische tegenhanger van Martialis en Juvenalis. Het enige wat zo nu en dan irriteert, is Plinius' mateloze tevredenheid met zichzelf. Een zin als deze spreekt boekdelen: 'Er is dan ook haast niemand die van literatuur houdt zonder tegelijk van mij te houden.'[254]

Dat Plinius zelfs van het meest onbeduidende kattebelletje nog een klein kunstwerkje probeert te maken, blijkt uit deze brief:

Al enige tijd schrijf je mij niet. Ik heb niets te schrijven, zeg je. Maar schrijf dat dan, dat je niets te schrijven hebt, of tenminste dat waarmee men vroeger altijd begon: 'Hoe gaat het met jou? Met mij goed.' Dat voldoet, want is het belangrijkste. Denk je dat ik een grap maak? Ik vraag het serieus. Laat me weten hoe het met je is, hetgeen ik zonder de hoogste bezorgdheid niet in staat ben niet te weten. Dag.[255]

Ontroerend zijn de brieven die de ruim veertigjarige Plinius aan zijn derde vrouw schrijft, de tenminste vijfentwintig jaar jongere Calpurnia:

> Het is niet te geloven hoe vreselijk ik je mis. Dat komt natuurlijk door mijn liefde voor jou, en ook omdat we niet gewend zijn aan elkaars afwezigheid. Daarom breng ik een groot deel van de nacht wakend door met jouw beeld voor ogen, daarom gebeurt het overdag, op de uren dat ik gewend was bij jou te komen, dat mijn voeten mij spontaan, zoals men zo treffend zegt, naar jouw appartement brengen, om uiteindelijk somber en terneergeslagen, als iemand die de deur is gewezen, de lege drempel achter me te laten.[256]

Wanneer het kind, zonder werkelijk te beseffen wat er met haar aan de hand is, zwanger is geworden en een miskraam heeft gehad, schrijft Plinius aan haar tante:

> Zij begint op te knappen en de crisis waar ze doorheen is gekomen af te meten aan haar langzame herstel. Ze heeft overigens in een hoogst gevaarlijke crisis verkeerd, ik hoop dat ik geen kwaad afroep, niet te wijten aan een fout van haarzelf, wel een beetje aan haar jeugd. Vandaar een miskraam en de trieste ervaring van een ongemerkte zwangerschap.[257]

Plinius is niet alleen haar echtgenoot, maar ook haar opvoeder en idool:

Zij is zeer scherpzinnig en zeer ingetogen. Zij houdt van mij, het beste teken van haar trouw. Hierbij komt haar interesse in de literatuur, die zij uit liefde voor mij heeft opgevat. Mijn werkjes neemt ze ter hand, leest ze telkens opnieuw, leert ze zelfs vanbuiten. Haar bezorgdheid als ze ziet dat ik moet pleiten is ontroerend, haar vreugde wanneer ik mijn pleidooi gehouden heb aanstekelijk. [...] Mijn verzen zingt ze zelfs op haar eigen melodie en begeleidt ze op de citer, zonder dat deze of gene kunstenaar haar dat leert, maar alleen haar liefde, en dat is de allerbeste meester.²⁵⁸

Uit deze alinea komt duidelijk Plinius' eigendunk, maar ook zijn oprechte waardering voor het werk van Tacitus naar voren:

Ik heb een voorgevoel, en dit voorgevoel bedriegt mij niet, dat jouw geschiedwerken onsterfelijk zullen zijn. Des te heftiger verlang ik ernaar, ik geef dat eerlijk toe, daarin een plaatsje te krijgen. In het algemeen hechten wij er immers aan dat ons portret liefst door de allerbeste kunstenaar wordt vereeuwigd. Dan zouden we dus ook moeten wensen dat we voor onze handelingen een schrijver treffen van jouw formaat, die ze kan vermelden en naar waarde schatten.²⁵⁹

Voor zover we weten is Tacitus niet op Plinius' verzoek ingegaan. Toch zijn er ten minste twee brieven van Plinius zelf die hem recht geven op de zo vurig gewenste onsterfelijkheid. De ene bevat het hierboven aangehaalde relaas over de dood van zijn oom bij de uitbarsting van de Vesuvius. De andere is een brief die hij vanuit Bithynië aan Traianus schreef, waarin hij om advies vraagt inzake de christenen. In alle eerlijkheid legt Plinius zijn aarzelingen voor aan de keizer, die helder en nuchter antwoord geeft. Dat de nieuwe godsdienst op zichzelf iets verwerpelijks is, daarover zijn de heren het eens, maar ongebreidelde vervolging is zeker niet de bedoeling. Zo begint Plinius:

Ik heb mij de gedragsregel eigen gemaakt, heer, alles waarover ik twijfels heb aan u voor te leggen. Wie immers zou mij beter kunnen leiden wanneer ik aarzel of onderrichten wanneer ik iets niet weet? Gerechtelijke onderzoekingen tegen christenen heb ik nooit bijgewoond, daarom weet ik niet wat men pleegt te bestraffen of te onderzoeken en tot hoever dat gaat. Ook heb ik me in hoge mate afgevraagd of daarbij enig onderscheid naar leeftijd wordt gemaakt, of dat heel jeugdigen totaal niet verschillen van volwassenen; of er in geval van inkeer vergiffenis wordt geschonken of dat het iemand die ooit christen is geweest niet helpt als hij er afstand van heeft genomen; of de naam op zich, ook als er geen sprake is van misdrijven, of dat misdrijven die met de naam samenhangen worden bestraft.[260]

Dit is het complete antwoord van de keizer:

Je hebt de handelwijze gevolgd die van je verwacht mocht worden, beste Secundus, bij het onderzoek naar de gevallen van personen die bij jou als christenen waren aangebracht. Men kan hierin geen algemeen geldende regel vastleggen die als het ware een vaste formule zou vormen. Opsporen moet men hen niet. Als ze worden aangebracht en schuldig bevonden, moeten ze worden gestraft, maar dan zo dat iemand die ontkent christen te zijn en dit met feiten overtuigend bewijst, dat wil zeggen door aan onze goden te offeren, op grond van zijn inkeer vergeving krijgt, ook als zijn verleden verdacht is. Aanklachten die anoniem worden ingediend, mogen echter bij geen enkele strafzaak een rol spelen. Dat schept een verwerpelijk precedent en is niet van onze tijd.[261]

Dat de christenen binnen twee eeuwen de tent zouden overnemen, konden Plinius en Traianus niet bevroeden.

V
Stagnatie, chaos en herstel
Van Hadrianus tot Constantijn

Dilettanten en christenen

Toen keizer Hadrianus (117-138) op sterven lag, velde hij nog snel even een paar doodvonnissen en schreef hij het volgende gedichtje:

Animula vagula blandula,
hospes comesque corporis,
quae nunc abibis in loca,
pallidula, rigida, nudula,
nec ut soles dabis iocos?[1]

Eén korte zin, waarin maar liefst vijf verkleinwoorden (op -*ula*) voorkomen, dat duidt niet op veel pretenties. Dit is de vertaling:

Mijn lief, mijn vluchtig zieltje,
mijn lijfs logee en makkertje,
naar welke plekjes trek je nu,
zo star, zo bloot, zo bleekjes,
waar bleven toch je grapjes?

Hadrianus' biograaf voegt eraan toe dat de keizer wel vaker gedichtjes schreef, meestal niet veel beter dan het onderhavige, soms in het Grieks. We kennen er maar een paar, en dat is genoeg.

Het gedicht is in verschillende opzichten representatief voor de literatuur van de latere keizertijd. In de eerste plaats is het geschreven door een dilettant, iemand die het wel chic vond in een verloren uurtje een letterkundig werk neer te krabbelen. Nu zijn er gedurende de gehele geschiedenis van de Latijnse literatuur productieve amateurs geweest: denk aan de oude Cato, aan Maecenas, aan Frontinus en de beide Plinii. Toch valt niet te ontkennen dat de belangrijkste werken steeds uit de handen kwamen van schrijvers die zich geheel aan de literatuur hadden gewijd, zij het dat sommigen van hen dat pas op latere leeftijd deden. In de tweede eeuw lijken de letteren bijzaak te zijn geworden. Hoewel Juvenalis en Plinius Minor gewag maken van een doodvermoeiende literaire incrowd, krijgen we nergens de indruk dat literatuur er nog echt toe deed, behalve als middel om te laten zien dat je niet van de straat was. Waarschijnlijk is dat een van de redenen waarom er uit de tweede en derde eeuw zo weinig van belang is overgeleverd.

In de tweede plaats lijkt het gedicht inhoudelijk niet erg origineel. De gedachte dat de ziel slechts een gast van het lichaam is, treffen we al aan bij Pythagoras en Plato, en reeds Pindarus sprak met enige regelmaat zijn eigen hart aan. Het speciale karakter van het vers schuilt vooral in de technische vormgeving, in de precieuze muzikaliteit, in de luchtige toon: de dood is niet meer dan het afscheid van een geestig vriendinnetje. Opmerkelijk is wel dat het lichaam de spreker is. Kennelijk is het vlees, niet de onstoffelijke ziel, de zetel van 's keizers identiteit. Daarmee plaatst de dichter in een paar woorden achteloos een fundamentele kanttekening bij de filosofische tradities van Plato, Aristoteles en de Stoa.

Een zorgvuldig geformuleerde herhaling van zetten, dat is in grote lijnen het beeld dat van de literatuur uit deze periode oprijst. Op enkele uitzonderingen na is de schwung eruit, althans in Rome, want lange tijd zullen het vooral de provincies zijn waar de interessantste ontwikkelingen plaatsvinden. Met name Noord-Afrika heeft tot in de vijfde eeuw een bloeiende literaire cultuur. In de Griekse wereld floreren vooral de redenaars. Flamboyante sprekers over soms politiek en filosofisch hoogstaande, maar vaak ook volstrekt futiele onderwerpen krijgen hele theaters aan hun voeten. Zij streven ernaar het Attisch Grieks van Plato, Xenophon en Demosthenes, een inmiddels vijf eeuwen oude literaire taal, te doen herleven. Deze classicistische beweging, als je haar zo mag noemen, omvat ook filosofen, essayisten en geschiedschrijvers en is door de veelzijdige Philostratus (geboren ca. 170) 'Tweede Sofistiek' genoemd, naar de sofisten uit de tijd van Socrates. Eén van de voornaamste representanten van de stroming is Aelius Aristides (117- ca. 180), een Klein-Aziatische Griek die vooral bekendstaat om zijn in 155 in de Eeuwige Stad uitgesproken lofrede op Rome. Nooit eerder waren de contacten tussen Grieken en Romeinen zo frequent en vanzelfsprekend geweest. De liefde van Hadrianus voor de taal en de cultuur van de Grieken stond niet op zichzelf.

Niet alleen in de Griekse wereld, ook in Rome bezonnen filologen, retoren, redenaars en dichters zich op hun bronnen. Teksten van Ennius en Plautus werden weer intensief gelezen, in vergetelheid geraakte woorden en uitdrukkingen kregen een nieuw leven, archaïsch jargon werd etymologisch en cultuurhistorisch verklaard. Toch kun je niet spreken van puur classicisme, want ook taalverschijnselen uit de eerste eeuw werden als gangbaar geaccepteerd. Wel is het zo dat de auteurs van de tweede eeuw uitzonderlijk taalgevoelig waren. Het blijkt uit de grammaticale anekdotes van Aulus Gellius, maar ook uit het experimentele proza van de Afrikaan Apuleius. Het was een kwestie van elementaire beschaving dat men perfect Latijn schreef en sprak, kon meepraten over linguïstische problemen en ten minste oppervlakkige kennis bezat van obscure dichters, omstreden wetsteksten en de geschiedenis van het staatsrecht. Bovendien sprak iedere Romein van stand vloeiend Grieks; sommigen kozen er zelfs voor alleen nog maar Grieks te spreken en te schrijven.

Rome was af. De keizers van de tweede eeuw waren geen criminele tirannen maar verlichte despoten, het Rijk was enorm en werd nog niet door barbaarse horden bedreigd, de rijke senatoren hadden zich definitief bij het principaat neergelegd en maakten zonder morren carrière in het openbaar bestuur, de provincies berustten tevreden in de Romeinse overheersing, de Latijnse literatuur had bewezen gelijkwaardig aan die van de Grieken te zijn. Geen intellectueel geloofde nog aan het bestaan van de oude Romeinse goden, al werden de religieuze ceremonies angstvallig nauwkeurig nageleefd. Genuanceerde denkers streefden naar een synthese van de grote filosofische stromingen, die van de platoonse Academie, de Peripatos van Aristoteles, en de Stoa. Dat er onder de minder gefortuneerde bevolking en in de legioenen een behoefte aan intense religieuze ervaringen bestond, werd niet begrepen.

Aan het eind van de tweede eeuw, na het bewind van de bloedserieuze Marcus Aurelius (161-180), die te velde een Griekstalig filosofisch dagboek bijhield, ging het mis. Een eeuw lang zouden incompetente keizers elkaar in een duizelingwekkend hoog tempo aflossen, provincies kwamen in opstand en scheidden zich af, de economie stortte in, het administratief systeem waarop het immense rijk dreef functioneerde niet meer en door het wegvallen van belastinginkomsten kregen de legioenen hun soldij niet op tijd. Geen wonder dat Germaanse en Iraanse volkeren de chaos aangrepen om de grenzen te belagen. En geen wonder dat een nieuwe godsdienst, die liefde en broederschap tussen alle mensen predikte, snel terrein won, overigens tegelijk met andere religieuze en mystieke praktijken uit het Oosten.

Dit is niet de plek om in te gaan op de wonderbaarlijke verspreiding van het christendom. Hoewel heidense gebruiken en geloven in vele gemeenschappen tot in de Middeleeuwen standhielden (nog in de negende eeuw klagen pausen en keizers over in hun ogen goddeloze rituelen), valt niet te ontkennen dat het christelijk gedachtegoed zich binnen drie eeuwen na zijn moeizame introductie, onder Nero, wist te vestigen in het hart van de Romeinse samenleving. Hadden de conservatieve Romeinen het er zelf naar gemaakt? Zit er iets in het christelijk geloof dat intrinsiek sterker is dan de andere antieke godsdiensten? Met andere woorden: was het een onvermijdelijke ontwikkeling? Daarover zijn boekenkasten volgeschreven.

Dit boek zal niet in zo'n kast terechtkomen. In de Late Oudheid ontstaat een geheel nieuwe literatuur, die weliswaar reageert op de Grieks-Romeinse traditie en vele vormen ervan overneemt, maar er fundamenteel vijandig tegenover staat. Het is alsof de christelijke auteurs al vroeg beseften dat ze gingen winnen. Zij bleken later aan het begin te staan van een eerbiedwaardige stroom voornamelijk theologisch georiënteerde geschriften, een stroom die aan het eind van de tweede eeuw ontspringt bij Tertullianus, in de vierde en vijfde eeuw Ambrosius, Hiëronymus en Augustinus omvat, en doorloopt tot Thomas van Aquino en Erasmus. Hoewel ik weet dat het aanvechtbaar is, heb ik ervoor gekozen de christelijke traditie buiten dit boek te houden. Ik identificeer me liever met de verliezers, die zich nog tot aan het begin van de vijfde eeuw moedig verweren tegen de in hun ogen verderfelijke nieuwlichterij. Dat verbeten verdedigen van een op sterven na dode cultuur, waarvan we achteraf gemakkelijk kunnen vaststellen dat het een achterhoedegevecht was, heeft iets heroïsch, iets aristocratisch, overigens met alle dubieuze eigenschappen van vergane glorie, zoals misplaatste arrogantie, sociale blindheid en het koesteren van irrelevante details. Ik kom daar in het volgende hoofdstuk op terug.

Aan het begin van de christelijke literatuur in het Latijn staat een opmerkelijk boekje van Minucius Felix, de dialoog Octavius, aan de hand waarvan goed duidelijk gemaakt kan worden waarin het nieuwe zich van het oude onderscheidt. Wanneer het boek werd geschreven is niet precies bekend, maar een datering aan het eind van de tweede of het begin van de derde eeuw ligt voor de hand. Uit de tekst valt op te maken dat de auteur een uit Afrika afkomstige advocaat in Rome was.

De Octavius is opgezet als een ciceroniaanse dialoog. Na een korte inleiding vertelt Minucius hoe hij jaren geleden met zijn vrienden Caecilius en Octavius bij Ostia een strandwandeling maakte. Hun voeten zakken lekker weg in het zand, de heren gaan pootjebaden en zien jongetjes steentjes over het wateroppervlak keilen. De strandscène is sfeervol, bijna tastbaar beschreven en straalt een serene kameraadschappelijkheid uit. Maar Caecilius zit niet lekker in zijn vel. Na enig aandringen vertelt hij wat hem dwarszit: de opkomst van het christendom. De filosofie heeft, zegt Caecilius, al onze zekerheden ondergraven en niet geleid tot een grotere maatschappelijke rechtvaardigheid. Dan hebben we meer profijt gehad van onze oude goden, die ons geholpen hebben bij het stichten van ons wereldrijk. Nu wordt iedereen ineens christen, terwijl het algemeen bekend is dat de aanhangers van die achterbakse sekte een irrationele hekel hebben aan alles wat eerzaam, beschaafd en verstandig is. Het schijnt dat deze losbandigen zich in het geheim overgeven aan de meest onsmakelijke rituelen, waarbij zelfs kinderoffers plaatsvinden. En dat alles voor een onzichtbare god, die tegelijk overal en nergens is! Nee, Caecilius prefereert de houding van de scepticus Socrates, die vaststelde dat we van de goden niets weten en er dus ook niets over moeten zeggen. Wat heeft Octavius, die naar het nieuwe geloof is overgegaan, daarop te zeggen?

In een kort intermezzo benadrukt Minucius dat de discussie vooral niet mag uitlopen op een onverkwikkelijke ruzie. Laten we zorgvuldig beoordelen welke argumenten het sterkst zijn. Octavius neemt de uitdaging graag aan, want hij weet dat hij gelijk heeft. In een betoog dat tweemaal zo lang is als dat van Caecilius, veegt hij de vloer aan met diens inconsequente houding. Hoe kun je nu tegelijkertijd én sceptisch zijn én de Romeinse traditie verdedigen? Bovendien, er is geen reden voor twijfel, want de perfecte ordening van de natuur wijst erop dat er één God is, zoals trouwens alle grote filosofen hebben ingezien. Octavius neemt de tijd om de absurditeit en immorele strekking van de Egyptische en Griekse mythologie aan te tonen. Dat is sollen met een dode mus, want geen van Minucius' lezers zal werkelijk geloofd hebben in het bestaan van Scylla en Chimaera of Ceres en Pan. De Romeinse religie dient, aldus Octavius, vooral als schaamlap om nietsontziende hebzucht en machtshonger te verhullen. Nergens vindt zoveel ontucht plaats als onder Vestaalse maagden.

Octavius geeft toe dat hij vroeger ook vooroordelen tegen christenen koesterde en zelfs tegen ze geprocedeerd heeft. Maar zijn onwetendheid is omgeslagen in bewondering en nu ziet hij in dat het nieuwe geloof superieur is. Stelselmatig ruimt hij de misverstanden van Caecilius uit de weg. Wij houden ons niet bezig met orgieën, zoals jullie, wij brengen geen mensenoffers, en onze God is zo groot dat hij niet eens een tempel nodig heeft. Hij bepaalt ons lot, maar de beproevingen die hij ons oplegt ondergaan we met vreugde. Ons geloof leidt tot het hoogste geluk.

Wanneer Octavius is uitgesproken geeft Caecilius zich direct gewonnen, maar hij beschouwt zijn nederlaag als een overwinning, 'want zoals hij mijn overwinnaar is, ben ik de triomfator over mijn dwaling'.[2] Dat de bedachtzame intellectueel Caecilius zonder slag of stoot inbindt is verbazingwekkend. Octavius heeft laten zien dat wat er allemaal over de christenen wordt verteld onwaar is, hij heeft echter niet aangetoond dat zijn geloof een hogere waarheid vertegenwoordigt dan de fundamentele twijfel van Caecilius. Erger is dat Octavius' betoog blijk geeft van fanatisme en onverdraagzaamheid. Onthutsend is zijn beschrijving van de hel:

> Toch worden de mensen door de boeken van grote geleerden en door de liederen van dichters gewezen op de rivier van vuur, de gloed die omlaag kronkelt vanuit het Stygisch moeras, allemaal op eeuwige marteling gerichte verschijnselen die zijn overgeleverd op grond van onmiskenbare aanwijzingen door demonen en orakels van profeten. Daarom zweert ook volgens hún geloof koning Jupiter zelf met heilig ontzag bij die kolkende oevers en duistere maalstroom, want hij siddert in de wetenschap dat hij en zijn vereerders voorbestemd zijn de straf te ondergaan. En er is geen maat of grens aan de folteringen. Daar worden ledematen door een denkend vuur verbrand en hersteld, aangevreten en gevoed. Zoals het vuur van de bliksem lichamen wel aanraakt maar niet verteert, zoals het vuur van de berg Etna en de berg Vesuvius en brandende bergen overal ter wereld vlammen en nooit uitgeput raken, zo graast die straffende oven zonder de brandenden te beschadigen en voedt hij zich door lichamen te verscheuren die hij niet opeet. Niemand dan een absolute godloochenaar kan eraan twijfelen dat zij die God niet kennen, als goddelozen en onrechtvaardigen terecht gefolterd worden, want het is geen geringere misdaad de vader van allen en aller meester niet te kennen dan hem te krenken.[3]

Geen weldenkend mens kan deze visie onderschrijven. Het meest weerzinwekkend is misschien niet eens de gedachte dat ongelovigen gemarteld moeten worden omdat ze toevallig het correcte inzicht missen, maar dat het meedogenloze vuur omschreven wordt als *sapiens* (wijs, efficiënt): de vernietiging is zorgvuldig overwogen en gepland. Dit is de rücksichtlose wreedheid van hen die weten dat ze altijd gelijk hebben. Dit is de sfeer van Tertullianus' beruchte uitspraak *credo quia absurdum* (ik geloof het omdat het ongerijmd is). Je kunt ze nooit pakken, de christenen, want zodra hun rigide logica tot een ongewenste uitkomst leidt, verschuilen ze zich achter ronkende paradoxen en vormt juist de onbegrijpelijkheid van Gods bewind het ultieme argument voor zijn opperste wijsheid.

Octavius is een gewiekst sofist die niet voor drogredenen en gelegenheidsargumenten terugdeinst. Wanneer hij het bestaan van mythische metamorfosen wil weerleggen, zegt hij bijvoorbeeld het volgende:

> Wat dachten jullie van die oudewijvenpraatjes waarin vogels en wilde dieren in mensen veranderen en mensen in bomen en bloemen? Als dat soort dingen echt gebeurd zouden zijn, zouden ze ook nu nog gebeuren; aangezien ze niet gebeuren, zijn ze ook nooit gebeurd.[4]

Verder beroept hij zich enkele malen op het filosofisch gezag van Plato, maar serveert hij de Socrates uit diens *Apologie* af als 'Attische hansworst'.[5]

Daar komt bij dat Minucius, die met de openingsscène bewijst dat hij wel degelijk kan schrijven, Octavius het woord laat doen in een drammerige stijl die een Romeins redenaar onwaardig is. Er is niets tegen een asyndetisch tricolon (een opsomming in drie leden zonder voegwoorden ertussen), een hamerende anafoor of een vette alliteratie op zijn tijd, maar Octavius gebruikt ze zo vaak dat het gaat irriteren. De auteur moet dat geweten hebben, maar het kon hem niets schelen: hij had immers gelijk, en wie het niet met hem eens was, zou branden in de hel.

Dit soort boeken wil ik niet lezen. Maak ik mijzelf nu niet schuldig aan de gelegenheidsargumenten die ik Minucius kwalijk neem? Zou ik niet moeten toegeven dat ook Cicero's redevoeringen bulken van de hypocrisie, holle retoriek en perverse argumentaties? Heb ik niet genoten van Juvenalis' foute standpunten en opzichtige onredelijkheid? Moet ik niet erkennen dat Minucius een vlottere pen heeft dan Cato, Varro en Frontinus? Dat is allemaal waar. Het grote verschil schuilt in de humorloze aanspraak op Waarheid, de minachting voor het klassieke humanisme waarin ieder woord op weerwoord wacht. Met Minucius Felix en Tertullianus marcheert de Inquisitie de Latijnse literatuur binnen. Met hen begint een nieuw verhaal dat thuishoort in een ander boek. Ik rangeer hen met graagte op een zijspoor.

In de vorige hoofdstukken heb ik het mij kunnen veroorloven aan vrijwel alle overgeleverde auteurs enige aandacht te besteden. Voor de literatuur vanaf de tweede eeuw is dat onbegonnen werk. Het aantal auteurs van wie werk bewaard is gebleven, is zeer groot, maar in veel gevallen gaat het om een handvol gedichten of fragmenten van niet meer dan enkele pagina's. Van nogal wat schrijvers weten we zelfs niet bij benadering in welke eeuw ze geleefd hebben. Verder kan niet ontkend worden dat veel van wat is overgeleverd niet bepaald van wereldschokkende kwaliteit is, of behoort tot genres die niemand voor zijn plezier leest. Zo is er een enorme hoeveelheid werk van grammatici en lexicografen tot ons gekomen, kennen we fragmenten van ongeïnspireerde historiografen en geografen, gortdroge juristen en encyclopeden, artsen en landmeters. Ik geef ruiterlijk toe dat ik het allemaal niet heb gelezen en dat waarschijnlijk ook niet ga doen. Deze werken zijn historisch bijzonder interessant, maar nodigen niet uit tot ontspannen lectuur, laat staan dat ze onmiddellijk vertaald zouden moeten worden.

Lijkt in de tweede en derde eeuw de middelmaat te overheersen, in de tweede helft van de vierde eeuw vindt er een ware, helaas kortstondige renaissance plaats. Wat er tussen 350 en 420 geschreven wordt is van een dermate hoog niveau dat ik er een apart hoofdstuk aan zal wijden. Wat daarna komt, is niet meer dan een epiloog.

Filologen. Fronto, Gellius en Terentianus Maurus

Wanneer ik als student in Rome, voordat ik naar Athene vertrok, even vrij had van colleges, ging ik geregeld op bezoek bij Cornelius Fronto om te genieten van zijn glasheldere, wetenschappelijk onderbouwde betogen. En het kwam nooit voor, zo vaak als we hem zagen en hoorden spreken, dat we niet beschaafder en geleerder van zo'n bezoek terugkeerden. Zo gaf hij eens een uiteenzetting over een ogenschijnlijk onbeduidende kwestie, waaruit niettemin zijn grote toewijding voor de Latijnse taal bleek. Want toen een vriend van hem, een uiterst ontwikkeld man en in die dagen een vooraanstaand dichter, vertelde dat hij, door 'warme zanden' te gebruiken, eindelijk genezen was van zijn oedeem, sprak Fronto ad rem: 'Je ziekte is misschien genezen, je taal nog niet. Gaius Caesar [...] meent immers dat 'zanden' fout is, omdat zand nooit in het meervoud kan voorkomen.[6]

Aan het woord is Aulus Gellius (geboren ca. 130), in wiens *Attische nachten* Fronto enkele malen genoemd wordt als jichtige autoriteit op het gebied van taal en retorica. Marcus Cornelius Fronto was aan het eind van de eerste eeuw in het Afrikaanse Cirta geboren, maar maakte in Rome een bliksemcarrière als senator en advocaat. In 143 bracht hij het zelfs tot een consulaat van twee maanden. Wegens zijn slechte gezondheid, waarover hij graag mocht uitweiden, moest hij in 157 afzien van een eervol gouverneurschap in de provincie Asia. Hij is omstreeks 167 overleden. Het bekendst is Fronto geworden om het feit dat hij tussen 139 en 145 de leermeester van de latere keizer Marcus Aurelius was.

In 1815 werd door Angelo Mai in Milaan een palimpsest ontdekt die een groot deel van de briefwisseling van Fronto bleek te bevatten; enkele jaren later vond hij in de bibliotheek van het Vaticaan een manuscript met nog meer materiaal van deze auteur. Waarschijnlijk is de correspondentie, die nooit voor publicatie bedoeld was geweest, voor het eerst in de vierde eeuw uitgegeven. Het interessantst zijn vijfenzestig brieven van Fronto aan Marcus en achtenzeventig van de prins aan zijn docent, met wie hij ook na zijn troonsbestijging contact bleef houden. Het werk geeft een aardig beeld van de bezigheden van de senatoriale elite halverwege de tweede eeuw. Helaas zijn Fronto's redevoeringen niet bewaard gebleven. Sidonius Apollinaris, een Gallische dichter uit de vijfde eeuw, suggereert dat er in zijn tijd twee scholen tegenover elkaar stonden, de ciceronianen en de frontonianen.[7] Kennelijk was Fronto's reputatie als redenaar na drie eeuwen nog steeds aanzienlijk.

Een groot deel van de correspondentie met Marcus is gewijd aan retorische kwesties. Fronto benadrukt het belang van stijl en compositie en geeft zijn pupil schrijfopdrachten die deze vaak met enige tegenzin uitvoert. Marcus' hartstocht ligt bij de filosofie, niet bij de in zijn ogen futiele kwesties aan de hand waarvan Fronto hem zijn pen laat scherpen. Wel blijkt uit menige zinswending dat meester en leerling zeer op elkaar gesteld waren.[8]

Een goed voorbeeld van Fronto's onderwijs is het volgende. Nadat hij een modelredevoering heeft gehouden waarin de lof van de slaap wordt gezongen, krijgt Marcus de opdracht Fronto's stellingen te weerleggen. Hoewel de consciëntieuze student tolt van de slaap, weet hij toch nog een betoog te produceren dat van mythologische exempla aan elkaar hangt.[9] Blijkbaar had Fronto ook Ennius' droom, waarin deze dichter Homerus ontmoet zou hebben,[10] aangehaald als argument voor de heilzame werking van de slaap, maar daar trapt Marcus niet in: als de dichter niet ontwaakt was, had hij zijn droom nooit kunnen navertellen. In zijn antwoord complimenteert Fronto Marcus met zijn briljante brief. Wie zo laat op de avond nog zo scherp kan reageren, zou eigenlijk altijd wakker moeten blijven – als het tenminste niet juist de naderende slaap was die hem het betoog had ingegeven. Het argument betreffende Ennius was, gezien de enorme reputatie van deze dichter, zelfs ronduit vilein, en reden genoeg om Marcus eeuwig te laten inslapen. Helaas beseft Fronto dat zijn retorische talenten niet toereikend zijn om de student zover te krijgen.

In een andere brief demonstreert Fronto zijn kunnen door een lofzang op de nalatigheid af te steken. De tekst is gebrekkig overgeleverd, maar de volgende fragmenten zijn veelzeggend:

Ik nam me voor de lof der nalatigheid te schrijven, maar ik was er, zoals het onderwerp betaamt, nog niet aan toegekomen. [...] De door de dichters bezongen Gouden Eeuw was, als je goed nadenkt, eigenlijk de eeuw der nalatigheid [*neglegentia*], omdat het land, aan zichzelf overgelaten [*neglectus*], rijke gewassen voortbracht en de nalatigen [*neglegentes*] zonder enige inspanning [*negotium*] verschafte wat ze nodig hadden. Dit bewijst dat de nalatigheid van goede afkomst is, gewaardeerd wordt door goden, aanbevolen door wijzen, deelgenoot is van de deugd, lerares van toegeeflijkheid, veilig voor aanslagen en welkom door weldaden, verontschuldigd in missers en, ten slotte, van goud heet te zijn. [...] De myrte en buxus en andere snoeiheesters en -struiken, gewend als zij zijn met uiterste zorg en toewijding te worden geschoren, opgemaakt, besproeid, kruipen over de grond of verheffen hun toppen niet ver van de bodem. Maar ongesnoeide dennen en pijnbomen verbergen hun hoofd dat naar het hoogste streeft in de wolken. Leeuwen besteden lang niet zoveel aandacht aan het zoeken naar voedsel en het vergaren van een maaltijd als mieren, en spinnen besteden nog veel meer aandacht aan weven dan ook maar enige Penelope of Andromache.[11]

De brief getuigt van een degelijke training in het hanteren van *loci communes*, want de argumenten liggen nogal voor de hand. De woordherhalingen zijn niet erg subtiel en het betoog gaat nergens over. Het is niet verbazingwekkend dat Marcus dergelijke retorische spelletjes zonde van zijn tijd vond.

Heel bijzonder zijn enkele brieven waarin Fronto over zijn kleinkinderen spreekt. Wanneer zijn dochter en schoonzoon Aufidius Victorinus in 162 naar Mainz verhuizen, waar de laatste een hoge functie heeft aanvaard, blijft hun oudste zoon, die dan een jaar of vier oud is, achter bij opa en oma in Rome. Fronto schrijft aan Aufidius:

Met die kleine Victorinus of Fronto van ons heb ik dagelijks ruzietjes of onenigheden. Jij vraagt nooit enige vergoeding van iemand in ruil voor iets wat je deed of voor een pleidooi dat je hield. Die kleine Fronto daarentegen brabbelt geen woordje eerder of vaker dan 'geef' [*da*]. Ik geef hem stukjes perkament of schrijfplankjes, zoveel ik maar kan – dingen waarvan ik hoop dat hij ze graag heeft. Hij vertoont ook enkele trekjes van zijn grootvader: hij is verzot op druiven.[12]

Omstreeks 165 hoort Fronto dat zijn dochter haar derde zoon, die in Germania is geboren, heeft verloren. Hij componeert dan een door en door retorisch troostschrift om zichzelf te verzoenen met het verlies van een kleinzoon die hij nooit heeft gezien. Het is een merkwaardige tekst, omdat hij enerzijds het oprechte verdriet van de oude man voelbaar maakt, anderzijds een heel arsenaal retorische kunstgrepen in stelling brengt, als om te laten zien dat de dood van een dierbare zich uitstekend leent tot literaire vormgeving. Wat dat betreft doet deze *consolatio* enigszins denken aan de in hoofdstuk IV besproken inleiding tot het zesde boek van *De opleiding tot redenaar* van Quintilianus.[13] Van de zes dochters die hij kreeg, stierven er vijf als kind, maar dat verlies had hij manmoedig weten te dragen. 'Maar nu wordt mijn verdriet vermenigvuldigd door fel verdriet en kan ik de opeenstapeling van de pijnen der mijnen niet niet langer verdragen. De tranen van mijn Victorinus doen mij wegteren, wegsmelten.'[14] Het pathos komt tot uitdrukking in zware u-klanken, alliteraties en herhalingen die de vermenigvuldiging van ellende aanschouwelijk maken. Dit is wat er in het Latijn staat:

Dolor enim e dolore acri multiplicatur et cumulum luctuum meorum diutius ferre nequeo. Victorini mei lacrimis tabesco, conliquesco.

Dat het leed zo kunstig verwoord is, betekent geenszins dat het geveinsd is. Voor Fronto en zijn tijdgenoten is retorica geen spel, maar een tweede natuur.

Terwijl Fronto zijn laatste jaren sleet, bevond de jonge Gellius zich in Athene, waar hij kennismaakte met de schatrijke politicus, redenaar en weldoener Herodes Atticus, die evenals Fronto enige tijd betrokken was geweest bij de opleiding van Marcus Aurelius. Gellius besteedde zijn verblijf in Griekenland aan intensieve studie en verwerkte zijn lectuur later, naar eigen zeggen ten behoeve van zijn kinderen, in een bundeling korte essays, de twintig boeken *Attische nachten*, een titel die ten onrechte veel spannends suggereert. Uit de inleiding, die in een aantal opzichten aan die van Plinius

Maior herinnert, spreekt een diepe eerbied voor kennis om de kennis:

Ikzelf heb mij, het woord van de hoogst edele Ephesiër indachtig (dat immers zo luidt: 'veelweterij onderwijst de geest niet'), op alle aan mijn verplichtingen ontfutselde momenten van vrije tijd weliswaar ingespannen en uitgeput met het afwikkelen en doorlezen van enorm veel boeken, maar ik heb daarvan slechts kleine gedeelten overgenomen, en dan alleen die passages die op een snelle en eenvoudige manier lezers met een vlot en wendbaar verstand de kortste weg konden wijzen naar een verlangen om zich eerzaam te ontwikkelen en de bestudering van nuttige vakken, of mensen die een andere loopbaan hebben gekozen, konden redden van een ongetwijfeld schandelijke en onbeschaafde onkundigheid van zaken en woorden.

Er zullen in deze aantekeningen echter wel een aantal moeizame en ingewikkelde onderwerpen behandeld worden op het terrein van taalkunde, dialectiek of zelfs wiskunde, en een heel enkele keer ga ik in op tamelijk obscure kwesties betreffende het auguraal en pontificaal recht, maar het is niet nodig die uit de weg te gaan, als zouden ze niet de moeite waard zijn om kennis van te nemen, of te moeilijk om te begrijpen. We hebben in dit soort gevallen namelijk geen al te diepe en duistere krochten onderzocht, maar geven als het ware alleen de eerstelingen en wat voorproefjes van die edele vakken – en als het al niet onhandig is, dan is het op zijn minst ongepast indien een als fatsoenlijk lid van de samenleving opgevoed man daar nooit van gehoord heeft en er nooit mee in aanraking is geweest.

Hun die toevallig wat tijd en zin hebben om kennis te nemen van deze vruchtjes van nachtelijke arbeid, zouden we dringend willen verzoeken bij het lezen niet af te wijzen wat ze al wisten, als zou dat allemaal allang bekend zijn. Want in de letteren is niets zo obscuur, of er zijn altijd wel een paar mensen die het weten. Het moet al aantrekkelijk genoeg zijn dat deze feiten noch op school worden opgedreund noch in de secundaire literatuur worden platgetreden. Voorts lijkt het me billijk als men het nieuwe en onbekende waardoor men misschien onaangenaam wordt getroffen, zonder vooringenomen kritiek aan een onderzoek onderwerpt, om te bezien of deze aantekeningen, hoe volstrekt onbeduidend ze ook zijn, niet toch enig voedsel bieden voor de studie of voldoende interessant zijn om enig genoegen aan te beleven, en misschien het zaad en karakter in zich dragen waardoor het verstand de kans krijgt op te bloeien, het geheugen sterker wordt, de welsprekendheid behendiger, het taalgebruik zuiverder, of de manier waarop men zich in zijn vrije tijd amuseert respectabeler.[15]

Gellius heeft zijn materiaal geen thematische ordening opgelegd. In een bonte afwisseling vinden we essays over de letter h en het nut van borstvoeding, anekdotes over Socrates en Demosthenes, dialogen tussen sofisten en juristen, een vermaarde beschouwing over het begrip 'klassiek', een discussie over de namen van kleuren in het Latijn en een vergelijking van passages van Pindarus en Vergilius over de Etna.[16] Dit is Gellius op zijn onderhoudendst:

Op een dag wandelde ik, moe na een dag van intellectuele arbeid, om mij te ontspannen en mijn geest te verfrissen in het park van Agrippa. Daar kreeg ik toevallig twee grammatici in het oog, mannen die in Rome geen geringe reputatie hadden, en ik was getuige van een hevig debat dat zij voerden, daar de één beweerde dat men in de vocativus vir *egregi* [beste kerel] moet zeggen, de ander dat het *vir egregie* was. De redenering van degene die van mening was dat men *egregi* zou moeten zeggen, verliep als volgt. 'Alle nomina of substantiva,' zei hij, 'die in de nominativus enkelvoud uitgaan op -*us*, waarbij in de op één na laatste lettergreep een i staat, eindigen in de vocativus op een i, zoals *Caelius Caeli, modius modi, tertius terti, Accius Acci, Titius Titi* en dergelijke. Daarom moet *egregius*, aangezien het in de nominativus op -*us* uitgaat en in de lettergreep ervoor een i staat, in de vocativus als laatste letter een i hebben, zodat de juiste vorm *egregi* is, niet *egregie*. Want de laatste lettergreep van *divus, rivus* en *clivus* is niet -*us*, maar -*vus*, en om de klank van die lettergreep weer te geven is ooit een nieuwe letter uitgevonden, die *digamma* werd genoemd.'[17]

Nadat de ander dit had aanhoord, zei hij: 'Mijn beste [*egregie*], of als je dat liever hebt, mijn allerbeste vakgenoot, zeg dan eens, vraag ik je, hoe de vocativus luidt van *inscius, impius, sobrius, ebrius, proprius, propitius, anxius* en *contrarius*, die allemaal op -*us* uitgaan en waarvan de op één na laatste lettergreep een i is? Want fatsoen en beleefdheid weerhouden mij ervan ze uit te spreken volgens jouw regel.'[18] Toen de eerste, door de confrontatie met deze voorbeelden van zijn stuk gebracht, even gezwegen had, herstelde hij zich echter snel en bleef hij vasthouden aan de regel die hij geformuleerd had. Hij verdedigde die door te stellen dat *proprius, propitius, anxius* en *contrarius* dezelfde vocativus hadden als *adversarius* en *extrarius*, en dat het weliswaar ongebruikelijk, maar zeker correcter was om *inscius, impius, ebrius* en *sobrius* in die naamval een i in plaats van een e te geven.

Aangezien de discussie nog eindeloos verderging, achtte ik het niet de moeite waard er nog langer naar te luisteren en ik liet hen luidruchtig ruziënd achter.[19]

Kun je bij de eerste zin nog hopen dat er een spannende belevenis verteld gaat worden, reeds in de tweede zin blijkt dat voor Gellius niets zo enerverend is als grammatica. Het meest verbluffende is wel de anticlimax waarmee het verhaaltje eindigt. De auteur is weliswaar zeer geïnteresseerd in discussies over morfologie, maar niet in de uitkomst ervan. Het gaat erom dat je over dit soort problemen kunt meepraten, de oplossing doet er niet toe. Dat tekent Gellius, die in zijn dagelijks leven rechter was, als dilettant uit principe.

Hoewel *Attische nachten* geen opwindende bedlectuur oplevert, is het boek van grote waarde vanwege het rijke bronmateriaal dat Gellius heeft benut. Hij citeert uit werken die voor ons verloren zijn gegaan, zoals Varro's boek over Plautus, het geschiedwerk van Claudius Quadrigarius (eerste eeuw v.Chr.) en redevoeringen van de oude Cato. Verder werpt hij zo nu en dan een verhelderend licht op woordbetekenissen, grammaticale kwesties en oeroude Romeinse gebruiken. En ten slotte laat het boek pijnlijk duidelijk zien dat de Romeinse cultuur op een dood spoor was geraakt.

Deze teloorgang bereikt zijn dieptepunt in het werk van Terentianus Maurus (waarschijnlijk halverwege de derde eeuw), die als de allerslechtste dichter van de gehele Latijnse literatuur beschouwd mag worden.[20] De in Noord-Afrika woonachtige Terentianus schreef op hoge leeftijd drie leerdichten, die in de Late Oudheid frequent geciteerd werden. Het eerste telt een kleine tweehonderd regels (de versvoet is de *sotadaeus*, die de dichter nogal wat vrijheid geeft) en handelt over letters. Het tweede, eerst in een trocheïsch metrum, vervolgens in hexameters, gaat duizend regels lang over lettergrepen. En dan is er nog een onvolledig overgeleverd gedicht van bijna 1700 regels over metriek, dat, zoals het onderwerp betaamt, de verschillende maatsoorten steeds zelf demonstreert. Het werk over lettergrepen is opgedragen aan 's dichters zoon en schoonzoon.

In een prooemium geeft de dichter een indruk van zijn ambities. Er was eens, vertelt hij, een bejaarde atleet die driemaal had getriomfeerd bij de Olympische Spelen. Omdat hij op zijn oude dag een beetje in vorm wilde blijven, trainde hij zijn spieren door een emmer water aan een touw in een put te laten zakken en weer omhoog te halen, maar daarbij gebruikte hij alleen zijn vingers. Je zou misschien geneigd zijn te denken dat dat niets voorstelde, maar als je hem zag hijgen en zweten, besefte je dat de man al zijn kracht had geconcentreerd in zijn vingers. Zo ook, aldus Terentianus, heb ik nu al mijn wetenschappelijk aandacht toegespitst op een onderwerp dat onbeduidend lijkt, maar in feite de basis vormt van iedere vorm van taalgebruik. En het zal de lezer nog verbazen hoe gecompliceerd deze materie is!

Dat is geen hoopgevend begin. Het gedicht over letters (ik heb geen poging gedaan er in het Nederlands poëzie van te maken) begint als volgt:

Van de letters die kleine kinderen van hun onderwijzers leren, noemt men sommige klinkers, andere medeklinkers. Klinkers kunnen namelijk afzonderlijk geluid voortbrengen, en zonder hen kan geen woord tot stand komen. Van de medeklinkers kan, als je er geen klinkers aan toevoegt, een deel uit zichzelf het halve werk van de stem voortbrengen, de andere snoeren geluidloos hun die ze trachten uit te spreken, de mond. De klank van de eerste groep medeklinkers is niet erg helder noch ongehinderd, maar is, hoe dan ook, met halfgesloten mond toch hoorbaar, minder sterk dan bij klinkers, maar sterker dan bij de stomme medeklinkers. De klankkracht van de tweede groep is helemaal blind en zit verborgen, zodat het geluid niet bij machte is, hoezeer het zich ook inspant, een opening tussen de lippen te maken, de tong te laten klinken of ook maar enige weg te ontvouwen zonder dat eraan gekoppelde klinkers de mond hebben ontgrendeld. Hoewel het een onbeduidend onderwerp lijkt, is het moeilijk het met woorden aanschouwelijk te maken; maar voorbeelden kunnen weleens verhelderend zijn voor wat ik wil zeggen.[21]

Aan het slot van Lettergrepen onthult de dichter dat hij zijn werk onder kommervolle omstandigheden heeft moeten schrijven, vandaar dat het misschien niet helemaal geslaagd is. Hij verzoekt zijn zoon en schoonzoon commentaar te leveren. Zelden heeft een auteur zich onhandiger tegen kritiek ingedekt:

Misschien zal iemand niet aarzelen dit boek wijdlopig te noemen, misschien zal een meer vooraanstaand lezer denken dat er weinig in te vinden valt, omdat hijzelf inventiever is geweest. Een luie en ongeduldige lezer zal dit allemaal veel te duister vinden: al naar gelang het bevattingsvermogen van de lezer treft boeken hun lot. Maar ik heb geen spijt van mijn plan: voor jullie is mijn onderneming zinvol geweest, omdat jullie de benodigde hartstocht en intelligentie bezitten, en omdat jullie bij het studeren altijd volhardend doorzetten: daarom richt ik mij tot jullie, want bij jullie oordeel loop ik geen gevaar.

In de tijd dat ik dit schreef, was ik ziek: tien maanden lang hing mijn lichaam in een weegschaal waarvan het vonnis onzeker was, want nu eens ging de ene schaal naar beneden, dan de andere, terwijl geen van beide kanten het overwicht had: noch de dood sperde begerig zijn zwarte gaping open, noch hielden de Schikgodinnen met krachtige draad het leven vast. Zo leidde een lange periode, waarin afwisselende pijnen steeds vernieuwd werden en er geen einde kwam aan de dreiging, tot dit moment. Op tijdstippen dat ik ertoe in staat was, volbracht ik steels mijn onderneming, opdat ik, mijn leven niet zeker, in ieder geval een teken van leven zou achterlaten.[22]

Een van bovenstaande regels is terecht een gevleugelde uitspraak geworden, al worden doorgaans slechts de laatste vier woorden geciteerd: *pro captu lectoris habent sua fata libelli*.[23] Terentianus bedoelt niets anders dan dat boeken op verschillende manieren geïnterpreteerd en gewaardeerd worden, al naar gelang de capaciteiten of voorkeuren van de lezer. Gewoonlijk hecht men een andere betekenis aan het citaat: boeken beleven soms vreemde avonturen. Van die stelling vormt het werk van Terentianus een perfecte illustratie. In de Middeleeuwen werd hij niet gelezen, in 1493 werd bij toeval één handschrift gevonden dat de gedichten bevatte. Er had niet veel behoeven te gebeuren of we hadden hem slechts uit incidentele citaten bij andere grammatici gekend. Maar hoe graag hadden we zijn leerdichten niet ingeruild voor een complete elegie van Gallus of het zevende boek van Tacitus' *Annalen*! Terentianus heeft gelijk: *habent sua fata libelli*.

Het uitzinnige proza van Apuleius

Omstreeks 125 werd in het Noord-Afrikaanse Madaurus Apuleius geboren, naar eigen zeggen 'half Numidiër, half Gaetuliër', hetgeen doet vermoeden dat in zijn ouderlijk huis geen Latijn werd gesproken. Apuleius' vader was een vooraanstaand lid van het stadsbestuur, die zijn zoon liet studeren, eerst in Carthago (de stad was op instigatie van Caesar herbouwd), later in Athene, waar hij vermoedelijk dezelfde docenten had als Aulus Gellius. Apuleius bezocht ook Rome en legde een aanzienlijk netwerk van geleerde vrienden aan. Tegelijkertijd begon hij als een razende te publiceren, zowel in het Grieks als in het Latijn. Wat betreft genres was hij niet kieskeurig:

Ik heb in Athene ook nog andere bekers geledigd: de elegante van de poëzie, de heldere van de geometrie, de heerlijke van de muziek, de bittere van de dialectiek, en vooral de onuitputtelijke, hemelse van de alles omvattende filosofie. Want Empedocles heeft liederen geschreven, Plato dialogen, Socrates hymnen, Epicharmus mimen, Xenophon geschiedverhalen en Crates satiren, maar uw dienaar Apuleius beoefent al deze genres, en wijdt zich met evenveel inzet aan elk van de negen Muzen, ofschoon zijn verlangens wel groter zijn dan zijn vermogens.[24]

Elders citeert hij om indruk te maken uit eigen natuurwetenschappelijke verhandelingen over vissen, vermoedelijk een vertaalde compilatie uit geschriften van Aristoteles en andere Griekse autoriteiten. En net als Plato en Hadrianus schaamde hij zich er niet voor zo nu en dan een grappig versje te schrijven, zoals dit niemendalletje over mondhygiëne:

Een groet, Calpurnianus, van mijn vlugge verzen!
Ik zend je, als gevraagd, wat frisheid voor je tanden,
een schittering voor je mond, in Arabië gewonnen,
een poedertje zo fijn, zo edel, dat zo wit maakt,
egalisator van een ietsje dikkig tandvlees,
katalysator van de restjes die beklijven,
zodat geen viezigheid zich voortaan openbaart,
indien je breeduit lacht met weggetrokken lippen.[25]

Toen Apuleius na zijn lange reis in Noord-Afrika terugkeerde, trouwde hij met de moeder van zijn jongere studievriend Pontianus. Het feit dat deze weduwe zeker tien jaar ouder was dan hij en bovendien over een behoorlijk vermogen beschikte, wekte bij haar verwanten het vermoeden dat de schrijver haar met magische methoden had ingepalmd met de bedoeling haar enige erfgenaam te worden. In 158 moest Apuleius zich in een proces tegen deze aanklacht verweren, waarschijnlijk met succes. De verdedigingsrede is een staaltje van vileine retoriek, waarin de aanklagers worden afgeserveerd als boerenkinkels die geen Grieks kennen.[26] Na 158 was Apuleius een gevierd spreker in Carthago, waar hij volle theaters trok met stilistisch overrompelende betogen over uiteenlopende, ook filosofische onderwerpen. De elite van deze welvarende provinciestad was kennelijk voldoende hoogopgeleid om van Apuleius' bloemrijke taalexercities in Grieks en Latijn te kunnen genieten. Er werd een standbeeld voor hem opgericht en een trouwe schare fans stenografeerde zijn redevoeringen. Het is goed mogelijk dat Apuleius Fronto en Gellius gekend heeft, maar ze noemen elkaar niet. Er zijn geen teksten van hem overgeleverd die met zekerheid na 170 gedateerd kunnen worden.

Evenals zijn Griekse vakgenoten die tot de Tweede Sofistiek worden gerekend, beschouwde Apuleius zich als filosoof, en wel van platoonse snit. Inderdaad is hij zeer vertrouwd met Plato's werk, dat hij niet alleen geregeld citeert of parafraseert, maar zelfs heeft getracht te vertalen en te systematiseren. We kennen onder meer een tweedelig geschrift over de fysica en de ethica van Plato, een redevoering over demonen waarin de innerlijke stem van Socrates van een theoretisch kader wordt voorzien, en een sterk aristotelisch gekleurd boek over kosmologie.[27] Toch krijgt men de indruk dat taalbeheersing voor Apuleius belangrijker was dan filosofische diepgang, en daarin stond hij niet alleen: Gellius' Atheense leermeester Taurus klaagt geregeld over het feit dat studenten uit het Westen Plato niet om zijn denkbeelden, maar om zijn stijl lezen.[28] Daar komt bij dat ook vakgebieden als geneeskunde, magie, astrologie en mythologie voor Apuleius en zijn tijdgenoten tot de filosofie behoorden.

Van Apuleius is een merkwaardig boekje overgeleverd onder de titel Florida, dat vertaald zou kunnen worden als 'bloemrijke passages'.[29] Het bevat drieëntwintig fragmenten van wisselende lengte uit redevoeringen die verder verloren zijn gegaan, en die, gezien Apuleius voorliefde voor ogenschijnlijk irrelevante uitweidingen, veelal ook niet gereconstrueerd kunnen worden. Er valt niet na te gaan wanneer, door wie en op grond van welke criteria de bloemlezing is samengesteld, maar thematisch zijn er duidelijk raakvlakken met Apuleius' andere werk. Filosofisch getinte passages staan naast cultuurhistorische anekdotes, lofredes voor hooggeplaatste Romeinen naast fragmenten over papegaaien en vogelzang. De schrijver aarzelt niet zichzelf te bewieroken: wanneer hem een standbeeld is toegekend, suggereert hij in zijn dankwoord dat het niet bij één beeld moet blijven.[30]

Apuleius zou de geschiedenis zijn ingegaan als derderangs filosoof, als oppervlakkig causeur en arrogant redenaar, ware het niet dat hij ook de auteur is van een van de absolute meesterwerken uit de Latijnse literatuur. In het vorige hoofdstuk werd gewezen op het genre van de roman, dat in het Grieks een handvol specimina kent, en in het Latijn slechts twee: Petronius' *Satyrica* en Apuleius' *Metamorfosen*, een uit elf boeken bestaand verhaal dat ook *De gouden ezel* wordt genoemd. Het zou het laatste werk kunnen zijn dat we van Apuleius kennen. Duidelijk is dat de auteur voor de plot een Griekse bron heeft benut die ook ten grondslag heeft gelegen aan een geschrift dat is overgeleverd in het oeuvre van de Griekstalige Syriër Lucianus, een tijdgenoot van Apuleius. Maar het is al even evident dat Apuleius het materiaal geheel naar zijn hand heeft gezet. Het resultaat is een wervelende, erotische, erudiete roman die de lezer in opperste verwarring achterlaat, vooral omdat het krankzinnige verhaal ook een diepere betekenis lijkt te hebben.

De hoofdpersoon Lucius is een Corinthiër die in het Noord-Griekse Thessalië, dat om zijn tovenarij bekendstond, per abuis in een ezel wordt veranderd. In die hoedanigheid wisselt hij voortdurend van eigenaar, ondergaat hij diepe vernederingen, maar is hij ook getuige van buitengewoon amusante gebeurtenissen en verneemt hij het ene sterke verhaal na het andere. In die zin is de roman een raamvertelling, die hier en daar aan Boccaccio's *Decamerone* doet denken.

Zo hoort Lucius in een rovershol het sprookje van Psyche (Ziel) en Cupido (Verlangen), dat het centrum van de *Metamorfosen* vormt: het beslaat een zesde deel van het geheel. Het verhaalt van de beeldschone Psyche, die door de jaloerse godin Venus naar een verlaten paleis wordt verbannen, waar ze echter in het geheim

Het feest van Saturnus

wordt bezocht door Venus' zoon Cupido. Deze bezoeken vinden plaats in het holst van de nacht, zodat Psyche niet kan zien wie haar perfecte minnaar is. Wanneer ze in haar nieuwsgierigheid een lamp ontsteekt en hem per ongeluk wekt, moet hij haar verlaten. Venus dwingt haar vervolgens drie onmogelijke opdrachten uit te voeren, die ze niettemin tot een goed einde weet te brengen omdat ze door dieren en goden wordt geholpen. Aan het slot treedt Psyche met Cupido in het huwelijk en wordt hun dochter Voluptas (Genot) geboren.

Nadat Lucius door de omvang van zijn geslacht de wellust van een rijke vrouw heeft opgewekt en, na haar diep bevredigd te hebben achtergelaten, de opdracht heeft gekregen in het theater van Corinthe een moordenares te bestijgen, weet hij te ontsnappen. In een droom verschijnt hem Isis, die hem vertelt hoe hij weer mens kan worden. Na zijn tweede metamorfose treedt hij in dienst van deze godin.

Hoewel het verhaal geen serieuze indruk wekt, zijn er toch aanwijzingen dat Apuleius, die in Carthago een voornaam priesterschap bekleedde, er op zijn minst de suggestie van een religieus-filosofische laag in heeft aangebracht. De auteur verwijst op tal van plaatsen naar Plato. Het verhaal van Psyche zou allegorisch gelezen kunnen worden als een aansporing door middel van Eros de Hogere Regionen te bereiken. Aan de ene kant staan geleerden die menen dat Apuleius filosofie en religie heeft willen bespotten door ze in een scabreuze context te zetten, aan de andere kant wordt beweerd dat de ernstige lading zo juist extra reliëf krijgt. Hoe het ook zij, de roman zit geraffineerd in elkaar. Er zijn allerlei scènes die elkaar op subtiele wijze spiegelen en er is geen naam zonder dubbele betekenis. Het verbazingwekkendste is wel dat Apuleius quasi-achteloos naar zijn eigen biografie verwijst, door aan het slot te zeggen dat Lucius uit Madaurus kwam, wat in tegenspraak is met eerdere beweringen.

Wat de lezer het eerst opvalt, is Apuleius' gemaniëreerde, zelfs decadente stijl. Hij doet zijn best alles zo abnormaal mogelijk te formuleren: een gelikte woordkeus, een op de zenuwen werkende voorkeur voor verkleinwoordjes en pleonasmen, overdadige beeldspraak, parallelle zinsconstructies, heel veel alliteratie en assonantie, en een rare woordvolgorde. Vaak kun je niet anders dan vaststellen dat het pure kitsch is, maar dan zo extreem uitgewerkt dat het weer leuk wordt. In die zin is Apuleius de enige waardige opvolger van Ovidius. Dit is de passage waarin de ezel geacht wordt het bed te delen met een onverzadigbare matrone:

Ik kneep hem ook behoorlijk en had bange gedachten, want hoe zou ik met al die grote poten van mij zo'n verfijnde dame kunnen berijden? Hoe zou ik die glanzende, die tere, die uit honing en melk gebouwde ledematen in mijn harde hoeven kunnen houden? Of hoe kon ik die smalle, ambrozijnen, rozenrode lipjes zoenen met mijn grote, grofstoffelijke en door knotsen van kiezen ontsierde muil? En ten slotte, al was de vrouw dan geil tot in haar vingertoppen, hoe kon zij ooit overweg met zo'n reusachtig deel? De zaak zag er beroerd uit: ik zou een adellijke dame dwars doormidden scheuren en dan voor de wilde dieren gegooid worden, ter opluistering van de spelen van mijn meester.

Intussen ging zij maar door met flemende woordjes en hele series kusjes en zoete kreetjes, waarbij haar blikken mij raakten tot in het ruggemerg. Kortom, het ging van 'Nu ben je van mij, mijn duifje, mij musje, je bent van mij!'. En terwijl ze zo sprak bewees zij hoe ongegrond mijn gedachten waren en hoe dwaas mijn vrees. Want zij klampte zich aan mij vast en ontving mij geheel – en dan bedoel ik werkelijk geheel.[31]

Tegenover deze ongein staat dan de epifanie van Isis, die uit zee oprijst en Lucius als volgt aanspreekt:

'Zie aan, Lucius,' sprak Zij, 'hier ben Ik, bewogen door jouw gebeden. Ik ben Moeder van het wezen der dingen, meesteres van het totaal der elementen, allereerste oorsprong der eeuwen, hoogste der goden, koningin der schimmen, eerste der hemelingen, eenvormig gelaat van goden en godinnen. Mijn wil is wet in lichtende hemeltoppen, heilzame zeebriezen en trieste onderwereldstilten; mijn enkelvuldige macht wordt onder meervoudige gedaanten, velerlei riten en menigvuldige namen over gans de wereld vereerd.'[32]

Na zijn menswording ondergaat Lucius een plechtige initiatie, waarover hij het volgende zegt:

> En nu, belangstellende lezer, wilt u misschien graag weten wat er toen is gezegd en gedaan. Ik zou het u vertellen als het mocht, u zou het te weten komen als u het mocht horen. Maar uw oren en mijn tong zouden zich gelijkelijk bezondigen, de laatste aan onheilig gebabbel, de eerste aan onbezonnen nieuwsgierigheid.[33]

Het is een merkwaardige paradox dat juist de meest woordgeile auteur die de Latijnse literatuur heeft voortgebracht, zich op cruciale momenten laat voorstaan op zijn vermogen tot zwijgen. In *Pronkpassages* zegt hij over Pythagoras:

> Deze man, die door zoveel geleerden was gevormd en die zoveel, zo veelzijdige kelken van kennis overal ter wereld had geleegd, een man die ook nog eens beschikte over een groot genie en waarlijk bovenmenselijke intelligentie, de eerste naamgever en grondvester van de filosofie – wat deze man zijn leerlingen vóór alles leerde was: te zwijgen. Bij hem moest een aankomend wijze om te beginnen trainen om de tong geheel te beteugelen. Woorden die bij de dichters 'gevleugeld' heten, die woorden moesten zij ontdoen van hun vleugels en 'binnen de omwalling hunner glanzende tanden' houden. Anders gezegd, de eerste basis van wijsheid was: denken aanleren, kletsen afleren.[34]

De ijdele Apuleius, die tijdens het proces van 158 verdacht werd gemaakt omdat hij te vaak in de spiegel zou kijken, moet toch de betrekkelijkheid van het aardse bestaan doorzien hebben:

Welnu, ziehier de mens: trots op zijn brein, sterk door zijn spraak; onsterfelijk van ziel, maar broos van leden; licht en onrustig van geest, log en kwetsbaar van lichaam; niet altijd gelijk in zeden, immer gelijk in zonden. Onvermoeibaar is zijn arrogantie, onuitroeibaar zijn illusies; vergeefs zijn geploeter, zijn geluk vergankelijk. Elk apart is sterfelijk, maar collectief is de soort als geheel bestendig, met succesievelijk steeds nieuw nageslacht. Zijn tijd vliegt voorbij, maar zijn wijsheid gaat traag; snel is zijn dood, erbarmelijk zijn leven. Dat is nu de bewoner der aarde.[35]

Het enige wat Apuleius tegenover deze vergeefsheid kan stellen, is zijn taalmuziek. In het Latijn is het één zin die klinkt als een lied:

Igitur homines ratione plaudentes, oratione pollentes, inmortalibus animis, moribundis membris, levibus et anxiis mentibus, brutis et obnoxiis corporibus, dissimillimis moribus, similibus erroribus, pervicaci audacia, pertinaci spe, casso labore, fortuna caduca, singillatim mortales, cunctim tamen universo genere perpetui, vicissim sufficienda prole mutabiles, volucri tempore, tarda sapientia, cita morte, querula vita, terras incolunt.

Wie dit lied hardop meeneuriet, vergeet wat het betekent. De rijkste taal transformeert tot het diepste zwijgen. Dat is Apuleius' vreemdste metamorfose.

Nieuwe dichters. Traditie en experiment

In zijn leerdicht over metriek spreekt Terentianus enkele malen over de 'nieuwe dichters' van zijn eigen tijd, en met *poetae novelli* lijkt hij een ingeburgerde term te hanteren.[36] De dichters die hij noemt zijn voor ons niet meer dan namen, maar uit kleine aanwijzingen valt op te maken dat zij een grote voorliefde aan den dag legden voor metrische experimenten, het overschrijden van conventionele genregrenzen en het refereren aan oude Romeinse gebruiken. Hun taal was, zoals die van Fronto, Gellius en Apuleius, tegelijkertijd archaïserend en vernieuwend. Vermoedelijk haakten ze aan bij de vernieuwingsbeweging van Catullus en zijn vrienden. De enige dichter van wie we tenminste een paar complete gedichten kennen, is keizer Hadrianus. Of ook dichters uit de derde eeuw nog tot deze groep gerekend mogen worden, weten we niet.

Ergens in de zesde eeuw werd in Noord-Afrika een omvangrijke en gevarieerde bloemlezing samengesteld uit het werk van tientallen dichters. Het werk is bekend geworden onder de titel *Anthologia Latina* en het belangrijkste handschrift heet *codex Salmasianus*, naar de Parijse humanist Claude de Saumaise (1588-1653). Het is niet eenvoudig de afzonderlijke gedichten te dateren, maar alles wijst erop dat de bundel ook werk bevat van dichters uit de derde en vierde eeuw. De interessantste onder hen zijn Pentadius, Reposianus, Vespa en de anonieme auteur van het *Pervigilium Veneris*.[37]

Van Pentadius is in de bloemlezing een zestal gedichten in elegische versmaat opgenomen, waarvan het kortste twee, en het langste zesendertig regels telt. De dichter is verzot op een technisch trucje dat hij telkens herhaalt: de tweede helft van de pentameter is steeds gelijk aan de eerste helft van de hexameter. In een gedicht over Narcissus, waarin diens spiegelbeeld centraal staat, is dat beslist functioneel:

Cui pater amnis erat, fontes puer ille colebat
    laudabatque undas, cui pater amnis erat.
Se puer ipse videt, patrem dum quaerit in amne,
    perspicuoque lacu se puer ipse videt.
Quod Dryas igne calet, puer hunc inridet amorem
    nec putat esse decus, quod Dryas igne calet.
Stat, stupet, haeret, amat, rogat, innuit, aspicit, ardet,
    blanditur, queritur, stat, stupet, haeret, amat.
Quodque amat ipse facit vultu, prece, lumine, fletu;
    oscula dat fonti, quodque amat ipse facit.

Zijn vader was een stroom, zelf eerde hij de bronnen,
    het water was zijn lust, zijn vader was een stroom.

Ontdekte hij zichzelf toen hij zijn vader zocht,
in het glashelder meer ontdekte hij zichzelf.
Dat Echo voor hem viel, dat kon hem niet bekoren,
hij vond het ongepast dat Echo voor hem viel.
Hij staat verstijfd, verliefd, smeekt, lonkt, knipoogt en blakert,
hij fleemt en koost en zeurt, hij staat verstijfd, verliefd.
Vormt hij zijn eigen lief met pruillip, blik en tranen,
als hij het water kust, vormt hij zijn eigen lief.[38]

De woorden zijn even verliefd op elkaar als Narcissus op zichzelf.
Dit is inteelt in taal.

In Pentadius' gedicht over de lente lijken dergelijke herhalingen
iets minder op hun plaats, al zou je kunnen volhouden dat ze er de
overdaad van vogelzang en bloemenpracht illustreren. Na een opsomming van de vrolijke natuurverschijnselen die het voorjaar
kenmerken, eindigt de dichter verrassend met deze regels:

Niets fijners dan de dood! Mijn leven, spoel terug!
Nu lijkt me in jouw schoot niets fijner dan de dood.[39]

Het gaat hier ongetwijfeld om de 'kleine dood', maar de verwijzing
naar de levensdraad van de Schikgodinnen laat ook zien dat de lente een cyclisch verschijnsel is, dat teert op de afwisseling van afster-
ving en wedergeboorte. De dichter wil weer jong worden, net als
het gewas, om opnieuw ten onder te gaan in de armen van zijn geliefde. Pentadius heeft misschien niet voor niets gekozen voor de
herhalingsfiguren.

Reposianus is de auteur van een epyllion, een klein epos over de
overspelige liefde tussen Mars en Venus. Het gedicht telt 182 hexameters en heeft een veel te lange inleiding. Deze bestaat uit twee-
endertig verzen, waarin niet alleen de gehele plot wordt weggege-
ven, maar ook meteen de moraal van het verhaal wordt vastgelegd:
als zelfs Venus, bij uitstek deskundig op dit terrein, er niet in slaagt
in het geheim vreemd te gaan, behoeven wij mensen het al helemaal niet te proberen. Dan volgen dertig regels die vertellen hoe

Cupido en de Gratiën in een lieflijk woud een liefdesnestje inrichten, waarna Venus dansend en zingend op haar minnaar wacht. Wanneer deze eindelijk arriveert, prikkelt ze hem door hem verwijten te maken, hetgeen het tweetal alleen maar extra opwindt.

In twee logge verzen (96-97) stommelt Mars naar het met bloemen versierde bed, dat meteen in een rommeltje verandert, terwijl Venus nog enige tijd haar best doet haar coiffure intact te houden. Met smaak beschrijft Reposianus hun vrijpartij, die voorlopig eindigt in een lodderige verdoving – want het paar is na één keer nog lang niet bevredigd. Vooral Venus verlangt naar meer:

Ook Venus' bloed is heet, haar aderen zijn gloeiend,
zij brandt en zindert, slaap is aan haar niet besteed.
O lieve sluimering! Hoe heerlijk had die halfslaap
haar naaktheid toegedekt! Hoe in haar blanke armen
haar halsje was gestut, haar tepelsterren zwollen!
Ze lag wel op haar rug, maar niet plat achterover,
terwijl ze keek naar Mars en hoe hun beider flanken
zich voegden naar elkaar, en viel toen weer in slaap.[40]

De zonnegod Phoebus ontdekt de slapende geliefden en waarschuwt Venus' echtgenoot Vulcanus, die hen vangt in een inderhaast vervaardigd net. Intussen zint Venus op wraak. Het gedicht eindigt abrupt met haar plan Phoebus' dochter Pasiphaë verliefd te laten worden op een stier.[41] Als we Reposianus waarderen, is het niet om de structuur van zijn gedicht, maar om de rake erotische details.

Met het gedicht van Vespa zitten we in een geheel andere sfeer, al schermt ook deze dichter graag met mythologische kennis.[42] De negenennegentig hexameters bieden, na een korte introductie, twee redevoeringen van een bakker en een kok, onder scheidsrechterschap van Vulcanus. De met meel bestoven bakker betoogt dat niemand zonder brood kan, en houdt in navolging van Pythagoras een pleidooi voor vegetarisme. Als afschrikwekkende voorbeelden van vleeseters voert hij Thyestes en Tereus aan, die zonder het te weten

hun eigen kinderen opaten. De bakker deinst niet terug voor ge-
zochte woordspelingen: Bacchus geeft leiding aan Satyrs (*Satyros*),
ik zorg dat mensen verzadigd raken (*saturos*); hij wordt voorafgegaan door goden als Pan (*Panes*), ik bak broden (*panes*).⁴³

De zwartgeblakerde kok dient hem stevig van repliek. In zijn
ogen is de bakker een sukkel, een soort Sisyphus die iedere dag hetzelfde doet. Nee, dan de bereiding van vlees, vis en gevogelte! De
kok beëindigt zijn rede met een opsomming van vleesgerechten die
gekoppeld zijn aan mythologische personages. Oedipus treft op
zijn bord zijn eigen voet, Prometheus zijn lever, Pentheus zijn
hoofd, Philomela haar tong en Icarus een paar vleugels.

Wanneer ook de kok is uitgesproken, velt Vulcanus zijn vonnis.
De heren zijn wat hem betreft gelijkwaardig en dienen eendrachtig
samen te werken. En als ze hun controverse niet bijleggen, weigert
de vuurgod voortaan de noodzakelijke warmte te leveren. Het gedicht verschaft niet alleen culinaire informatie, maar doet ook vermoeden met wat voor soort oefeningen aspirant-redenaars in het
welvarende Noord-Afrika hun vaardigheden trainden. De dichter
had de lezer in zijn openingsverzen gewaarschuwd:

> Scribere mellis opus et dulcia carmina quaero,
> nec mel erit solum; aliquid quoque iuris habebit.

> Een honingzoet gedicht neem ik mij voor te schrijven,
> maar niet slechts honing, nee, ik bied ook hartigheid.⁴⁴

Het woord *ius* betekent niet alleen 'jus', maar ook 'recht' of 'rechtvaardigheid'. De woordspeling, die al bij Plautus voorkomt, getuigt
van een ontspannen omgang met de retorica.

In de Parijse codex worden Vespa's declamaties direct gevolgd
door het befaamdste gedicht uit de Late Oudheid. Het gaat om drie-
ennegentig regels in een volks, niet op lengte maar op klemtoon
gebaseerd trocheïsch metrum dat scandeert als 'Jantje zag eens
pruimen hangen, o als eieren zo groot'.⁴⁵ De openingsregel wordt
tien keer als refrein herhaald:

Cras amet qui numquam amavit, quique amavit cras amet.

Morgen mint wie nimmer minde; wie ooit minde ook morgen
mint.[46]

De vorm van het gedicht lijkt, doordat niet de lengte van de lettergrepen maar hun klemtoon bepalend is voor het metrum, vooruit
te wijzen naar de Middeleeuwen, maar dat geldt beslist niet voor
de hoogst pagane inhoud. *Pervigilium Veneris* betekent 'nachtfeest
van Venus'. Bij het Siciliaanse Hybla zou, zo suggereert de tekst,
ieder jaar in de lente een vruchtbaarheidsfeest ter ere van Venus
plaatsvinden. Amor wordt ontwapend, Diana krijgt het verzoek
drie nachten geen wild te doden, Venus en de Gratiën genieten gedurende het festival volledige jurisdictie. De dichter memoreert
het feit dat het keizerrijk gesticht is door een nakomeling van Venus (Julius Caesar). In de laatste strofe lijkt de gehele natuur in een
genoeglijk baltsend en parend paradijs te zijn veranderd, met als
hoogtepunt de zang van de nachtegaal:

Ziet, reeds strekken log de stieren
      in de brem hun flanken neer,
Vredig met de kudde rondom
      door der liefde band vereend,
En de schapen rusten blatend
      bij de rammen onder 't loof.
't Vooglenkoor begint te kwelen
      op haar goddelijk bevel:
Zwanen joelen in de poelen
      luid met schril en schor geschreeuw,
Onderwijl Tereus' geliefde
      zingt in koele peppelschaûw,
Of zij heel haar minne-jubel
      uitschalt met verrukte keel,
Niet meer klagend om haar zuster
      en haar wreden echtgenoot.[47]

Zingen zwanen niet uitsluitend wanneer zij weten dat ze gaan sterven? Ook de mythologische toespeling wekt bevreemding. Tereus, de echtgenoot van Procne, had zijn schoonzuster Philomela verkracht en, om haar het zwijgen op te leggen, haar tong afgesneden. Het meisje stelt haar zuster van het gebeuren op de hoogte door de scène op een kleed te borduren, waarna beide vrouwen Tereus' zoon Itys doden en als maaltijd voorzetten aan zijn wrede vader. Wanneer deze de toedracht ontdekt, probeert hij de zusjes te vermoorden, maar tijdens de achtervolging verandert hij in een hop, Philomela in een nachtegaal en Procne in een zwaluw. De zang van de nachtegaal werd gewoonlijk dus geïnterpreteerd als de treurzang van een vernederde vrouw. Wat zou de dichter met deze gruwelijke associaties hebben beoogd? Nog opmerkelijker is het onverwachte slot van het gedicht:

> Zíj kan zingen! Ach wíj zwijgen.
> > Wanneer zal 't míjn lente zijn?
> Tjilpen wilde ik als de zwaluw,
> > zo 'k slechts niet meer zwijgen moest.
> 't Zwijgen heeft mijn kunst doen sterven;
> > Phoebus kent mij reeds niet meer.
> Zo heeft eens 't gedwongen zwijgen
> > Amyclae ten val gebracht.
> Morgen mint wie nimmer minde;
> > wie ooit minde ook morgen mint![48]

Waarom zegt de dichter dat hij wil ophouden met zwijgen, als hij zojuist tientallen regels gezongen heeft? Bedoelt hij dat zijn lied iets essentieels verzwijgt? Waarom vergelijkt hij zichzelf met de diep ongelukkige Procne, die haar eigen zoon heeft vermoord? En vanwaar de verwijzing naar Amyclae? In dit stadje was, zo gaat het verhaal, een wet aangenomen die het verspreiden van geruchten verbood. Dit werd de stad noodlottig toen er een vijand in aantocht was: niemand dorst er iets over te zeggen, zodat de verdediging te laat in gereedheid werd gebracht.

Is de dichter misschien een vrouw? Voorziet de dichter de ondergang van de klassieke beschaving? Wordt haar of hem de mond gesnoerd door een wrede machthebber of een repressieve ideologie? Het valt allemaal niet na te gaan, want we weten niet eens in welke eeuw het gedicht werd geschreven, en waarschijnlijk is zelfs het bezongen festival fictief. Hoe dan ook klinkt de refreinregel aan het slot eerder wanhopig dan onbekommerd.

Van een dergelijke somberheid heeft Marcus Aurelius Olympius Nemesianus in elk geval geen last gehad. Deze Carthager moet aan het eind van de derde eeuw een beroemdheid geweest zijn, want keizer Numerianus (hij regeerde nog geen anderhalf jaar, 283-284) ontleende zijn eigenwaarde vooral aan het feit dat hij zich als dichter met Nemesianus kon meten.[49] Van Nemesianus kennen we 325 regels uit een grenzeloos saai, duidelijk door Grattius beïnvloed leerdicht over de jacht (*Cynegetica*), en vier weliswaar volstrekt kunstmatige, maar in toon en taal buitengewoon frisse *Eclogae*, herdersgedichten in de traditie van Vergilius en Calpurnius Siculus.[50] De dichter heeft de moed, of misschien is hij gewoon zo naïef, om rechtstreeks de confrontatie met Vergilius aan te gaan. Deze had zijn bundel *Bucolica* geopend met twee sterk allitererende regels:

Tityre, tu patulae recubans sub tegmine fagi
silvestrem tenui Musam meditaris avena.

Jou, Tityrus, beschermt de schaduw van een beukboom,
terwijl je op schalmei je boeren-Muze blaast.[51]

Vergilius' laatste bucolicon eindigt met een vignet van de dichter Gallus, die met biezen een mandje zit te vlechten, ongetwijfeld een poëticale metafoor. Nemesianus' eerste *Ecloga* begint waar Vergilius ophoudt, maar refereert tegelijkertijd aan de beroemde openingsregels van zijn voorganger:

Dum fiscella tibi fluviali, Tityre, iunco
texitur et raucis immunia rura cicadis,
incipe, si quod habes gracili sub harundine carmen
compositum. Nam te calamos inflare labello
Pan docuit versuque bonus tibi favit Apollo.

Met biezen uit de beek vlecht, Tityrus, jij mandjes,
terwijl het land nog niet verstoord wordt door cicaden.
Begin je nieuwste lied, getoonzet voor je rietfluit,
want Pan heeft jou geleerd de halmen aan te blazen
en dichtergod Apollo is jou goed gezind.[52]

In dit gedicht gedenkt de jonge Timetas zijn wijze beschermheer Meliboeus, die kortgeleden is gestorven. Hij doet dat zo bekwaam, dat Tityrus hem een glanzende dichterscarrière in de stad voorspelt.

Het tweede bucolicon behelst de wedijver tussen twee jonge herders die allebei verliefd zijn op Donace, met wie zij een keer in een dal vol bloemen hebben liggen vrijen. De vrienden bieden in liederen tegen elkaar op. Idas beweert dat hij maar liefst duizend koeien bezit, Alcon memoreert het feit dat hij Donace een tamme nachtegaal cadeau heeft gedaan. Het dier mag vrij rondvliegen, maar keert altijd uit eigen beweging terug in zijn kooitje van wilgetenen.

In het derde gedicht treffen herders een slapende Pan aan. Zij stelen zijn fluit, maar slagen er niet in het instrument te bespelen. Wanneer hun armzalig gepiep de god doet ontwaken, betoont deze zich bereid zijn muzikale vaardigheid te demonstreren. Geheel in overeenstemming met de onzinnige conventies van het genre zingt Pan vervolgens op zijn fluit een lied. Het is een lofzang ter ere van Bacchus en de wijnbouw. Pan herinnert zich de wijngod nog als baby:

Silenus, hoogbejaard, verzorgt het kleine ventje,
hij koestert het op schoot of houdt het in zijn armen,

ontlokt het nu een lach en wiegt het dan tot slapen,
of schommelt beverig zijn bedje heen en weer.
Verrukt plukt Bacchus aan Silenus' ruige borsthaar
of trekt hem kraaiend aan zijn scherp gepunte oren,
klapt in zijn handjes, grijpt met stoute vingertjes
Silenus bij zijn hoorns of bij zijn stompe neus.[53]

De laatste *Ecloga* bevat, in navolging van Theocritus en Vergilius,
een beurtzang met een refrein.[54] Lycidas is verliefd op de jongen
Iollas, Mopsus op het meisje Meroë. Om beurten vertellen ze hoezeer hun gevoelens genegeerd worden door de arrogante objecten
van hun lust en verering. Beide herders komen vijfmaal aan het
woord. Hoewel wat ze zeggen volkomen conventioneel is, overtuigt
het gedicht door de klankrijke dans van de taal:

Lycidas:
De hinde zoekt een hert, de fraaie vaars een stierkalf,
ook wolven worden week, ook prikkelt Venus leeuwen,
ook vogels in de lucht, ook schubgedekte vissen,
ook bergen, ook het woud, nee niets is niet verliefd.
Slechts jij gaat ervandoor, slechts jij versmaadt je minnaar.
    Zingt elk wat hij bemint, verlicht het lied zijn leed.

Mopsus:
Tijd voedt en rooft wat is. Wat is duurt steeds maar even.
't Was lente en ik zag hoe koeien kalfjes zoogden,
die nu al strak gehoornd elkaar een vaars betwisten.
Ook jouw gezicht vergrooft, ook jouw nek wint aan spieren,
jouw jaren tellen weldra tweemaal tien septembers.
    Zingt elk wat hij bemint, verlicht het lied zijn leed.[55]

Nemesianus' *Cynegetica* opent met de woorden *venandi cano mille
vias* (ik zing de duizend wegen van het jagen). Maar als we deze
dichter moeten blijven lezen, is het eerder om zijn erotische jachtpartijen dan om zijn schier eindeloze reeks tips betreffende honden, paarden en netten.

Restauratie. De school van Eumenius

In november 284 werd de vrijwel blinde dichter-keizer Numerianus tijdens een veldtocht tegen de Perzen door zijn schoonvader
Aper vermoord. Zodra de soldaten in de gaten hadden wat er was
gebeurd, sleepten ze Aper voor de krijgsraad, waar hij ter dood
werd veroordeeld. De man die het vonnis voltrok, werd onmiddellijk tot keizer uitgeroepen. Hij heette Diocles, maar veranderde
niet lang daarna zijn naam in Diocletianus. Deze krachtige keizer
zou na een eeuw misère orde op zaken stellen. Met Diocletianus begint een periode waarin het Romeinse Rijk voor de laatste keer zou
opbloeien. Zijn belangrijkste hervorming bestond in het instellen
van de tetrarchie: voortaan zouden er twee keizers (*Augusti*) zijn,
één in het Oosten en één in het Westen, beide met een beoogd opvolger als mederegent (*Caesares*). Diocletianus nam zelf zijn intrek
in Sirmium (in de buurt van Belgrado), zijn Caesar Galerius koos
Nicomedia (in Klein-Azië) als residentie. Maximianus, de Augustus
van het Westen, opereerde vanuit Milaan, Constantius vanuit
Trier.[56] Hoewel het systeem slechts kort in deze vorm zou functioneren, was toch een fundament gelegd voor een nieuw politiek bestel dat, met vallen en opstaan, ongeveer honderd jaar mee zou
gaan.

Aan het eind van de derde eeuw werd in het Bourgondische
Autun een vervallen schoolgebouw, dat vanwege zijn imposante
gevel ooit grote faam had genoten, op bevel van Constantius herbouwd. Eumenius, een rijk en vooraanstaand burger van Autun,
wiens Atheense grootvader al rector van de school was geweest,
krijgt de taak het onderwijs in de retorica nieuw leven in te blazen.
In 298 houdt Eumenius een redevoering ten overstaan van de gouverneur waarin hij de keizer voor de eervolle opdracht bedankt en
aanbiedt zijn royale salaris ter beschikking te stellen van de weder-
opbouw van het instituut. In de zuilengalerij was ooit een grote
wereldkaart aangebracht, die nu weer wordt opgeknapt, ten behoeve van het onderwijs aan de bloem der natie:

Mogen de jongelui aan de hand daarvan de schitterende krijgsverrichtingen van de dapperste veldheren land voor land bestuderen,
mogen zij, terwijl de ene na de andere overwinning gemeld wordt,
steeds weer hun ogen laten gaan over de twee rivieren van Perzië, de
dorstige grond van Libië, de kromme hoorns van de Rijn en de vele
mondingen van de Nijl. Geconcentreerd zullen ze op de kaart kunnen volgen hoe onder uw mildheid, verheven Diocletianus, Egypte
zijn razernij aflegt; hoe u, onoverwinnelijke Maximianus, met uw
bliksems de Moorse horden neerslaat; hoe onder uw rechterhand,
heer Constantius, Betuwe en Britannië met hun ruige koppen opduiken uit wouden en golven; en hoe u, Galerius Caesar, de Perzische bogen en pijlkokers vertrapt. Want nu, ja nu pas kunnen we
met vreugde die afbeelding van de wereld bekijken, nu er niets meer
op te zien valt dat niet van ons is.[57]

Dit is in ten minste twee opzichten een leerzame tekst. In de eerste
plaats blijkt eruit dat deze Gallische schoolmeester van Griekse
komaf zich geheel identificeert met het Romeinse imperialisme,
dat zich, nog steeds, niet anders kan manifesteren dan door nieuwe
veroveringen. Jupiter had het in Vergilius' *Aeneis* al gezegd: *imperium sine fine dedi* (ik heb hun een rijk zonder grenzen gegeven).[58]
Rome kan pas op zijn lauweren rusten wanneer het de gehele wereld in zijn macht heeft.

In de tweede plaats weten wij nu dat de eeuwige stad 112 jaar na
Eumenius' rede door Visigotische benden geplunderd zou worden,
om nooit meer tot zijn oude glorie te herrijzen. Het Romeinse Rijk
dat Eumenius voor zich zag, bestond niet meer. Toch kun je niet
zeggen dat Eumenius een onzinnige illusie koesterde: voor hem en
zijn tijdgenoten brak er werkelijk een bloeiperiode aan. Dat die nog
geen drie generaties zou duren, is geen reden er meewarig over te
doen. Voorspoed is voorspoed, hoe kortstondig ook.

VI
Een wanhopige renaissance
Van Constantius II tot Honorius

Het bejaarde Rome

Aan het eind van de vierde eeuw geeft Ammianus Marcellinus, een Griek uit het Syrische Antiochië die na een militaire carrière een vervolg op Tacitus' *Annalen* en *Historiën* schrijft, een ontluisterende diagnose van de gezondheidstoestand van de stad die hij desondanks de 'eeuwige' blijft noemen. Het is een beroemde uitweiding in zijn relaas over het bewind van keizer Constantius II (337-361), en Ammianus laat er geen twijfel over bestaan dat het er in de tussentijd (hij schrijft dit in de jaren tachtig) niet beter op geworden is.[1]

De excurs begint met een korte schets van de Romeinse geschiedenis, die zich als een mensenleven ontplooit. Na zijn geboorte groeide het Romeinse volk uit tot een krachtige jongeling, die in de loop van enkele eeuwen niet alleen geheel Italië, maar ook vrijwel de gehele bewoonde wereld aan zich wist te onderwerpen. Inmiddels heeft het volk een meer bezadigde levensfase bereikt:

> Daarom heeft de eerbiedwaardige stad, na de voet gezet te hebben op de overmoedige nekken van woeste volkeren, na hun, als blijvende fundamenten en teugels van vrijheid, wetten gegeven te hebben, als een sobere, verstandige en rijke moeder het beheer van haar erfdeel overgedragen aan de keizers, haar zoons. En hoewel de kiesdistricten allang niets meer te doen hebben, de volksvergadering tot zwijgen is gebracht en er niet meer om stemmen wordt gestreden, maar de stabiliteit uit de tijd van koning Numa Pompilius is weergekeerd, wordt Rome toch aan alle kusten en in alle werelddelen als meesteres en vorstin erkend, verdient de grijsheid der senatoren alom eerbied en gezag, en oogst de naam van het Romeinse volk aanzien en verering.[2]

Dat klinkt redelijk geruststellend, al vraag je je af hoe het verder moet wanneer Rome gebrekkig en dement wordt. Maar Ammianus, die zijn lot heeft verbonden aan de stad die hem in wezen vreemd is, registreert met de kritische distantie van een betrokken buitenstaander een enorme hoeveelheid misstanden waaruit valt op te maken dat de Romeinse elite in een diepe morele crisis verkeert. Soberheid geldt niet meer als deugd, beschermelingen worden geschoffeerd, rijke heren en dames laten zich op straat begeleiden door een gevolg van koks, klaplopers, eunuchen en clowns, in hun huizen maken bibliotheken plaats voor waterorgels en filosofen voor cabaretiers, kinderloze vrouwen worden belaagd door erfenisjagers, en iedereen is bezeten van een panische angst voor ziekte. Intussen geeft het gewone volk zich over aan dobbelspel en ongeremde hartstocht voor wagenrennen.

De klacht over het verval der zeden treffen we al aan bij Cato de Censor, en later bij Sallustius, Plinius Maior, Quintilianus en Juvenalis, om een willekeurige greep te doen, maar uit Ammianus' weergave van de stand van zaken kan toch opgemaakt worden dat de Romeinse bevolking nu werkelijk het spoor bijster is. Vooral de obsessie met betrekking tot gezondheid is veelzeggend:

> Omdat in wat wel de hoofdstad der wereld genoemd mag worden, gevaarlijke epidemieën sneller om zich heen grijpen, waarbij de gehele medische stand met een mond vol tanden staat, heeft men dit redmiddel bedacht, dat niemand een zieke vriend gaat opzoeken, en sommigen zijn zelfs zo voorzichtig dat ze de bedienden die ze op pad hebben gestuurd om naar de toestand van hun dierbare zieken te informeren, niet eerder in huis toelaten dan dat ze zich grondig gereinigd hebben. Zo vreest men zelfs door anderen gezien verval.[3]

Ammianus beschrijft het gedrag van mensen die ieder etisch anker ontberen, wier wereld op instorten staat, maar die zich voorgenomen hebben zich, zolang het nog kan, kostelijk te amuseren.

Terwijl keizers en onderkeizers elkaar te vuur en te zwaard bestrijden, grote delen van het Romeinse Rijk in financiële nood verkeren, steden leeglopen, het christendom vrijwel overal vaste voet aan de grond krijgt en de noordelijke grenzen worden belaagd door op drift geraakte Germaanse stammen, beleeft de Latijnse literatuur een *Indian summer* van weergaloze pracht. Misschien begrepen de Romeinen dat het hun laatste kans was. Christelijke auteurs (Lactantius, Ambrosius, Hiëronymus, Augustinus) dachten de overwinning reeds op zak te hebben, maar de heidenen gaven nog niet op. Na Constantius kwam er zelfs een Griekse filosoof op de troon, Julianus de Afvallige (361-363), de grote held van Ammianus, die al het onderwijs door christelijke docenten verbood. We weten niet hoe het gelopen was als Julianus niet op tweeëndertigjarige leeftijd gesneuveld was tijdens een veldtocht tegen de Perzen. Niet veel anders, waarschijnlijk. Zijn laatste woorden zouden deze zijn geweest: 'U hebt gewonnen, Galileeër!'

In 378 werd bij Hadrianopolis (nu Edirne in het Europese deel van Turkije) een Romeins leger door de Visigoten in de pan gehakt, waarna het Germaanse volk toestemming kreeg zich op de Balkan te vestigen. In januari 395 stierf Theodosius, die het christelijk geloof tot staatsgodsdienst had verklaard. Zijn zoon Arcadius, achttien jaar oud, werd keizer van het Oost-Romeinse Rijk. Diens acht jaar jongere broer Honorius kreeg formeel de heerschappij over het Westen. De deling van het Rijk zou nooit meer geheeld worden. Op 24 augustus 410 trokken de Visigoten Rome binnen, dat ze gedurende drie dagen grondig zouden plunderen. De Eeuwige Stad, die tot dan toe nooit geheel was ingenomen (ook negenhonderd jaar eerder waren de Galliërs onder Brennus er niet in geslaagd het Capitool te beklimmen), lag weerloos op de grond.

De kortstondige val van Rome was een traumatische gebeurtenis. Feitelijk was de schade wel te overzien, bovendien dropen de Goten al snel af, om zich in Frankrijk, later in Spanje te vestigen. De keizer woonde ongedeerd in Ravenna.[4] Maar de Romeinse senaat was zich altijd blijven beschouwen als het centrum van de staat, en in de ogen van alle Latijnstalige schrijvers, dichters, schoolmeesters en denkers was Rome nog steeds de bakermat en het ijkpunt van de klassieke cultuur, de stad waar de belangrijkste tempels stonden, de mythische woonplaats van Romulus en Augustus, Cato en Cicero. Zelfs de katholieke kerk dacht er zo over. Waren de apostelen Petrus en Paulus hier niet voor de leeuwen gegooid? Was de bisschop van Rome niet de *primus inter pares*?

In dit hoofdstuk zullen we zien hoe enkele bijzondere dichters en redenaars de kop in het zand staken en weigerden de historische werkelijkheid onder ogen te zien. Hadden ze een alternatief? Juist omdat hun wereld verkruimelde, stond hun niets anders te doen dan datgene te cultiveren waarin ze generaties lang goed waren geweest: het bestuderen van de Latijnse grammatica, het schrijven van fraaie verzen, het uitwisselen van geestrijke brieven, het uitspreken van spitsvondige redevoeringen en het voeren van filosofische gesprekken. Nog eenmaal toonden ze aan dat de Romeinse literatuur die van Cicero en Vergilius was, niet die van preken, apologetiek, heiligenlevens en bijbelse epiek. De tweede helft van de vierde en de eerste twee decennia van de vijfde eeuw hebben boeken voortgebracht die een ontroerende vitaliteit ademen.

Sulpicius Lupercus en Tiberianus

Dit is wat de tijd doet:

> Alles wat door Moeder Natuur gemaakt wordt,
> ook al wekt het een stevige indruk, wankelt.
> Tijd maakt broos en breekbaar, uiteindelijk gooit hij
> alles aan stukken.

> Water baant zich wegen door nieuwe dalen,
> steeds verleggen rivieren hun vroegere bedding,
> waar hun oevers voor de druk van de stroming
> weerloos bezwijken.

> Vallend water doet ook tufsteen verslijten,
> akkers winnen ooit van de hardste ploegschaar,
> niets glanst met meer kracht dan een gouden ring
> die levenslang meeging.[5]

Het feest van Saturnus

Het gedicht komt uit een negende-eeuws Leids handschrift waarin ook het werk van Ausonius is overgeleverd. De dichter wordt Sulpicius Lupercus Serbastus Junior genoemd, maar geleerden hebben voorgesteld zijn derde naam te wijzigen in Sebastus, Servastus of Servasius – niet bepaald emendaties waar we veel mee opschieten. Naast dit gedicht in sapphische strofen is er van hem in dezelfde codex nog een elegie over de hebzucht.

Literatuurhistoricus Martin Schanz merkt streng op: 'Die Produkte haben keine dichterischen Wert.'[6] Laten we toegeven dat het gedicht enkele clichés bevat. Toch zijn er op zijn minst twee redenen om er aandacht aan te besteden. In de eerste plaats wordt in r. 7 Horatius geciteerd. In diens carmen 1.9 spoort een oudere man de jonge Thaliarchus aan op zwoele zomeravonden achter de meisjes aan te gaan: ze zullen zich misschien verstoppen, maar uiteindelijk laten ze zich giechelend een ring of armband ontfutselen, die Thaliarchus dan weer kan gebruiken als onderpand om een kus af te dwingen. Zo'n meisje, zegt Horatius, zal met een *digito male pertinaci* (een weinig vasthoudende vinger) haar sieraad afstaan. Bij Sulpicius is het vreemd genoeg niet de belaagde oever die *male pertinaci* wordt genoemd, maar de rivier. Het water behoeft kennelijk niet al te veel druk uit te oefenen om de bedding te laten meegeven. Wordt het verval als een erotisch, en dus verre van onaangenaam proces beschouwd? Of vindt de dichter erotiek een slopende zaak? In elk geval kende hij Horatius, en ging hij ervan uit dat zijn lezers de allusie zagen. En Sulpicius had de technische souplesse om het citaat in te passen in een gedicht met een ander metrum dan dat van Horatius.

In de tweede plaats komt de schoonheid van het oude goud in de laatste twee regels als een verrassing, al zou je kunnen zeggen dat het Horatius-citaat de verschijning van de ring heeft voorbereid. Ook hier blijkt de tand des tijds een heilzame werking te hebben. Mooi oud worden, daar gaat het de dichter om. Het is verleidelijk het gedicht van toepassing te verklaren op de Late Oudheid. We zullen dat niet doen: de dichter zou het niet begrepen hebben.[7] Maar soms weet een gedicht meer dan zijn maker.

Serene schoonheid wordt ook geboden door Tiberianus, die omstreeks 330 enkele hoge bestuurlijke functies vervulde in Noord-
Afrika, Spanje en Gallië. Aan hem worden vier gedichten toegeschreven. Het eerste daarvan is een lentegedicht (twintig regels) in
hetzelfde metrum als het *Pervigilium Veneris*, hetgeen voor sommigen aanleiding is geweest om te veronderstellen dat ook dat gedicht
van Tiberianus zou zijn. Het betreft een vredige natuurimpressie,
waarin een riviertje door een welig begroeid beekdal kabbelt. Beschrijvingen van landschappen willen in de Oudheid nogal eens
vervelen door een totaal gebrek aan realisme: de elementen waaruit
een *locus amoenus* is opgebouwd passen biologisch gezien niet bij elkaar, de bloemen zijn te mooi, de insecten zoemen te opdringerig
en er huppelen teveel nimfen, satyrs en herdertjes rond. Niets van
dit alles in het bos van Tiberianus. Je hoort het water, je ruikt de
vegetatie, je voelt het vocht, en nergens duiken pastorale types op.
Het begint zo:

Amnis ibat inter arva valle fusus frigida,
luce ridens calculorum, flore pictus herbido.[8]

Hier volgt het gehele gedicht:

Tussen velden stroomde water in het koele beekdal voort,
lachend met het licht van kiezels, opgefleurd met bloeiend kruid.
Zacht bewoog het lief gefluister van een bries het lauwerdak
en de groene myrtestruiken, hangend boven de rivier.
Op de bodem tierden bloemen welig in het weke gras,
bloosde van saffraan de aarde, gloeide licht van lelies op,
ademde het hele bos de lucht van woudviooltjes uit.
Tussen al die lentegaven, heel die rijke knoppenpracht,
blonk de morgenster der kleuren, aller geuren koningin,
bloem van goud, vlam van Dione,[9] schitterende rozelaar.
Bomen rezen dauwbehangen, vochtig was het grazig veld:
her en der ontsprongen beekjes murmelend aan een frisse bron,
holten waren groen bemost en dicht omhangen met klimop,

Het feest van Saturnus

en met parelende druppels gleden zilverstroompjes neer.
Alom in het lentelommer klonk uitbundiger dan ooit
zang van tal van soorten vogels, zoet gekwetter en getjilp.
Het gemurmel van het water hief een lied aan met het loof,
melodieën in de takken die een westenwind bewoog.
Wie er liep liet zich bekoren door het geurend struikgewas,
wind, stroom, vogel, bloem, bos, lommer, mooi en koel en muzikaal.

Dit landschap fungeert niet als decor voor schalkse avontuurtjes van dartele halfgoden, het is zélf bezield, de wandelaar aan het slot lijkt geheel op te gaan in een natuur die hem niet nodig heeft. Toch is dat niet het hele verhaal. Het geheim van het gedicht schuilt in de werkwoordstijd, het imperfectum, dat een stabiele toestand in het verleden uitdrukt. Het gaat om een herinnerd landschap. De als autonoom gepresenteerde, mensloze natuur dankt haar schoonheid aan de blik en de stem van een verteller. Bovendien roept het imperfectum, dat vaak gebruikt wordt om de achtergrond van gebeurtenissen te schetsen, deze vraag op: en toen? De essentie van het gedicht is gelegen in het feit dat er niets gebeurt. Het beschrijft een voorbije eeuwigheid.

Het is misschien niet verwonderlijk dat Tiberianus ook een pantheïstische hymne op een naamloos en onbenoembaar opperwezen heeft geschreven. Het gedicht herinnert aan het befaamde gebed van de stoïcus Cleanthes (331-230 v.Chr.) en heeft op zijn beurt invloed gehad op de hymne die het middelpunt vormt van Boëthius' Consolatio, die in het laatste hoofdstuk van dit boek aan de orde komt. De tweeëndertig hexameters bezingen in een verheven, retorische stijl een Eeuwige Natuurkracht die tegelijk één en veel, eerste en laatste is, die samenvalt met het heelal dat zij zal overleven. De dichter denkt dat de kosmos in de kringloop van de tijd permanent vernieuwd wordt. De tekst kent enkele archaïsmen en ronkende epitheta, maar is vooral indrukwekkend door zijn massieve waardigheid:

Gij die de goden zijt, gij werking, kracht en oorzaak,
gij die het al omvat, ontelbaar ene godheid,
gij die verwekking zijt, u werd in tijd geboren
de god hier om ons heen, dit lichtend huis van mensen
en goden, hoog besterd met bloem van jeugdigheid.
Sta, bid ik, sta mij toe te leren hoe de wereld
geschapen werd en welk systeem de grondslag vormt.[10]

Het grootste raadsel is de verwevenheid van ziel en materie. In zijn rationele religiositeit vraagt de dichter om inzicht in dat mysterie. In hoeverre Tiberianus hier aansluiting zoekt bij stoïsche, neoplatoonse of christelijke godsbeelden, valt niet uit te maken. Eén ding is duidelijk: voor deze dichter is God geen abstractie, maar een levend organisme dat erom vraagt met zowel rede als zintuigen te worden bestudeerd.

Ausonius. Van leraar tot consul

Bij Hadrianopolis worden duizenden Romeinse soldaten samen met keizer Valens over de kling gejaagd (378), in Rome ijvert senator Symmachus voor het herstel van oude rituelen (384), aan de Sloveense rivier de Frigidus verslaat Theodosius, niet lang nadat hij het christelijk geloof tot staatsgodsdienst heeft verklaard, de laatste troonpretendent met heidense sympathiën Eugenius (394), kortom: de wereldgeschiedenis is bezig zijn loop te verleggen. En wat doet Ausonius? Bij het krieken van de dag staat hij op, hij roept zijn luie bediende Parmeno, wast zijn gezicht en zijn handen, spreekt het morgengebed uit, legt wat beleefdheidsbezoekjes af, onderhandelt met zijn kok over de lunch, en zet zich aan het schrijven van een reeks gedichten waarvan alle regels (163) op een eenlettergrepig woord eindigen.

Dat Decimus Magnus Ausonius, geboren omstreeks 310 en kort na 393 overleden, geen oog heeft gehad voor wat zich in de grote wereld afspeelde, is des te merkwaardiger omdat hij dicht bij het vuur zat. Opgegroeid in Bordeaux (Burdigala) als zoon van een wel-gestelde arts, werd hij in 364 na een voorspoedige loopbaan als grammaticus en retor naar het keizerlijk hof te Trier geroepen om leiding te geven aan de vorming van kroonprins Gratianus. Deze betrekking legde hem en zijn familie geen windeieren. Hij be-kleedde enkele hoge bestuurlijke functies, bracht het in 379 zelfs tot consul, en wist ook voor zijn zoon en schoonzoon schitterende posities te regelen. Na zijn consulaat trok de schoolmeester zich te-rug op het landgoed bij Bordeaux dat zijn in 378 op extreem hoge leeftijd overleden vader hem had nagelaten. Hij droeg een editie van zijn verzamelde gedichten op aan Theodosius. De keizer had Ausonius daar met zoveel woorden om gevraagd:

> Mijn sympathie voor u en mijn bewondering voor uw talenten en eruditie, die werkelijk onovertroffen zijn, geliefde vader, brengen mij ertoe de traditie van mijn voorgangers te volgen en u persoon-lijk mijn vriendschap te betuigen, met het dringende verzoek, niet op grond van mijn rechten als vorst, maar van de genegenheid die tussen ons bestaat, dat u mij niet berooft van de lectuur van uw ge-schriften.[11]

Het gedicht waarmee Ausonius antwoordt, is hoffelijk: 'Schrijven kan ik niet. De vorst beveelt. Nu wel.' De brief eindigt zo:

> *Tu modo te iussisse, pater Romane, memento*
>   *inque meis culpis da tibi tu veniam.*

> Romeinse vader, weet dat u mij dit beval;
>   wanneer ik fouten maak, vergeef dan ook uzelf.[12]

Romane, memento is een citaat uit het zesde boek van Vergilius' *Ae-neis*, waar Anchises uitlegt welke taak de Romeinen in deze wereld te vervullen hebben.[13] Het is typerend voor Ausonius dat hij de ide-ologisch zwaarbeladen woordcombinatie inzet voor huiselijk ge-bruik.

Ausonius is een uiterst productief dichter geweest, in uiteenlopende genres. Hij schreef (onder veel meer) enkele gedichten over zijn dagindeling (*Ephemeris*), dertig gedichten over zijn familie (*Parentalia*), hij wijdde een bundel aan de leraren van Bordeaux (*Commemoratio professorum Burdigalensium*), droeg een paar onhandige liefdesgedichtjes op aan een Germaans slavinnetje (*Bissula*), bewerkte de keizerbiografieën van Suetonius tot vierregelige epigrammen (*De XII Caesaribus*), vulde negentig regels met spitsvondigheden aangaande het getal drie (*Griphus ternarii numeri*) en eerde twintig wereldsteden in een reeks waarvan Bordeaux uiteraard de climax vormde (*Ordo urbium nobilium*). We kennen een aantal (ook metrische) brieven van hem. Bovendien is de redevoering bewaard waarin hij Gratianus bedankt voor zijn benoeming tot consul.

Ausonius mag een oppervlakkig denker zijn, dat hij in technische zin een grootmeester is kan niet ontkend worden. Een van zijn hoogstandjes is de *Cento nuptialis*, een reeks van acht bruiloftsgedichten die geheel zijn opgebouwd uit regels van Vergilius. Het laatste gedicht, waarin de bruid wordt ontmaagd, is dermate pornografisch van karakter dat de vertaler in de Loeb-editie het niet aangedurfd heeft het in het Engels weer te geven. Tamelijk grappig is bijvoorbeeld dat de roede van de bruidegom wordt beschreven met een regel uit *Aeneis III*, die daar de verschijning van de Cycloop oproept ('een gruwelijke reus, een monster met één oog'), en dat de bruid als de stervende Dido op haar bed neerzijgt.[14] Het genre van de *cento* (lappendeken) was niet nieuw, maar wat Ausonius ermee doet is zonder meer virtuoos.

De zesentwintig gedichten die grammatici en retoren uit Bordeaux en omstreken gedenken, vormen een staalkaart van Ausonius' metrische veelzijdigheid. Poëtisch gezien is het een onthutsend slechte bundel, maar de gedichten bieden een uniek tijdsbeeld. Onder deze docenten uit de provincie treffen we arme scharrelaars, ambitieuze dichters, aan lagerwal geraakte nazaten van druïden en drankzuchtige oplichters, maar ook redenaars die tot in Rome en Constantinopel beroemd waren. Een mooi voorbeeld is Exuperius uit Toulouse:

Het feest van Saturnus

U, Exuperius, natuurtalent, gedenk ik.
Hoe plechtig was uw gang, hoe groots uw taal, hoe edel
uw fraai gelaat, hoe raak en prettig was uw voordracht!
Hoe schitterend uw schat aan woorden! Wie ze hoorde
bezweek voor hun geweld. Maar wie ze later las,
ontdekte dat u niets, maar dan ook niets gezegd had.[15]

Toen men in Toulouse was uitgekeken op Exuperius' gebakken lucht, verlegde hij zijn werkterrein naar Narbonne. Daar kreeg hij twee zoons van een halfbroer van keizer Constantijn onder zijn hoede, Dalmatius en Hannibalianus, die in 337, na de dood van hun oom, door het leger uit de weg geruimd zouden worden, niet dan nadat ze Exuperius hadden benoemd tot gouverneur van Spanje. Steenrijk stierf de beminnelijke retor in Cahors.

De voorspoedige carrière van Exuperius lijkt op die van Ausonius zelf. In een van zijn aardigste brieven spoort hij zijn kleinzoon aan ijverig te studeren, opdat hij het later ver zal schoppen. In dat kader gaat hij in op zijn eigen loopbaan:

Je opa geeft deze adviezen niet als leek, want hij heeft duizenden talenten onderwezen! Velen heb ik vanaf hun melkjaren gevoed en terwijl ik hen op schoot koesterde en hun gebrabbel losmaakte, ontrukte ik de kwetsbare leeftijd aan lieve voedsters. Spoedig daagde ik de jongens met vriendelijk vermaan en lankmoedige tucht uit om door het wrange tot de zachte kern van succes te komen, zodat ze de zoete vrucht van de bittere wortel zouden plukken. Als ze daarna hun mannentoga hadden aangetrokken en de onstuimige adolescentie hadden bereikt, leidde ik hen naar een goede levenswandel, een goede vakkennis en een krachtige welsprekendheid, ook al weigerden ze het juk van mijn gezag te torsen en lieten ze hun monden niet beteugelen met een getand bit. Hard was het ze in de hand te houden, een moeizame ervaring met zelden enig effect, als ik mijn jarenlange ondervinding overzie, mijn pogingen met zachte censuur de jeugd die niet leren wilde te besturen. Ik verdroeg het allemaal, totdat ik op het laatst gehecht raakte aan de ellende en de goede routine mijn inspanningen verzachtte, totdat ik werd opgeroepen tot de vrome plicht een Augustus op te leiden en met uiteenlopende eerbewijzen werd overladen, toen het gouden paleis het bevel kreeg mij te gehoorzamen.[16]

Het leeuwendeel van Ausonius' poëzie is geestloos maakwerk. Toch is er één gedicht dat terecht grote faam geniet: een bijna vijfhonderd regels tellende lofzang op de Moezel. *Mosella* is in verschillende opzichten een verrassend werk. In de eerste plaats valt op dat het de rivier is die alle aandacht krijgt, en niet de keizerlijke residentie Trier. In de tweede plaats blijkt de dichter eindelijk eens met eigen ogen om zich heen te hebben gekeken, zonder in iedere regel te laten merken hoe erudiet hij is. Het gedicht bevat zeker nog een heleboel obligate geleerdheid, maar daartussendoor blinkt en kabbelt de Moezel zelf.

Het water van de rivier is even doorzichtig als lucht, zodat je de planten op de bodem kunt zien zwieren op de stroming. Vijfenzeventig regels lang weidt de dichter, door een stroomnimf geïnspireerd, uit over de prachtige en culinair aantrekkelijke vissen die er zwemmen. Het hoogtepunt van die catalogus wordt gevormd door de meerval:

> Machtige meerval, nu zal ik jouw lof
> bezingen. Want de rug schijnbaar bestreken
> met olie van de Attische olijf,
> beschouw ik jou als een rivierdolfijn:
> zo glijd je groots doorheen het golvend water,
> je langgerekte lijf maak jij met moeite
> vrij van kronkels, verward in ondiep water
> of in het riet van de rivier. Beschrijf
> jij stille banen in de stroming, jou
> bewondert het azuren vissenvolk
> en ook het helder water kijkt je aan,
> want er vertrekt een golfslag uit de bedding
> en deint tot aan de oeverkanten uit.

Zoals een walvis wel eens in Atlantisch
diep door winden of door eigen aandrang wordt
gedreven naar het kustland: hij verplaatst
de zee en stort hem op het strand, een wand
van water rijst omhoog en in het rond
vrezen de bergen dat hun hoogte afneemt.
Maar hier, nee, hier in onze Moezel kent
de vriendelijke walvis geen vernielzucht,
hij schenkt de grote stroom nog groter eer.[17]

De ronkende epitheta en de totaal misplaatste homerische vergelijking laten zien dat de dichter zich bewust is van de betrekkelijke
nederigheid van zijn onderwerp, maar de milde zelfspot verheelt
niet dat Ausonius werkelijk van de Moezel houdt. Met oog voor
sprekende details vertelt hij over vissers, wijngaarden en landhuizen. Het mooist is de spiegeling van het heldere water:

Hoe heerlijk om te zien hoe, blauwgroen, de rivier
de donkere heuvels groet en hoe het golvend water
in blad staat en de stroom een woud van ranken draagt.
Onzegbaar is zijn kleur wanneer de late Avond
de Moezel overhuift met schaduw van de bergen.
Het heuvellandschap zwemt in rimpels en afwezig
beweegt de wijnstok, zwelt de wijnoogst in 't kristal.[18]

Roeibootjes met spelende jongens worden vergeleken met een zeeslag. Het gaat echter niet om een echte zeeslag, maar om een *nau-
machia*, een spektakel in een onder water gezet amfitheater. Wat
aan de Moezel gebeurt is kennelijk niet meer dan de lieflijke af-
schaduwing van wat in de grote wereld slechts een spel is, maar in
zijn vrolijke bescheidenheid is het tastbaarder dan alle veldslagen
van Caesar bij elkaar. Opnieuw besteedt Ausonius aandacht aan de
spiegeling op het water, waardoor de jongens zich laten afleiden.
Het geeft hem gelegenheid tot een vergelijking die op het eerste gezicht weer misplaatst lijkt:

Zoals wanneer een jong en onbedorven meisje,
wier voedster haar voor 't eerst de eer van spiegelglanzen
dat alles onderzoekt, heeft laten zien – het kind
kijkt met verbazing naar haar opgestoken haren
en denkt te kijken naar een heuse tweelingzus:
vergeefs kust zij het brons dat zonder antwoord blinkt,
tast naar een haarspeld, poogt met uitgestrekte vingers
een losgevallen lok te schikken op dat voorhoofd –
zó laat de jongensvloot zich graag in loze schimmen
verstrikken en geniet van schijn en werkelijkheid.[19]

Het is aanlokkelijk het beeld van de spiegel, dat hier, bijna precies midden in de Moezel, uitgewerkt is, ook een diepere betekenis toe te kennen. Ausonius lijkt te suggereren dat ieder aspect van de echte wereld een pendant heeft in een parallel universum, dat weliswaar fictief en ongrijpbaar is, maar tegelijkertijd, doordat het ons een spiegel voorhoudt, een glasheldere realiteit vertegenwoordigt. Alles in dit gedicht wordt verdubbeld. Beweert Ausonius eerst dat geen paleis zich kan meten met de schoonheid van het landschap, later in het gedicht beschrijft hij met smaak de kapitale landhuizen op de oever. De vissencatalogus correspondeert met een opsomming van methoden om vissen te vangen, Rijn en Moezel zijn broers, de keizer werkt samen met zijn zoon, en zowel aan het begin als aan het slot van het gedicht legt Ausonius een verband tussen de Moezelvallei en zijn geboortestreek. De Moezel is een microkosmos die het wereldtoneel niet doet vergeten, maar er een nieuw licht op doet vallen. Wie naar de bodem van de rivier kijkt, ziet een vlietend beeld van zichzelf.

In Rome beklaagt Symmachus zich over het feit dat de Moezel er wel circuleert, maar dat hij persoonlijk geen exemplaar heeft ontvangen:

Jouw Moezel, in goddelijke verzen door jou vereeuwigd, schiet door de handen en jaszakken van velen, maar alleen aan mijn oever stroomt hij voorbij. Waarom, vraag ik je, heb je me dat boekje willen onthouden? Je denkt kennelijk dat ik zo amuzisch ben dat ik er niet over kan oordelen, of in elk geval zo jaloers dat ik je niet voldoende zal prijzen. Dat betekent in feite dat je me goede smaak of fatsoen ontzegt. Niettemin ben ik in strijd met je verbod met moeite doorgedrongen in het geheime heiligdom van het werk. Ik zou het liefst verzwijgen wat ik ervan vind, ik zou me op je willen wreken door een rechtvaardige stilte in acht te nemen. Maar de bewondering voor het geschrevene breekt ieder besef van krenking. [...]

Waar heb je toch die scholen riviervissen gevonden, met al die verschillende namen, kleuren, afmetingen en smaken, die je met de kleurstoffen der poëzie fraaier beschilderd hebt dan de natuur toelaat? Ik heb me, als ik bij je aan tafel zat, vaak verwonderd over alles wat er aan bijzonders werd opgediend, maar nooit heb ik er dergelijke vissen onder ogen gekregen. Wanneer zijn die vissen in jouw boek geboren, als ze nooit op je dienschalen terecht zijn gekomen? Denk je dat ik niet serieus ben en je een beetje zit te stangen? God geve dat je me gelooft, want ik plaats dit gedicht van jou op gelijke hoogte met de werken van Vergilius.[20]

Symmachus staat bekend als de laatste Romein die vasthield aan de religie van Romulus, Cato en Augustus. Dat Ausonius zowel met hem bevriend was als met Theodosius, die het polytheïsme definitief taboe verklaarde, roept de vraag op naar zijn eigen godsdienstige overtuigingen. Het lijdt geen twijfel dat Ausonius officieel christen was, anders had hij nooit zo'n hoge positie kunnen bekleden onder Valentinianus I en Gratianus.[21] Inderdaad zijn er enkele gedichten waarin hij expliciet naar de christelijke god en diens zoon verwijst, maar je krijgt niet de indruk dat het hem veel kon schelen onder welke namen hij het goddelijke aanbad. Toen zijn dierbare, succesvolle leerling Paulinus (353-431) zich omstreeks 390 radicaal terugtrok uit de wereld, eerst om priester in Barcelona te worden, later om in het Campaanse Nola een ascetisch leven te gaan leiden, reageerde Ausonius met verbijstering. De grotendeels in poëzie gevoerde briefwisseling tussen de in schipperen bedreven leermeester en zijn orthodoxe student getuigt van wederzijds respect én onbegrip. Ausonius heeft niet meer hoeven meemaken dat Paulinus werd benoemd tot bisschop van Nola.[22] Dat iemand die consul was geweest voor een kerkelijke loopbaan koos, ging zijn begrip te boven. De wereld was veranderd. Ausonius had het niet gemerkt.

De laatste heidenen. Symmachus en Macrobius

De wereld was veranderd. Symmachus had het, in tegenstelling tot zijn Gallische vriend, wel gemerkt, maar wenste er niet in mee te gaan. Gedurende vele eeuwen was Rome het centrum van de wereld geweest. Keizers waren gekomen en gegaan, maar als rots in de branding had daar altijd de senaat gestaan, die continuïteit garandeerde, waarbij oeroude, vaak onbegrijpelijke rituelen de onbreekbare band tussen land, volk en elite symboliseerden. Maar nu mocht je blij zijn als de keizer zelfs maar één keer tijdens zijn regeringsperiode in Rome langskwam. Tot overmaat van ramp had Gratianus in 382 het altaar van de godin Victoria laten weghalen uit het senaatsgebouw, omdat het, als heidens symbool, niet meer van deze tijd zou zijn. Symmachus' pleidooi bij Gratianus' jongere halfbroer Valentinianus II om het altaar terug te plaatsen (in 384) geldt als de laatste kreet om aandacht van een stervende beschaving.

Quintus Aurelius Symmachus (ca. 340-402) was een alom gerespecteerd senator, die onder diverse keizers topfuncties bekleedde. Hij wordt beschouwd als de spil van een kring gelijkgestemden, een groep edellieden, geleerden, filosofen en filologen die ervoor ijverden het oude Romeinse erfgoed levend te houden, tegen de christelijke stroom in. Waarschijnlijk is ons beeld van hem enigszins geromantiseerd, want uit de bronnen blijkt dat Symmachus een loyaal, volgens sommigen zelfs opportunistisch bestuurder is geweest. Bovendien is het duidelijk dat hij vooral oog had voor de belangen van zijn eigen stand. Dat de Numidische leider Gildo in Noord-Afrika de graantoevoer naar Rome afsneed (in 397), zodat een groot deel van de bevolking honger leed, raakte hem absoluut niet, hoewel hij misschien verlichtende maatregelen had kunnen treffen, en hij weigerde zijn pachters als soldaten ter beschikking te stellen van Stilicho, die de crisis poogde te bezweren. Ook lijkt het hem te zijn ontgaan dat de bevolking van de provincies aan de grenzen van het Rijk ernstig te lijden had onder invallen van barbaren, terwijl hij die gebieden toch ambtshalve bezocht had. Nee, we moeten ons Symmachus niet herinneren als een visionair staatsman.

Symmachus heeft gecorrespondeerd met vrijwel iedereen die er in de tweede helft van de vierde eeuw toe deed, onder wie de kerkvaders Ambrosius en Augustinus, de keizers Gratianus en Theodosius, de dichter Ausonius en de veldheer Stilicho. Na Symmachus' dood heeft zijn zoon de meer dan negenhonderd brieven verzameld en, in navolging van de correspondentie van Plinius Minor, uitgegeven in tien boeken. Het is geen onverdeeld genoegen ze te lezen. Of het nu ligt aan een al te grondige revisie (door Symmachus junior) of aan een totaal gebrek aan gespreksstof, het merendeel van de brieven gaat over futiele onderwerpen, al zijn ze elegant geformuleerd, eveneens naar het model van Plinius. Juist dat maakt ze tot een treffend tijdsdocument. Voor Symmachus en de zijnen is beschaving niet iets wat je met het zwaard verdedigt, maar iets wat je onderhoudt door zorgvuldig te formuleren, door de traditie te bestuderen, door de oude dichters en redenaars uit te geven en met geleerde vrienden te debatteren over historische, juridische, ceremoniële en taalkundige kwesties. Rome is geen vesting maar een idee.

Naast persoonlijke brieven zijn er enkele brokstukken van redevoeringen overgeleverd, alsmede een vijftigtal zogenaamde *relationes*, officiële brieven aan de keizers, die niet in Rome resideerden. De bekendste daarvan is de derde, in 384 gericht aan de drie keizers van dat moment: in Milaan Valentinianus II, dertien jaar oud, in Constantinopel Theodosius en zijn zoon Arcadius, zes jaar oud. In feite was het Valentinianus die over de kwestie moest beslissen.

Twee jaar eerder was Symmachus er door de senaat al op uitgestuurd om bij Gratianus te bepleiten dat het Victoria-altaar in ere werd hersteld, maar dat had, door toedoen van paus Damasus en Ambrosius, de bisschop van Milaan, niets opgeleverd. Bij de onervaren Valentinianus probeert hij het opnieuw. De brief is opgebouwd als een redevoering, waarin Symmachus niet alleen ingaat op de verwijdering van het altaar, maar ook op het afschaffen van financiële privileges voor oude religieuze colleges, zoals de Vestaalse maagden. Ten aanzien van dat laatste brengt Symmachus vooral pragmatische en juridische argumenten in stelling. Wat levert zo'n belastingmaatregel nu helemaal op? Sinds wanneer heeft de overheid het recht zich met private erfenissen te bemoeien? Bestaat er niet zoiets als gewoonterecht? En hebben niet alle religies tot taak het keizerschap te ondersteunen? Het kan haast geen toeval zijn dat Gratianus' heilloze wetten zijn gevolgd door een hongersnood!

Het interessantst is wat Symmachus over het Victoria-altaar zegt. Victoria, de godin van de Overwinning, heeft Rome groot gemaakt. Dat kan niemand ontkennen. Augustus heeft het altaar in de Curia laten plaatsen, en het is goed tradities aan volgende generaties door te geven. Bovendien geeft de aanwezigheid ervan de senaatsvergaderingen een sacraal karakter: geen senator zou het wagen ten overstaan van zo'n religieus icoon meineed te plegen. Zelfs keizer Constantius II, die het altaar voor het eerst verwijderd had (het werd door Julianus teruggeplaatst), had belangstelling en respect voor de oude Romeinse gebruiken. Hij realiseerde zich dat religie vele verschijningsvormen kent:

Elke religie heeft haar eigen tradities, haar eigen rituelen. De goddelijke geest heeft aan alle steden andere erediensten toegekend om hen te beschermen. Zoals wie geboren wordt een ziel krijgt uitgereikt, deelt de Voorzienigheid aan de afzonderlijke volkeren hun eigen goddelijke machten toe. Daar komt nog bij dat het voor de mens uiterst voordelig is goden te vereren. Want hoe zouden we, aangezien de rede geheel in het duister tast, het numineuze beter kunnen leren kennen dan uit de verhalen en bewijsstukken van voorspoed? Indien dus een lange geschiedenis religies gezag verschaft, dan moeten we al die eeuwen vertrouwen en onze ouders volgen, die met gunstig effect de hunne hebben gevolgd. Stellen wij ons voor dat op dit moment Roma zelf in ons midden is en u als volgt toespreekt: 'Voortreffelijkste vorsten, vaders des vaderlands, hebt eerbied voor mijn leeftijd, die ik heb kunnen bereiken doordat de traditionele rituelen altijd plichtsgetrouw werden uitgevoerd! Laat mij de voorvaderlijke ceremoniën doorlopen, die ik nog steeds onderschrijf. Laat mij, vrij als ik ben, leven volgens mijn eigen gewoonten. Deze godsdienst heeft de wereld onder mijn wetten gebracht, deze heilige gebruiken hebben Hannibal van de stadswallen, de Senonen van het Capitool teruggedreven. Ben ik dan in leven gehouden om als hoogbejaarde aan de kant geschoven te worden? Ik heb nog geen oordeel over eventuele nieuwe instituties. Maar wie een oude vrouw op de vingers tikt, komt daarmee niet alleen veel te laat, het is ook onbeschoft.'

Wij verzoeken u dus onze voorvaderlijke, onze inheemse goden in vrede te laten leven. Het is een redelijke aanname dat alle mensen in feite dezelfde goddelijke macht vereren. We kijken naar dezelfde sterren, de hemel is van ons allen, hetzelfde firmament omgeeft ons. Wat maakt het uit volgens welke methode men de waarheid zoekt? Er zijn vele routes om zo'n groot mysterie te benaderen.[23]

Het is een wonderlijke tekst. Symmachus laat zien dat hij op de hoogte is van neoplatoonse theorieën omtrent het Ene, dat vaak gelijkgesteld werd aan de stoïsche Logos en de christelijke God, maar hij moet er niets van hebben. Voor hem telt alleen de traditie, die Rome groot heeft gemaakt. Aan de oude godsdienst is het te danken dat de Galliërs in de vierde en de Puniërs in de derde eeuw v.Chr. onverrichter zake zijn afgedropen. Net als Cicero in de eerste Catilinarische rede voert hij de stadsgodin sprekend in, met dit verschil dat zij nu een stokoude en hulpeloze vrouw is.[24] Dat je met een klagerig getuigenis geen proces wint, had de redenaar moeten voorzien.

Mocht Valentinianus de neiging gehad hebben op het verzoek van de gezaghebbende senator in te gaan, Ambrosius dwong hem rigoureus in het spoor van de christelijke orthodoxie door met een kerkelijke ban te dreigen. In twee snoeiharde, arrogante brieven veegt hij de vloer aan met de Romeinse godsdienst in het algemeen en Symmachus' argumenten in het bijzonder. Vanuit zijn gezichtspunt gezien heeft hij natuurlijk gelijk: als de christelijke leer absoluut en objectief waar is, zou tolerantie belachelijk zijn. Ambrosius wint. Voor Victoria valt het doek. Symmachus en zijn vrienden trekken zich terug in de literatuur.

Ergens in de eerste helft van de vijfde eeuw kijkt Macrobius terug op de generatie van Symmachus. We weten niets van Macrobius Ambrosius Theodosius, behalve dat hij in de handschriften wordt aangeduid als *vir clarissimus et illustris*, hetgeen betekent dat hij in de senaat zat en hoge functies bekleedde. Hij zegt zelf dat hij 'onder een andere hemel' is geboren: hij was dus geen Romein. Twee werken zijn van hem overgeleverd, die in elk geval vóór het midden van de vijfde eeuw moeten zijn geschreven.[25] Het ene is een lijvige commentaar op het *Somnium Scipionis*, de filosofische droom van Scipio Minor waarmee Cicero *De staat* had afgesloten. Macrobius' neoplatoons-allegorische toelichting op het *Somnium* werd in de Middeleeuwen veel gelezen en heeft ervoor gezorgd dat dit hoogtepunt van Cicero's staatkundige beschouwing niet verloren is gegaan.

Het andere werk is een dialoog in zeven boeken met de titel *Het feest van Saturnus*. Hierin ontmoeten we Symmachus, die met enkele geleerde tijdgenoten de donkere dagen van december doorbrengt. Wanneer tijdens de Saturnalia het openbare leven in Rome stil ligt, komen de vrienden op drie avonden bij elkaar om te discussiëren over oudheidkundige en literaire onderwerpen.[26] Grote delen van het vierde en het slot van het laatste boek zijn verloren gegaan.

In het voorwoord draagt Macrobius het werk op aan zijn zoon Eustachius. Het heeft, legt hij uit, een educatieve functie:

Omdat ik van mening ben dat het voor de vervolmaking van jouw vorming handiger is recht op het doel af te gaan dan lange omwegen te kiezen, heb ik niet het geduld eindeloos af te wachten tot je voortgang boekt door alleen dat uit je hoofd te leren wat je zelf ijverig tot in de late uurtjes bestudeert, maar is het mijn opzet dat mijn lectuur ook jou ten goede komt en dat hetgeen ik na jouw geboorte of nog daarvoor zorgvuldig heb uitgewerkt in verscheidene boeken in de Griekse of Romeinse taal, voor jou tot wetenschappelijk huisraad zou kunnen dienen, zodat, mocht je ooit verlegen zitten om een verhaal dat zich verborgen houdt in een stapel boeken, of om een gedenkwaardige uitspraak of daad, je die hier gemakkelijk kunt vinden en tevoorschijn kunt halen als uit een soort voorraadkast van literatuur.[27]

Macrobius laat er dan ook geen twijfel over bestaan dat de dialoog fictief is en uitsluitend bedoeld als kapstok om een grote hoeveelheid wetenschappelijke feiten en theorieën aan op te hangen. In het vervolg van de inleiding vergelijkt hij zijn methode met die van bijen, die wat ze uit een veelheid van bloemen puren, samenbrengen in raten, waar het een eenheid met een eigen karakter wordt. Zo werkt ook vertering: alles wat we eten wordt door het lichaam zo vervormd dat het ons sterker maakt. Macrobius voegt er nog een paar metaforen aan toe: verschillende getallen komen samen in één groter getal; wie een parfum fabriceert draagt er zorg voor dat geen van de ingrediënten overheerst; in een zangkoor versmelten de afzonderlijke stemmen tot één harmonie. Macrobius' uitweiding kan beschouwd worden als een van de eerste pogingen een theorie van de intertekstualiteit te formuleren. Het aardige is dat Macrobius' uitleg zelf een illustratie van de methode vormt, omdat hij zijn metaforen aan eerdere auteurs ontleent.

Evenals veel dialogen van Plato en Cicero worden de gesprekken in Het feest van Saturnus op een omslachtige wijze ingeleid. Decius vraagt Postumianus of hij erbij was toen een gezelschap geleerde heren de Saturnalia had aangegrepen om over interessante onderwerpen te converseren. Postumianus antwoordt dat hij het helaas te druk had gehad met zakelijke beslommeringen, ofschoon hij wel was uitgenodigd. In zijn plaats was de Griekse retor Eusebius gegaan, die hem later verslag had uitgebracht van wat er aan de orde was gekomen.

Het gezelschap bestaat uit twaalf heren. Behalve Symmachus treffen we er bijvoorbeeld Praetextatus, een voornaam politicus die Romeinse degelijkheid combineert met een filosofische neiging tot monotheïsme: hij ziet alle goden van het Grieks-Romeinse pantheon als verschijningsvormen van de Zonnegod. Flavianus, die in 394 zou sneuvelen in de slag bij de Frigidus, en wel aan de kant van Theodosius' heidense tegenstanders, is een erudiet kenner van Romeinse rituelen. Ook Servius is aanwezig, die we kennen als commentator van Vergilius. De enige stoorzender tijdens de dialogen is Euangelus, wiens naam erop duidt dat hij het christelijk geloof aanhangt. Hij is scherp en onbeschaamd, en weet met zijn provocaties het gesprek soms een beslissende wending te geven. Aan hem is het te danken dat men aan het eind van boek I besluit de rest van de vakantie te besteden aan verschillende aspecten van Vergilius' werk, want Euangelus betwijfelt ernstig of de nationale dichter zijn onaantastbare reputatie wel verdient. Boek III tot en met VI zijn vrijwel geheel gewijd aan beschouwingen over Vergilius' kennis van filosofie, astronomie, Romeinse religie, retorica en Griekse literatuur. Afzonderlijke passages worden geanalyseerd en het geheel is doorspekt met citaten in Grieks en Latijn uit een grote verscheidenheid aan auteurs. Dit is wat Macrobius zich voorstelt bij goed onderwijs.

Het levendigst zijn de boeken II en VII, waarin de gesprekken worden weergegeven die op de tweede en derde dag *inter pocula* (onder het genot van een glas), na de maaltijd dus, gehouden zouden zijn. Hier vindt men grappen van Cicero en Augustus, gastronomische en medische uiteenzettingen over wijn en vrouwelijke dronkenschap, wat er met de huid gebeurt wanneer men zich wast met zeewater, en als climax een aan Plutarchus ontleende wetenschappelijke discussie over de vraag wat er eerst was, de kip of het ei.[28] Dit laatste gesprek wordt wederom uitgelokt door Euangelus, die zich erover verbaast dat zijn vrienden een geintje zo ernstig opvatten. De arts Disarius meent dat de kip de beste papieren heeft:

Zeggen dat het ei voorafging aan de kip, is hetzelfde als te beweren dat de baarmoeder voorafging aan de moeder. En wie vraagt hoe de kip heeft kunnen ontstaan zonder ei, lijkt op wie vraagt hoe mensen ontstaan kunnen zijn voordat er geslachtsorganen waren, waaruit mensen immers voortkomen. Zoals dus niemand met recht zal beweren dat de mens van het zaad is, aangezien het zaad van de mens is, zo is ook de kip niet van het ei, aangezien het ei van de kip is.[29]

Hoe onzinnig dit geredekavel ook lijkt, Macrobius slaagt erin ook hieraan weer een serieus onderwerp vast te knopen: een biologische theorie over het ontstaan van leven. Hij staat in de Oudheid beslist niet alleen in zijn vermoeden dat de aarde door een combinatie van vocht en warmte levende wezens kan voortbrengen. Bovendien heeft Disarius een sterk logisch argument:

Hoewel ik toegeef dat eieren de zaaibedden van vogels zijn, moeten we toch eens zien hoe filosofen het begrip 'zaad' definiëren en wat daaruit valt af te leiden. Welnu, zaad is een voortplantingsmiddel dat iets doet ontstaan naar de gelijkenis van datgene waaruit het zaad afkomstig is. Niets kan echter gaan lijken op wat er nog niet is, zoals er ook geen zaad kan voortstromen uit wat nog niet bestaat.[30]

Een moderne lezer zou geneigd kunnen zijn dit debat, bijna aan het eind van de Saturnalia, in verband te brengen met Macrobius' literatuurtheorie, zoals uiteengezet in zijn voorwoord. Literatuur brengt literatuur voort, en om dat goed te kunnen doen heeft zij de mens uitgevonden, die boeken tot zich neemt, ze verwerkt en omvormt tot iets nieuws. Het staat er niet, maar Macrobius had het kunnen bedenken.

Historiografie. Ammianus Marcellinus en de Historia Augusta

Het is jammer dat bij de viering van Macrobius' Saturnalia Ammianus Marcellinus niet was uitgenodigd, die sedert het begin van de jaren tachtig van de vierde eeuw als gepensioneerd militair in Rome woonde en er zijn geschiedwerk schreef. Waarschijnlijk had het te maken met zijn maatschappelijke positie, in elk geval behoorde Ammianus niet tot de intieme vriendenkring van Symmachus. Omgekeerd roemt Ammianus wel Symmachus' geleerde vader en spreekt hij met waardering over Praetextatus en Flavianus. Ammianus' liefde voor de glorieuze traditie van de Romeinse cultuur sloot naadloos aan bij de interesses van Symmachus en Macrobius, al is de historiograaf een veel groter schrijver dan zij.

Geschiedschrijvers zijn niet dik gezaaid na de eerste helft van de tweede eeuw. Florus, een tijdgenoot van Suetonius, publiceerde een samenvatting van Livius, vooral toegespitst op de oorlogen die het Romeinse volk had gevoerd, en in de derde eeuw stelde Julius Solinus een verzameling vooral geografische wetenswaardigheden samen, waarin ook geschiedkundige paragrafen zijn opgenomen, deels ontleend aan Suetonius. Naar aanleiding van Pompeius Trogus noemde ik Justinus al.[31] Pas in de vierde eeuw begint de geschiedschrijving weer een genre van enige betekenis te worden. Aurelius Victor, stadsprefect in 389, komt met een serie beknopte keizersbiografieën (Augustus tot en met Constantius) en Eutropius vertelt in tien ultrakorte boeken de gehele Romeinse geschiedenis van Romulus tot het jaar 364. Daarnaast kennen we enkele anonieme geschriften, zoals *Origo gentis Romae* (de oorsprong van het volk van Rome), over de eeuwen die aan Romulus' geboorte voorafgingen, en een verzameling biografietjes van interessante personen onder de titel *De viris illustribus* (beroemde mannen; ook Nepos gebruikte deze titel). Voorts blijven er samenvattingen van Livius verschijnen en componeert Rufius Festus een werkje over Romeinse veroveringen. Substantieel is het allemaal niet, maar het is duidelijk dat het verleden volop in de belangstelling staat.

De eenendertig boeken *Geschiedenis* van Ammianus vormen het enige geschiedwerk uit de Late Oudheid dat zich moeiteloos kan meten met grootheden als Sallustius, Livius en Tacitus.[32] Ammianus ziet zijn werk als vervolg op de *Historiën* van Tacitus, waarin deze het tijdvak van de Flavische keizers had behandeld. De *Geschie-*

denis vangt dan ook aan bij de troonsbestijging van Nerva in 96, maar helaas zijn de eerste dertien boeken verloren gegaan. Waar wij met lezen kunnen beginnen, is Ammianus inmiddels aangekomen bij het jaar 353. De apotheose in boek XXXI is voorbehouden aan de fatale slag bij Hadrianopolis in 378.

Ammianus Marcellinus is aan het begin van de jaren dertig geboren in Antiochië, een van de belangrijkste culturele centra van het Oosten, waar bijvoorbeeld ook de redenaars Libanius en Themistius actief waren. Als adjudant van generaal Ursicinus bezocht hij alle uithoeken van het Rijk en nam hij deel aan de Perzische veldtocht van keizer Julianus, die in de *Geschiedenis* naar voren komt als heroïsch voorvechter van oude Romeinse waarden, hoewel de jonge vorst zichzelf misschien eerder zag als Grieks filosoof. Ammianus' militaire loopbaan zorgde ervoor dat hij zich in hoge mate identificeerde met de traditie van de Eeuwige Stad, hoe bejaard die inmiddels ook was. Dat zal de reden zijn geweest waarom hij besloot voor het Latijn te kiezen en zich in Rome te vestigen. De laatste historische gebeurtenis waaraan hij lijkt te refereren is de dood van Theodosius in 395. Vermoedelijk is Ammianus nog voor de eeuwwisseling overleden.

De slotzinnen van boek XXXI geven een indruk van Ammianus' principes:

> Dit is wat ik, een voormalig soldaat en een Griek, naar de maat van mijn vermogens heb uiteengezet, beginnend bij het principaat van keizer Nerva tot aan de ondergang van Valens, waarbij ik het, voor zover ik me daarvan bewust ben, nergens gewaagd heb mijn werk, dat pretendeert waarheid te bieden, met stilte of leugens te bezoedelen. Laten anderen die jonger en geleerder zijn dan ik, beschrijven wat hierna kwam. Mochten zij het verlangen koesteren daaraan te beginnen, dan spoor ik hen aan hun tongen tot grootsere pennen te smeden.[33]

De beeldspraak is in het Nederlands vreemder dan in het Latijn, waar de woorden 'stilte', 'tong' en 'pen' wel vaker voorkomen in de zin van 'verzwijgen', 'taal' en 'stijl', maar Ammianus gebruikt ze op zo'n manier dat de standaardbetekenis blijft doorklinken. Omdat hij geen native speaker was, was hij zich misschien meer dan de gemiddelde Romein bewust van het metaforisch karakter van veel uitdrukkingen. Overigens vertonen de laatste twee zinnen een opmerkelijke overeenkomst met het slot van Eutropius' *Samenvatting*:

> Want wat hierna komt moet met een grootsere pen besproken worden. Wij laten dat thans niet zozeer achterwege, als wel over aan een grotere zorgvuldigheid in het schrijven.[34]

Als de gelijkenis niet op toeval berust, is er sprake van een compliment aan het adres van Eutropius, tenzij Ammianus de toespeling ironisch heeft bedoeld: zijn eigen pen is immers heel wat grootser dan die van zijn voorganger, en dat moet hij geweten hebben.[35] Belangrijker dan dit is Ammianus' pretentie dat hij, voor zover het aan hemzelf ligt, geen belangrijke feiten heeft verzwegen en dat hij de objectieve waarheid heeft weergegeven, zij het met het perspectief van een voormalig militair en een Griek (*ut miles quondam et Graecus*).

In bovenstaande passage wordt op versluierde wijze een belangrijk probleem aangeroerd, dat ook andere historiografen in de Oudheid heeft beziggehouden. Wie zijn verhaal beperkt tot het verleden, heeft in principe de vrijheid de feiten zo weer te geven als hij denkt dat ze geweest zijn. Aan het bedrijven van contemporaine geschiedschrijving kleven daarentegen gevaren: vrienden van de schrijver willen genoemd worden, kritiek op machthebbers is riskant en vooral de keizer dient onder alle omstandigheden geprezen te worden. Het evalueren van de eigen tijd vereist eerder de pen van een lofredenaar dan die van een wetenschapsman.

Ammianus was zich hiervan bewust, maar ging het probleem niet uit de weg. Het had misschien voor de hand gelegen de *Geschiedenis* met de dood van Julianus (in 363) af te sluiten, toch meende hij zijn relaas te moeten voortzetten. Het is overigens waarschijnlijk dat de boeken XXVI tot en met XXXI, waarin de keizers

Valentinianus I en Valens centraal staan, pas zijn gepubliceerd nadat deze dynastie in 392 definitief het veld had geruimd. In het eerste hoofdstuk van boek XXVI, waar in de optiek van Ammianus een nieuw tijdvak aanbreekt, zet hij zijn standpunt ten aanzien van eigentijdse geschiedschrijving uiteen:

Nu ik met bijzondere zorg de opeenvolgende gebeurtenissen beschreven heb tot waar de geschiedenis van onze eigen tijd begint, zou er veel voor te zeggen zijn als ik, op dit punt aangekomen, ervan afzag een gebied te betreden dat beter bekend is. Door dat te doen zou ik de gevaren vermijden die de waarheid zo vaak met zich meebrengt. Bovendien zou ik dan geen last meer hebben van incompetente critici van het te schrijven werk, die groot misbaar maken alsof ze persoonlijk beledigd zijn wanneer een opmerking van de keizer aan tafel onvermeld is gebleven, of als de reden niet is vermeld waarom gewone soldaten in het legerkamp zijn bestraft, die klagen dat in een gedetailleerde beschrijving van het terrein een paar onbeduidende forten niet verzwegen hadden mogen worden, dat niet alle gasten op de receptie van de stadspraetor met naam en toenaam zijn opgesomd en nog veel meer van dergelijke dingen die zich niet verdragen met de voorschriften van de geschiedschrijving. Die pleegt zich namelijk bezig te houden met de hoogtepunten uit het verleden en zich niet te verlagen tot het naspeuren van onbeduidende zaken. Die allemaal te willen achterhalen is even dwaas als te denken dat de onsplijtbare deeltjes die rondzweven door de leegte (de 'atomen' zoals wij ze noemen) geteld kunnen worden.
Sommige van de oude schrijvers hebben uit vrees hiervoor hun historische onderzoekingen, hoewel ze die in een rijke stijl hadden opgetekend, niet tijdens hun leven uitgegeven, zoals Cicero, een eerbiedwaardig getuige, in een brief aan Cornelius Nepos verklaart. Laten we daarom de wijdverbreide onkunde negeren en overgaan tot het vervolg van onze geschiedenis.[36]

Geen petieterige hang naar volledigheid dus, maar hoofdlijnen, en het is Ammianus zelf die bepaalt wat daartoe behoort en wat niet.

Welnu, afgezien van een aantal fraaie geografische uitweidingen concentreert Ammianus zich in zijn selectie van belangwekkende gebeurtenissen op de belevenissen van de opeenvolgende keizers, geheel in de lijn van Tacitus en Suetonius.

Met een cynisme dat herinnert aan Tacitus' *Annalen* tekent hij de intriges aan de hoven van Constantius II en Gallus. De laatste, een halfbroer van Julianus, was in 351 tot onderkeizer (Caesar) benoemd door zijn neef en zwager Constantius. Hij maakte het in Antiochië zo bont dat Constantius zich algauw van deze lastige mederegent wilde ontdoen. Het bewaard gebleven deel van Ammianus' werk begint meteen goed met een beschrijving van de misstanden in de keizerlijke familie:

Na de afloop van deze slopende veldtocht waren beide partijen uitgeput, gebroken door de veelheid van gevaren en beproevingen. Nog liet het geschal van de krijgstrompet niet af, nog waren de soldaten niet in de winterkwartieren ondergebracht, of de woedende stormvlagen van het lot brachten nieuw noodweer over de staat door de vele gruwelijke misdaden van de Caesar Gallus. Vanuit een diep dal van ellende en verachting was hij aan het begin van zijn volwassenheid onverwacht tot de keizerlijke waardigheid bevorderd, maar hij overschreed de grenzen van de hem toevertrouwde macht en bedierf alles door uiterste wreedheid. Door zijn verwantschap met de keizerlijke familie en het aanzien dat de naam van Constantius toen nog genoot, groeide zijn hooghartigheid met de dag, en als zijn macht groter was geweest, zou hij het gewaagd hebben, naar het zich liet aanzien, in opstand te komen tegen de man die hem zijn voorspoed had geschonken.

Zijn hardvochtigheid werd nog aangewakkerd door zijn echtgenote, een gevaarlijke stokebrand en bovenmate trots omdat zij de zuster was van de keizer. Eerder had haar vader Constantijn haar in het huwelijk verbonden met de vorst Hannibalianus, de zoon van zijn broer. Zij was een Furie in mensengedaante, vuurde haar man onophoudelijk aan in zijn wreedheid en deed in bloeddorstigheid in het geheel niet voor hem onder. In de loop van de tijd werden zij steeds verfijnder in hun boosaardigheid. Naamloze, sluwe laster-aars, die de kwalijke gewoonte hadden vage geruchten die hun ter ore waren gekomen aan te dikken, voorzagen hen van informatie, die onwaar was, maar in hun kraam te pas kwam, op grond waarvan zij onschuldigen beschuldigden van pogingen tot een staatsgreep of van ongeoorloofde magische praktijken.[37]

Vanaf boek XVI wordt stukje bij beetje de opkomst van Julianus be-schreven. Ammianus geeft toe dat zijn relaas op een lofzang lijkt:

Terwijl de wenteling van het lot deze reeks gebeurtenissen in de Ro-meinse wereld teweegbracht, werd in Vienna de Caesar Julianus door de keizer, die toen voor de achtste maal consul was, als mede-consul aangenomen. Gedreven door de energie die hem was aange-boren droomde hij van wapengekletter en het doden van barbaren en hij popelde van verlangen de brokstukken van de provincie aan-een te voegen als het geluk hem eindelijk de wind in de zeilen zou blazen. Aangezien de grote daden die hij in Gallië dapper en succes-vol verricht heeft veel heldendaden uit het verleden overtreffen, zal ik deze de een na de ander beschrijven en daarbij alle middelen aan-wenden waarover mijn bescheiden talent beschikt, in de hoop dat zij toereikend zullen zijn. Al wat zal worden verhaald (niet opge-smukt met spitsvondige onwaarachtigheid, maar geschreven met onkreukbare trouw aan de feiten en steunend op onweerlegbaar be-wijsmateriaal) zal welhaast tot het terrein van de panegyriek beho-ren. Het lijkt immers zo te zijn dat de eis van een superieure levens-wijze het gedrag van deze jongeman van zijn voorname geboorte tot zijn laatste adem heeft bepaald. Door zijn snelle vorderingen heeft hij zich als bestuurder en militair zo'n schitterende reputatie ver-worven dat hij in wijsheid de gelijke geacht werd van Titus, Vespa-sianus' zoon, in zijn roemvolle successen in de oorlog de evenknie van Traianus, mild als Antoninus Pius, in zijn streven naar een juis-te en volmaakte levenswijze leek hij op Marcus Aurelius, op wiens voorbeeld hij zijn optreden en gedrag afstemde. Het gezag van Cice-ro leert ons dat 'van alle grote kunst, net als van bomen, de toppen ons in verrukking brengen, en niet zozeer de wortels en de stam'. Zo waren de kiemen van zijn schitterende gaven toen nog in dichte nevelen gehuld. Zij zouden het echter verdienen nog boven zijn vele verbluffende verrichtingen uit later tijd gesteld te worden en wel omdat hij als jonge man bij zijn eerste optreden, net als Erechtheus, die gekoesterd was in het heiligdom van Minerva, vanuit de vredige koelte van de Academie en niet uit een soldatentent is weggerukt naar het stoffige slagveld van Mars. Germanië heeft hij geveld, de ijzige loop van de Rijn bedwongen, koningen blakend van bloeddorst deels van het leven beroofd, deels in boeien geslagen.[38]

Ammianus zet het voorbeeldige gedrag van Julianus pregnant tegenover dat van de wrede en achterdochtige Constantius. Bijna tegen wil en dank wordt Julianus door zijn troepen uitgeroepen tot Augustus en wanneer Constantius in 361 overlijdt, is hij de enige keizer van het Rijk. Zodra zijn positie onaantastbaar is, ontpopt hij zich als fel bestrijder van de christelijke religie, terwijl hij anderzijds veel gezag ontleent aan zijn eruditie, rechtvaardigheid en sobere levensstijl. Wat dat betreft komt het door Ammianus geschetste beeld overeen met wat bijvoorbeeld Claudius Mamertinus vertelt in de fraaie lofrede bij de aanvaarding van zijn consulaat in 362.[39]

Lang heeft het bewind van Julianus niet geduurd. Tijdens zijn veldtocht tegen de Perzen stort de keizer zich ongeharnast in de strijd en wordt hij getroffen door een speer. Zwaargewond houdt hij in zijn tent nog een waardige redevoering, waarbij hij weigert zijn opvolging te regelen. Daarna gaat het snel:

Bij deze woorden weenden allen die aanwezig waren, maar hij wees hen terecht met een gezag dat ook toen nog onaangetast was, en zei dat het beneden hun waardigheid was te treuren om een vorst die de gunst genoot van de hemel en de sterren. Toen zij door deze vermaning er het zwijgen toe deden, voerde hij zelf met de filosofen Maximus en Priscus een diepgaand gesprek over de goddelijke natuur van de ziel. Maar de wond in zijn opengereten zijde gaapte open en zijn opgezette aderen bemoeilijkten zijn ademhaling. Nadat hij een beker koud water gedronken had, waarom hij in het holst van de nacht had gevraagd, is hij vredig uit het leven heengegaan op de leeftijd van tweeëndertig jaar.[40]

In het hieropvolgende hoofdstuk geeft Ammianus een uitvoerige evaluatie van Julianus' eigenschappen als mens en keizer. Het is niet verbazingwekkend dat de balans doorslaat in diens voordeel, maar Ammianus is eerlijk genoeg om ook een paar minder aangename trekken van zijn held te vermelden. De keizer was bijgelovig waar het voortekenen betrof, hij hoorde zichzelf erg graag praten en genoot van lof en aandacht, bij zijn personeelsbeleid ging hij soms tegen wettelijke bepalingen in, en de maatregelen tegen de christenen waren volgens Ammianus onredelijk hard. Dit alles verbleekt echter wanneer men het afzet tegen 's keizers deugdzaamheid:

Deze man verdient het ongetwijfeld tot de heroïsche geesten te worden gerekend, opmerkelijk als hij was door de luister van zijn daden en door de hem aangeboren majesteit. De vier hoofddeugden namelijk die de filosofen onderscheiden, zelfbeheersing, wijsheid, rechtvaardigheid en moed, en de vier nevendeugden die daarbij horen, kennis van militaire zaken, gezag, succes en vrijgevigheid, hield hij gezamenlijk en afzonderlijk in ere.

Allereerst muntte hij zozeer uit in ongeschonden kuisheid dat hij na het verlies van zijn echtgenote zich nooit meer met de liefde heeft ingelaten. Hij nam ter harte wat we bij Plato over Sophocles lezen. Toen deze tragediedichter op hoge leeftijd de vraag werd gesteld of hij nog wel eens gemeenschap met vrouwen had, antwoordde hij ontkennend en voegde daaraan toe dat hij blij was te zijn ontkomen aan de hartstocht voor deze zaken als aan een waanzinnige en meedogenloze tiran. Ook herinnerde hij dikwijls, om dit voornemen kracht bij te zetten, aan de uitspraak van de lyrische dichter Bacchylides, die hij graag las, en die gezegd heeft dat, zoals een uitnemend schilder schoonheid aan een gelaat kan geven, zo de ingetogenheid een sieraad is van het leven van hem die naar het hogere streeft. De smet van onkuisheid vermeed hij zo angstvallig, terwijl hij in de kracht van zijn leven was, dat hij nog van geen vermoeden van enige wellust beticht werd, ook niet, zoals zo dikwijls gebeurt, door zijn eigen kamerdienaren. Deze vorm van zelfbeheersing werd nog vergroot doordat hij gepaard ging met soberheid in voeding en slaap, waar hij zowel thuis als te velde streng de hand aan hield. Want in vredestijd wekte de eenvoud van zijn levenswijze en zijn tafel de bewondering van hen die daarover een juist oordeel hadden. Het was alsof hij ieder moment de filosofenmantel weer kon aannemen. Op zijn talrijke veldtochten zag men hem soms als een gewone soldaat staande een kleine en simpele maaltijd gebruiken.

Had hij na een korte nachtrust zijn door inspanningen geharde lichaam verkwikt, dan stond hij op en inspecteerde persoonlijk de wisseling van de wacht en de voorposten. Na deze noodzakelijke taken zocht hij verpozing in kunst en wetenschap. En als de lampen waarbij hij 's nachts placht te werken hoorbaar hadden kunnen getuigen, dan zouden zij ongetwijfeld hebben verklaard dat er een groot verschil was tussen deze en bepaalde andere keizers. Zij wisten immers dat hij nooit toegaf aan zijn lusten, zelfs niet als de natuur daarom vroeg.[41]

Hoewel Ammianus niet geheel vrijgepleit kan worden van wat Tacitus *ira* (wrok) en *studium* (voorliefde) heeft genoemd, is hij beslist een integer historicus die er niet voor terugdeinst impopulaire standpunten in te nemen. Dat maakt hem tot de laatste grote geschiedschrijver van de Latijnse literatuur.

Van geheel andere aard is de zogenaamde *Historia Augusta*, een verzameling van dertig keizersbiografieën op naam van zes auteurs: Aelius Spartianus, Julius Capitolinus, Vulcanius Gallicanus, Aelius Lampridius, Trebellius Pollio en Flavius Vopiscus. Ik heb er hierboven sporadisch uit geciteerd. Het werk opent met de levensbeschrijving van Hadrianus (117-138) en eindigt met die van Numerianus (283-284). In de reeks ontbreken slechts de vijf keizers uit de jaren 244-253. Doordat de auteurs zich expliciet richten tot onder anderen Diocletianus en Constantijn, wordt de indruk gewekt dat de biografieën zijn geschreven rond 300, maar modern onderzoek heeft aannemelijk gemaakt dat er van een vervalsing sprake is. Ongetwijfeld zijn in de afzonderlijke gedeelten uiteenlopende bronnen gebruikt, toch gaat men er tegenwoordig veelal vanuit dat één auteur verantwoordelijk is voor het werk als geheel. Deze zou in de loop van de vierde, of zelfs in de vijfde eeuw geleefd hebben, een tijd waarin het geen goed idee was openlijk een voorliefde voor het heidense verleden uit te dragen.

De historische betrouwbaarheid van de *Historia Augusta* is buitengewoon wisselend, maar omdat ze voor veel van de keizers, met name die uit de derde eeuw, de enige of voornaamste bron vormt, ontkomen we er niet aan het boek te raadplegen. Veel wordt goedgemaakt door het feit dat het in deze periode wemelt van gekken en schurken, zodat de lezer zich nooit langdurig behoeft te vervelen. Een van de hoogtepunten is het leven van Heliogabalus, door Louis Couperus vereeuwigd in *Een berg van licht* (1905). De veertienjarige Syriër werd in 218 tot keizer uitgeroepen. Hij zou een krappe vier jaar op de troon zitten.

Heliogabalus' vindingrijkheid in het najagen van genot stelt alle decadentie die we kennen uit Suetonius' verhalen over Caligula en Nero in de schaduw. De keizer selecteert ministers op de omvang van hun geslachtsdeel, hij heeft ligbanken van massief zilver, hij eet dromedarishielen en van levende hanen afgesneden hannenkammen, hij laat zwembaden met wijn vullen, serveert gasten voedsel van ivoor en aardewerk, en hij laat zich publiekelijk in al zijn openingen neuken. Dit zijn aansprekende passages:

> 's Nachts deed hij de dingen van overdag en overdag die van 's nachts en hij zag dit als een element van luxe leven. Zo stond hij dus 's avonds op en ontving mensen ter begroeting en ging 's ochtends slapen. Iedere dag gaf hij cadeaus aan zijn vrienden en hij liet niet gauw iemand zonder cadeau vertrekken, behalve als hij iemand trof die sober was: in zijn ogen was dat zoveel als 'een hopeloos geval'. Hij had rijtuigen versierd met edelstenen en goud, want die

met zilver of ivoor of brons vond hij te min. Vaak liet hij vier van de mooiste vrouwen, of twee of drie of meer, voor een licht wagentje spannen en reed dan zo rond. Meestal was hij dan naakt en waren ook die vrouwen naakt. Ook had hij de gewoonte om acht kale mannen te eten te vragen of acht eenogigen of acht jichtlijders, acht doven, acht negers, acht lange mannen of acht dikkerds (die konden dan niet op één halfronde ligbank). Al die mensen wilde hij zo laten uitlachen. [...]

Tijdens één diner liet hij eens in vele ronden zeshonderd struisvogelkoppen opdienen om de hersenen te eten. Ook hield hij een keer een banket van tweeëntwintig enorm uitgebreide gangen; na elke gang gingen hijzelf en zijn vrienden in bad en hadden verkeer met vrouwen, waarbij ze zwoeren hun genot te zullen bevredigen. [...] Het verhaal gaat dat hij op tal van plaatsen badhuizen bouwde en ze na één keer baden meteen weer afbrak om geen 'gebruikte badhuizen' te hebben.[42]

Met zijn wreedheid viel het wel mee: voor moorden was hij te blasé. Vermoedelijk was het zijn financieel wanbeheer dat hem fataal werd. In 222 vond hij de dood in een openbaar toilet.

Van levensbeschrijvingen als deze kan kwalijk worden volgehouden dat ze een moreel of politiek doel nastreven. Zelfs als de auteur van de *Historia Augusta* gezocht moet worden in kringen van de heidense achterhoede van de vijfde eeuw waartoe ook Macrobius behoorde, dan nog lijkt hij met zijn smakelijke anekdotes vooral een prikkelend effect te hebben beoogd.

Overigens mag niet de indruk gewekt worden dat het werk één aaneenschakeling van decadente orgieën en sadistische gruwelen behelst, want de biografieën van fatsoenlijke of onbeduidende keizers, zoals Marcus Aurelius of Tacitus, zijn eerder saai dan opwindend. Maar overal duiken saillante details op, die ons voortdurend doen beseffen hoeveel informatie onherroepelijk verloren is gegaan. Een tantaliserende alinea is de volgende, uit de biografie van Gordianus I, die in 238 gedurende drie weken keizer was samen met zijn zoon, Gordianus II:

Toen de Gordianus over wie ik het nu heb, nog jong was, schreef hij gedichten, die allemaal bewaard zijn gebleven en waarvan de onderwerpen zonder uitzondering zijn ontleend aan Cicero, want hij schreef een *Marius*, een *Aratea*, een *Alcyones*, een *Uxorius* en een *Nijl*. De reden waarom hij dat deed, was ervoor te zorgen dat de gedichten van Cicero voortaan een verouderde indruk zouden wekken. Bovendien schreef hij, in navolging van Vergilius' *Aeneis*, Statius' *Achilleis* en de *Alexandrias* van menige andere dichter, zelf een *Antoninias* in dertig uiterst geleerde boeken, waarin hij de levens van Antoninus Pius en Marcus Aurelius op schrift stelde, met uitvoerige aandacht voor hun oorlogen en hun bezigheden in de politiek en in de privésfeer. Dit alles toen hij nog een schooljongetje was. Later, toen hij wat ouder was, declameerde hij controversen in het Athenaeum, soms zelfs in het bijzijn van de keizers van dat moment.[43]

Van Cicero's *Marius* en *Aratea* (de bewerking van Aratus' leerdicht over de hemelverschijnselen) kennen we tenminste nog fragmenten, twee regels uit de *Alcyones* (ijsvogels) worden geciteerd door de grammaticus Nonius Marcellus, maar *Uxorius* (misschien een komedie over een man die bij zijn vrouw onder de plak zit) en *Nilus* zijn voor ons slechts titels.[44] Epen over Alexander de Grote, waarvan er kennelijk verscheidene zijn geweest, zijn niet overgeleverd. En van de dertig boeken tellende *Antoninias* resteert, zoals ik in hoofdstuk IV al vertelde, geen letter, hetgeen, gezien de leeftijd van de dichter, waarschijnlijk geen groot verlies voor de literatuur is geweest. Niettemin biedt deze passage in een flits een inkijkje in de literaire cultuur van de tweede helft van de tweede eeuw (Gordianus werd in 158/159 geboren). Als we de auteur mogen geloven, was Gordianus' oeuvre in de vierde of vijfde eeuw nog intact. Hoeveel zou er nog meer zijn zoekgeraakt?

Vakliteratuur. Vegetius, Palladius en Maten en gewichten

De Late Oudheid is rijk aan werken met een wetenschappelijke of praktische strekking. De taalkunde floreerde, klassieke auteurs werden becommentarieerd, we kennen compendia op het gebied van geneeskunde en geografie. Avienus (of Avienius) publiceerde opnieuw een bewerking van de *Phaenomena* van Aratus en schreef twee geografische leerdichten, *Descriptio orbis terrarum* (beschrijving van de wereld) en *De ora maritima* (de zeekust). De twee vakken die de identiteit van de Romeinen duizend jaar lang bepaald hadden, krijgskunde en landbouw, werden ook in de vierde en vijfde eeuw niet verwaarloosd. Er is een anoniem traktaat over oorlogstuig bewaard gebleven onder de titel *De rebus bellicis* (over oorlogszaken), Pelagonius schreef een boek over het behandelen van zieke paarden, Vegetius is de auteur van werken over diergeneeskunde en het Romeinse leger, en van een zekere Palladius hebben we een uitvoerig handboek over de landbouw. Curieus is een leerdicht over maten en gewichten.

Niet lang na het debacle bij Hadrianopolis stelde Publius Flavius Vegetius Renatus zijn visie op het Romeinse krijgswezen te boek, vermoedelijk in opdracht van Theodosius. Vegetius geloofde dat de aloude militaire superioriteit hersteld zou kunnen worden door een doelmatige organisatiestructuur, een goede selectie van manschappen, een keiharde training en een flinke financiële impuls. Zijn werkje kan beschouwd worden als beleidsnotitie van een noodlijdend ministerie, waarin overzichtelijk staat opgesomd wat de randvoorwaarden zijn voor het instandhouden van een slagvaardig leger.

In het eerste boek gaat Vegetius in op de selectie en training van rekruten. Afrikanen zijn weliswaar intelligent, maar doordat de hitte hun bloed heeft doen verdampen, zijn ze niet erg standvastig. Volkeren uit het Noorden hebben daarentegen wel voldoende bloed, dat hen krijgszuchtig maakt, maar zij zijn weer niet intelligent genoeg. De generaal doet er dus goed aan rekruten uit gebieden met een gematigd klimaat te werven. Uitvoerig wordt beschreven hoe de jonge soldaten gedrild moeten worden.

Het tweede boek gaat in op de organisatiestructuur van het roemruchte Romeinse legioen:

> Ik denk dat aan de organisatie van de legioenen door de Romeinen niet alleen menselijke overwegingen ten grondslag liggen maar ook goddelijke inspiratie. In de legioenen zijn de cohorten zo geordend dat het lijkt of ze één lichaam, één eenheid zijn.[45]

In het derde boek wordt uitgelegd hoe men het best te werk kan gaan als men veldslagen wil winnen. Dat is hard nodig, want 'wie vrede wil moet zich voorbereiden op oorlog'.[46] Uiteenlopende krijgstactieken en strijdmethoden worden minutieus behandeld, en wel op zo'n manier dat zelfs de meest verstokte pacifist bewondering krijgt voor de wetenschappelijke precisie waarmee de Romeinen hun militaire hegemonie wisten te vestigen. Dit alles onder het motto: 'De natuur brengt weinig helden voort, maar velen worden helden door harde arbeid en goede training.'[47] Het laatste boek spreekt over de belegering van steden en het voeren van zeeslagen, compleet met een verhandeling over meteorologie, waaruit valt op te maken dat men alleen tussen 27 mei en 14 september veilig de zee op kan. Buiten die periode is het marineseizoen domweg gesloten.

Alle vier de boeken, die nuchter van toon zijn, worden ingeleid met een retorisch zwaar aangezette inleiding waarin het roemrijke Romeinse verleden en de genialiteit van de keizer worden bejubeld:

> Dat u, in uw genade, zonder enig voorbehoud en buitengewoon competent vasthoudt aan de richtlijnen die onze voorouders aangaande de krijgskunst hebben opgesteld, wordt bewezen door uw aanhoudende overwinningen en triomfen, als tenminste de afloop van gebeurtenissen een onweerlegbaar bewijs is van iemands kunde. Maar uw kalmte, onoverwonnen keizer, die voortkomt uit een inzicht, dieper dan mijn aardse geest kan bevatten, vraagt om oude voorbeelden uit boeken, hoewel juist de oude tijden door u met recente daden worden overtroffen.[48]

Vegetius heeft geput uit allerlei bronnen die wij niet meer kennen, boeken die vaak al honderden jaren oud waren. Het was daar dat hij onschatbare informatie opdeed over wigformaties, de exacte afmetingen van de wal rond een kamp, het oversteken van rivieren en het inzetten van kamelen, zeiswagens en olifanten.

Als er uit Vegetius' boek één ding duidelijk wordt, is het wel dat het veroveren van de wereld veel geld en energie kost en dat het alleen lukt als het leger tot de laatste man bereid is voor zijn vaderland te sneuvelen. Helaas leefde Vegetius in een tijd waarin een groot deel van het leger uit barbaren bestond, die zelden de neiging hadden hun leven te geven voor de grootheid van Rome, terwijl rasechte Romeinen er vaak alles aan deden om onder de militaire dienst uit te komen. Voor zover het aan Vegetius ligt is de situatie, hoe zorgelijk ook, nog niet hopeloos:

De zekerheid van een lange vrede heeft een aantal mensen ertoe gebracht om eigen pleziertjes na te streven en heeft anderen in burgerlijke beroepen gedreven. Duidelijk is te zien hoe de zorg voor een militaire training eerst wat losser werd, vervolgens achterwege bleef en uiteindelijk geheel in vergetelheid raakte. En niemand moet zich erover verwonderen dat dit al in een grijs verleden is begonnen. Al na de Eerste Punische Oorlog hebben twintig (en nog wat meer) jaren van vrede de overal zegevierende Romeinen zozeer verzwakt door ledigheid en ontwenning van de wapenen dat zij in de Tweede Punische Oorlog niet tegen Hannibal opgewassen kónden zijn. Pas na het verlies van heel veel consuls, veldheren en legers kwamen zij weer tot een overwinning. Dat gebeurde nadat zij de gelegenheid hadden gehad om de militaire praktijken en trainingen weer aan te leren. Daarom moeten rekruten telkens opnieuw geselecteerd en geoefend worden, want de militaire training van eigen mensen kost minder geld dan het aanwerven van vreemde huurlingen.[49]

Het werk over de landbouw van Palladius is aanzienlijk moeilijker te plaatsen. De handschriften noemen hem Rutilius Taurus Aemilianus Palladius, en uit wat hij zelf zegt valt op te maken dat hij land bezat in Italië en op Sardinië. De meest waarschijnlijke datering situeert hem in de tweede helft van de vijfde eeuw. Het eerste boek van *Opus agriculturae* behelst een algemene inleiding in het vakgebied, daarna komen twaalf boeken waarin de bezigheden van de landbouwer per maand worden behandeld. De boeken XIV en XV staan enigszins los van het geheel: het één is een verhandeling over diergeneeskunde, het ander een kort leerdicht in elegische disticha over de kunst van het enten (170 verzen).

Het eerste hoofdstukje legt in prachtig allitererende zinnen uit waarom de stijl van het werk eenvoudig zal zijn:

Wie verstandig is zorgt er allereerst voor een inschatting te maken van de persoonlijkheid van degene voor wie het onderwijs bedoeld is. Want wanneer men een landbouwer gaat vormen, dient men niet te wedijveren met de technieken en welsprekendheid van een retor, zoals zeer velen gedaan hebben, die, door zich welbespraakt tot boeren te richten, bereikten dat de leer van diezelfde boeren ook voor de meest welbespraakte lezers onbegrijpelijk werd. Maar laten wij ons voorwoord afkappen, om niet te vervallen in de fouten van wie wij gispen.[50]

Inderdaad komt Palladius daarna meteen ter zake. Het tweede hoofdstukje legt een theoretisch fundament onder zijn voorschriften:

Om te beginnen, het uitkiezen en goed bebouwen van een stuk land berust op vier factoren: lucht, water, bodem, arbeid. Drie daarvan zijn natuurlijk, één hangt af van persoonlijke omstandigheden en wil. De natuurlijke aspecten dient men allereerst te bekijken: de lucht van het land dat je voor bebouwing bestemt, moet heilzaam en mild zijn, het water gezond en gemakkelijk bereikbaar (uit bron, sloot of regenbassin), en de bodem vruchtbaar en gunstig gelegen.[51]

Het poëtische vijftiende boek is opgedragen aan een zekere Pasiphilus. Na een inleiding van vierenveertig regels behandelt Palladius achtereenvolgens de wijnstok, de olijf, de peer, de granaatappel en nog vijftien soorten die zich voor veredeling lenen. Enten is een kunst met mythische allure: de hoogste godheid heeft er zijn zegen aan gegeven dat techniek nieuwe natuur schept (*naturam fieri sanxit ab arte novam*).[52] In feite verschilt de methode niet wezenlijk van het kruisen van paarden en ezels. Wil je aan de hand van dit leerdicht het enten onder de knie krijgen, dan kom je van een koude kermis thuis, en met poëzie heeft het al helemaal niets te maken. In één opzicht is Palladius zijn principes trouw gebleven: je hoeft niet extreem geleerd te zijn om te begrijpen wat hij zegt.

Het leerdicht over maten en gewichten, *De ponderibus et mensuris*, werd omstreeks 400 geschreven door iemand die waarschijnlijk Remmius Flavianus heette. Het telt ruim tweehonderd hexameters en opent in grootse stijl:

> Gewichten, in het werk van Grieken vaak bezongen,
> te kennen is genot. Natuur plaatste gewichten
> in ieder ding. Gewicht stuurt alle elementen,
> houdt Aarde op haar plaats. Gewichtloos wentelt Ether
> het eeuwige heelal van onversaagde sterren.
>   Het kleinste noem ik eerst, dan volgt wat groter is.
> Bestaat het grote niet uit vele kleine delen?[53]

Hoewel de inleiding een filosofisch betoog doet verwachten, stapt de dichter onverwijld over op de behandeling van ponden, muntstukken, schepels en manieren om bij edele metalen vervalsingen op te sporen. Het gedicht eindigt abrupt. Zou de auteur zich ineens gerealiseerd hebben dat niemand op deze poëzie zat te wachten?

Claudianus, een ijskoud genie

Wie meent dat het slavernij is een voortreffelijk vorst te dienen, vergist zich. Nooit komt vrijheid milder tot uitdrukking dan onder een plichtsgetrouwe koning. Wie hij zelf aanstelt om het Rijk te besturen, laat hij beoordelen door volk en senaat, die van hem ruimhartig de gelegenheid krijgen naar believen beloningen voor verdiensten of straf te eisen. Het purper legt zijn hoogmoed af en acht het niet beneden zijn waardigheid zelf gerechtelijk getoetst te worden.[54]

De hier beschreven constitutionele monarchie, waarin zowel de vorst als zijn gevolmachtigde verantwoording aflegt aan senaat en volk, heeft in Rome nooit bestaan. Tijdens het bewind van Tiberius werd de volksvergadering afgeschaft en de senaat was aan het eind van de vierde eeuw allang veranderd in een applausmachine voor de keizer en zijn paladijnen, al benutte de vorst het prestigieuze orgaan vaak nog wel als stuwmeer van bestuurders. Keizer Honorius, die in 395 als tienjarige zijn vader Theodosius in het Westen had opgevolgd, was een marionet in de handen van zijn schoonvader Stilicho. Deze bekwame veldheer, zoon van een Vandaal en een Griekse moeder, deed zijn best het van alle kanten bedreigde Rijk voor de ondergang te behoeden. Aan zijn loyaliteit behoeven we niet te twijfelen, maar er was natuurlijk geen sprake van dat hij zich iets gelegen liet liggen aan de mening van de senaat. Vandaar dat er in de tekst wel staat dat senaat en volk iets mogen eisen, niet dat ze er ook zelf over mogen beslissen.

We kunnen ons afvragen of Claudius Claudianus, de dichter van bovenstaande regels, zelf geloofde in wat hij schreef, maar het is niet waarschijnlijk dat we op zo'n vraag een bevredigend antwoord zullen krijgen. Vermoedelijk zou Claudianus verbaasd gereageerd hebben op zoveel onbegrip. Het ging er niet om of de mededeling waar was, maar of ze bijdroeg aan de roem van de bezongene – de passage staat in een drie boeken tellend lofdicht ter ere van het aan Stilicho toegekende consulaat (in 400). Claudianus was een rasdichter, een vakman die het ambacht behendig aanwendde om zijn beschermheren te prijzen en diens vijanden zwart te maken. Stilicho had zich geen betere hofdichter kunnen wensen.

Van Claudianus' leven is weinig méér bekend dan dat hij uit het overwegend Griekstalige Alexandrië afkomstig was, waar hij misschien omstreeks 370 geboren is. Zijn vroegst dateerbare werk is een lofzang op de consuls van het jaar 395, die in een dermate smetteloos Latijn is geschreven dat je je moeilijk kunt voorstellen dat hij de taal pas kort beheerste. Er zijn evenwel ook enkele gedichten in het Grieks van hem bewaard gebleven. Zijn carrière verliep, dankzij Stilicho, voorspoedig, want algauw mocht hij zich senator noemen en werd er op het Forum van Traianus een bronzen standbeeld van hem geplaatst. De bijbehorende inscriptie prijst hem als meest roemvolle van alle dichters en zegt, in overigens dubieus Grieks, dat Rome en de keizers hem beschouwen als de enige in wie de geest van Vergilius en de Muze van Homerus zijn verenigd.[55] Omstreeks 401 is Claudianus getrouwd en op reis gegaan naar Noord-Afrika, na 404 vernemen we niets meer van hem. Hoewel er één gedicht met een christelijke strekking is, wekt Claudianus' poëzie de indruk geschreven te zijn door een Romein die elke vorm van godsdienst als fictie beschouwt.

Zijn oeuvre, in omvang vergelijkbaar met dat van Vergilius, kwam tot stand in een tijdsspanne van krap tien jaar en valt uiteen in vier categorieën. Allereerst schreef hij een grote reeks lofdichten aan het adres van Stilicho, diens vrouw Serena, keizer Honorius en zijn vrouw Maria (een dochter van Stilicho), en enkele consuls. Tot deze groep behoren ook twee uit twee boeken bestaande invectieven, gericht tegen Stilicho's vijanden Rufinus en Eutropius. Een volgende groep wordt gevormd door twee epische gedichten over Stilicho's oorlogen tegen de Libische intrigant Gildo en de Gotische krijgsheer Alarik. In de derde plaats begon Claudianus aan een mythisch epos over de roof van Proserpina door Dis, god van de onderwereld, waarvan drie boeken werden voltooid. Ook kennen we delen van een epos over de strijd tussen goden en Giganten; van deze *Gigantomachie* zijn zowel Latijnse als Griekse fragmenten overgeleverd. Ten slotte is er een vijfigtal kortere gedichten over uiteenlopende onderwerpen. Alle grote gedichten, maar ook de meeste *Carmina minora*, bestaan uit hexameters. Veel van de lofdichten en epen worden voorafgegaan door een voorwoord in elegische disticha.

Aan het hof in Constantinopel, waar Honorius' oudere broer Arcadius regeerde, was de eunuch Eutropius van opperkamerheer op-geklommen tot feitelijke machthebber – als we in dezen Claudia-nus mogen geloven, die als lakei van Stilicho geen belang had bij objectiviteit. Toen de man in 399 tot consul werd benoemd, waren in Rome de rapen gaar. Een eunuch die het hoogste ambt bekleedt! Hoe Eutropius niet lang daarna ten val kwam, is niet helemaal dui-delijk, maar dat Stilicho blij was dat deze man, die zijn politiek frustreerde, van het toneel was verdwenen, is zeker. Claudianus schreef een hilarisch gedicht in twee boeken, In Eutropium, waarin alles uit de kast gehaald wordt om de eunuch en zijn entourage be-lachelijk te maken.

Het eerste boek is opgebouwd als een invectief, een redevoering die tot doel heeft iemand verbaal te vermorzelen. In de openings-regels wordt een aantal monstra, tegennatuurlijke verschijnselen, opgesomd, zoals vrouwen die dieren baren, sprekend vee, water-putten vol bloed en een dubbele zon, maar omnia cesserunt eunucho consule monstra: alle monstra zinken in het niet bij een eunuch die consul is.[56] Met smaak verhaalt Claudianus van de geboorte, jeugd en carrière van Eutropius. Aanvankelijk kwam hij aan de kost als schandknaap, totdat hij daarvoor te oud was, vervolgens werd hij koppelaar en daarna kamerheer die over de kuisheid van de aan hem toevertrouwde dames moest waken. Met het klimmen der jaren begon hij er zo onappetijtelijk uit te zien dat kinderen nacht-merries van hem kregen en volwassenen in zijn bijzijn zo misselijk werden dat ze geen hap meer door hun keel konden krijgen. Vreemd genoeg wist hij op dat moment door te dringen tot de kei-zerlijke hofhouding, hoewel ook daar zijn collega-eunuchen een af-keer hadden van het totiens venale cadaver (het lijk dat zo vaak te koop had gestaan).[57]

Gecastreerd als hij is richt hij zijn lust op macht en geld. Binnen korte tijd vergaart hij ontzaglijke rijkdommen en weet hij zich een positie te veroveren waar niemand in Constantinopel omheen kan. Op straat worden dubbelzinnige grappen gemaakt over zijn consu-laat. Nee, zo vreemd is het niet dat Eutropius het zo ver heeft ge-schopt, want 'hij is nooit bang voor wat achter zijn rug gebeurt, hij staat dag en nacht open voor waakzame aandacht [...]; alles wat je fijn vindt, zal die hand je geven. Hij vervult in gemeenschap alle rollen en zijn daadkracht vindt het heerlijk te buigen.'[58] Het eerste boek wordt afgesloten met een lange redevoering van niemand minder dan de godin Roma, die Stilicho smeekt in te grijpen.

In het voorwoord van boek II vertelt Claudianus dat Eutropius smadelijk verbannen is naar Cyprus, het eiland van Venus, waar de man ongetwijfeld een passende betrekking in de seksindustrie zal weten te vinden, gesteld dat hij geen schipbreuk lijdt. Boek II zelf, dat de gebeurtenissen beschrijft die tot Eutropius' verbanning hebben geleid, is opgezet als epos. Wanneer de god Mars ziet wat er in Constantinopel aan de hand is, roept hij zijn compagnon Bellona op een oorlog te veroorzaken. Zij zet Tarbigilus, een Gotische generaal in dienst van Arcadius, ertoe aan in opstand te komen. Als Eutropius verneemt dat het in Frygië goed mis is, probeert hij de situatie aanvankelijk te bagatelliseren:

> Zoals wanneer in Libië de grote vogel door de stemmen van jagers in het nauw gebracht wordt, over het hete zand rent en met stof overdekt vliegt, haar vleugels als zeilen gebold in de wind; als de voetstappen achter haar al luider klinken, geeft ze haar vlucht op, sluit ze haar ogen, verbergt ze (bespottelijk!) haar kop en denkt ze dat ze niet te zien is voor wie ze zelf niet ziet.[59]

Wanneer de situatie uit de hand begint te lopen, ziet Eutropius zich genoodzaakt iets te doen. Hij roept zijn krijgsraad bijeen, een over balletdansers kakelende groep mietjes, oude geilaards en vrijgelaten slaven met de littekens van boeien nog op hun enkels. De slager Hosius staat Eutropius terzijde, de moddervette Leo, een gewezen wever, krijgt het opperbevel. Uiteraard wordt het verwijfde leger onmiddellijk door Tarbigilus in de pan gehakt en Leo sterft een eerloze dood in het moeras:

> En sneller dan een damhert vluchtte Leo, bevend
> op zijn zwetend paard, dat onder hem bezweek.

Hij kroop voorover door het logge water. Leunend
op gretig slijk verzinkt hij, hijgt zijn vet gevaarte,
zoals een zeug die, voor toekomstige diners
bestemd, gemeen gaat gillen voor het slagersmes
van Hosius die zich wapent, zijn tuniek opschort,
en kijkt welk deel geschikt is voor het spit, welk stukje
in water moet gekookt en wat het leer zal meten.[60]

Aan het eind van het gedicht begeeft de godin van het Oosten, Aurora, zich naar Stilicho om hem te verzoeken orde op zaken te stellen.

In 400 werd Stilicho consul. Claudianus vierde de eervolle benoeming met een lofdicht dat uit drie boeken bestaat, *Het consulaat van Stilicho*. Hoewel het Romeinse Rijk in een permanente chaos verkeerde, is er voor Claudianus geen vuiltje aan de lucht. In het derde boek staat een verbluffend optimistische hymne op de grootheid van Rome, 'de moeder van wapens en wetten, die haar gezag uitgiet over allen en de bakermat van het recht is geweest. [...] Zij is het die als enige overwonnenen op haar schoot neemt en het menselijk geslacht koestert onder een gemeenschappelijke naam, als een moeder, niet als een meesteres, en die hen die zij getemd heeft, burgers heeft genoemd en in liefdevolle omhelzing vasthoudt, hoe ver weg ze ook wonen'.[61]

Ter gelegenheid van zijn ambtsaanvaarding organiseert Stilicho spelen. De godin Diana is daarover zo enthousiast dat ze haar nimfen opdracht geeft in heel Europa en Afrika wilde dieren te gaan vangen om het festijn op te luisteren. De dieren laten zich vrijwillig meevoeren en de ossen die de karren trekken waarop de vervaarlijke menagerie naar Rome wordt gebracht, rennen zo hard als ze kunnen om maar te ontsnappen aan de voormalige predatoren die zich achter hun rug bevinden. Een in Afrika gevangen leeuw is zo groot dat hij de volle lengte van een schip bestrijkt; sterker nog, het schip kan het enorme dier nauwelijks torsen.[62]

De lezer zal inmiddels begrepen hebben dat Claudianus een voorliefde voor de hyperbool heeft. Waarom gaat hij altijd te ver?

Ondergraaft dat zijn missie niet? Het is moeilijk na te gaan hoe geletterde tijdgenoten op Claudianus' exuberante beschrijvingen en lofprijzingen hebben gereageerd. Bij invectieven is overdrijving een beproefd stijlmiddel, maar als wij vernemen dat Stilicho alle klassieke veldheren (Curius, die koning Pyrrhus versloeg, Fabius Maximus Cunctator, Scipio Africanus) overtreft in strategisch inzicht en doortastendheid, zijn wij geneigd aan ironie te denken.[63] Toch is daarvan geen sprake. Claudianus' bewondering voor Stilicho is authentiek. Wanneer de grote generaal tijdens de voorbereidingen van een veldtocht tegen Alarik als een spiegelbeeld van Hannibal over de Alpen trekt, vertelt Claudianus zo beeldend over de ontberingen die Stilicho met zijn soldaten deelt, dat zijn fascinatie op de lezer overslaat:

> Geen bekers Bacchus. Nauwelijks Ceres. Ermee tevreden onder de wapenen vluchtig wat voedsel te pakken en belast door een doorweekte mantel spoorde hij zijn ijskoude paard aan. Geen zachte matrassen dienden hem tot bed als hij uitgeput was. Als de blinde nacht met duisternis verdergaan onmogelijk maakte, betrad hij de vreeswekkende holen van wilde dieren of lag hij onder een herdersdak met zijn schild als kussen. De herder verbleekte bij het zien van zo'n grote gast en het boerenvrouwtje liet haar smoezelige zoontje het prachtige gezicht zien, hoewel ze zijn naam niet kende.[64]

Stilicho versloeg Alarik in 402 bij Pollentia, volgens Claudianus de grootste overwinning uit de Romeinse geschiedenis. We weten helaas niet of de dichter nog heeft meegemaakt hoe Alariks Visigotische horden in 410 Rome plunderden. Stilicho was toen al van zijn voetstuk gevallen: Honorius liet hem in 408 onthoofden.

Dat Claudianus vermoed heeft dat de wereld aan het kantelen was, lijkt aannemelijk als we kijken naar De roof van Proserpina. In dit epos wordt verteld hoe Pluto of Dis, de god van de onderwereld, als Vondels Lucifer, in opstand komt tegen de bovenwereld die gedomineerd wordt door zijn broer Jupiter. Dis wil een vrouw hebben en om te voorkomen dat de wereldorde verstoord wordt, staat

Jupiter hem toe Proserpina zijn hol in te slepen. Dit meisje is de dochter van Ceres (een manifestatie van Moeder Aarde) en Jupiter.

In het eerste van de drie voltooide boeken wordt Proserpina door haar moeder verborgen op het eiland Sicilië, in de buurt van de Etna, die fungeert als een grensgebied tussen hel en hemel, tussen vuur en sneeuw:

> Nu braakt zij zelfgebaarde wolken uit, vervuilt
> pikzwart de dag, dan tart zij met afgrijselijk
> geweld de sterren, voedt met eigen puin haar vuren.
> Maar barst haar gloed ook los met overdaad van hitte,
> toch is zij even trouw aan sneeuw als aan haar vonken:
> het ijs verduurt onaangedaan de enorme warmte,
> verdedigd door geheime vorst, en met vertrouwde
> rook likt haar vlam onschuldig rijp die bij haar hoort.[65]

In haar nieuwe onderkomen weeft Proserpina een kleed waarop het gehele universum een plaats krijgt: het weefsel is een ode aan de stabiliteit van de wereldorde. Tijdens dit werk wordt ze gestoord door haar drie halfzusters Venus, Diana en Minerva, die het meisje in opdracht van Jupiter moeten verleiden mee naar buiten te gaan. Diana en Minerva weten overigens niet wat er tijdens het bloemen plukken zal gaan gebeuren. Het moment waarop de godinnen binnenkomen wordt gemarkeerd door de woorden *cardine verso* (toen het scharnier draaide), een woordgroep die herhaald wordt in boek II, waar de vier meisjes naar buiten gaan. In boek III ontdekt Ceres dat diezelfde deur op de grond ligt, *neglecto cardine* (met verwaarloosd scharnier). Dit epos gaat over grensgebieden, drempelervaringen en wankel evenwicht.[66]

Dat thema treedt sterk op de voorgrond wanneer de zusjes in het tweede boek bloemen gaan plukken. Ze hebben alle vier iets ambivalents in hun verschijning. Venus verheugt zich op het moment dat zij, als liefdesgodin, ook de 'harde Chaos' in handen zal krijgen. Haar haar golft in 'veelgespleten kringen' en is 'verdeeld' met een haarspeld. Diana wordt beschreven als een androgyn wezen dat sprekend op haar broer lijkt. Op de helm van Minerva staat Typhon afgebeeld, één van de aardreuzen die tijdens de Giganto-machie in opstand was gekomen tegen de Olympische goden; van boven is hij verpletterd, van onderen leeft hij nog. Proserpina zelf draagt een jurk waarop de geboorte van Zon en Maan is weergege-ven.[67]

De aarde splijt open en Pluto grijpt zijn buit. Proserpina roept uit dat ze het liefst zou sterven, maar zulks is voor een godin niet weggelegd. Pluto stelt haar gerust en organiseert een feest, dat iets te lollig beschreven wordt. Het tweede boek eindigt met een epi-thalamium, een lied bij de slaapkamer waarin de eerste huwelijks-nacht zal worden doorgebracht.

In boek III roept Jupiter een godenvergadering bijeen, waarvoor Ceres niet is uitgenodigd. Aanvankelijk heerste er, aldus Jupiter, onder het bewind van Saturnus op aarde een Gouden Tijdperk, een periode van moeiteloze welvaart die de mensen geen enkele prikkel tot inventiviteit bood. Daarom had hij, om de vindingrijkheid van de mensheid op de proef te stellen, een tijdperk van armoede inge-steld. Maar de Natuur zelf klaagt nu over Jupiters wrede heer-schappij. Vandaar dat hij besloten heeft Ceres de landbouw te la-ten verspreiden, en om haar zo ver te krijgen heeft hij Proserpina laten schaken. Het idee is dat Ceres straks, uit blijdschap om het terugvinden van haar dochter, de mensheid het graan zal schen-ken. Jupiter verzoekt de andere goden dit plan voor Ceres geheim te houden. Opvallend is dat zijn motivatie voor de schaking van Pro-serpina in boek I een geheel andere was: hij wil natuurlijk niet be-kennen dat hij Pluto zijn zin heeft gegeven om geen gedonder te krijgen.

Wanneer Ceres heeft gedroomd dat er iets verschrikkelijks is ge-beurd, spoedt ze zich naar Sicilië. Proserpina's voedster Electra, die door de schaking ernstig getraumatiseerd is, vertelt Ceres het hele verhaal, maar anders dan Claudianus het zelf in boek I en II had gedaan. Waar in boek I het relaas was afgebroken met de binnen-komst van de drie godinnen, vertelt Electra nu hoe de zusjes zich vermaakt hadden met een verkleedpartijtje; en terwijl boek II vermeldt dat Minerva en Diana een poging hadden gedaan Proserpina uit de handen van Pluto te redden, staat het voor Electra vast dat ook zij op de hand van Venus waren. Helaas had de voedster de god niet herkend, zodat Ceres nog steeds geen idee heeft waar haar dochter zich bevindt. Wanneer ze zich woedend tot de goden richt, is er niemand die reageert. Ze zal het alleen moeten uitzoeken. Het boek eindigt met Ceres' voorbereidingen voor haar zoektocht, die uiteindelijk zal leiden tot, enerzijds, de uitvinding van de landbouw, en, anderzijds, een overeenkomst met Pluto waarbij Proserpina een deel van het jaar onder, en een deel van het jaar boven de grond zal wonen.

Omdat het derde boek in een aantal opzichten het eerste spiegelt (een vergadering in de onderwereld tegenover een bijeenkomst op de Olympus, de beschrijving van de Etna tegenover Ceres' bezoek aan de vulkaan in boek III), wordt verondersteld dat boek II zijn pendant had moeten krijgen in boek IV en dat het epos in complete vorm uit vier boeken had zullen bestaan. Dat is precies het aantal boeken van Vergilius' *Georgica*, dat eveneens de landbouw tot thema heeft. Maar Claudianus' gedicht is niet alleen niet af, het is in de huidige vorm ook onevenwichtig: de boeken tellen respectievelijk 288, 372 en 448 verzen. Juist omdat het werk zo hoog inzet, is het buitengewoon jammer dat de dichter het niet heeft kunnen voltooien. Wat is precies de functie van de dubbelzinnige rol van vooral Jupiter, maar ook van Venus, Diana en Minerva? Wordt het verstoorde evenwicht uiteindelijk hersteld? Duidelijk is dat Claudianus een probleem te pakken had dat voor ons, die hem lezen met de wetenschap dat het Romeinse Rijk op het punt stond ineen te storten, alles te maken heeft met het tijdsgewricht waarin Claudianus leefde. Macht en beschaving, hemel en hel, vuur en sneeuw – soms worden chaos en orde slechts door één drempel gescheiden.

Is het daarom dat Claudianus Stilicho zo hartstochtelijk heeft bezongen? Overschreeuwde hij zijn paniek met hyperbolen? Of is dit een slappe en nooit te verifiëren psychologische verklaring voor een corpus gedichten dat ons, in zijn vaak ijskoude overdaad, volkomen vreemd is? Het is verleidelijk in dit verband een kort epigram te citeren uit een reeks van maar liefst zeven over hetzelfde onderwerp: een stuk bergkristal met water erin. Claudianus veronderstelt dat het kristal versteend ijs is:

> Clauditur immunis convexo tegmine rivus
>   duratisque vagus fons operitur aquis.
> Nonne vides propriis ut spumet gemma lacunis
>   et refluos ducant pocula viva sinus
> udaque pingatur radiis obstantibus Iris,
>   secretas hiemes sollicitante die?
> Mira silex mirusque latex! Et flumina vincit
>   et lapides merito, quod fluit et lapis est.

> Gesloten in een hol schuilt onaantastbaar stromen,
>   een bron die vliet bedekt door keihard water.
> Zie je het juweel in eigen leemten schuimen,
>   die vloed, die branding in een kroes die leeft,
> hoe Iris vochtig kleurt wanneer zij stralen vangt,
>   verborgen winter door de zon gewekt?
> Vreemd nat en vreemd kristal! Wat steen is maar toch vloeit
>   verslaat met recht rivieren en gesteenten.[68]

Is het eerste woord van dit gedicht misschien een verwijzing naar de naam van de dichter?

De weemoed van Rutilius Namatianus

Niet iedereen was een fan van Stilicho. Vooral in kringen van Romeinse senatoren werd met argwaan op de succesvolle allochtoon gereageerd. We zagen al dat Symmachus zich niet aangesproken voelde door Stilicho's oproep troepen te leveren. Wat precies de redenen zijn geweest waarom de man in 408 in ongenade viel, weten we niet. Men kan betwijfelen of hij de plundering van Rome in 410

Het feest van Saturnus

had kunnen voorkomen. In de jaren na Stilicho's val werd Flavius Constantius de nieuwe sterke man in het Westen. Honorius schonk hem zijn zuster Galla Placidia als echtgenote en benoemde hem in 421 tot medekeizer.

Rutilius Namatianus was een Gallische aristocraat uit de omgeving van Toulouse. Zijn vader had aan het eind van de vierde eeuw hoge ambten bekleed in de keizerlijke magistratuur, en ook Rutilius zelf bracht het tot stadsprefect van Rome, waarschijnlijk in 414. Zijn politieke sympathie lag dan ook bij de senaat, waarvan een groot aantal Galliërs lid was. Nadat Constantius, nota bene met hulp van de Visigoten, enkele tegenkeizers had weten uit te schakelen en het na een woelig decennium weer rustig werd in Gallië, vestigde de generaal zich in Arles, op dat moment de belangrijkste stad van de provincie. In het najaar van 417 organiseerde hij er een conferentie van Gallische gezagsdragers. Misschien vormde die vergadering de aanleiding tot de reis die Rutilius vanuit Rome ondernam en die hij verwerkte tot een gedicht in ten minste twee boeken, *De reditu suo* (over zijn terugkeer, namelijk naar zijn landerijen bij Toulouse). De reis vangt aan op 22 september en neemt enkele weken in beslag. Alles wat we van de dichter weten, is afgeleid uit dit poëtische relaas. Helaas kennen we boek II slechts fragmentarisch, maar uit wat resteert valt op te maken dat Rutilius Stilicho als verrader beschouwde, die Rome aan de barbaren verkwanseld had, terwijl Constantius in zijn ogen de *pax Romana* definitief had hersteld.

Mijn terugkeer is een ontroerend gedicht. Dat komt gedeeltelijk doordat wij nu weten dat dit het laatste niet-christelijke gedicht uit de Latijnse literatuur van vóór de Middeleeuwen is, hetgeen Rutilius' verzen voor ons een waas van weemoed verleent waarover de dichter zich misschien enigszins verbaasd zou hebben. Toch ligt die weemoed niet alleen aan ons. Hoewel Rutilius een opgewekte aristocraat lijkt, die zijn best doet nooit aan de grootheid van Rome te twijfelen, is het gedicht doordesemd van afscheid. Omdat de Goten in Italië alles kort en klein hebben geslagen, is reizen over land geen optie: de wegen zijn vernield of zelfs door bossen overwoekerd, wat toch niet alleen de schuld van Alariks benden geweest kan zijn, en de bruggen zijn vernield. Van de normale infrastructuur is weinig over. Daarom besluit Rutilius langs de Toscaanse kust te varen. Anders dan Vegetius voorschrijft, vertrekt Rutilius in de herfst, hetgeen inderdaad tot gevolg heeft dat hij zijn reis enkele malen langdurig moet onderbreken in verband met storm.

Zelden heeft een dichter met meer optimisme een landschap beschreven waaruit het verval zo duidelijk valt af te lezen. Havens zijn dichtgeslibd, de ene na de andere historische stad die hij passeert is tot ruïne geworden. Hier gaat het over Populonia, even ten noorden van het huidige Piombino:

De noordenwind werkt tegen, maar ook wij met riemen
  werken tegenwinds, zodra de nacht verbleekt.
Al spoedig opent Populonia haar haven.
  Veilig voert een baai naar rustig akkerland.
Hier heft geen Pharos, alom zichtbaar in het duister
  door zijn licht, een stenen massa hemelhoog,
maar oude wijsheid koos de rots als open bolwerk
  dat met steile flank de tamme vloed doorklieft.
Een burcht werd op de top gebouwd tot dubbel voordeel,
  vesting voor het land, verwijzing vanop zee.
Niets blijft meer over dat aan vroeger tijd herinnert.
  Tijd heeft hongerig de hoge wal geslecht.
Wat blijft, is hier en daar het slijtend spoor van muren.
  Ieder huis vond in het eigen puin zijn graf.
Wat raakt het ons dat wij ons lichaam weg zien teren!
  Hele steden zagen wij toch al vergaan.[69]

Enkele malen neemt Rutilius afscheid van geleerde en hooggeplaatste vrienden, die zich kennelijk met waardigheid overeind weten te houden in een politiek bestel dat nog slechts als façade bestaat. De dichter moet zich kapot geërgerd hebben aan christenen, want tot tweemaal toe veroorlooft hij zich een tirade tegen kluizenaars, die hij als depressieve idioten beschouwt:

De vaart gaat voort. Capraria rijst uit de golven,
    eiland vuil en vol met daglichtschuwend volk.

Monniken noemen zij zich met een Grieks vocabel,
    want zij leven elk voor zich en ongezien.[70]

En bang voor tegenslag, zien zij met vrees op voorspoed.
    Wie kiest ooit voor leed om zonder leed te zijn?

Een domme razernij heeft je verstand vermeesterd,
    als je rampspoed vreest, geluk niet dragen kunt.

Verlangen die dan naar de pijnbank voor hun daden
    of zwelt in hun ingewand een zwarte gal?

Homerus wijt aan overdaad van deze sappen
    Bellerophons blijvende droefgeestigheid.[71]

Als jongen zou hij, door een scherp verdriet getroffen,
    hekel voor de mensen hebben opgevat.[72]

Dit is om verschillende redenen een sprekende passage. In de eerste plaats blijkt de christelijke ideologie die persoonlijk heil boven aanzien en welvaart stelt, nog steeds op fundamentele bezwaren van (een deel van) de Romeinse elite te stuiten. In de tweede plaats doet Rutilius hier zijn voordeel met zijn retorische opleiding, door een treffende *reductio ad absurdum* uit te werken: de monniken zijn zo bang voor een eventueel verlies van welstand, dat ze al bij voorbaat kiezen voor armoede. In de derde plaats klopt de toespeling op de *Ilias* niet, want daar is geen sprake van gal.[73] Dat zou erop kunnen wijzen dat Rutilius Homerus alleen van horen zeggen kende.

Het meest verbijsterende aspect van dit gedicht is de onvoorwaardelijkheid waarmee de dichter nog in de missie van de Eeuwige Stad lijkt te geloven. Bij zijn afscheid, dat herinneringen oproept aan Ovidius' vertrek in ballingschap,[74] spreekt hij een bevlogen lofzang op Rome uit, zoals er daarvoor en daarna weinige geschreven zijn. Geen moment wenst Rutilius zich te realiseren dat het Romeinse Rijk als geheel *de facto* allang niet meer bestaat:

Ik kuste deur na deur die ik nu toch moest sluiten,
    moeizaam sleepte ik mij over drempels heen.

Vergeef mij, smeek ik u, hoe prijs ik u ten afscheid?
  Tranen smaak ik, tranen smoren ieder woord.
'Verhoor ons, koningin en parel van uw wereld,
  Rome, die uw plaats kent aan het firmament.
Verhoor ons, moeder van de mensen en de goden.
  Door uw tempels is de hemel ons nabij.
U zingen wij, zolang het lot ons nog laat zingen.
  Geen die gij gastvrijheid bood, kan buiten u.
Nog eerder zal de zon door ons vergeten worden
  dan de eerbied voor u uitdooft in ons hart.
Gij strooit uw gaven uit gelijk de zon haar stralen,
  waar de Oceaan ook golft in eb en vloed.
Zelfs Phoebus draait voor u, die alles houdt omsloten.
  Hij verrijst uit u, in u daalt hij weer af.
Het Libisch zand, die hel, heeft u nog nooit weerhouden,
  nooit de poolbeer die verschanst ligt in het ijs.
Waar levende natuur zich tot de polen uitstrekt,
  daar staat heel de aarde open voor uw kracht.
Eén vaderland hebt gij gemaakt voor vele volken.
  Wettelozen hadden voordeel bij uw dwang.
Want wie gij overwint, ontvangt van u de wetten
  en wat eerst een wereld was, maakt gij tot Stad.'[75]

Rome omspant een even groot gebied als de zon en de Oceaan, want zowel bij opkomst als bij ondergang beschijnt Phoebus Apollo uitsluitend Romeins gebied. Zelfs het hete zand van Afrika en het ijs van het Noorden hebben de Romeinen niet kunnen tegenhouden. Na een opsomming van de goden die met Rome verbonden zijn en uitweidingen over haar overwinningen, haar watervoorzieningen en mild bestuur over de wereld, besluit Rutilius zijn lofzang met een bede voor toekomstige welvaart:

'Voor u beploegt de Rijn het land, de Nijl bespoelt het
  en de wereld voedt haar voedster met haar vrucht.
Laat Afrika voor u haar volle velden oogsten –

Het feest van Saturnus

rijk wel door haar zon, maar rijker nog door u.
Laat op Latijnse grond de graanschuren verrijzen
en Italië's nectar druipen uit de pers.
De rietbekroonde stroom, de Tiber, triomferend,
maakt zijn golven dienstbaar aan Romeins belang
en doet uw handel bloeien op de kalme oevers,
brengt de akkervruchten, haalt die van de zee.'[76]

Rutilius' bede is niet verhoord. In de vijfde eeuw zou de economie van het gehele West-Romeinse Rijk een dramatische terugval beleven. In alle provincies raakten industrie en nijverheid in het slop, steden liepen leeg, West-Europa werd voor een groot deel opnieuw analfabeet. Zelfs de ecologische gevolgen waren enorm, zoals valt af te lezen uit het ijs van de Noordpool, dat een vrij abrupte afname van luchtverontreiniging te zien geeft. De Vandalen veroverden het welvarende Noord-Afrika en plunderden Rome in 455, niet lang nadat de Hun Attilla Italië geteisterd had. Aan het eind van de eeuw vestigden de Ostrogoten zich in het noorden van het schiereiland. Koning Theoderik bestuurde vanuit Ravenna wat nog van het West-Romeinse Rijk was overgebleven. In het gebied van de Franken liet Clovis zich door zijn vrouw overhalen katholiek te worden. Spoedig zouden er kudden grazen op het Forum van Rome.

De oude Naucellius

Omstreeks het jaar 400 schrijft Symmachus aan zijn dierbare, hoogbejaarde vriend Junius Naucellius:

Twee brieven heeft je bediende me gebracht. Ik zou van nalatigheid beticht kunnen worden, als ik hem er niet evenveel aan jou had meegegeven. In beide brieven heb je beloofd naar Rome te zullen terugkeren, mits je leeftijd het zou toestaan. Maar dat had je al zo vaak geschreven. Ik ga niet meer zitten wachten tot je aan de verplichtingen van dat contract hebt voldaan. Een belofte herhalen wijst op poging tot misleiding. Ik weet dat oude mensen traag worden in het aangaan van inspanningen, maar omdat de gebreken met de tijd toenemen, word ik wel gedwongen je morgen hierheen te laten komen, voordat uitstel je verontschuldigingen nog meer rechtvaardigen. Nestor heeft in elk geval geen vrijstelling van krijgsdienst geëist voor zijn negentig jaren, en ook de oude leermeester van Achilles heeft de kilte van zijn leeftijd niet als excuus aangevoerd.[77] Bovendien is de afstand helemaal niet groot: Spoleto behoort tot onze achtertuin. Wanneer jij je gedichten herkauwt, wanneer jij epigrammen maakt op momenten dat je bossen of rivieren passeert, verdrijven erudiete overdenkingen ieder besef van inspanning.[78]

Het briefje (ik heb het in zijn geheel geciteerd, maar Symmachus' zoon kan eraan gesleuteld hebben) ademt door zijn literaire en juridische toespelingen de sfeer van een conversatie tussen twee heren van stand die hun sporen verdiend hebben in het openbare leven en nu wat spelen met poëzie. Door een merkwaardig toeval zijn er in 1950 enkele epigrammen van Naucellius opgedoken, in een handschrift dat zich in de Vaticaanse bibliotheek bevindt. Het bundeltje staat bekend onder de titel *Epigrammata Bobiensia* en bevat een zeventigtal gedichten, waarvan er acht of negen toegeschreven kunnen worden aan Symmachus' vriend uit Spoleto. De oude heer, die zelf zijn negentigste verjaardag beschrijft, vertelt enthousiast over zijn landgoed en de wijze waarop hij, naar eigen zeggen een gerenommeerd dichter, daar zijn dagen doorbrengt:

Parcus amator opum, blandorum victor honorum
*   hic studia et Musis otia amica colo*
Iunius Ausoniae notus testudinis ales,
*   quodque voluptati est, hinc capio atque fruor:*
rura, domus, rigui genuinis fontibus horti
*   dulciaque imparium marmora Pieridum.*
Vivere sic placidamque iuvat proferre senectam,
*   docta revolventem scripta virum veterum.*

Als rijk maar sober man, met zoet succes gezegend,
   werk ik in alle rust aan wat de Muze eist,
ik, Junius, de zwaan van de Latijnse citer,
   vind hier waar ik van houd en waar ik van geniet:
mijn land, mijn huis, mijn tuin, besproeid door pure bronnen,
   het lieflijk marmer van mijn negen Piëriden.
Zo leef ik graag, zo zou ik graag nog ouder worden,
   herlezend wat klassiek en erudiet beklijft.[79]

Het pretentieloze, maar welluidende epigram bevat in zijn woordcombinaties bewuste of onbewuste reminiscenties aan Vergilius,
Horatius, Ovidius, Martialis, Ausonius en Claudianus.[80] Naucellius
was inderdaad een verwoed herlezer. Misschien moeten we vaststellen dat de klassieke beschaving zichzelf had overleefd. Een cultuur die alleen nog maar herhaalt wat ooit canoniek is geweest,
wordt op den duur belachelijk. En toch – hoe graag zou ik niet een
paar dagen bij Naucellius logeren, om, na zijn baden, schilderijen
en beeldhouwwerken bewonderd te hebben, mij in zijn bibliotheek te nestelen en later met de gastheer van gedachten te wisse-
len over kwesties van smaak en interpretatie. Hij zou mij een oude
Falerner hebben laten inschenken en herinneringen hebben opge-
haald aan Tiberianus en Ausonius. En terwijl de avond neerdaalde
over de heuvels van Umbrië, zouden we vergeten dat de wereld in
brand stond. Ik weiger aan te nemen dat dat belachelijk is.

VII

Epiloog

Duistere eeuwen

Transformatie of neergang?

De tijd tussen de plundering van Rome in 410 en de kroning van Karel de Grote in 800 heeft de laatste decennia niet te klagen gehad over wetenschappelijke belangstelling. Sinds het magnum opus van Edward Gibbon, *The Decline and Fall of the Roman Empire* (1776-1788), leek het vast te staan dat de cultuurhistorische ontwikkelingen van de vierde en vijfde eeuw gezien moesten worden als een proces van desintegratie en verval, waarna een langdurige periode van achterlijkheid intrad. Vooral sinds de jaren zestig van de twintigste eeuw zijn er echter veel onderzoekers geweest die een lans hebben gebroken voor de Late Oudheid, die men vaak laat doorlopen tot in de zevende eeuw. In dat tijdvak zouden de contouren van het moderne Europa zich hebben gevormd. Men spreekt dan ook liever van transformatie dan van neergang.[1]

Voor de literatuurgeschiedenis heeft zo'n visie het voordeel dat men de talloze auteurs die in deze eeuwen actief waren serieus neemt en probeert zich in hun wereld te verplaatsen. Inderdaad valt niet te ontkennen dat er toen fascinerende boeken zijn geschreven door historiografen, theologen, dichters en grammatici, die nooit tot welke canon dan ook gerekend zullen worden. Wie leest Cassiodorus en Priscianus nog? Wie duikt voor zijn plezier in het dichtwerk van Flavius Merobaudes en Dracontius? Toch is Cassiodorus (zesde eeuw) van grote betekenis geweest voor de vormgeving van het West-Europese kloosterleven, danken we aan de grammaticus Priscianus (eerste helft zesde eeuw) honderden waardevolle citaten uit oude Romeinse dichters, geldt Merobaudes (eerste helft vijfde eeuw) als getalenteerd navolger van Claudianus, en probeert de Afrikaan Dracontius (ca. 500) Orestes, Helena en Medea te doen herleven.

Desondanks geloof ik niet dat er iemand is die zou willen staande houden dat de literaire productie van de vijfde, zesde en zevende eeuw van dezelfde kwaliteit is als die uit de eerste eeuw voor Christus, de vroege keizertijd en de late vierde eeuw. Er is wel degelijk sprake van een neergang, zoals dat ook het geval is op de terreinen van politiek, demografie, economie en infrastructuur. De laatste jaren verschijnen er weer studies waarin dat onomwonden wordt aangetoond.[2] Of men de zesde en zevende eeuw nu ziet als het eind van de Oudheid of het begin van de Middeleeuwen, de Latijnstalige wereld lag aan diggelen en bracht weinig zinnigs voort, althans weinig dat voor ons van betekenis is.

Er is één belangrijke uitzondering. Omstreeks 525 schreef Boëthius in een Noord-Italiaanse gevangenis, in afwachting van de voltrekking van zijn doodvonnis, het geniale boek *Consolatio Philosophiae* (troost van de filosofie), dat beschouwd mag worden als het laatste meesterwerk van de klassieke Oudheid. Het zou in de Middeleeuwen ongehoord populair blijven. Ik zal het hieronder kort bespreken. Wat er in de zevende eeuw met de erfenis van de klassieken gebeurde, zal ik belichten aan de hand van een hilarisch voorbeeld: het grammaticale oeuvre van Virgilius Maro.

De troost van Boëthius

Anicius Manlius Severinus Boëthius werd omstreeks 480 geboren in een familie die tot de senatoriale elite behoorde. De wereld waarin Boëthius opgroeide was een labyrint van politieke en theologische tegenstellingen. Zelfs de sluwste diplomaat zou alle zeilen moeten bijzetten om de belangen van de verschillende partijen tegen elkaar uit te spelen en niet ten onder te gaan in de onoverzichtelijke intriges van hof, senaat en kerk. Wie aan het begin van de zesde eeuw een bestuurlijke carrière ambieerde, diende permanent op zijn hoede te zijn.

In Ravenna resideerde de Ostrogotische koning Theoderik. Het militaire apparaat was overwegend Gotisch van signatuur, maar omdat de steenrijke senatoren een groot deel van de landbouwgrond in bezit hadden, was de invloed van deze heren op lokaal niveau nog steeds aanzienlijk. Op cultureel gebied voelden de Latijnstalige aristocraten zich ver verheven boven de Germaanse overheersers. Theoderik maakte graag gebruik van de bestuurlijke expertise van de senatoren.

De keizer in Constantinopel beschouwde zichzelf als de enige wettige monarch van het gehele Romeinse Rijk, hoewel hij in het Westen niets in te brengen had. Zowel Theoderik als de senaat wenste Byzantium op afstand te houden, hetgeen bijzondere diplomatieke vaardigheden vereiste. Daar kwam bij dat er binnen de katholieke kerk een sterke rivaliteit bestond tussen de bisschoppen van Rome, Alexandrië, Antiochië en Constantinopel. De geschilpunten betroffen niet alleen bestuurlijke kwesties, maar hadden vaak ook een theologische component. Reeds enkele eeuwen woedde er namelijk een heftig debat over de ware aard van Christus: diende hij gezien te worden als mens met goddelijke eigenschappen, als godheid met menselijke trekken of als perfect samenstel van beide naturen? Sinds Constantijn hadden keizers zich altijd met dergelijke discussies bemoeid. Ook nu probeerde de Byzantijnse keizer er zijn stempel op te drukken.

Om het nog ingewikkelder te maken: de Ostrogoten waren niet katholiek, maar hielden vast aan de leer van Arius, die door katholieken uit Oost en West te vuur en te zwaard werd bestreden. De meeste Germaanse stammen hingen dit ariaanse christendom aan. Het moet voor Theoderik dan ook een schok zijn geweest dat de Frankische koning Clovis voor het katholicisme koos en daarmee een natuurlijke bondgenoot van Byzantium leek te worden.

Tezelfdertijd werd ook de antieke filosofie nog met passie bestudeerd. Neoplatonisten en aristotelianen probeerden het eens te worden over metafysische en logische vraagstukken, waarbij ook getracht werd deze systemen in overeenstemming te brengen met de christelijke theologie. Een problematische bijkomstigheid was dat in het Latijnse Westen de kennis van het Grieks allang geen vanzelfsprekendheid meer was. Wie zich met neoplatoonse filosofie inliet, laadde daardoor het odium op zich niet alleen geen vroom christen te zijn, maar bovendien te heulen met Constantinopel.

Te midden van deze wespennesten was Boëthius een productief filosoof en theoloog. Hij schreef werken over muziektheorie, rekenkunde en logica, hij vertaalde en becommentarieerde Aristoteles, en mengde zich genuanceerd in het debat over de aard van Christus. In zijn optiek moest het mogelijk zijn de theologische strijd-punten langs dialectische weg op te lossen. Deze strategie leverde hem weinig vrienden op, want velen hadden er juist belang bij de conflicten in stand te houden. Toen Boëthius aan het hof in Raven-na enkele hoge functies bekleedde, deed hij een poging een bezem te halen door het corrupte staatsapparaat, waar Romeinse senato-ren op slinkse wijze hun belangen veiligstelden. Noch bij de Ostro-gotische hofhouding, noch bij de Romeinse elite waaruit hij was voortgekomen, viel zijn integere optreden in goede aarde. Dat zo'n man het in 510 tot consul schopte, moet velen een doorn in het oog zijn geweest.

De oorzaken en omstandigheden van Boëthius' val zijn al heel lang onderwerp van intensieve wetenschappelijke bestudering, en het laatste woord is er nog niet over gezegd. Wat we erover weten berust op ingenieuze redeneringen die hun gegevens ontlenen aan vaak obscure, fragmentarische en meestal veel latere bronnen. Ze-ker is dat Boëthius in 523 of daaromtrent bij Theoderik in ongena-de is gevallen, dat hij gemarteld is en ter dood werd veroordeeld, maar dat de executie om diplomatieke redenen werd uitgesteld. Kennelijk dacht de koning met de filosoof, die nauwe banden on-derhield met Byzantijnse intellectuelen, een bruikbaar gijzelaar in handen te hebben. De langdurige detentie te Pavia heeft Boëthius in staat gesteld zijn indrukwekkende zwanenzang te schrijven. Vermoedelijk is hij in 525 of 526 ter dood gebracht. Niets wijst erop dat De vertroosting onvoltooid is. Boëthius' vrouw Rusticiana, een dochter van de politiek invloedrijke Symmachus (nazaat van de ge-lijknamige senator uit het vorige hoofdstuk), zal het manuscript de gevangenis uit hebben gesmokkeld. Omdat het eerste boek zware kritiek op Theoderik levert, heeft de publicatie zeker niet eerder kunnen plaatsvinden dan nadat Belisarius, de generaal van keizer Justinianus, Italië in 536 van de Ostrogoten had verlost.

De vertroosting bestaat uit vijf boeken, die een afwisseling van proza en poëzie vertonen. Deze vorm is, zoals we gezien hebben, in de Oudheid niet uniek. Misschien gaat ze terug op de satiren van Menippus, die in Rome werden geïmiteerd door Varro en Seneca (de Pompoenwording), maar men kan ook denken aan *Satyrica* van Petronius, aan de brieven van Ausonius of, waarschijnlijk het belangrijkste model, *De nuptiis Philologiae et Mercurii* (de bruiloft van Filologie en Mercurius) van de Carthager Martianus Capella. Dit omstreeks 500 geschreven boek geldt als hét Middeleeuwse standaardwerk over de zeven vrije kunsten.

Boek I van *De vertroosting* opent met een elegie, waarin de dichter zich in zijn cel beklaagt over de ellende die hem getroffen heeft. Tijdens het schrijven komt er een vrouw binnen, die tegelijk oud en jong lijkt te zijn, en die nu eens een normaal menselijk postuur heeft, dan weer met haar kruin de hemel schijnt te raken. Het duurt even voordat Boëthius haar herkent: het is vrouwe Philosophia, en zij is de arts die hem in een lange dialoog van zijn verdriet zal genezen. Aan de geneeskunde ontleende metaforen vormen een leidmotief door het werk heen. Ook Plato en Seneca hadden de weg naar wijsheid als genezingsproces beschreven.

Wanneer Boëthius zijn gram spuit over de behandeling die hem ten deel is gevallen, maakt Philosophia hem duidelijk dat hij zich vergist. Zou de wereld van macht, geweld, aanzien en rijkdom voor een serieus denker niet irrelevant moeten zijn? De toestand van de ziel is het enige dat van belang is. Boëthius moet wakker worden en proberen helder op een rijtje te krijgen wat nu eigenlijk de betekenis is van het kwaad, de dood, de Voorzienigheid, het lot en de vrije wil. In een geleidelijk proces van anamnese (volgens Plato is kennisverwerving immers niets anders dan het opfrissen van het geheugen) leert Boëthius inzien dat zijn situatie allerminst ellendig is, dat wat hem is overkomen voor de Voorzienigheid geen verrassing kan zijn geweest, en dat niets, maar dan ook niets hem ervan kan weerhouden analytisch te denken en zich vrij en gelukkig te voelen. De scherpe argumentaties komen voort uit Boëthius' intensieve lectuur van Plato (vooral diens *Timaeus*), neoplatonisten als Plotinus en Proclus, Aristoteles en de stoïsche traditie. Daarbij moet men bedenken dat Boëthius in zijn cel niet kon beschikken over zijn bibliotheek. Wanneer hij citeert, doet hij het uit zijn hoofd.

Niet alle argumenten zullen moderne lezers direct overtuigen. Zo stelt Philosophia dat alle mensen van nature naar het goede streven. Aangezien slechte mensen dat niet doen, moet geconcludeerd worden dat zij eigenlijk geen mensen zijn, net zomin als een lijk een mens is. En als we aannemen dat God niet alleen almachtig is, maar ook het absoluut goede vertegenwoordigt, betekent dit dat hij vanzelfsprekend geen kwaad kan doen. Maar als hij die alles kan niet in staat is kwaad te doen, kan het niet anders of het kwaad bestaat niet. Wanneer Boëthius nattigheid voelt en Philosophia ervan beschuldigt cirkelredeneringen toe te passen, beaamt zij dat volmondig. Iedere ware redenatie is circulair, betoogt zij, omdat dat de vorm is die het meest overeenkomt met Gods volmaakte natuur:

Hij gaat immers in niets buiten hem op en neemt ook niets van buiten in zichzelf op, want, om met Parmenides te spreken, 'geheel en al lijkend op de massa van een welgeronde bol' draait hij, zichzelf in een staat van onbeweeglijkheid handhavend, het bewegende universum in een cirkelgang rond. Dus dat ik geen redeneringen in stelling heb gebracht die ik vanbuiten moest betrekken, maar uitsluitend die welke binnen de kring van het behandelde onderwerp vallen, dat behoeft je niet te verbazen. Op Plato's gezag heb je immers geleerd dat de manier waarop we een onderwerp behandelen, met dat onderwerp wezensverwant behoort te zijn.[3]

Hoewel Boëthius aanvankelijk nog met zijn gedachten bij zijn gezin is, raakt de buitenwereld in de loop van het boek steeds meer op de achtergrond. Ongeveer halverwege De vertroosting bevindt zich een omslagpunt. Vanaf dat moment is hij alleen nog maar bezig met de hoogst abstracte goedheid van de Voorzienigheid, die hem de gelegenheid heeft gegeven ook in gevangenschap, met de dood voor ogen, zijn lot blijmoedig te omarmen. De therapie van Philosophia heeft gewerkt.

Die werking is ten minste voor een deel te danken aan de negenendertig gedichten die de verschillende stappen in het gesprek van elkaar scheiden. Ze leveren, als koorzangen in een tragedie, indirect commentaar op wat er in de dialoog aan de orde komt. Meestal is het gedicht Philosophia in de mond gelegd, enkele malen spreekt Boëthius op eigen gezag. Aan vorm en idioom valt af te lezen dat de dichter goed thuis was in de elegische poëzie van Ovidius en de koorliederen uit de tragedies van Seneca.

Bijna precies midden in De vertroosting staat het enige gedicht in hexameters. Deze hymne aan het Opperwezen wordt veelal als het spiritueel en literair hoogtepunt van het werk beschouwd. De godheid heeft stoïsche, aristotelische, maar vooral platoonse of neoplatoonse eigenschappen. Men heeft zich vaak afgevraagd waarom Boëthius, van wie we toch weten dat hij een belijdend christen was, in De vertroosting iedere expliciete verwijzing naar het christelijk geloof heeft vermeden. Ondervond hij in het aanzicht van de dood meer steun van zijn filosofische scholing dan van de theologie? Het boek is ook nergens strijdig met de leer van de kerk. Misschien zou Boëthius zelf de tegenstelling tussen het heidens en christelijk gedachtegoed geforceerd hebben gevonden. Voor hem bestond er maar één waardevolle traditie: die van het zoeken naar de waarheid. Het gedicht is mogelijk beïnvloed door de stoïsche hymne op Zeus van Cleanthes, door de invocatie van Venus aan het begin van Lucretius' Natuur, door het lied van Tiberianus dat ik in het vorige hoofdstuk citeerde, en door de lofzang waarmee Ausonius zijn dag begon.

De structuur is die van het gebed, zoals we dat vanaf de Ilias kennen. Het begint met een invocatie, waarin de spreker duidelijk maakt welke godheid hij precies op het oog heeft. Zo'n aanroep wordt gekenmerkt door een aantal relatieve bijzinnen die, in de tweede persoon enkelvoud, de kwaliteiten van de god benoemen. Zo ook hier (r. 1-7). Daarna komt de zogenaamde aretalogie, een opsomming van de belangrijkste bezigheden van de aangeroepene (r. 7-21). Ten slotte richt de spreker zich tot de god met een specifiek verzoek (r. 22-28). Het gedicht wordt cyclisch afgerond door een herhaling van het persoonlijk voornaamwoord 'u'.

U die het al bestiert met eindeloze rede,
die aarde en hemel schiep, die uit de eeuwigheid
de tijd tevoorschijn riep en alles onbewogen
beweegt, die uit uzelf de vlietende materie
boetseerde, zelf de vorm van wat het hoogste goed is,
van afgunst bent u vrij en uit uw oermodel
leidt u de schepping af. U, bron van alle schoonheid,
maakt schoonheid tot de norm waarnaar u alles vormt –
volmaakt is het geheel, volmaakt de onderdelen.
    U voegt met het getal de elementen samen,
dat heet met koud, en droog met vochtig zich verbindt,
dat vuur niet licht vervliegt, noch aarde zwaar verzinkt.
Drievuldig is de ziel; u knoopt haar tot een eenheid
die het heelal beweegt tot harmonie van leden.
Twee repen bollen zich tot dubbele beweging,
maar vloeien weer ineen, zodat het diepe denken
een nieuwe kringloop vormt, als voorbeeld voor het zwerk.
Zo roept u ook een groep van zielen in het leven
van lager orde, die u koppelt aan hun wagens
en uitzaait over heel de hemel en de aarde,
totdat weldadig vuur hen naar hun oorsprong voert.
    Geef, vader, dat mijn geest opklimt tot waar u zetelt,
geef hem uw bron te zien van goedheid, laat zijn ogen
zich hechten aan het licht dat hij weer vindt in u.
Scheur aardse nevels los, bevrijd mij van het logge,
en schitter in uw glans – want u bent ontbewolktheid,
u, kalmte voor geloof, u schouwen is het einde,
u, aanvang, leidsman, gids, en weg en grens en doel.[4]

Boëthius gaat ervan uit dat zijn lezers hun klassieken paraat hebben, want de beschrijving van de wereldziel en de constructie van
het heelal is een extreem beknopte samenvatting van een van de
meest ondoorgrondelijke, maar tegelijk ook een van de meest invloedrijke teksten uit de Griekse filosofie, de *Timaeus* van Plato. Dat
het gedicht niet onder zijn metafysische pretenties bezwijkt, dankt

het aan zijn majestueuze rust, aan de sonore monumentaliteit van Boëthius' hexameters. Deze dichter had een innerlijk evenwicht bereikt dat onaantastbaar was voor de terreur van Theoderik.

Dat men zo'n toestand van gelukzaligheid niet cadeau krijgt, komt tot uitdrukking in het laatste gedicht van boek III, waar Orpheus, die zijn Eurydice in de onderwereld moest achterlaten, staat voor de mens die zich op zijn weg naar filosofische en spirituele verheffing laat afleiden door wat achter hem ligt. Het gedicht begint zo:

> Gelukkig wie de heldere bron
> van het goede kon aanschouwen,
> gelukkig wie van aards gewicht
> de ketenen kon slaken.[5]

Dan volgt het verhaal van de Thracische zanger die in de hel afdaalt en Eurydice meekrijgt op voorwaarde dat hij onderweg naar het licht niet omkijkt. Pluto is nog niet uitgesproken, of het gaat mis:

> Wie schrijft de liefde wetten voor?
> Slechts aan zichzelf gehoorzaamt zij.
> Ach, bij de grenzen van de nacht
> keek Orpheus naar Eurydice,
> verloor haar en ging zelf teloor.
> Voor u is dit verhaal bedoeld,
> die zoekt uw geest omhoog te voeren
> naar waar het helderst daglicht gloort.
> Want wie versaagt en naar de diepe
> grot van de hel zijn ogen wendt,
> verliest het mooiste dat hij heeft
> omdat hij naar beneden kijkt.[6]

Hoewel Boëthius hier refereert aan de allegorie van de grot uit de *Politeia* van Plato, roept het gedicht door de explicitering van de moraal een middeleeuwse sfeer op. De oude mythe van Orpheus krijgt een nieuw leven in een context waar hij niet thuishoort. Bovendien is de allegorie niet goed doordacht, want Eurydice vertegenwoordigt hier zowel het aardse dat men achter zich moet laten, als de kostbare ziel die naar goddelijke regionen wil opstijgen. Op zo'n moment wordt duidelijk dat Boëthius op de grens van twee werelden staat. De ene ligt achter hem, de andere moet nog beginnen.

Baarlijke nonsens. De grammatica van Virgilius Maro

In de zesde eeuw ondernam keizer Justinianus een laatste poging het voormalige West-Romeinse Rijk te heroveren. Hoewel de veldtochten aanvankelijk succesvol leken te zijn, slaagde Constantinopel er niet in zijn macht in het Westen te consolideren. Het gebied tussen Schotland, Portugal, Sahara, Balkan en Elbe werd een lappendeken van instabiele staatjes. Her en der in dit uitgestrekte gebied trachtten geleerde monniken en bisschoppen de herinnering aan de klassieken levend te houden, maar het Romeinse onderwijssysteem was in elkaar gestort en er bestonden nog geen nieuwe structuren die het behoud en de vooruitgang van de wetenschap konden waarborgen. Pas in de negende eeuw gaf Karel de Grote de letteren een nieuwe impuls, die bekend is geworden als Karolingische Renaissance. En pas in de twaalfde eeuw zouden de eerste universiteiten ontstaan.

Toch werd er in die wat duistere periode nog heel wat werk verzet. De Romein Maximianus, vermoedelijk een iets jongere tijdgenoot van Boëthius, is de auteur van zes melancholieke, hier en daar onomwonden seksueel getinte elegieën. Uit de zesde eeuw kennen we verder Corippus, die immens saaie epische lofzangen op Byzantijnse machthebbers wrochtte, en Isidorus van Sevilla, wiens historiografisch en encyclopedisch werk in de Middeleeuwen veel gelezen werd. Gregorius van Tours stelde de geschiedenis van de Franken op schrift. Rond 700 was in het noorden van Engeland Beda actief, die boeken schreef op het gebied van grammatica, retorica en geschiedenis.

Ergens halverwege de zevende eeuw moet Virgilius Maro geleefd hebben, we weten niet waar. Op zijn naam zijn twee uiterst curieuze geschriften overgeleverd, waarvan niet valt vast te stellen of ze enige weerklank hebben gevonden. Het eerste werk heet *Epistolae* en bestaat uit acht brieven, die respectievelijk gewijd zijn aan het naamwoord, het voornaamwoord, het werkwoord, het bijwoord, het deelwoord, het voegwoord, het voorzetsel en het tussenwerpsel. De titel van het andere werk is *Epitomae* (uittreksels). Het behelst twaalf verhandelingen over filosofische, metrische, grammaticale en etymologische kwesties, en eindigt met een opsomming van de twaalf belangrijkste grammatici. Die lijst culmineert in deze passage:

> Er waren bovendien drie Vulcanussen, één in Arabië, een ander in India, een derde in Afrika. Mijn leermeester Aeneas had hen als docenten. Hij stenografeerde hun colleges en maakte er een heldere editie van. Uit die boeken maakte hij op dat er een zekere Maro was geweest, omstreeks de tijd van de zondvloed, wiens wijsheid de mensheid nooit zal kunnen bevatten. Toen Aeneas gezien had hoe briljant ik was, droeg hij me op mijzelf voortaan Maro te noemen. Hij zei: 'Deze zoon van mij zal Maro genoemd worden, omdat in hem de geest van de oude Maro weer tot leven is gekomen.'[7]

Deze baarlijke nonsens staat niet op zichzelf. Hoewel grote delen van Virgilius' werk de indruk wekken op normale grammatica te berusten, bekruipt de lezer al snel het gevoel met een gek te maken te hebben. Tamelijk onschuldig is de anekdote over de (fictieve?) taalgeleerden Galbungus en Terentius, die gedurende veertien dagen debatteren over de vocativus van *ego*.[8] Dat is nog een kwestie waarbij je je iets kunt voorstellen. Maar wanneer Virgilius tot tweemaal toe een opsomming geeft van twaalf soorten Latijn, waarvan er elf hoegenaamd niets te maken hebben met het Latijn dat wij kennen, stokt alle begrip.[9] Daar komt bij dat zijn eigen Latijn doorspekt is met onzinwoorden, waarvan we de betekenis vaak maar moeten raden.

Wat wil Virgilius? In de wetenschappelijke literatuur wordt hij veelal afgedaan als een pathologisch geval, een ongevaarlijk gestoorde schoolmeester die maar raak fabuleert. Volgens anderen betreft het een parodie op het edele vak van de grammaticus. Maar wie zit er te wachten op zo'n satire? In 1995 verscheen een studie die aannemelijk trachtte te maken dat het om esoterische wijsheidsgeschriften gaat, om gecodeerde boodschappen voor ingewijden.[10] Mocht dit juist zijn, dan ontbreekt tot op heden de sleutel. Het is echter evident dat Virgilius' ambities verder reiken dan puur taalonderwijs.

Het geval Virgilius illustreert in de eerste plaats dat we van auteurs uit de vroege Middeleeuwen vaak bedroevend weinig weten. In de tweede plaats zien we dat grammaticale kwesties onverminderd actueel bleven. We constateren verder dat de dichter Vergilius, wiens poëzie centraal stond in het curriculum van de kloosterschool, een bijna mythische status had gekregen, mede dankzij het feit dat zijn vierde *Ecloga* werd opgevat als voorspelling van Christus' geboorte. Maar bovenal valt op dat de wereld waarin de grammaticus Virgilius Maro leeft, nauwelijks nog iets te maken heeft met de Romeinse literatuur waarvan het verhaal in dit boek is verteld.

Virgilius sluit zijn *Epitomae* als volgt af:

Deze uittreksels uit de boeken van voorvaderlijke wetten heb ik bij jullie, vrienden en leerlingen, geïntroduceerd, tot nut en heil van alle lezers. Moge het volstaan.[11]

Noten

1 Camenen en Muzen

1. Lat. *semen*: zaad. Tekst van het *Carmen Arvale* in Loeb 359, *Remains of Old Latin* IV, p. 250-253.
2. Lat. *salire*: dansen
3. Quintilianus, *Institutio oratoria* 1.6.40
4. Vergelijk de eerste regel van de *Odyssee*, die zo begint: *Andra moi enne-pe, Mousa, polutropon*, letterlijk vertaald: 'man mij bezing, Muze, vindingrijk'.
5. Livius Andronicus, *Odusia* 28-29. Ik citeer steeds uit de Loeb-editie van Warmington.
6. Livius Andronicus, *Odusia* 18
7. Livius Andronicus, *Tereus* 25-26. Het woord *limare* betekent 'vijlen', maar misschien speelt ook de betekenis van *limus* (modder) mee.
8. Livius Andronicus, *Odusia* 17; Quintilianus, *Institutio oratoria* 1.5.63
9. Orchus (of Orcus) is de god van de onderwereld.
10. Naevius, *Ex incertis fabulis* 7-8. Ik citeer steeds uit de Loeb-editie van Warmington.
11. Naevius, *Ex incertis fabulis* 27. De Liberalia waren gewijd aan de god Liber (Dionysus).
12. Naevius, *Hesiona* 19
13. Naevius, *Bellum Punicum* 29-30
14. Naevius, *Bellum Punicum* 31-32
15. Van dergelijke historische epen in het Grieks is vrijwel niets bewaard gebleven.
16. Fabius Pictor, fr. 1 Beck en Walter
17. Cicero, *De oratore* II.12.51-53
18. Eens in de vijf jaar werden twee *elder statesmen* tot censor benoemd, die de staat zowel fiscaal als moreel doorlichtten. Sommige censoren grepen de functie aan om maatschappelijke misstanden aan de kaak te stellen en rigoureus schoon schip te maken. Na afloop van hun ambtstermijn hielden ze een reinigingsoffer (*lustrum*).

19. Livius, *Ab urbe condita* XXXIV.2-4, vertaling H.W.A. van Rooijen-Dijkman, p. 167-168

20. Gellius, *Noctes Atticae* VI.3.1-50

21. Seneca Rhetor, *Controversiae* I.prooemium.9 en Quintilianus, *Institutio oratoria* XII.1.1

22. C.E. Little heeft in *Classical Journal* 29 (1933-34) p. 429-435 laten zien hoe de anekdote vanaf een opmerking van Cicero (*De senectute* 6.18) een eigen leven is gaan leiden, totdat de auteur van een ten onrechte aan Aurelius Victor toegeschreven werk in de vierde eeuw met deze formulering komt: *Cato Carthaginem delendam censuit* (*De viris illustribus* 47.8). Plutarchus, *Cato Maior* 27.1 baseert zich misschien op een verloren gegane passage bij Polybius.

23. Cato Maior, *De agri cultura*, praefatio 2-4, vertaling Vincent Hunink

24. Julius Victor 374 Halm

25. Cato Maior, *De agri cultura* resp. 59 en 126. Een *congius* is ruim drie liter, een *hemina* ongeveer een kwart liter.

26. Gellius, *Noctes Atticae* III.3.3. Van het laatste stuk, *Vidularia*, bezitten we slechts enkele fragmenten.

27. Bromios (Donderaar) is een van de vele bijnamen van Zeus.

28. Zijn naam is een woordspeling: het Griekse *pseudos* betekent 'leugen', het Latijnse *dolus* 'list'.

29. Een Attische mina was in de klassieke periode honderd drachmen waard, maar met het lichter worden van de drachme gingen er steeds meer drachmen in een mina. Aangenomen dat een geschoold arbeider per dag niet veel meer dan een drachme verdiende, is twintig mina een enorm bedrag.

30. Plautus, *Pseudolus* 360-362

31. Plautus, *Pseudolus* 568-570

32. Plautus, *Pseudolus* 703-706

33. Plautus, *Pseudolus* 1331-1333

34. Varro, *Menippeae* 399 Buecheler

35. Terentius, *Heauton timorumenos* 388-395

36. Terentius, *Heauton timorumenos* 1018-1022

37. Terentius, *Heauton timorumenos* 77

38. Ennius, *Annales* 1. Ik citeer steeds uit de Loeb-editie van Warmington.

39. Het vers bevat slechts vier korte lettergrepen (*pedi-* en *-tis* O-).

40. Ennius, *Annales* 109

41. Ennius, *Annales* 143

42. Ennius, *Annales* 151-152

43. Ennius, *Annales* 287
44. Ennius, *Annales* 360
45. Ennius, *Annales* 467; Augustinus, *De civitate Dei* 11.21. Hij citeert overigens indirect, want uit Cicero's *De re publica*; waarschijnlijk beschikte Augustinus niet meer over een Ennius-tekst.
46. Ennius, *Annales* 388-389; Cicero, *De senectute* 5.14
47. Ennius, *Epigrammata* 9-10
48. Pacuvius, *Teucer* 352. Ik citeer Pacuvius en Accius steeds uit de Loebeditie van Warmington.
49. Pacuvius, *Paulus* 1
50. Pacuvius, *Paulus* 3
51. Accius, *Atreus* 190
52. Accius, *Bacchae* 225
53. Accius, *Oenomaüs* 509-512
54. Accius, *Atreus* 168
55. Seneca, *De Ira* 1.20.4, Suetonius, *Caligula* 30.1
56. Quintilianus, *Institutio oratoria* x.1.93. De klemtoon in *satura* ligt op de eerste lettergreep.
57. De vierde-eeuwse grammaticus Diomedes zet de verklaringen van het woord op een rij. Diomedes, *Ars grammatica* 111, Keil 1, p. 485-486
58. Lucilius 84-85. Ik citeer steeds uit de Loeb-editie van Warmington. Cicero, *De oratore* 111.43.171.
59. Elisie is het verschijnsel waarbij de laatste lettergreep van een woord metrisch niet meetelt, omdat anders twee klinkers naast elkaar zouden staan. Hiaat (gaping) tussen de slotklinker van het ene en de beginklinker van het volgende woord wordt in het Latijn vermeden.
60. Lucilius 235
61. Lucilius 61-62
62. Lucilius 70. De jurist Quintus Mucius Saevola Augur, consul in 117 v.Chr., was een van Cicero's leermeesters.
63. Lucilius 567-573

11 Klassiek Latijn

1. Zie hierboven, p. 28-29.
2. Deze Antonius is de grootvader van Marcus Antonius, de tegenstander van Octavianus.
3. Quintilianus, *Institutio oratoria* x11.5.5-6

4. Enkelvoud: *topos, locus*
5. Caesar, *Bellum civile* II.17-20
6. Cicero, *Academica Posteriora* I.3.9
7. Varro, *De lingua Latina* VI.56
8. Chrysippus: stoïsch filosoof, derde eeuw v.Chr.
9. In de eerste zin van boek I citeert Varro het bekende spreekwoord *homo bulla*.
10. Varro, *Rerum rusticarum* III.16.29-31
11. Cassius Dio, *Historiae Romanae* XL.54.2
12. Cicero, *In Verrem actio secunda* IV.24.53. In het Latijn is de passage zwaar aangezet door alliteratie. De laatste zin luidt: *Permagnum est in eum dicere aliquid qui praeteriens, lectica paulisper deposita, non per praestigias sed palam per potestatem uno imperio ostiatim totum oppidum compilaverit.*
13. Deze tempel was door Romulus gewijd nadat Jupiter de vijanden tot staan had gebracht: *stator* betekent 'hij die tot staan brengt'.
14. O tempora, o mores!
15. Cicero, *In Catilinam* I.1.1-2
16. Cicero, *Pro Marcello*1.1, vertaling H.W.A. van Rooijen-Dijkman. In: *Rome in revolutie* p. 208-209
17. Cicero, *Philippica* 1.25.63
18. Het boek is opgedragen aan een zekere Gaius Herennius, vandaar de titel. De auteur wordt vaak aangeduid als 'de Auctor ad Herennium'. Er zijn redenen om aan te nemen dat hij Cornificius heette, wat weinig helpt, omdat we deze Cornificius verder nauwelijks kennen.
19. Cicero, *De oratore* I.7.28, vertaling steeds H.W.A. van Rooijen-Dijkman en A.D. Leeman. Ook de *Phaedrus* gaat voor een groot deel over retorica.
20. Cicero, *De oratore* I.8.30-32
21. Cicero, *Tusculanae disputationes* V.2.5-6
22. Scipio Minor is een van de gesprekspartners.
23. Cicero, *De finibus* III.40
24. Tarquinius Superbus was de laatste koning van de Romeinen. In ca. 509 v.Chr. werd hij, na een indrukwekkende reeks wandaden van hem en zijn familie, door Brutus uit de stad verdreven, waarna er een republiek werd ingesteld.
25. Cicero, *De finibus* III.75
26. Cicero, *De finibus* V.96
27. Cicero citeert er hele lappen uit in *De natura deorum*.

28. Geciteerd door Quintilianus IX.4.41, die bezwaar heeft tegen de gemaniëreerde herhaling van *natam*.

29. Cicero, *Ad familiares* V.12.1; *epistula enim non erubescit* (want een brief bloost niet) is een bekende zegswijze geworden.

30. Cicero, *Ad familiares* V.12.3. In Xenophon, *Memorabilia* II.1.21-34 vertelt de sofist Prodicus de allegorie van Hercules die op een tweesprong moet kiezen tussen twee godinnen, Deugd en Genot. Cicero heeft het verhaal verwerkt in *De officiis* I.32.118.

31. Cicero, *Ad Quintum fratrem* II.9.3

32. Hiëronymus, *Eusebii Pamphili chronici canones*, p. 231 Fotheringham

33. Lucretius, *De rerum natura* I.926-950 en IV.1-25

34. Aristoteles, *Poetica* 1, 1447b17-20

35. Zie Volk 2002, p. 40

36. Lucretius maakt hier een toespeling op uitspraken van de Alexandrijnse dichter Callimachus, die in vergelijkbare termen zijn eigen originaliteit benadrukt; Callimachus, *Epigram* 28 Pfeiffer, *Aitia* fr. 1.25-28 Pfeiffer.

37. Lucretius, *De rerum natura* I.921-947, vertaling Piet Schrijvers. Deze vertaling is nog niet in druk verschenen, maar de vertaler was zo vriendelijk reeds enkele fragmenten af te staan.

38. Lucretius, *De rerum natura* III.79-81, vertaling Aegidius W. Timmerman

39. Lucretius, *De rerum natura* I.823-829, vertaling Piet Schrijvers

40. Lucretius, *De rerum natura* I.901, I.249-251

41. Lucretius, *De rerum natura* I.117-126

42. Lucretius, *De rerum natura* III.6-8

43. Lucretius, *De rerum natura* V.222-227

44. Lucretius, *De rerum natura* (I.146-148) II.55-61, III.87-93, VI.35-41, vertaling Piet Schrijvers

45. Cicero, *Ad Atticum* VII.2.1

46. Onchesmos is een plaats in Epirus.

47. Seneca, *Epistula* 49.5

48. Romeinen lazen, zelfs als ze alleen waren, vrijwel altijd hardop.

49. De carmina 1-60; de nummers 18, 19 en 20 zijn niet van Catullus.

50. Boekrollen werden aan de uiteinden gladgemaakt met puimsteen.

51. Catullus, *Carmina* 1

52. Catullus, *Carmina* 2

53. Catullus, *Carmina* 8, vertaling Paul Claes; in r. 5 heb ik, in overeenstemming met het Latijn, 'ik' in 'wij' veranderd. Goldberg 2006, p. 100-

102 heeft laten zien dat Catullus hier refereert aan het taalgebruik van onfortuinlijke minnaars in komedies van Plautus.

54. Catullus, *Carmina* 37, vertaling Paul Claes
55. Catullus, *Carmina* 50
56. Catullus, *Carmina* 51
57. Moderne geleerden hebben dit genre *epyllion* (eposje) gedoopt, een term die in de Oudheid niet bestond.
58. Catullus, *Carmina* 64.163
59. Catullus, *Carmina* 64.112-115
60. Catullus, *Carmina* 64.11
61. Op het elegisch distichon ga ik later uitvoeriger in, p. 181-182.
62. Catullus, *Carmina* 85
63. C.J. Fordyce, *Catullus. A Commentary*, Clarendon Press, Oxford 1961, preface
64. Cornelius Nepos, *Hannibal* 1.1-2
65. Cornelius Nepos, *De viris illustribus*, praefatio.8
66. Cornelius Nepos, *Atticus* 21.1
67. Cornelius Nepos, *Atticus* 21.5-22.2
68. Catullus, *Carmen* 11. Furius is misschien de veelzijdige dichter Furius Bibaculus. Zie Courtney 2003, p. 192-200.
69. Hij werd in 87 door aanhangers van Marius vermoord.
70. Biografieën werden geschreven door Suetonius en Plutarchus.
71. Quintilianus, *Institutio oratoria* x.1.114
72. Caesar, *De bello Gallico* VII.77.3 en 14-15, vertaling Vincent Hunink
73. Caesar, *De bello Gallico* IV.20-27
74. Hirtius, *De bello Gallico* VIII.prooemium.3-6
75. Een periode (Gr. *peri-hodos*: omloop, rondweg) is een fraai gecomponeerde samengestelde volzin.
76. Caesar, *De bello Gallico* IV.24.2-3
77. Caesar, *De bello Gallico* II.25.1-2
78. Caesar, *Bellum civile* III.96.1-2; vertaling H.W.A. van Rooijen-Dijkman
79. *Bellum Africum* 88.3-4
80. Quintilianus, *Institutio oratoria* x.1.73
81. Quintilianus, *Institutio oratoria* x.1.101-102, IV.2.45
82. Sallustius, *De Catilinae coniuratione* 3.1, 8.2-5; vertaling *Catilina* en *Bellum Iugurthinum* steeds Vincent Hunink
83. Sallustius, *De Catilinae coniuratione* 10.1-4
84. Sallustius, *De Catilinae coniuratione* 5.2-5
85. Sallustius, *De Catilinae coniuratione* 14.2-3

86. Sallustius, *Bellum Iugurthinum* 35.10
87. [Sallustius], *In Ciceronem* 3.5. Een invectief (*oratio invectiva*) is een smaad-rede. Ik citeerde Cicero's versregel in het Latijn, p. 85.
88. [Sallustius], *In Sallustium* 8.21-22

III Een milde tirannie

1. Seneca Rhetor, *Suasoriae* 6.24 bevat het langste citaat uit Pollio's ge-schiedwerk: een evaluatie van Cicero als mens. Verder zijn drie van zijn brieven overgeleverd in Cicero's correspondentie: Cicero, *Ad fami-liares* X.31-33.
2. Horatius, *Carmina* II.1-1-8, vertaling Piet Schrijvers
3. Deze Metellus was misschien de echtgenoot van Catullus' Lesbia.
4. Augustus, *Res gestae* ('verrichtingen'; de tekst wordt ook *Monumentum Ancyranum* genoemd, naar de vindplaats Ankara) 34-35 vertaling Ivo Gay.
5. Seneca Rhetor, *Controversiae* X.prooemium.4-8
6. Suetonius, *Caligula* 16.1
7. De eerste directeur van de Palatijnse bibliotheek was C. Julius Hygi-nus, op wiens naam enkele wetenschappelijke geschriften zijn over-geleverd. Augustus gaf de hoogst geleerde grammaticus Verrius Flac-cus de opdracht zijn kleinzoons te onderwijzen. Van Verrius kennen we een encyclopedisch woordenboek, dat helaas slechts tot ons geko-men is in een door Paulus Diaconus (achtste eeuw) bewerkte versie van de samenvatting van Pompeius Festus (eind tweede eeuw).
8. Seneca, *Epistula* 114.4-6, vertaling Vincent Hunink
9. Zie Courtney 2003, p. 300-305
10. Vitruvius, *De architectura* I.1.11, vertaling steeds Ton Peters
11. Vitruvius, *De architectura* II.1.1
12. Vitruvius, *De architectura* VIII.6.11
13. Quintilianus, *Institutio oratoria* X.1.101-102
14. Quintilianus, *Institutio oratoria* X.1.31-32
15. Carmen solutum: een lied zonder metrum
16. Quintilianus, *Institutio oratoria* I.5.56, VIII.1.3
17. Plinius Minor, *Epistulae* II.3.8
18. Ik citeer steeds uit de vertalingen van F.H. van Katwijk-Knapp en H.W.A. van Rooijen-Dijkman.
19. Livius, *Ab urbe condita* II.40.5-7

20. Livius *Ab urbe condita* XXI.4.5-9

21. Livius, *Ab urbe condita* XXII.7.6-13

22. Suetonius, *Claudius* 41.1

23. Machiavelli, *Discorsi* II.6.3-5, vertaling Paul van Heck. De anekdote over Livius' arm staat in Van Hecks inleiding, p. 25.

24. Pompeius Trogus/Justinus, *Historiae Philippicae* XXXVIII.4.1-4

25. Dante, *Inferno* I.79-87, vertaling Ike Cialona en Peter Verstegen

26. Propertius, *Elegiae* II.34.65-66

27. Er zijn uit de Oudheid enkele biografietjes van Vergilius bewaard gebleven, die teruggaan op een werk van Suetonius. De bekendste en meest uitvoerige levensbeschrijving is die van Aelius Donatus (vierde eeuw), die ook een commentaar op Vergilius' poëzie schreef. Omstreeks 400 maakte Servius voor zijn biografie en commentaar dankbaar gebruik van Donatus' werk, dat grotendeels verloren is gegaan. De commentaar van Servius is in twee versies overgeleverd.

28. De datering is niet helemaal zeker. Er wordt ook gedacht aan een publicatie rond 35 v.Chr.

29. Het grootste deel is zeker niet van Vergilius. Het gaat om een bonte verzameling gedichten in verschillende metra, waarvan het langste (*Culex*, 414 regels) een komisch eposje over een mug is. Ook de hierboven genoemde *Elegiae in Maecenatem* behoren tot het *Appendix*.

30. Gr. *eidullion*: plaatje; Lat. *pastor*: herder; Gr. *eklogê*: selectie

31. Vergilius, *Ecloga* 4.11-30, vertaling Rik Deweerdt

32. Maenalisch: Arcadisch

33. Vergilius, *Ecloga* 8.52-56, vertaling Rik Deweerdt. De legendarische lyricus Arion wist met zijn spel dolfijnen te lokken, die hem, toen hij door rovers in zee werd gegooid, naar de kust brachten (Herodotus, *Historiën* I.23-24).

34. Vergilius, *Ecloga* 8.63

35. Vergilius, *Ecloga* 8.108-109

36. Gr. *geôrgos*: landbouwer

37. *Vita Donati* 22

38. Vergilius, *Georgica* I.121-124; vertaling steeds Piet Schrijvers

39. Vergilius, *Georgica* I.145-146

40. Leeman, in: Van der Paardt 1995, p. 78-80

41. Vergilius, *Georgica* II.173-174

42. Vergilius, *Georgica* II.238-247

43. Vergilius, *Georgica* III.235-241

44. Vergilius, *Georgica* III.563-566

45. Vergilius, *Georgica* IV.3-5
46. Vergilius, *Georgica* IV, resp. 87, 170, 217-218, 116-148
47. Resp. IV.512 (in een vergelijking), IV.317 en (in de godencatalogus van het prooemium) I.14
48. Vergilius, *Georgica* IV.563-566
49. Gr. *pro-oimion*: voorzang. De term wordt met name gebruikt voor de inleidende regels van epische gedichten, waarin vaak Muzen worden aangeroepen en de dichter het onderwerp van zijn gedicht aankondigt.
50. Vergilius, *Aeneis* XII.715-724, vertaling Piet Schrijvers; vergelijk *Georgica* III.219-223. Tenzij anders vermeld, hanteer ik steeds Schrijvers' vertaling.
51. Vergilius, *Aeneis* IV.659-660
52. Vergilius, *Aeneis* I resp. 9-10 en 33
53. Vergilius, *Aeneis* VII.37-45
54. Vergilius, *Aeneis* I.279
55. Vergilius, *Aeneis* XII.838-839
56. Vergilius, *Aeneis* VI.847-853
57. Vergilius, *Aeneis* I.462
58. Horatius, *Saturae* I.6.45-48, 65-78; tenzij anders vermeld, citeer ik uit de vertaling van Piet Schrijvers.
59. Horatius' villa is opgegraven. Ze bevindt zich bij het dorpje Licenza.
60. Horatius, *Carmina* III.30
61. Pindarus, *Nemeïsche ode* 4.81, *Pythische ode* 6.7-14
62. F. Nietzsche, 'Was ich den Alten verdanke 1' in: *Götzen-Dämmerung*, 1882
63. Horatius, *Ars poetica* 23
64. Lat. *sermo*: gesprek, gepraat
65. Horatius, *Saturae* II.6.1-5
66. Horatius, *Saturae* II.6.33-39
67. Horatius, *Epodon liber* 2.1-4. Het woord *epodos* betekent 'toezang' en duidt op de versvorm, waarbij steeds twee regels van verschillende metrische structuur een couplet vormen. De gedichten worden ook *iambi* (jambische gedichten) genoemd.
68. Horatius, *Epodon liber* 12.7-12
69. Pas sinds de Renaissance is het gebruikelijk de *Carmina* ook *Oden* te noemen. Het Griekse woord *ôidê* betekent 'lied'.
70. Gr. *stichos*: regel
71. Zie hierboven, p. 92-93.

72. Horatius, *Carmina* II.20.9-16
73. Syrten: verraderlijke wetlands voor de kust van Libië. De Hyperboreeërs zijn een mythisch volk dat voorbij de Noordenwind (Boreas) zou leven.
74. Messalla is de beschermheer van Tibullus.
75. Horatius, *Carmina* III.21. Manlius was consul in 65 v.Chr.; Massische wijn kwam uit Campania; gesprekken van Socrates: bijvoorbeeld de dialogen van Plato en Xenophon; Lyaeus (de losmaker) is Bacchus, die ook Liber (de vrije) heet; Phoebus is Apollo en wordt hier geïdentificeerd met de zon.
76. Horatius, *Epistulae* I.1 resp. 4 en 10
77. Horatius, *Epistulae* I.8.3-12. Tibur: Tivoli. Licenza, waar Horatius' villa gelegen was, is niet ver van Tivoli.
78. Horatius, *Epistulae* I.20.19-28. Lollius en Lepidus waren consul in 21 v.Chr.
79. Horatius, *Epistulae* II.2.41-54
80. Horatius, *Epistulae* II.2.55-57
81. Horatius, *Epistulae* II.2.120-123
82. Horatius, *Epistulae* II.2.126-128
83. Horatius, *Epistulae* II.2.144
84. Horatius, *Epistulae* II.2.213-216
85. Horatius, *Ars poetica* 23, 309 en 333
86. Ovidius, *Remedia amoris* 757-766, vertaling M. d'Hane-Scheltema
87. Quintilianus, *Institutio oratoria* X.1.93
88. Zie hierboven p. 145. Cytheris was in de jaren veertig enige tijd de minnares van Marcus Antonius. Haar Romeinse naam luidde Volumnia.
89. De hexameter bestaat in principe uit vijf dactylen (lang – kort – kort) plus een spondee (lang – lang).
90. De namen Delia en Cynthia kunnen ook naar Apollo's maagdelijke tweelingzus Artemis verwijzen; dat is pikant, omdat de meisjes niet bepaald kuis waren. Bovendien verandert de dichter zo automatisch in opgejaagd wild: Artemis is immers de meedogenloze godin van de jacht.
91. De term *paraklausithuron* komt in de antieke literatuur slechts eenmaal voor: Plutarchus, *Erotikos* 753a/b (Loeb 425, Plutarchus, *Moralia* IX, p. 330-331); *paraklaiô* betekent 'jammeren naast', *thura* is 'deur'.
92. Courtney 2003, p. 263, fr. 2
93. Er is geopperd dat de dichter niet bedoelt dat hij als voyeur aanwezig is geweest, maar dat hij Gallus' poëzie erover heeft gelezen; in dat ge-

val is deze Gallus dus wél de dichter.

94. *Thesea*: Theseïsch; *Cnosia*: de Knossische; *Cepheia*: de Cepheïsche; *Andromede*; *Edonis*: de Thracische (Thracië stond bekend om de ruige verering van Dionysus); *choreis*: danssessies; *Apidano*: rivier in Thessalië.

95. De lier wordt 'orphisch' genoemd: misschien voelt ze zich een Eurydice, misschien is het een verwijzing naar de Bacchanten die Orpheus hebben verscheurd.

96. Horatius, *Epistulae* I.4.1-11, vertaling Piet Schrijvers. Cassius (r. 3), een van de Caesar-moordenaars, was een gerenommeerd dichter, maar er is geen letter van zijn werk bewaard gebleven. Het is overigens niet helemaal zeker dat de adressaat van de brief de dichter Tibullus is, want de naam Albius komt veel voor.

97. Tibullus, *Elegiae* II.6.47-52

98. Tibullus, *Elegiae* I.1.5-8

99. Tibullus, *Elegiae* I.1.45-48. De woordgroep *igne iuvante* (bij heerlijk vuur) is in één handschrift overgeleverd als *imbre iuvante* (bij heerlijke regen). Hoewel het getik van de regen gezellig is, lijkt dit beeld enigszins overbodig na de vorige regel.

100. Tibullus, *Elegiae* I.1.75

101. *Corpus Tibullianum* III.13 = IV.7; 'hem' in r. 3 is zowel de liefde, als Amor, als de geliefde; Cytherea is Venus, van het eiland Cythera; r.7 'was': met bijenwas bestreken plankjes werden als schriften gebruikt.

102. *Corpus Tibullianum* III.18 = IV.12

103. De ridderstand is na die van de *nobiles* (de senatorenstand) de hoogste. Leden van de ridderstand konden, mits ze voldoende geld en relaties hadden, in de senaat komen.

104. Ovidius, *Tristia* IV.10.21-26, vertaling Wiebe Hogendoorn

105. Een vijftiental regels is bewaard gebleven: Courtney 2003, p. 292-299

106. Van de jambicus Bassus en de epicus Ponticus is niets overgeleverd.

107. Quintilianus, *Institutio oratoria* X.1.88 en 98

108. Zie p. 85 en 218.

109. In r. 238 geeft Ovidius een etymologie voor 'Latium': *latere* betekent 'zich verborgen houden'. Zie p. 11.

110. Ovidius, *Heroïdes* 15.124-134. Zoals gezegd is de authenticiteit van juist deze brief omstreden.

111. Ovidius, *Epistulae ex Ponto* I.1.67-74

112. Ovidius, *Ars amatoria* III.769-780, vertaling M. d'Hane-Scheltema

113. Ovidius, *Metamorphoses* X.300-303, vertaling steeds M. d'Hane-Scheltema

114. Ovidius, *Metamorphoses* X.325-331
115. Ovidius, *Metamorphoses* X.465-470
116. Ovidius, *Metamorphoses* IV.121-124
117. Ovidius, *Metamorphoses* VIII.231-235. De vocatief *Icare* is een woord-speling: *i, care* betekent 'ga, dierbare'.
118. Ovidius, *Metamorphoses* XV.871-879
119. Ovidius, *Epistulae ex Ponto* IV.13.19-24. De Geten, een Thracisch volk in het huidige Roemenië, spraken een Indo-Europese taal.
120. Courtney 2003, p. 315-319
121. Albinovanus Pedo 16-23
122. Courtney 2003, p. 325-327
123. Cornelius Severus 10-11
124. Seneca Rhetor, *Suasoriae* resp. 1.15 en 6.26

IV De vroege keizertijd

1. De technische term voor iemand die een (vermeend) misdrijf aan de kaak stelt, is *delator* (aanbrenger). Hij hoeft niet degene te zijn die vervolgens ook de rol van aanklager op zich neemt. Omdat er in Rome geen Openbaar Ministerie bestond, was de rechtsorde afhanke-lijk van initiatieven van individuen. Daarom is *delator* in principe een neutrale term, die pas naar aanleiding van de beruchte maiestas-pro-cessen zijn negatieve betekenis heeft gekregen.
2. Een *sententia* is een pakkende oneliner. De term 'zilveren Latijn' is vaak gebruikt om de literatuur van de eerste eeuw te onderscheiden van het 'gouden tijdperk' van Cicero en Vergilius.
3. De grammaticus gaf les aan kinderen in de leeftijd van ongeveer tien tot vijftien jaar. Het curriculum omvatte vooral taal en literatuur.
4. Manilius, *Astronomica* IV.16
5. Manilius, *Astronomica* I.521
6. Manilius, *Astronomica* I.21
7. Manilius, *Astronomica* IV. 893-895
8. Manilius, *Astronomica* II.136-144
9. Manilius, *Astronomica*, vooral II.60-135 en IV.866-935
10. Manilius, *Astronomica* resp. I.66-112, II.1-59, III.1-42, IV.1-121
11. Manilius, *Astronomica* II.37-38
12. Manilius, *Astronomica* V.554-555, 572-573
13. Manilius, *Astronomica* V.619-630

14. Zie het fragment van Albinovanus Pedo in hoofdstuk III, p. 207.

15. Germanicus, *Prognosticorum reliquiae* III.63-65

16. Kenney en Clausen 1982, p. 630

17. *Aetna* 631

18. *Aetna* 294-301

19. *Aetna* 224-230, 251; de hele passage 224-251 is één lange zin.

20. Quintilianus, *Institutio oratoria* XII.11.24

21. Celsus, *De medicina*, prooemium.23-26 en 40-44

22. Celsus, *De medicina* I.1.4

23. Celsus, *De medicina* VII. prooemium.4

24. Celsus, *De medicina* VII.5

25. Pomponius Mela, *De chorographia* I.1-24 (overzicht), I.24- II.96 (kusten Middellandse Zee), II.97-126 (eilanden), III.1-58 (kusten Europa, eilanden Noordzee en Oceaan), III.59-84 (Azië), III.85-107 (Afrika)

26. Pomponius Mela, *De chorographia* III.91

27. Pomponius Mela, *De chorographia* III.93. Hanno is een Carthaags ontdekkingsreiziger uit de zesde eeuw v.Chr.

28. Columella, *De re rustica* X.225-229

29. Columella, *De re rustica* X.337-368

30. Columella, *De re rustica* XII.2.4

31. Plinius Minor, *Epistulae* VI.16, aan Tacitus, geschreven tussen 104 en 108. Om oom en neef Plinius van elkaar te onderscheiden wordt de eerste traditioneel Maior (de oudere) genoemd, de laatste Minor (de jongere).

32. Plinius Maior, *Naturalis historia*, praefatio.18. Plinius Minor beschrijft de workaholic die zijn oom was in *Epistulae* III.5.

33. Plinius Maior, *Naturalis historia*, praefatio.13

34. Plinius Maior, *Naturalis historia*, resp. VII.5, VII.42, XXVIII.40, XVI.78

35. Plinius Maior, *Naturalis historia* II.158, vertaling, als elders, Joost van Gelder, Mark Nieuwenhuis en Ton Peters

36. Frontinus, *De aquis Urbis Romae* II.88

37. Om deze Seneca te onderscheiden van zijn zoon, de filosoof, krijgt hij in de handboeken de bijnaam Rhetor (de retor, hoewel hij dat niet was) of Pater (de vader). De geciteerde passage: *Controversiae* I.prooemium.6-7.

38. Quintilianus, *Institutio oratoria* I.2.6-8

39. Quintilianus, *Institutio oratoria* VII.1.42

40. Plinius, *Epistulae* II.19

41. Plinius, *Epistulae* IX.23. Over de *centumviri* zie p. 61.

42. Seneca Rhetor, *Controversiae* I.prooemium.2-3

43. Valerius Maximus, *Facta et dicta memorabilia* VII.6.ext.1-3

44. Het verhaal speelt in 72/71 v.Chr. in het Spaanse Calagurris, thans Calahorra, waar Pompeius oorlog voerde tegen opstandelingen die zich lieten inspireren door de in 73 vermoorde Sertorius. Deze had in het voorafgaande decennium geprobeerd vanuit Spanje de machthebbers in Rome te bestrijden.

45. Martialis, *Epigrammata* 11.90 en Juvenalis, *Saturae* 7.186-189 suggereren dat Quintilianus graag goed geld verdiende.

46. Quintilianus, *Institutio oratoria* VI.prooemium.11-12

47. Plinius Minor, *Epistulae* 11.14.9-14 en VI.6.3

48. Zie voor een overzicht van het systeem van de retorica p. 62-63.

49. De statusleer biedt een logische ordening van juridische strijdvragen. Spitst de zaak zich toe op de vraag of een bepaald misdrijf heeft plaatsgevonden, dan behoort deze tot de feitelijkheidsstatus. Gaat het om de definitie van het misdrijf, dan is de definitiestatus van kracht. Betoogt de advocaat dat zijn cliënt het morele recht had om het ten laste gelegde misdrijf te plegen, dan gaat het om de hoedanigheidsstatus. Ten slotte zijn er ook nog wettelijke statussen, waarvan er één de bevoegdheid van de rechtbank betreft.

50. Cicero, *De oratore* I.42.190

51. Quintilianus, *Institutio oratoria* XII.11.4-7

52. Calpurnius Flaccus, *Declamationes* 19

53. De geciteerde passages resp. Tacitus, *Dialogus* 9.6, 12.1 (vertaling Vincent Hunink) en Plinius Minor, *Epistulae* IX.10.2

54. Seneca, *Epistulae morales* 120.22, vertaling Cornelis Verhoeven (licht aangepast)

55. Seneca, *Epistulae morales* 108.22

56. Seneca, *Epistulae morales* 78.2, vertaling Cornelis Verhoeven

57. Cassius Dio, *Historiae Romanae* LIX.19.8

58. Aristoteles, *Poetica* 13, 1452b34-1453a16

59. Tacitus, *Annales* XIV.1-11

60. Tacitus, *Annales* XV.60.2-64.4

61. Latijnse titels: *De ira* (over boosheid), *De vita beata* (over gelukkig leven), *De otio* (over nietsdoen)

62. *De beneficiis* (over weldaden)

63. *Epistulae morales*. Aangezien Aulus Gellius citeert uit brieven die wij verder niet kennen, moet aangenomen worden dat de verzameling in de huidige vorm niet compleet is.

64. De acht authentieke stukken heten *Hercules furens* (de waanzin van Hercules), *Troades* (Trojaanse vrouwen, het voorbeeld voor Vondels *Amsteldamse Hecuba*), *Phoenissae* (Fenicische vrouwen, over Oedipus' kinderen), *Medea, Phaedra, Oedipus, Agamemnon* en *Thyestes*. *Hercules Oetaeus* gaat over de dood van Hercules.

65. Seneca, *Phaedra* 1256-1268

66. Zie vooral Seneca, *Medea* 893-977; *Medea nunc sum* (nu ben ik echt Medea) 910; Wilamowitz geciteerd door onder anderen Von Albrecht 2004, p. 127

67. Een treffend voorbeeld is het lied over de aard van de dood in *Troades* 371-408.

68. *Ad Helviam matrem de consolatione*

69. Seneca, *Ad Helviam matrem de consolatione* 17.4

70. De vergoddelijking van een keizer na zijn dood heet *apotheosis*. Een satirisch geschrift dat proza en poëzie combineert heet 'menippeïsche satire'; zie hierboven bij Varro p. 65.

71. Seneca, *Divi Claudii apocolocyntosis* 12, vertaling Henk van der Werf

72. Seneca, *Epistulae morales* 41.3-5, vertaling Cornelis Verhoeven

73. Seneca, *Epistulae morales* 5.6

74. Seneca, *Epistulae morales* 5.5

75. Seneca, *Epistulae morales* 2

76. Voor kritiek op Seneca's stijl zie vooral Quintilianus, *Institutio oratoria* X.1.125-131. Zelf zette hij zijn standpunten over stijl uiteen in *Epistulae morales* 114, waaruit hierboven werd geciteerd in verband met Maecenas, p. 127.

77. Seneca, *Epistulae morales* 54.3-5, vertaling Vincent Hunink.

78. Tacitus, *Annales* XV.64.1-2, vertaling M.A. Wes

79. Zie bij Lucilius p.51.

80. Tacitus, *Annales* XVI.17.4-5

81. Autoriteit op het gebied van fijne smaak: *elegantiae arbiter*. Op grond van deze typering wordt de auteur soms Petronius Arbiter genoemd.

82. Tacitus, *Annales* XVI.18-19, vertaling M.A. Wes

83. Petronius, *Satyricon libri* 70, vertaling A.D. Leeman

84. Petronius, *Satyricon libri* 132, vertaling Vincent Hunink

85. Petronius, *Satyricon libri* 132, vertaling Vincent Hunink, behalve de dichtregels

86. Cornutus was misschien een vrijgelatene uit de familie van Seneca. Van Caesius Bassus, die door Quintilianus niet erg hoog wordt aangeslagen (X.1.96), is slechts één regel bewaard gebleven.

87. Poëticale uitspraken vooral in *Saturae* 1 en 5.1-20
88. *Scholia* zijn aantekeningen in de marge van een handschrift, vaak samengesteld uit commentaren die aanvankelijk los werden uitgegeven. De hoogst gekunstelde verzen 1.99-102 worden toegeschreven aan Nero.
89. Persius, *Saturae* 1.15-21
90. Persius, *Saturae* 1.103-106
91. Persius, *Saturae* 4.35-41
92. Gildersleeve, B.L. (ed.), *The Satires of A. Persius Flaccus* (1903), Arno Press, New York 1979, p. 149
93. Persius, *Saturae* 5.66-72
94. Persius, *Saturae* 5.151-153
95. Horatius, *Carmina* I.4.16, I.11.7-8, IV.3.24, *Saturae* II.6.97, *Epistulae* I.13.9
96. Persius, *Saturae* 4.52
97. Persius, *Saturae* 5.19-20
98. Persius, *Saturae* 1.3: *vel duo, vel nemo*
99. Juvenalis, *Saturae* 1.79
100. Martialis, *Epigrammata* VII.24, VII.91, XII.18. Martialis trok zich in 98, na de dood van Domitianus, terug in zijn geboortestreek. Zijn boek XII dateert van 101.
101. Juvenalis, *Saturae* 13.16-17: het consulaat van Fonteius (67) is zestig jaar geleden.
102. Juvenalis, *Saturae* 3.318-322 duidt erop dat de dichter zich met die plaats verbonden voelde.
103. Juvenalis, *Saturae* 11.203-204
104. Juvenalis, *Saturae* 1.30
105. Een antieke *Vita* vertelt dat Juvenalis door Domitianus verbannen is. Als dat waar is, zou Egypte zijn ballingsoord geweest kunnen zijn, omdat uit *Satire* 15 blijkt dat hij het land goed kent.
106. Over de clichés van het epos spreekt hij in *Saturae* 1.1-14, aan de tragedie refereert hij in 6.643-661.
107. Juvenalis, *Saturae* 3.76-78. *Graeculus* is een verkleinwoord; de laatste opmerking verwijst naar Daedalus en Icarus.
108. Juvenalis, *Saturae* 9.43-44
109. Juvenalis, *Saturae* 10.81 (*panem et circenses*) en 10. 356 (*mens sana in corpore sano*)
110. Juvenalis, *Saturae* 10.268
111. Juvenalis, *Saturae* 6. 419-433

112. Juvenalis, *Saturae* 3.6-9
113. Zie over Albinovanus Pedo p. 207-208; van Marsus kennen we, afgezien van een handvol fragmentjes, alleen een compleet epigram over de dood van Tibullus (Courtney 2003, p. 300-305).
114. Het langste epigram is III.58.
115. Plinius Minor, *Epistulae* III.21, vertaling Ton Peters
116. Martialis, *Epigrammata* IV.14, aan Silius, die in die tijd aan zijn *Punica* werkt.
117. Martialis, *Liber spectaculorum* 8, vertaling Vincent Hunink
118. Martialis, *Epigrammata* XIV.134
119. Martialis, *Epigrammata* II.38
120. Martialis, *Epigrammata* XI.40
121. Martialis, *Epigrammata* X.47. De adressant is niet de dichter zelf, maar zijn vriend Julius Martialis.
122. Priapus: klemtoon op tweede lettergreep
123. *Priapea* 25, vertaling steeds Harm-Jan van Dam
124. *Priapea* 18
125. *Priapea* 68, 52
126. *Priapea* 44
127. Juvenalis, *Saturae* 1.7-13
128. *Historia Augusta, Gordiani tres* 3.3
129. Statius, *Silvae* V.3.159-161. Attius Labeo: Courtney 2003, p. 350. De dichter wordt afgekraakt door Persius, *Saturae* 1.4-5.
130. Courtney 2003, p. 238-243
131. Tacitus, *Annales* XV.70.1
132. Lucanus, *Bellum civile* III.639-646
133. Petronius, *Satyricon libri* 119-124 (294 regels)
134. Lucanus, *Bellum civile* IX.980-986
135. Quintilianus, *Institutio oratoria* X.1.90
136. Lucanus, *Bellum civile* resp. I.98, I.128, II.657
137. Lucanus, *Bellum civile* II.408-420
138. Lucanus, *Bellum civile* I.135-157
139. Lucanus, *Bellum civile* V.654-671
140. Lucanus, *Bellum civile* VII.786-795, 825-846
141. Lucanus, *Bellum civile* IX.700-733
142. Lucanus, *Bellum civile* IX.761-851
143. Valerius Flaccus, *Argonautica* I.7-14
144. Quintilianus, *Institutio oratoria* X.1.90
145. Homerus, *Ilias* XXII.25-32

146. Apollonius, *Argonautica* III.956-961
147. Valerius Flaccus, *Argonautica* V.368-372
148. Valerius Flaccus, *Argonautica* VI.602-608. De vergelijking komt ook voor bij Vergilius, *Aeneis* X.270-275; daar gaat het om een beslissend ingrijpen van Aeneas. Achivisch: Grieks.
149. Valerius Flaccus, *Argonautica* I.531-560. Het water van Helle: Hellespont; Tanaïs: Don
150. Statius, *Silvae* V.3 is een treurzang en loflied op zijn vader; misschien Statius' eerste gedicht, pas postuum gepubliceerd. Details over het curriculum 146-159. Vesuvius 205-208.
151. Statius, *Silvae* II.7.79-80
152. Zie vooral *Silvae* III.5, gericht aan zijn vrouw
153. Statius, *Silvae* II.1.1-9. Glaucias is ook herdacht door Martialis (VI.28-29).
154. Statius, *Silvae* II.1.200-207
155. Statius, *Silvae* II.4.1-3
156. Statius, *Silvae* II.4.14-15
157. Statius, *Silvae* III.5.67
158. Statius, *Silvae* III.5.85-88
159. Statius, *Silvae* III.5.94
160. Statius, *Silvae* III.5.35-36
161. Dante, *Purgatorio* XXI.91-99, vertaling Ike Cialona en Peter Verstegen
162. Statius, *Thebais* XII.810-819
163. Statius, *Thebais* VII.6-9
164. Hypsipyle is een prinses op het eiland Lemnos, die door Jason wordt bezwangerd en verlaten. Sinds de lijkspelen voor Patroclus in *Ilias* XXIII en die voor Anchises in *Aeneis* V zijn sportevenementen bijna een verplicht nummer in een epos.
165. Statius, *Thebais* II.332-339
166. Statius, *Thebais* VIII.751-766. Tritonia: Minerva; op haar kuras draagt zij een afbeelding van Medusa. Elisos: het riviertje Ilissos bij Athene
167. Horatius, *Epode* 7
168. Statius, *Thebais* XII.546-562
169. Statius, *Thebais* XII.642-643
170. Aristoteles, *Poetica* 23, 1459a17-1459b7
171. Plinius Minor, *Epistulae* III.7
172. Silius, *Punica* VI.521-523
173. Silius, *Punica* IV.228-229
174. Vergilius, *Aeneis* VI.268: *Ibant obscuri sola sub nocte per umbram* (zij gin-

gen duister onder eenzame nacht door het donker)

175. De dichter Ennius speelt zelf een rol in de Punica: in XII.387-419 treffen we hem als jong krijgsman op Sardinië, waar hij door Apollo gered wordt.

176. Vergelijk Ilias VI.390-496 met Punica III.61-157

177. Epictetus, Diatribe III.8.7

178. Silius, Punica I.609-616. Penaten: huis en haard

179. Silius, Punica III.133-137

180. Silius, Punica XV.18-132; over Hercules op de tweesprong zie hierboven p. 87 en 463, noot 30.

181. Silius, Punica XIII.793-797. De nazaat van Aeacus: Achilles. De laatste zin luidt: *crevit tua carmine virtus.*

182. Silius, Punica XIII.468-487

183. Silius, Punica III.607-629

184. Plinius Minor, Epistulae III.7

185. Cassius Dio, Historiae Romanae LXII.18.1, 29.1; Tacitus, Annales XV.39; Suetonius, Nero 38.2

186. Aesopus: klemtoon op de tweede lettergreep

187. Seianus kwam in 31 ten val: boek III kan dus pas daarna gepubliceerd zijn.

188. Phaedrus, Fabulae III.proloog. 33-37, vertaling John Nagelkerken.

189. Phaedrus, Fabulae I.1.14-15, vertaling John Nagelkerken.

190. De datering van Calpurnius is omstreden. Er wordt ook wel verondersteld dat hij in de derde eeuw geplaatst moet worden.

191. Calpurnius Siculus, Eclogae 1.60-62

192. Calpurnius Siculus, Eclogae 4.64. 'Je ambitie is enorm' (*magna petis*) is een citaat uit Ovidius' *Metamorfosen* II.54, waar de Zonnegod zijn zoon waarschuwt voor het gevaar dat hij loopt.

193. Het amfitheater werd in 57 geopend.

194. Calpurnius Siculus, Eclogae 2.61, 71, 75

195. *Carmina Einsidlensia* 1.36-41. Thamyris is een mythische zanger die door de Muzen voor zijn hoogmoed werd gestraft.

196. *Carmina Einsidlensia* 1.48-49. Mantua is de geboorteplaats van Vergilius.

197. Tacitus, Annales IV.35.2-4, vertaling M.A. Wes

198. Quintilianus, Institutio oratoria X.1.101-104 noemt, naast Livius en Sallustius, alleen Servilius Nonianus, Aufidius Bassus en Cremutius Cordus, en hij refeert aan een jong talent uit zijn eigen tijd, misschien Fabius Rusticus.

199. Velleius spreekt over zichzelf in *Historiae* II.101, 103, 104, 111, 114-115, 121, 124.

200. In zijn werk besteedt hij extra aandacht aan andere *homines novi*.

201. Velleius Paterculus, *Historiae* II.127

202. Beatus Rhenanus heeft het in 1520 als eerst *Historiae Romanae* genoemd.

203. Velleius Paterculus, *Historiae* I.5, 7, 16-18, II.9, 36

204. Velleius Paterculus, *Historiae* I.17.6-7. Vergelijk Seneca Rhetor, *Controversiae* I.prooemium.6-7

205. Velleius Paterculus, *Historiae* II.66.3-5; 'dit lichaam der natuur': de kosmos

206. Curtius Rufus, *Historiae Alexandri Magni* X.9.1-6

207. Tacitus, *Annales* XIII.17: daar gaat het om de moord van Nero op zijn stiefbroer Britannicus.

208. Curtius Rufus, *Historiae Alexandri Magni* IV.14.18-19

209. Curtius Rufus, *Historiae Alexandri Magni* IV.14.25

210. Curtius Rufus, *Historiae Alexandri Magni* VI.2.1-4

211. Curtius Rufus, *Historiae Alexandri Magni* VI.7-11

212. Curtius Rufus, *Historiae Alexandri Magni* VIII.14.30

213. In het eerste geval klopt de lengte niet in de laatste lettergreep van *elephanti* en de tweede lettergreep van *fatigati*, in het tweede geval klopt alleen de lengte van *ab* niet. In beide gevallen dienen uiteraard de regels van de elisie te worden toegepast: *erg' elephanti; praecipitat' in terr' ab.*

214. Plinius Minor, *Epistulae* IX.23.1-3, vertaling Ton Peters. Honderdmannen: *centumviri*

215. *Historia Augusta*, *Tacitus* 10.3. De betrouwbaarheid van deze bron is dubieus.

216. *Consul suffectus*: extra consul; om het aantal bestuurders van consulaire rang op peil te houden, werden in de keizertijd behalve de twee reguliere consuls ieder jaar ook een aantal extra consuls benoemd.

217. Zie hierboven p. 265.

218. Tacitus, *De vita et moribus Julii Agricolae* 42.3-4, vertaling Vincent Hunink

219. Tacitus, *De vita et moribus Julii Agricolae* 13.1, vertaling Vincent Hunink

220. Tacitus, *De origine et situ Germanorum* 22.1, 22.3, 24.2, 15.1, vertaling steeds Vincent Hunink

221. Tacitus, *De origine et situ Germanorum* 19.1

222. Tacitus, *De origine et situ Germanorum* 33.2

223. Hiëronymus, *In Zachariam* 3.14 kent een editie in dertig boeken, waarin de *Historiën* volgen op de *Annalen*.

224. Tacitus, *Annales* I.1.3: 'zonder vooringenomenheid in negatieve of positieve zin'

225. Tacitus, *Annales* I.1.2, vertaling M.A. Wes

226. Tacitus, *Historiae* I.32

227. Tacitus, *Historiae* I.34

228. Tacitus, *Annales* IV.33.3, vertaling M.A. Wes. De capita 32 en 33 van boek IV zijn erg belangrijk voor Tacitus' taakopvatting als historicus.

229. Tacitus, *Annales* XV.44.4-5, vertaling M.A. Wes

230. Tacitus, *Annales* XVI.16.1-2

231. Tacitus, *Annales* XVI.35

232. Plinius Minor, *Epistulae* V.10, vertaling Ton Peters

233. *Historia Augusta, Hadrianus* 11.3

234. Zie Syme 1958, II, p. 778-781

235. Suetonius zou ook de bron zijn van de levensbeschrijvingen van Terentius, Horatius en Persius die zijn overgeleverd in de handschriften van die auteurs, en misschien van die van Vergilius, Tibullus en Lucanus.

236. Suetonius, *Caligula* 51.1, vertaling steeds D. den Hengst

237. Suetonius, *Nero* 27.1

238. Suetonius, *Domitianus* 3.2

239. Suetonius, *Caligula* 26.5

240. Suetonius, *Claudius* 33.1

241. Suetonius, *Nero* 28.2

242. Suetonius, *Caligula* 52.1

243. Suetonius, *Tiberius* 32.2

244. Suetonius, *Caligula* 30.1; zie hierboven p. 50.

245. Suetonius, *Vespasianus* 23.4

246. Geciteerd in de vertaling van Plinius' brieven door Ton Peters. Zie ook Lendering 1998

247. Het is opmerkelijk dat hij Statius en Juvenalis nooit noemt. Hij bericht wel over de dood van Silius Italicus.

248. Plinius Minor, *Epistulae* I.13

249. Uitvoerig beschrijft hij zijn dagindeling in *Epistulae* IX.36 en 40.

250. Hij spreekt erover in *Epistulae* IV.14, V.3, VII.4, IX.25

251. Plinius Minor, *Panegyricus* 2.8-3.1, vertaling steeds F.J.A.M. Meijer en D. den Hengst

252. Plinius Minor, *Panegyricus* 55.1-3
253. Plinius Minor, *Panegyricus* 66.2-4
254. Plinius Minor, *Epistulae* I.13.6, vertaling steeds Ton Peters, tenzij anders vermeld
255. Plinius Minor, *Epistulae* I.11, mijn vertaling
256. Plinius Minor, *Epistulae* VII.5.1; in de laatste zin verwijst Plinius naar de *exclusus amator* uit de elegie.
257. Plinius Minor, *Epistulae* VIII.11.2
258. Plinius Minor, *Epistulae* IV.19.2-4
259. Plinius Minor, *Epistulae* VII.33.1-2
260. Plinius Minor, *Epistulae* X.96.1-2
261. Traianus, in: Plinius Minor, *Epistulae* X.97

v Stagnatie, chaos en herstel

1. Geciteerd in *Historia Augusta*, Hadrianus 25. Ook in Loeb 434, *Minor Latin Poets* II, p. 444-445
2. Minucius Felix, *Octavius* 40.1
3. Minucius Felix, *Octavius* 35.1-4. Als goden een eed aflegden, deden ze dat op de Styx. Minucius citeert hier Vergilius, *Aeneis* IX.104-105.
4. Minucius Felix, *Octavius* 20.4
5. Minucius Felix, *Octavius* 38.5; in feite citeert hij hier Cicero, *De natura deorum* I.93, die op zijn beurt de stoïcus Zeno citeert.
6. Gellius, *Noctes Atticae* XIX.8.1-3. Caesars woorden worden geciteerd uit zijn aan Cicero opgedragen geschrift over taalkundige analogie.
7. Sidonius, *Epistulae* I.1.2
8. Fronto, *Epistulae*, deel I, p. 220 in de Loeb-editie, waaruit ik steeds citeer, is bijna een liefdesverklaring van Fronto aan Marcus.
9. Fronto I, blz. 90-96, en Fronto's antwoord p. 96-98
10. Zie hoofdstuk I, p. 47.
11. Fronto I, p. 44-48
12. Fronto II, p. 172, vertaling E. Eyben en Chr. Laes
13. Zie hoofdstuk IV, p. 238-239.
14. Fronto II, p. 222.
15. Gellius, *Noctes Atticae*, praefatio.12-16.De Ephesiër is de filosoof Heraclitus; Gellius citeert in het Grieks.
16. Klassiek: *Noctes Atticae* VI.13
17. De letter v of u werd uitgesproken als oe of als een w, afhankelijk van

de positie in het woord. De w-klank werd in sommige Griekse dialecten weergegeven met de digamma, en werd gedurende korte tijd ook wel door Latijnse schrijvers gebruikt. De spreker beweert dus dat de analogie tussen *egregius* en *divus* (waarvan de vocativus *dive* is) niet opgaat, omdat zich tussen de i en de u een w-klank bevindt. Misschien kunnen we uit de passage opmaken dat die niet altijd werd geschreven.

18. De vocativi van deze woorden gaan volgens deze spreker op -e uit, al blijkt uit het vervolg dat ook de vorm op -i voorkwam. Maar de spreker maakt ook een grapje, want enkele van deze woorden zouden in de vocativus opgevat kunnen worden als belediging: 'nitwit, schurk, [...] zuiplap, [...] angsthaas, dwarsligger'.

19. Gellius, *Noctes Atticae* XIV.5

20. De poëzie van de christelijke acrosticha-dichter Commodianus (derde of vierde eeuw) is misschien nog een graad beroerder. Geleerden merken beleefd op dat we nog niet weten hoe Commodianus' hexameter werkt, maar dat komt doordat de dichter het zelf ook niet wist.

21. Terentianus, *De litteris*, Keil VI, p. 328, r. 85-100

22. Terentianus, *De syllabis*, Keil VI, p. 363, r. 1282-1299

23. Terentianus, *De syllabis*, Keil VI, p. 363, r. 1286

24. Apuleius, *Florida* 20, vertaling Vincent Hunink

25. Apuleius, *Apologia* 6

26. *Apologia*, door Hunink vertaald als *Toverkunsten*

27. De Latijnse titels zijn respectievelijk *De Platone et eius dogmate*, *De deo Socratis* (door Hunink vertaald als *Demonen*) en *De mundo*.

28. Gellius, *Noctes Atticae* I.9.8-11 en XVII.20. Het is mogelijk dat ook Apuleius de lessen van Taurus heeft gevolgd.

29. Door Hunink vertaald als *Pronkpassages*

30. Apuleius, *Florida* 16, Helm p. 29 r. 25.

31. Apuleius, *Metamorphoses* X.22, vertaling steeds Vincent Hunink

32. Apuleius, *Metamorphoses* XI.5

33. Apuleius, *Metamorphoses* XI.23

34. Apuleius, *Florida* 15

35. Apuleius, *De deo Socratis* 4

36. Terentianus, *De metris*, Keil VI p. 384, r. 1973; p. 392, r. 2241; p. 400, r. 2528-2529; *novellus* is het verkleinwoord van *novus* (nieuw).

37. Ik verwijs steeds naar de nummering in de Teubner-editie van D.R. Shackleton Bailey, Stuttgart 1982. Daarin is niet alleen de *codex Salmasianus* opgenomen (een kleine vierhonderd gedichten), maar ook een

groot aantal gedichten uit andere handschriften. Pentadius en Reposianus staan ook in Loeb 434, Minor Latin Poets II.

38. *Anthologia Latina* 259

39. *Anthologia Latina* 227, 21-22

40. *Anthologia Latina* 247, 118-125. De tekst is enigszins problematisch. Na r. 119 wordt wel een lacune aangenomen, waarin Venus even wegdommelt.

41. Pasiphaë was de echtgenote van Minos. Zij zou de Minotaurus baren.

42. *Anthologia Latina* 190

43. *Anthologia Latina* 190.44-45

44. *Anthologia Latina* 190.5-6

45. Het metrum wordt door Terentianus, *De metris* r. 2273-2275, Keil VI, p. 393, aangeduid als *versus quadratus* (vierdelig vers). Soldatenliedjes hadden vaak dit ritme.

46. *Anthologia Latina* 191.1. Er vindt elisie plaats in de slotlettergrepen van *numquam* en *quique*. De vertaling is van Van Suchtelen, uit 1946; hoewel er recentere vertalingen zijn, heb ik voor deze gekozen omdat ze een goede indruk geeft van de ritmische structuur van het gedicht.

47. *Anthologia Latina* 191.81-88

48. *Anthologia Latina* 191.89-93. R. 90 klinkt als de zang van de zwaluw: *quando fi' uti chelidon* (met de klemtoon steeds op de i).

49. *Historia Augusta. Carus et Carinus et Numerianus* 11.2

50. Twee aan Nemesianus toegeschreven fragmenten over vogelvangst zijn naar alle waarschijnlijkheid niet van hem.

51. Vergilius, *Eclogae* I.1-2

52. Nemesianus, *Ecloga* 1.1-5. Tekst in Loeb 434, *Minor Latin Poets* II

53. Nemesianus, *Ecloga* 3.27-34

54. Theocritus, *Idyllen* 1 en 2, Vergilius, *Ecloga* 8

55. Nemesianus, *Ecloga* 4.26-37. In het Latijn luidt de refreinregel zo: *cantet, amat quod quisque; levant et carmina curas.*

56. Deze Constantius I is de vader van Constantijn de Grote.

57. *Panegyrici Latini* 9, Eumenius, *Pro instaurandis scholis oratio* 20.2-21.3

58. Vergilius, *Aeneis* I.279; zie p. 161.

VI Een wanhopige renaissance

1. Ammianus, *Res gestae* XIV.6

2. Ammianus, *Res gestae* XIV.6.5-6. Numa Pompilius was de opvolger

van Romulus. Hij legde, volgens de overlevering, de fundamenten van recht, moraal en religie.

3. Ammianus, *Res gestae* XIV.6.23

4. De residentie was in 404 van Milaan naar Ravenna verplaatst.

5. Sulpicius Lupercus, in Loeb 434, *Minor Latin Poets* II, p. 576-577

6. Schanz, M., *Geschichte der römischen Literatur*, deel IV.1, München 1914², p. 47

7. Ten overvloede: we hebben geen idee wie de dichter was en wanneer hij leefde, al suggereert de koppeling aan het corpus van Ausonius een datering in de vierde eeuw.

8. Tekst in Loeb 434, *Minor Latin Poets* II, p. 558

9. Dione is Venus of haar moeder. De naam wordt ook genoemd in het *Pervigilium Veneris*.

10. Tiberianus 4.21-27

11. Brief van Theodosius, in: Ausonius 1.3. Ik citeer uit de Loeb-editie. De monumentale standaardeditie van R.P.H. Green, Oxford 1991, hanteert een andere nummering.

12. Ausonius 1.4

13. Vergilius, *Aeneis* VI.851; zie p. 161.

14. Ausonius XVII.8.108 (= *Aeneis* III.658) en 122-123 (= *Aeneis* IV.690-691)

15. Ausonius V.17.1-6

16. Ausonius XVIII.22.66-84. De brief is gesteld in hexameters.

17. Ausonius X.135-149, vertaling Patrick Lateur

18. Ausonius X.189-195

19. Ausonius X.230-239

20. Symmachus, *Epistulae* I.14.2-5 ed. Seeck; ook in Loeb 96, p. 264-267

21. Tijdens het bewind van Julianus zal Ausonius, als christelijk docent, brodeloos zijn geweest.

22. De brieven van Paulinus van Nola (Nolanus of Nolensis) zijn opgenomen in de Loeb-editie van Ausonius' werk. Het omvangrijke oeuvre (brieven en gedichten) van Paulinus is afzonderlijk uitgegeven in de delen 29 en 30 van CSEL, Wenen 1999.

23. Symmachus, *Epistulae* X, *relatio* 3.8-10. Symmachus' werk is uitgegeven door Otto Seeck in de reeks *Monumenta Germaniae Historica*, Berlijn 1883, deel VI.1, herdrukt in 1961.

24. Ook in *In Eutropium* (slot van boek I) van Claudianus komt Roma nog persoonlijk in actie.

25. Van een derde werk, over grammatica, kennen we alleen uittreksels.

26. Zie over de Saturnalia de inleiding van dit boek.

27. Macrobius, *Saturnalia* I.praefatio.2
28. Plutarchus, *Quaestiones convivales* II.3 (Loeb Moralia VIII, p. 144-157)
29. Macrobius, *Saturnalia* VII.16.10
30. Macrobius, *Saturnalia* VII.16.13
31. Justinus zie p. 138.
32. De titel *Res gestae*, waarschijnlijk van Ammianus zelf, betekent 'gedane zaken', 'verrichtingen' of 'krijgsdaden'.
33. Ammianus, *Res gestae* XXXI.16.9
34. Eutropius, *Breviarium* X.18.3
35. Vandaar wellicht dat de enkele *stilus* van Eutropius bij Ammianus een meervoud is geworden.
36. Ammianus, *Res gestae* XXVI.1.1-2, vertaling verder steeds Daan den Hengst. De versie van Den Hengst is nog niet gepubliceerd, maar de vertaler was zo vriendelijk deze fragmenten af te staan.
37. Ammianus, *Res gestae* XIV.1.1-2. In de eerste zin wordt gerefereerd aan de oorlog tegen de usurpator Magnentius. Gallus' vrouw Constantia was een zuster van Constantius en dus een dochter van Constantijn.
38. Ammianus, *Res gestae* XVI.1. Het Cicero-citaat komt uit *Orator* 43.147. Erechtheus is een mythische koning van Athene. Minerva is Pallas Athene.
39. *Panegyrici Latini* 3, Claudius Mamertinus, *Gratiarum actio de consulatu suo Iuliano Imperatori*
40. Ammianus, *Res gestae* XXV.3.22-23
41. Ammianus, *Res gestae* XXV.4.1-6. Bacchylides is een tijdgenoot en concurrent van Pindarus.
42. *Historia Augusta*, *Antoninus Heliogabalus* 28.6-29.3; 30.2-3; 30.7, vertaling Vincent Hunink
43. *Historia Augusta*. *Gordiani tres* 3.1-4. Het Athenaeum is een door Hadrianus opgericht auditorium, waar dichters en redenaars optraden.
44. Het werk van Nonius Marcellus (vierde eeuw) is een goudmijn aan citaten uit vroege Latijnse schrijvers. Hij is bijvoorbeeld onze belangrijkste bron voor de satiren van Lucilius.
45. Vegetius, *Epitome rei militaris* II.21.1. Vertaling steeds Fik Meijer
46. Vegetius, *Epitome rei militaris* III.prologus. 8
47. Vegetius, *Epitome rei militaris* III.26.12
48. Vegetius, *Epitome rei militaris* II.prologus.1-2
49. Vegetius, *Epitome rei militaris* I.28.6-10
50. Palladius, *Opus agriculturae* I.1. De eerste zin in het Latijn: *Pars est prima prudentiae ipsam cui praecepturus es aestimare personam.*

51. Palladius, *Opus agriculturae* I.2

52. Palladius, *Opus agriculturae* XV.26

53. *De ponderibus et mensuris* 1-7

54. Claudianus, *De consulatu Stilichonis* III.113-119

55. Tekst geciteerd in Loeb-editie, deel I, p. xii noot 1

56. Claudianus, *In Eutropium* I.8

57. Claudianus, *In Eutropium* I.147

58. Claudianus, *In Eutropium* I.362-368

59. Claudianus, *In Eutropium* II.310-316

60. Claudianus, *In Eutropium* II.440-449

61. Claudianus, *De consulatu Stilichonis* III.136-137, 150-153

62. Claudianus, *De consulatu Stilichonis* III.328-332, 356-359

63. Claudianus, *Bellum Geticum*, vooral 124-153, 377-399

64. Claudianus, *Bellum Geticum* 349-358; *Bacchus* staat voor wijn, *Ceres* voor brood.

65. Claudianus, *De raptu Proserpinae* I.163-170

66. Claudianus, *De raptu Proserpinae* I.270, II.6, III.147; het woord *cardo* komt ook nog voor in III.428

67. Claudianus, *De raptu Proserpinae* II.11-54

68. Claudianus, *Carmina minora* 37. Iris is de godin van de regenboog.

69. Rutilius, *De reditu suo* I.399-414, vertaling steeds Wim Verbaal. Tekst ook in Loeb 434, *Minor Latin Poets* II

70. Gr. *monachos*: solitair

71. De loodzware regel bestaat uit slechts twee woorden: *Bellerophonteis sollicitudinibus*.

72. Rutilius, *De reditu suo* I.439-452

73. *Ilias* VI.201-202

74. Ovidius, *Tristia* I.3

75. Rutilius, *De reditu suo* I.43-66

76. Rutilius, *De reditu suo* I.145-154

77. De leermeester van Achilles heet Phoenix.

78. Symmachus, *Epistulae* III.13

79. Naucellius, in: *Epigrammata Bobiensia* 5. Piëriden: Muzen, die geacht werden in Piëria te wonen.

80. Zie voor details de Teubner-editie van Wolfgang Speyer (1963)

VII Epiloog

1. Zie bijvoorbeeld Cameron 1993
2. Zie bijvoorbeeld Ward-Perkins 2005
3. Boëthius, *Consolatio Philosophiae* III.p12, vertaling R.F.M. Brouwer. De passages in proza worden gemarkeerd door een p, de gedichten hebben de toevoeging m (metrum). Parmenides (ca. 500 v.Chr.) schreef een (gedeeltelijk verloren gegaan) leerdicht over het Zijnde, onder het motto 'het zijnde is, het niet-zijnde is niet'. In Parmenides' optiek is het zijnde een volmaakt, eeuwig, autonoom, homogeen, samenhangend geheel dat niet aan wording of verandering onderhevig is. Buiten het zijnde is er niets, tijd en veelheid zijn illusies.
4. Boëthius, *Consolatio Philosophiae* III.m9
5. Boëthius, *Consolatio Philosophiae* III.m12.1-4. De dubbele aanhef *felix qui* (gelukkig hij die) verwijst naar Vergilius, *Georgica* II.490.
6. Boëthius, *Consolatio Philosophiae* III.m12.47-58
7. Virgilius Maro, *Epitomae* XII.118-126 Löfsted
8. Virgilius Maro, *Epistolae* II.70-97 Löfsted
9. Virgilius Maro, *Epitomae* I.64-83 en XII.29-79 Löfsted
10. Law 1995
11. Virgilius Maro, *Epitomae* XII.129-131 Löfsted

Het feest van Saturnus

Verantwoording en bibliografie

Enkele fragmenten van dit boek verschenen eerder, in andere vorm, in *De Groene Amsterdammer* en in mijn essaybundels *Boeken die ertoe doen* en *Een steeneik op de rotsen.*

In deze literatuurlijst zijn niet de gangbare tekstedities en commentaren genoemd. Waar mogelijk heb ik in voetnoten steeds verwezen naar de toegankelijke Loeb-edities. Tweetalige uitgaven zijn er ook in het Frans en het Duits. Uitvoerige bibliografieën vindt men in de literatuurgeschiedenissen van Von Albrecht en Conte.

Algemeen

Albrecht, M. von, *Geschichte der römischen Literatur von Andronicus bis Boethius, mit Berücksichtigung ihrer Bedeutung für die Neuzeit*, 2 delen, tweede verbeterde druk, Saur, München/New Providence/Londen/Parijs 1994

Albrecht, M. von, *Roman Epic. An Interpretative Introduction*, Brill, Leiden/Boston/Keulen 1999

Boyle, A.J. (red.), *Roman Epic*, Routledge, Londen/New York 1993

Conte, G.B., *Latin Literature. A History*, vertaald door J.B. Solodow, herzien door D. Fowler en G.W. Most, John Hopkins University Press, Baltimore/Londen 1994

Courtney, E., *The Fragmentary Latin Poets*, uitgave met commentaar, Oxford University Press, Oxford 2003

Blänsdorf, J. (ed.), *Fragmenta poetarum Latinorum epicorum et lyricorum, praeter Ennium et Lucilium*, Teubner, Stuttgart/Leipzig 1995

Gerbrandy, P., *Boeken die ertoe doen. Over klassieke literatuur*, Meulenhoff, Amsterdam 2000

Gerbrandy, P., *Een steeneik op de rotsen. Over poëzie en retorica*, Meulenhoff, Amsterdam 2003

Gerbrandy, P. (red.), *De mens is een dier dat kan denken. Een bloemlezing uit de Griekse en Romeinse filosofie*, samengesteld en ingeleid door Piet Gerbrandy, Contact, Amsterdam/Antwerpen 2001

Hardie, Ph., *The Epic Successors of Vergil. A Study in the Dynamics of a Tradition*, Cambridge University Press, Cambridge 1993

Hermeneus 77 nr. 2 (april 2005). Themanummer over het Latijnse epos, met artikelen over Livius Andronicus, Vergilius, Lucanus, Silius, Valerius Flaccus, Claudianus en Juvencus, en over het Romeinse boekwezen

Holzberg, N., De roman in de oudheid, vertaald door Tinke Davids, Athenaeum—Polak & Van Gennep, Amsterdam 1998

Kennedy, G., The Art of Rhetoric in the Roman World, Princeton University Press, Princeton, New Jersey 1972

Kenney, E.J. en W.V. Clausen (red.), The Cambridge History of Classical Literature II: Latin Literature, Cambridge University Press, Cambridge 1982

Meijer, F., Keizers sterven niet in bed. Van Caesar tot Romulus Augustulus, 44 v.Chr.-476 n.Chr., Athenaeum—Polak & Van Gennep, Amsterdam 2001

Meijer, F., Macht zonder grenzen. Rome en zijn imperium, Athenaeum—Polak & Van Gennep, Amsterdam 2005

Morford, M., The Roman Philosophers. From the Time of Cato the Censor to the Death of Marcus Aurelius, Routledge, Londen 2002

Quintilianus, De opleiding tot redenaar, vertaald, ingeleid en van aantekeningen voorzien door P. Gerbrandy, Historische Uitgeverij, Groningen 2001

Schrijvers, P., Ik kan de Muze niet haten. Over poëtische geestdrift en stoïcijnse standvastigheid, Historische Uitgeverij, Groningen 2004

Warr, G.C.W. (vert.), Teuffel's History of Roman Literature, revised and enlarged by Ludwig Schwabe (1892), 2 delen, Franklin, New York 1967

Volk, K., The Poetics of Latin Didactic. Lucretius, Vergil, Ovid, Manilius, Oxford University Press, Oxford 2002

Wight Duff, J. en A.M. Duff (edd.), Minor Latin Poets, 2 delen, Loeb 284 en 434, Harvard University Press, Cambridge Massachusetts, Heinemann, Londen 1982

Wilkinson, L.P., The Roman Experience (1974), University Press of America, Lanham/New York/Londen 1984

1 Camenen en Muzen. De proloog van de Latijnse literatuur

Beck, H. en U. Walter (edd.), Die Frühen Römischen Historiker I, Wissenschaftliche Buchgesellschaft, Darmstadt 2001

Cato, Goed boeren, vertaald door Vincent Hunink, Athenaeum—Polak & Van Gennep, Amsterdam 1996

Ennius, Q., Annalen, ingeleid, bezorgd en vertaald door Vincent Hunink, Voltaire, 's Hertogenbosch 2006

Goldberg, S.M., Constructing Literature in the Roman Republic, Cambridge University Press, Cambridge 2005

Livius Andronicus, Gnaeus Naevius, Muzen, bezing mij... Rome's oudste heldendichten, ingeleid, bezorgd en vertaald door Vincent Hunink, Voltaire, 's Hertogenbosch 2006

Segal, E., Roman Laughter. The Comedy of Plautus, tweede editie, Oxford
University Press, New York/Oxford 1987

Slater, N.W., Plautus in Performance. The Theatre of the Mind, Princeton University Press, Princeton, New Jersey

Warmington, E.H. (ed.), Remains of Old Latin, 4 delen, Loeb 294, 314, 329,
359, Harvard University Press, Cambridge Mass., Heinemann, Londen
1956, 1957, 1967, 1940

11 Klassiek Latijn. Het einde van de republiek

Caesar, Burgeroorlog, gevolgd door anonieme verslagen van de oorlogen in Alexandrië, Africa en Spanje, vertaald, ingeleid en toegelicht door H.W.A. van
Rooijen-Dijkman, Athenaeum—Polak & Van Gennep, Amsterdam
2003

Caesar, Oorlog in Gallië en Aulus Hirtius, Aanvulling op Caesars Oorlog in
Gallië, vertaald en ingeleid door Vincent Hunink, Athenaeum—Polak
& Van Gennep, Amsterdam 1997

Catullus, Verzen, vertaald, ingeleid en van aantekeningen voorzien door
Paul Claes, Athenaeum—Polak & Van Gennep, Amsterdam 1995

Cicero, De goden, vertaald en van aantekeningen voorzien door Vincent
Hunink, met een inleiding van J. den Boeft, Athenaeum—Polak & Van
Gennep, Amsterdam 1993

Cicero, Drie gesprekken over redenaarskunst, vertaald en toegelicht door
H.W.A. van Rooijen-Dijkman en A.D. Leeman, Athenaeum—Polak &
Van Gennep, Amsterdam 1989

Cicero, Tegen Catilina, vertaald, ingeleid en van aantekeningen voorzien
door E. van Leeuwen en J. van Leeuwen, Ambo, Baarn 1992

Cicero, Tegen Piso, voor Plancus, voor Rabirius, voor Milo, vertaald, ingeleid
en van aantekeningen voorzien door E. van Leeuwen en J. van Leeuwen, Ambo, Baarn 1993

Lucretius, Over de natuur, vertaald door Aeg. W. Timmerman, bezorgd en
ingeleid door P.H. Schrijvers, Ambo, Baarn en Athenaeum—Polak &
Van Gennep, Amsterdam 1984

Rome in revolutie. Documenten van Caesar, Cicero en andere ooggetuigen 50-46
v.Chr., vertaald en toegelicht door H.W.A. van Rooijen-Dijkman met
medewerking van A.D. Leeman, Athenaeum—Polak & Van Gennep,
Amsterdam 1992

Sallustius, *Rome in verval. De samenzwering van Catilina. De oorlog tegen Jugurtha*, vertaald en toegelicht door Vincent Hunink, ingeleid door Fik Meijer, Athenaeum—Polak & Van Gennep, Amsterdam 1999

Secundus, J., *De kunst van het zoenen. De 'Kussen' en andere liefdesgedichten*, vertaald door J.P. Guépin, Bijleveld, Utrecht 1997

III Een milde tirannie. Het tijdvak van Augustus

Augustus, *Mijn daden. Res Gestae*, vertaald door Ivo Gay, ingeleid en geannoteerd door Fik Meijer, Aristos, Rotterdam 1998

Claes, P., *De gouden lier. Archaïsche Griekse lyriek*, Athenaeum—Polak & Van Gennep, Amsterdam 2005

Dante Alighieri, *De goddelijke komedie*, vertaald door Ike Cialona en Peter Verstegen, Athenaeum—Polak & Van Gennep, Amsterdam 2000

Horatius, *Verzamelde gedichten*, uitgegeven, vertaald, ingeleid en van aantekeningen voorzien door Piet Schrijvers, Historische Uitgeverij, Groningen 2003

Hubbard, M., *Propertius*, Duckworth, Londen 1974

Livius, *Zonen van Mars. De geschiedenis van Rome I-X*, vertaald door F.H. van Katwijk-Knapp, bezorgd door H.W.A. van Rooijen-Dijkman, ingeleid door H.C. Teitler, Athenaeum—Polak & Van Gennep, Amsterdam 1997

Livius, *Hannibal voor de poorten. De geschiedenis van Rome XXI-XXX*, vertaald en toegelicht door H.W.A. van Rooijen-Dijkman, Athenaeum—Polak & Van Gennep, Amsterdam 1996

Livius, *Vrijheid voor de Grieken. De geschiedenis van Rome XXXI-XLV*, vertaald en toegelicht door H.W.A. van Rooijen-Dijkman, Athenaeum—Polak & Van Gennep, Amsterdam 2001

Machiavelli, N., *Discorsi. Gedachten over Staat en politiek*, vertaald, ingeleid en toegelicht door Paul van Heck, Ambo/Kritak, Amsterdam/Antwerpen 1997

McNeill, R.L.B., *Horace. Image, Identity, and Audience*, John Hopkins University Press, Baltimore/Londen 2001

Miller, P.A., *Subjecting Verses. Latin Love Elegy and the Emergence of the Real*, Princeton University Press, Princeton/Oxford 2004

Ovidius, *Metamorphosen*, vertaald door M. d'Hane-Scheltema, Athenaeum—Polak & Van Gennep, Amsterdam 1993

Ovidius, *Lessen in liefde. Ars amandi en Remedia amoris*, vertaald door M. d'Hane-Scheltema, Athenaeum—Polak & Van Gennep, Amsterdam 2004

Ovidius, *Sombere gedichten. Tristia*, vertaald door Wiebe Hogendoorn, Athenaeum—Polak & Van Gennep, Amsterdam 1998

Paardt, R, van der (red.), *Winnaars en verliezers. Een bundel artikelen over het werk van P. Vergilius Maro*, Dimensie, Leiden 1995

Pindaros, *Zegezangen*, vertaald en toegelicht door Patrick Lateur, Athenaeum—Polak & Van Gennep, Amsterdam 1999

Skoie, M., *Reading Sulpicia. Commentaries 1475-1990*, Oxford University Press, Oxford 2002

Vergilius, *De herdersfluit. Bucolica*, vertaald door Rik Deweerdt, Kritak/ Goossens, Leuven 1994

Vergilius, *Georgica. Landleven*, vertaald, ingeleid en van aantekeningen voorzien door Piet Schrijvers, Historische Uitgeverij, Groningen 2004

Vergilius, *Aeneis*, vertaald door Piet Schrijvers, Historische Uitgeverij, Groningen 1996

Vitruvius, *Handboek bouwkunde*, vertaald door Ton Peters, Athenaeum— Polak & Van Gennep, Amsterdam 1997

IV De vroege keizertijd. Van Tiberius tot Hadrianus

Albrecht, M. von, *Wort und Wandlung. Seneca's Lebenskunst*, Brill, Leiden/ Boston 2004

Hershkowitz, D., *Valerius Flaccus' Argonautica. Abbreviated Voyages in Silver Latin Epic*, Clarendon Press, Oxford 1998

Highet, G., *Juvenal the Satirist. A Study*, Oxford University Press, Oxford 1954

Johnson, W.R., *Momentary Monsters. Lucan and his Heroes*, Cornell University Press, Ithaca/Londen 1987

Kennedy, G., *Quintilian*, Twayne Publishers, New York 1969

Lendering, J., *Een interimmanager in het Romeinse Rijk: Plinius in Bithynië*, Deroo interim, Den Haag 1998

Lendering, J., *Stad in marmer. Gids voor het antieke Rome aan de hand van tijdgenoten*, Athenaeum—Polak & Van Gennep, Amsterdam 2002

Martialis, *Spektakel in het Colosseum*, bezorgd, vertaald en toegelicht door Vincent Hunink, Uitgeverij P, Leuven 2003

Nauta, R.R., *Poetry for Patrons. Literary Communication in the Age of Domitian*, Brill, Leiden/Boston/Köln 2002

Newlands, C., *Statius' Silvae and the Poetics of Empire*, Cambridge University Press, Cambridge 2002

Petronius, *Satyricon*, vertaald en toegelicht door A.D. Leeman, Athenaeum—Polak & Van Gennep, Amsterdam 1989

Petronius, *Satyrica*, vertaald en toegelicht door Vincent Hunink, Athenaeum—Polak & Van Gennep, Amsterdam 2006

Plinius, *De wereld. Naturalis historia*, vertaald door Joost van Gelder, Mark Nieuwenhuis en Ton Peters, Athenaeum—Polak & Van Gennep, Amsterdam 2004

Plinius de Jongere, *De brieven*, vertaald door Ton Peters, Ambo, Amsterdam 2001

Plinius Minor, *Lofrede op keizer Trajanus. Panegyricus*, vertaald, ingeleid en van aantekeningen voorzien door F.J.A.M. Meijer en D. den Hengst, Ambo, Baarn 1990

Priapea, vertaald en toegelicht door Harm-Jan van Dam, Athenaeum—Polak & Van Gennep, Amsterdam 1994

Ritter, C., *Die quintilianischen Declamationen*, Georg Olms Verlagsbuchhandlung, Hildesheim 1967 (herdruk van uitgave 1881)

Seneca, *De berechting van Claudius*. Tekst en vertaling van Seneca's Divi Claudii Apocolocyntosis, van een inleiding en aantekeningen voorzien door Henk van der Werf, Agora/Pelckmans, Kampen/Kapellen 2001

Seneca, L.A., *Brieven aan Lucilius*, vertaald, ingeleid en van aantekeningen voorzien door Cornelis Verhoeven, Ambo, Baarn 1980

Seneca, *Leren sterven. Brieven aan Lucilius*, vertaald door Vincent Hunink, Athenaeum—Polak & Van Gennep, Amsterdam 2004

Suetonius, *Keizers van Rome*, vertaald door D. den Hengst, Athenaeum—Polak & Van Gennep, Amsterdam 1996

Syme, R., *Tacitus*, 2 delen, Clarendon Press, Oxford 1958

Tacitus, *De jaren van Tiberius. Annalen I-VI*, vertaald, ingeleid en van aantekeningen voorzien door M.A. Wes, Voltaire, 's Hertogenbosch 1999

Tacitus, *Claudius en Nero. Annalen XI-XVI*, vertaald, ingeleid en van aantekeningen voorzien door M.A. Wes, Voltaire, 's Hertogenbosch 2000

Tacitus, *Het leven van Agricola. De Germanen*, vertaald door Vincent Hunink, Athenaeum—Polak & Van Gennep, Amsterdam 2000

Tacitus, *Tegen het verval van de retorica*, vertaald door Vincent Hunink, ingeleid door Piet Gerbrandy, Historische Uitgeverij, Groningen 2003

v Stagnatie, chaos en herstel. Van Hadrianus tot Constantijn

Apuleius, *De gouden ezel*, vertaald en toegelicht door Vincent Hunink, Athenaeum—Polak & Van Gennep, Amsterdam 2003

Apuleius, *Pronkpassages. Demonen*, ingeleid, vertaald en van aantekeningen voorzien door Vincent Hunink, Athenaeum—Polak & Van Gennep, Amsterdam 1994

Apuleius, *Toverkunsten. Pleidooi na een aanklacht wegens magische praktijken*, vertaald en van aantekeningen voorzien door Vincent Hunink, met een inleiding van Rudi van der Paardt, Athenaeum—Polak & Van Gennep, Amsterdam 1992

Eyben, E. en Chr. Laes, 'Een Romein treurt om de dood van zijn klein-zoon: Fronto's *De nepote amisso 2*'. In: *Hermeneus 77* (2005) nr. 4, p. 287-297

Holford-Strevens, L. en A. Vardi (red.), *The Worlds of Aulus Gellius*, Oxford University Press, Oxford 2004

Het Nachtfeest van Venus (Pervigilium Veneris), uit het Latijn vertaald door dr. Nico van Suchtelen en met houtsneden versierd door Pam G. Rue-ter, Wereldbibliotheek-Vereeniging, Amsterdam 1946

VI Een wanhopige renaissance. Van Constantius II tot Honorius

Ausonius, *Lied van de Moezel*, vertaald door Patrick Lateur, Athenaeum—Polak & Van Gennep, Amsterdam 2001

Cameron, Alan, 'Poetry and Literary Culture in Late Antiquity'. In: Simon Swain en Mark Edwards (red.), *Approaching Late Antiquity. The Transformation from Early to Late Empire*, Oxford University Press, Oxford 2004, p. 327-354

Cameron, Averil, *The Mediterranean World in Late Antiquity AD 395-600*, Routledge, Londen/New York 1993

Het schandelijke leven van Heliogabalus, de decadentste keizer van Rome (Historia Augusta), vertaald en toegelicht door Vincent Hunink, Athenaeum—Polak & Van Gennep, Amsterdam 2001

Long, J., *Claudian's In Eutropium. Or, How, When, and Why to Slander a Eunuch*, University of North Carolina Press Chapel Hill/Londen 1996

Macrobius, *The Saturnalia*, vertaald, ingeleid en geannoteerd door Percival Vaughan Davies, Columbia University Press, New York/Londen 1969

Rutilius Namatianus, *Langs Romeinse kusten*, vertaling Wim Verbaal, Uit-geverij P, Leuven 2004

Vegetius, *Het Romeinse leger. Handboek voor de generaal*, vertaald door Fik Meijer, Athenaeum—Polak & Van Gennep, Amsterdam 2002

Ward-Perkins, B., *The Fall of Rome and the End of Civilization*, Oxford University Press, Oxford 2005

VII Epiloog. Duistere eeuwen

Boëthius, *De vertroosting van de filosofie*, vertaald, ingeleid en van aanteke-ningen voorzien door R.F.M. Brouwer, Ambo, Baarn 1990

Chadwick, H., *Boethius. The Consolations of Music, Logic, Theology, and Philosophy*, Clarendon Press, Oxford 1981

Vivien Law, *Wisdom, Authority and Grammar in the Seventh Century. Decoding Virgilius Maro Grammaticus*, Cambridge University Press, Cambridge 1995

Lijst van letterkundige en
cultuurhistorische begrippen

actio, voordracht van een redevoering; ook: *pronuntiatio* 63

adressaat, degene aan wie een literair werk is opgedragen 165, 195, 196, 215, 328, 469

aedilis, hoge magistraat, belast met openbare werken en organisatie van spelen 31, 315

alliteratie, medeklinkerrijm 20, 25, 50, 92, 93, 103, 252, 354, 359, 370, 462

anafoor, stijlfiguur waarbij een woord steeds aan het begin van een zin of zinsdeel herhaald wordt 71, 191, 354

analogie, taalkundig verschijnsel 24, 65, 108, 480

annalen, jaarboeken 27, 45-50, 278, 314, 321, 324, 328-330, 365, 387, 414, 460, 461, 472, 473, 475, 477-479, 488, 492

apostrofe, stijlfiguur waarbij een (meestal niet aanwezige) persoon wordt aangesproken 282

aptum, zie: *decorum* 63

aretalogie, onderdeel van een gebed waarin de bijzondere kwaliteiten van een god worden opgesomd 453

asianisten, Romeinse redenaars met een aan Klein-Azië ontleende voorkeur voor bloemrijk taalgebruik; bestreden door *atticisten* 60, 66

asyndeton, stijlfiguur waarbij verbindingswoorden (zoals 'en', 'maar' of 'dus') worden weggelaten 252, 354

atticisten, Romeinse redenaars die het taalgebruik van de Attische redenaars uit de vijfde en vierde eeuw v.Chr. wilden navolgen; bestreden door *asianisten* 60

bibliotheek 16, 27, 123, 126, 196, 247, 325, 356, 442, 443, 451, 465

biografie 30, 87, 104, 105, 226, 254, 316, 319, 324, 326, 335, 336, 369, 410, 419, 420, 464, 466

brevitas, bondigheid 115, 329

brief, zie: *epistula* 37, 38, 81, 86, 100, 119, 163, 172, 174, 176, 178, 189, 195, 199, 234, 242, 243, 248, 249, 251, 252, 313, 324, 341, 343, 357, 358, 395, 404, 413, 442, 463, 469, 483

bucolicon, mv. *bucolica*, herderslied, herderspoëzie 141, 142, 144, 145, 151, 379, 380, 491 *carmen,* mv. *carmina,* lied, gedicht of spreuk 20, 21, 143, 144, 162, 163, 166, 168, 196, 202, 205, 310, 313, 376, 380, 391, 428, 459, 463-465, 467, 468, 474, 477, 482, 485

censor, hoge magistraat, belast met de indeling van Romeinse burgers in vermogensklassen 12, 28, 45, 388, 459, 488

cento, letterlijk: lappendeken; gedicht dat geheel is opgebouwd uit regels en woordgroepen die uit andere (bekende) gedichten komen 396

centumviri, letterlijk: 'honderdmannen'; Hof van Honderd, rechtbank voor civiele zaken 61, 471, 478, 496, 498

cesuur, woordeinde waardoor een versregel gestructureerd wordt; veelal valt de cesuur ongeveer halverwege het vers 102, 156, 181

commentarius, rapport, verslag van een ambtenaar of militair 108, 113

compositio, woordschikking of woordvoeging, techniek waarbij aandacht besteed wordt aan het ritme en het muzikale evenwicht van een volzin 52, 240

consolatio, troostgeschrift 359, 393, 448, 485, 486, 493

consul, jaarkoning; in Rome werden ieder jaar uit de senaat twee magistraten gekozen die het hoogste gezag bekleedden 26, 48, 67, 72, 85, 96, 119, 143, 239, 255, 307, 318, 325, 328, 394-396, 402, 415, 424, 428, 429, 431, 450, 461, 468, 478

contaminatio, letterlijk: besmetting; moderne term voor het verschijnsel waarbij een Romeinse komedie op meer dan één Grieks voorbeeld berust 31

controversia, declamatie op de retorenschool waarbij redevoeringen voor de rechtbank worden geoefend 232, 234, 235, 421, 460, 465, 471, 472, 478

dactylus, versvoet die bestaat uit één lange en daarna twee korte lettergrepen 46, 156, 181, 323, 468

declamatie, oefenredevoering op de retorenschool; vanaf de tweede eeuw een apart literair genre 233-235, 241, 242, 376

decorum, gepastheid; vereiste voor zowel vorm als inhoud van een redevoering; ook: *aptum* 63, 178, 240

delator, aanbrenger; iemand die ervoor zorgt dat een ander officieel wordt aangeklaagd 211, 470

dialoog, door Plato bedachte literaire vorm waarin een gesprek wordt beschreven 12, 66, 68, 75, 76, 79-81, 211, 231, 242-244, 246, 324, 325, 328, 351, 361, 366, 406-408, 451, 453, 468, 472

diatribe, verhandeling, (op schrift gesteld) hoorcollege; literair genre dat vooral bij stoïsche en Cynische filosofen opgang maakte 311, 477 *dispositio*, ordening van materiaal en argumenten voor een redevoering 62

distichon, elegisch, tweeregelig couplet, bestaande uit een dactylische
hexameter en een pentameter 102, 141, 181, 191, 197, 201, 269, 425, 464

ecloga, bucolisch gedicht 140-145, 184, 311, 379, 381, 458, 466, 477, 482

ecphrasis, beschrijving van een kunstwerk in een literair werk 279, 294

eidyllion, zie: *idylle* 142

elegie, gedicht dat is opgebouwd uit elegische disticha 95, 102, 127, 145,
179-182, 185-188, 190, 192, 193, 195, 199, 200, 365, 391, 451, 456

elflettergrepig vers, zie: *hendecasyllabe* 274, 294, 334

elisie, metrisch verschijnsel waarbij de laatste lettergreep van een woord
wegvalt onder invloed van een daaropvolgende klinker 52, 461, 478,
482

elocutio, verwoording, het kiezen van de juiste stijl voor een redevoering
63

enjambement, in poëzie een regelafbreking op een syntactisch opmerkelijke
plaats 48, 92, 93, 156

epicedium, gedicht bij een sterfgeval 294, 296

epigram, kort, verrassend geformuleerd gedicht 45, 95, 102, 103, 128, 180,
193, 269-271, 273, 275, 276, 396, 436, 442, 443, 461, 463, 472, 474, 475, 485

epistula, brief, eventueel in dichtvorm 163, 172, 196, 457, 463, 465, 468, 469-
471, 473-480, 483, 485

epithalamium, bruiloftsgedicht 294, 434

epitheton ornans, versierend bijvoeglijk naamwoord, vooral in het epos 52,
53, 156, 393, 399

epode, jambisch gedicht 162, 166-168, 476

epos, mv. *epen*, lang verhalend gedicht, meestal in dactylische hexameters,
waarin doorgaans helden en goden een hoofdrol spelen 24, 26, 28, 39,
45, 46, 50, 67, 85, 97, 101, 128, 136, 139, 141, 150, 152, 159, 174, 178, 180, 202,
207, 208, 267, 276-279, 281, 283, 286-289, 293, 298-300, 303-308, 331, 374,
428, 430, 432, 433, 435, 464, 466, 474, 476, 488,

epyllion, moderne term waarmee een klein, verfijnd epos wordt aangeduid
374, 464

eques Romanus, Romeins ridder, lid van de ridderstand 194

essay 172, 247, 359, 361

ethos, êthos, karakter, uitstraling, imago; één van Aristoteles' drie
overredingsmiddelen 62, 158, 239

etymologie 65, 469

evidentia, aanschouwelijkheid 281

proloog, woord vooraf, vooral in de komedie 17, 33, 35, 40, 261, 310, 477, 488

pronuntiatio, zie: *actio* 63

prooemium, voorzang; vooral: de inleidende verzen van een epos 153, 202, 363, 460, 464, 465, 467, 471, 472, 478

propempticon, lied dat gezongen wordt voor iemand die op reis gaat 294

propraetor, hoge magistraat die in een provincie het gezag van praetor uitoefent 70

quaestio, mv. *quaestiones*, gerechtshof voor een bepaald type zaken 61

recusatio, gedicht waarin de dichter beleefd weigert een epos of lofdicht te schrijven 174

reductio ad absurdum, redenatie waarmee men het standpunt van de tegenstander tot zijn uiterste consequenties voert, op zo'n manier dat de uitkomst absurd is 91, 439

relatio, officiële brief aan de keizer 403, 483

retor, Gr. *rhêtôr*, docent in de retorica 59, 60, 74, 162, 231, 232, 238, 239, 258, 267, 292, 320, 321, 335, 349, 395-397, 407, 425, 471,

retorica, leer van de welsprekendheid 26, 28, 51, 54, 58-61, 63, 67, 68, 74-77, 120, 140, 200, 208, 211, 212, 215, 220, 230, 232, 235, 239, 243, 248, 258, 278, 317, 325, 356, 359, 376, 382, 408, 456, 462, 472, 487, 492

ridder, Romeins, zie: *eques Romanus* 162, 226, 324

roman, verhalende prozatekst 254, 258, 260, 319, 368, 369

rostra, spreektribune op het Forum Romanum 69, 208

sapphische strofe, vierregelige strofe volgens een door Sappho beproefd stramien 391

satire, Lat. *satura*, letterlijk: mengelmoes; literair genre waarin de dichter alles kwijt kan wat hij wil 45, 51, 64, 100, 166, 180, 185, 218, 250, 253, 254, 256, 261-266, 269, 276, 366, 450, 458, 473, 484

saturniër, saturninisch vers, oude Romeinse versvorm 23, 26, 46

satyr, half-dierlijke, seksueel zeer actieve volgeling van Dionysus 253, 254, 376, 392

scholion, mv. *scholia*, aantekening van een antieke geleerde in de marge van een handschrift 474

senaat, raad van adellijke familiehoofden, hoogste orgaan in de Romeinse republiek 28, 57, 67, 71-73, 108, 115, 125, 127, 211, 235, 307, 315, 328, 336, 389, 402, 403, 406, 427, 437, 448, 449, 469, 496

Het feest van Saturnus

Register van namen

In dit register zijn de namen opgenomen van auteurs, historische personen en filosofische scholen; titels van werken alleen als hun auteur niet bekend is; enkele plaatsnamen; en personages uit literaire werken voor zover ze, bijvoorbeeld als mythologische figuur, ook een eigen leven leiden. Niet opgenomen zijn de namen van evident fictieve personages die slechts in één werk voorkomen, en de namen van vertalers.

Het feest van Saturnus

Octavia, zuster van Augustus 129, 141

Octavia, zuster van Britannicus 333

Octavianus, zie: Augustus 57, 123-125, 127, 128, 132, 140, 143, 146, 147, 149, 151, 152, 162, 183, 461

Octavius, vriend van Minucius Felix 351-354

Octavius, zie: Augustus 124

Odyssee 22, 23, 152, 159, 160, 279, 459

Odysseus 24, 159, 167, 189, 195, 197, 259, 296, 308

Oedipus 84, 244, 299, 376, 473

Oenomaüs 50, 461

Olympus 47, 151, 285, 287, 435

Orcus, Orchus 25, 459

Orestes 158, 447

Origo gentis Romae 410

Orpheus 144, 151, 203, 455, 469

Otho 212, 328, 330-332, 335, 338

Otten, W.J. 140

Ovidius 22, 63, 88, 128, 179-184, 192, 194-207, 215, 218, 220, 276, 289, 301, 303, 307, 370, 439, 443, 453, 468-470, 477, 485, 490

Pacuvius 22, 49, 52, 461

Palladius 422, 424-426, 484

Pallas, zoon van Euander 154, 159

Pan 144, 352, 376, 380

Panaetius 51, 78

Panegyrici Latini 482, 484

Paris 153, 291

Parmenides 452, 485, 486

Parthenopaeus 299

Pasiphaë 375, 482

Pasiphilus 425

Patroclus 159, 279, 307, 476

Paulina 253

Paulinus van Nola 401, 402, 483

Paulus 389

Paulus Diaconus 465

Pelagonius 422

Peleus 101

Penaten 153, 308, 477

Penelope 189, 195, 296, 358

Pentadius 373, 374, 481

Pentheus 50, 376

Pérec, G. 166

Peripatos, peripateticus 77, 78, 83, 84, 349

Perses 290

Perseus 188, 217, 218, 286

Persicus 265

Persius 54, 220, 253, 260-265, 267, 281, 315, 474, 475, 479

Pervigilium Veneris 373, 377, 392, 483, 493

Petronius 231, 254-258, 260, 278, 280, 281, 331, 333, 368, 451, 473, 475, 491

Petrus 389

Phaedrus, fabeldichter 310, 477

Phaedrus, vriend van Socrates 75, 251

Phaëthon 283

Phaon 195, 199

Pharsalus 69, 113, 282, 285, 286

Philetas 179, 180

Philippi 124, 140, 162, 175, 315

Philippus II 59, 69, 138

Philo van Larissa 74, 77, 78, 85

Philomela 24, 376, 378

Philostratus 348

Phoebus, zie: Apollo 171, 287, 375, 378, 440, 468

Phoenix 485

Piëride, zie: Muze 144, 443, 485

459-461, 463, 465, 468, 469, 471-
473, 475, 477, 488
Quirinus 20

Remmius Flavianus 426
Remus 137, 303
Reposianus 373-375, 481
Reve, G. 144, 299
Roma, stadsgodin 405, 430, 483
Romulus 137, 303
Roscius, Sextus 68
Rufinus 279, 428
Rufius Festus 410
Rusticiana 450
Rutilius Namatianus 436-441, 493

Sabina 335
Sade, markies D.A.F. de 286
Salii 20
Sallustius 68, 114-119, 131, 132, 134,
135, 138, 319, 322, 330, 331, 388,
410, 464, 465, 477, 490
Sappho 95, 101, 168, 169, 179, 180,
195, 199, 292
Saturnalia 11, 12, 272, 406, 407, 409,
483
Saturnus 11, 12, 13, 16, 147, 149, 198,
434
Saumaise, C. de 373
Scaevola, legendarische held 53
Scaevola Augur 74, 75
Scaurus 118
Schanz, M. 391, 483
Schikgodinnen 364, 374
Schrijvers, P. 147, 463, 465-467, 469,
488-491
Scipio Maior 306, 309, 432
Scipio Minor 51, 81, 237, 251, 317,
406, 462

Scylla 352
Seianus 310, 314, 316, 477
Semonen 20
Senonen 405
Seneca, filosoof 12, 22, 50, 63, 95,
126-128, 212, 215, 218, 219, 223,
224, 231, 244, 245-253, 255, 256,
280, 281, 311, 320, 331, 333, 334,
340, 450, 451, 453, 461, 463, 465,
471-473, 491, 492
Seneca Rhetor 126, 208, 223, 231,
234, 235, 245, 256, 281, 317, 321,
460, 465, 470-472, 478
Septicius Clarus 335
Serena 428
Sertorius 237, 472
Servilius Nonianus 315, 477
Servius 184, 408, 466
Sibylle 154, 306
Sidonius Apollinaris 356
Silius Italicus 136, 271, 277, 278, 298,
304, 305, 307-309, 322, 330, 475-
477, 479, 488
Simonides 269
Socrates 59, 75, 170, 246, 317, 348,
351, 354, 361, 366, 367, 468
Sophocles 84, 85, 247, 302, 417
Sophron 292
Spartacus 57
Statius 63, 197, 213, 271, 277-279,
281, 291-294, 296-298, 300-303,
309, 421, 475, 476, 479, 491
Sterne, L. 258
Stesichorus 292
Stilicho 279, 403, 427-432, 435-437
Stoa, stoïcus, stoïsch 51, 74, 78, 82-
84, 217, 233, 250, 261, 284, 307,
308, 334, 348, 349, 393, 394, 405,
451, 453, 462, 480, 488

Tijdtabel hoofdstuk 1

twaalfde eeuw	Trojaanse Oorlog	
achtste eeuw	stichting van Carthago	
		Hesiodus, *Werken en dagen*
		Homerus, *Ilias en Odyssee*
753	stichting van Rome	
zevende eeuw		Archilochus
ca. 600		Sappho, Alcaeus
509	Rome wordt republiek	
		Parmenides en
		Pythagoras
vijfde eeuw	democratie in Athene	Pindarus, Aeschylus
		Sophocles, Euripides
		Herodotus, Thucydides
		Socrates, Gorgias
		Democritus, Empedocles
	Wetten van de Twaalf Tafelen	
390	Rome ingenomen door Galliërs	
		Xenophon
		Plato, Isocrates
		Aristoteles, Demosthenes
		Diogenes
336-323	Alexander de Grote	
		Menander
		Epicurus, Zeno

derde eeuw	Hellenisme (derde tot eerste eeuw v. Chr.)	
		Apollonius, Callimachus
		Aratus, *Phaenomena*
		Theocritus, *Idyllen*
		Cleanthes
264-241	Eerste Punische Oorlog	
		Livius Andronicus, *Odusia*
		Naevius, *Bellum Punicum*
218-201	Tweede Punische Oorlog	
217	slag bij het Trasumeense meer	
		Plautus, *Amphitruo*
		Ennius, *Annales*
184	censorschap van Cato	
168	onderwerping van Macedonië	
163		Terentius, *Heauton timorumenos*
		Polybius, Panaetius
155	Carneades en Critolaüs in Rome	
146	verwoesting van Carthago verovering Griekenland	
		Lucilius, *Saturae*
		Pacuvius
133	Tiberius Gracchus vermoord Scipio neemt Numantia in	
112-106	oorlog tegen Jugurtha	
106		Cicero wordt geboren

| 100 | Caesar wordt geboren |
| 84 | Accius sterft |

·

Tijdtabel hoofdstuk 11

133	Tiberius Gracchus vermoord	
112-106	oorlog tegen Jugurtha	
106		Cicero wordt geboren
100	Caesar wordt geboren	
84	oorlog tegen Mithridates	
		Accius sterft
81-79	dictatuur van Sulla	
		Cicero in Athene
73-71	slavenopstand van Spartacus	
70	proces tegen Verres	Vergilius geboren
65		Horatius geboren
63	consulaat van Cicero samenzwering van Catilina Octavianus geboren Mithridates sterft	
		Cicero, Pro Archia
58-57	ballingschap van Cicero	
58-51	Gallische Oorlog	Catullus, Carmina Cicero, De oratore Lucretius, De rerum natura
52	Milo vermoordt Clodius	

51	Cicero proconsul van Cilicië	
49	Caesar trekt over de Rubico	
48	slag bij Pharsalus	
46	zelfmoord van Cato bij Utica	
		Cicero, Pro Marcello
		Cicero, De finibus, Brutus
		Varro, De lingua Latina
15 maart 44	Caesar vermoord	
		Cicero, Philippica's
43	Cicero vermoord	Ovidius geboren
42	slag bij Philippi	
		Sallustius, Historiae
		Varro, Rerum rusticarum
40	Pollio consul	
39		Vergilius, Bucolica
34		Horatius, Saturae I
32		Atticus sterft
		Nepos, De viris illustribus
31	zeeslag bij Actium	
30	Antonius en Cleopatra sterven	
29		Vergilius, Georgica
27 v.Chr.-14 n.Chr.	Augustus keizer	

Tijdtabel hoofdstuk III

43		Ovidius geboren Gallus, *Elegiae* I-IV
40	Pollio consul	
39		Vergilius, *Bucolica*
34		Horatius, *Saturae* I
31	zeeslag bij Actium	Horatius, *Epoden*
30	Antonius en Cleopatra sterven	Horatius, *Saturae* II
29		Vergilius, *Georgica*
27 v.Chr.-14 n.Chr.	Augustus keizer	boekverbranding Labienus
26		zelfmoord Gallus Vitruvius, *De architectura*
23		Horatius, *Carmina* I-III Propertius, *Elegiae* I-III Horatius, *Epistulae* I
19		Vergilius sterft publicatie *Aeneis* Tibullus, *Elegiae*
17		Horatius, *Carmen saeculare* Horatius, *Carmina* IV, *Epistulae* II

		Propertius, *Elegiae* I V
		Ovidius, *Amores*
8 v.Chr.		Maecenas en Horatius sterven
		Ovidius, *Ars amatoria*, Heroïdes
4 n.Chr.	Pollio sterft	
		Ovidius, *Metamorphoses*, Fasti
8		Ovidius wordt verbannen
		Ovidius, *Tristia, Epistulae ex Ponto*
		Pompeius Trogus
14	Augustus sterft	
14-37	Tiberius keizer	
		Grattius, *Cynegetica*
		Manilius, *Astronomica*
16	Germanicus in Waddenzee	Albinovanus Pedo
		Cornelius Severus
17		Livius sterft
		Ovidius sterft

Tijdtabel hoofdstuk IV

14	Augustus sterft	
		Ovidius, Tristia, Epistulae ex Ponto
14-37	Tiberius keizer	
16	Germanicus in de Waddenzee	
		Albinovanus Pedo
		Cornelius Severus
17		Livius sterft
		Ovidius sterft
		Grattius, Cynegetica
		Manilius, Astronomica
		Celsus, De medicina
		Valerius Maximus, Facta et dicta
25	proces tegen Cremutius Cordus	
		Velleius Paterculus, Historiae
		Phaedrus, Fabels
37-41	Caligula keizer	Seneca Rhetor, Controversiae
41-54	Claudius keizer	Columella, De re rustica
		Pomponius Mela, De chorographia
41-49	Seneca in ballingschap	Seneca, Ad Helviam matrem
54-68	Nero keizer	Seneca, Apocolocyntosis
		Calpurnius Siculus, Eclogae
		Aetna

		Persius, *Saturae*
		Ilias Latina
62	Seneca trekt zich terug	
		Seneca, *Epistulae morales*
64	brand in Rome	
		Carmina Einsidlensia
		Lucanus, *Bellum civile*
65	samenzwering van Piso	dood van Seneca en Lucanus
66		dood van Petronius en Thrasea Paetus
68-69	vierkeizerjaar Bataafse Opstand	
69-79	Vespasianus keizer	Plinius Maior, *Naturalis historia* Valerius Flaccus, *Argonautica* Curtius Rufus, *Historiae Alexandri*
70	Titus neemt Jeruzalem in	
71		Quintilianus wordt retor
79-81	Titus keizer	
24-25 augustus 79	uitbarsting Vesuvius	Plinius Maior sterft
80	opening Colosseum	
81-96	Domitianus keizer	Martialis Statius, *Silvae*, *Thebais* Quintilianus, *Institutio oratoria* Silius, *Punica* *Priapea*

ca. 95		Statius en Quintilianus sterven
96-98	Nerva keizer	Frontinus, *Aquaducten*
98-117	Traianus keizer	
100	proces tegen Marius Priscus	Plinius Minor, *Panegyricus*
ca. 104		Martialis sterft Tacitus, *Historiae, Annales* Juvenalis, *Saturae* Calpurnius Flaccus, *Declamationes*
111-113	Plinius Minor proconsul	
112-113	Tacitus proconsul	
117-138	Hadrianus keizer	Suetonius, *De vita Caesarum*

Tijdtabel hoofdstuk v

117-138	Hadrianus keizer	Suetonius, *De vita Caesarum* Juvenalis, *Saturae*
155		Aelius Aristides, *Panegyricus* Fronto, *Epistulae* Longus, *Daphnis en Chloë*
158		proces tegen Apuleius
161-180	Marcus Aurelius keizer	Gellius, *Noctes Atticae* Apuleius, *Metamorfosen* Gordianus, *Antoninias* Minucius Felix, *Octavius*
200		Tertullianus Cassius Dio, *Historiae*
218-222	Heliogabalus keizer	Philostratus
238	Gordianus keizer	Terentianus Maurus, *De syllabis*
283-284	Numerianus keizer	Nemesianus, *Cynegetica* Nemesianus, *Eclogae*
284-305	Diocletianus keizer instelling tetrarchie	
298		Eumenius, *Pro instaurandis* *scholis*

Het feest van Saturnus

Tijdtabel hoofdstuk VI

306-337	Constantijn keizer Constantinopel hoofdstad	
		Lactantius Tiberianus Nonius Marcellus, De compendiosa doctrina
337-361	Constantius II keizer	
		Donatus, Vita Vergilii
361-363	Julianus keizer	Claudius Mamertinus, Panegyricus
364-375	Valentinianus I keizer	
364	Ausonius naar Trier	
		Diomedes, Ars grammatica Aurelius Victor, Liber de Caesaribus
367-383	Gratianus keizer in het Westen	
367-378	Valens keizer in het Oosten	Eutropius, Breviarium Rufius Festus, Breviarium
375-392	Valentinianus II keizer	
378	slag bij Hadrianopolis	
379	Ausonius consul	
379-395	Theodosius keizer	Ausonius, Mosella Ammianus, Res gestae

Tijdtabel hoofdstuk VII

Het feest van Saturnus

ca. 550	Cassiodorus sticht klooster Vivarium	
		Anthologia Latina
565		Corippus, In laudem Iustini
		Gregorius, Historia Francorum
zevende eeuw		Isidorus, Origines
		Virgilius Maro
700		Beda, Historia Ecclesiastica
800	Karel de Grote keizer